Pesthauch über Regensburg

Studien zur Geschichte
des Spital-, Wohlfahrts- und Gesundheitswesens

Schriftenreihe des Archivs des St. Katharinenspitals Regensburg
Gesamtherausgeber: Artur Dirmeier und Wido Wittenzellner

Band 6

Katharina Kellner

Pesthauch über Regensburg

Seuchenbekämpfung und Hygiene im
18. Jahrhundert

Verlag Friedrich Pustet Regensburg

Wissenschaftlicher Beirat:
Prof. DDr. Klaus Bergdolt, Universität Köln
Prof. Dr. Walter Hartinger, Universität Passau
Prof. Dr. Ferdinand Kramer, Ludwig-Maximilians-Universität München
Prof. Dr. Alois Schmid, Ludwig-Maximilians-Universität München
Prof. Dr. Peter Schmid, Universität Regensburg
Prof. Dr. Joachim Wild, Bayerisches Hauptstaatsarchiv München
Prof. Dr. Walter Ziegler, Ludwig-Maximilians-Universität München
AOR Dr. Artur Dirmeier, Spitalarchiv Regensburg

Die Drucklegung des Buches wurde in großzügiger Weise gefördert von der Ernst-Pietsch-Stiftung, Deggendorf, und der Maschinenfabrik Reinhausen, Regensburg.

Bibliografische Information der Deutschen Bibliothek

Die Deutsche Bibliothek verzeichnet diese Publikation
in der Deutschen Nationalbibliografie;
detaillierte bibliografische Daten sind im Internet über
http://dnb.ddb.de abrufbar.

ISBN 3-7917-1988-2
© 2005 by Verlag Friedrich Pustet, Regensburg
Umschlagmotiv: Allegorische Darstellung der Pest von 1713.
            Sog. Neujahrszettel aus dem Landeskirchlichen Archiv der
            Evangelisch-Lutherischen Kirche in Bayern – Kirchenbucharchiv
Druck und Bindung: Friedrich Pustet, Regensburg
Printed in Germany 2005

Dank

Die vorliegende Arbeit wurde im September 2003 von der Philosophischen Fakultät III der Universität Regensburg als Magisterarbeit angenommen. Das Manuskript wurde für die Drucklegung geringfügig überarbeitet.

Mein erster Dank gebührt Prof. Dr. Albrecht P. Luttenberger, Lehrstuhl für Neuere Geschichte an der Universität Regensburg, der mir eine ausgezeichnete Betreuung angedeihen ließ. Dass er sich viel Zeit für das persönliche Gespräch nahm, erwies sich als sehr hilfreich. Nicht vergessen möchte ich hierbei auch Frau Renate Wagner, Sekretärin am Lehrstuhl für Neuere Geschichte der Universität Regensburg, die ich durch ihre konstruktive und freundliche Art schätzen gelernt habe.

Auch dem Lehrstuhlinhaber für Bayerische Geschichte an der Universität Regensburg, Prof. Dr. Peter Schmid möchte ich meinen herzlichen Dank aussprechen. Er betreute als Zweitgutachter meine Magisterarbeit und ermöglichte ihre Veröffentlichung in der Schriftenreihe des St. Katharinenspitals. Mein Dank gilt ebenso Herrn Wido Wittenzellner und Herrn Dr. Artur Dirmeier als den Herausgebern dieser Reihe. Die Drucklegung der Arbeit erfolgte mit großzügiger Unterstützung der Ernst-Pietsch-Stiftung und der Maschinenfabrik Reinhausen.

Dem Verein der Ehemaligen Studierenden der Universität Regensburg danke ich sehr herzlich für die Auszeichnung mit dem Studienabschlusspreis. Diese ehrenvolle Auszeichnung erhielt ich im November 2004 auf Vorschlag von Prof. Dr. Luttenberger. Prof. Dr. Gerhard Meinl, Lehrstuhl für Wissenschaftsgeschichte an der Universität Regensburg, gab mir dankenswerterweise Gelegenheit, die Ergebnisse der Arbeit in seinem Oberseminar vorzustellen, was mir neue Anregungen verschaffte.

Danken möchte ich auch den Mitarbeiterinnen und Mitarbeitern der verschiedenen Archive, die ich für diese Arbeit konsultiert habe: des Stadtarchivs Regensburg, des Bayerischen Hauptstaatsarchivs in München, des Landeskirchlichen Archivs der Evangelisch-Lutherischen Kirche in Bayern und der Staatlichen Bibliothek Regensburg.

Persönlich gilt mein besonderer Dank meinem aufmerksamsten Zuhörer Richard Hölzl, der mit großer Geduld und Interesse in jeder Phase der Entstehung zum Gedankenaustausch bereit war. Seine konstruktive Kritik hat meine Arbeit unendlich bereichert.

Last but not least möchte ich diejenigen erwähnen, die sich die Mühe machten, das werdende Manuskript kritisch zu lesen und zu korrigieren: Angelika Kellner, Robert Grötschel, Katrin Marth und Barbara Fritsch. Euch allen ein herzliches Dankeschön!

Regensburg, im Juli 2005
Katharina Kellner

Dem Andenken meiner unvergesslichen Großmutter Maria Katharina Fritsch, geb. Hofmeister (1913-2003), die ihrer Heimatstadt Regensburg ein Leben lang eng verbunden war.

Inhalt

Dank	5
Einleitung	11
I. Der Hygienediskurs des 18. Jahrhunderts	19
1. Die Verknüpfung von Sozialdisziplinierung und Hygienediskurs	19
1.1 Obrigkeit und Gesellschaft	19
1.2 Das Konzept der Sozialdisziplinierung	25
2. Die Entdeckung der Reinlichkeit durch das Bürgertum	30
2.1 Das Aufstreben des Bürgertums zur tonangebenden Gesellschaftsschicht	30
2.2 Die Rolle der bürgerlichen Ärzte und das Konzept der ‚Medizinischen Polizei'	35
3. Körperbewusstsein und Reinlichkeitskonzepte	46
3.1 Die ‚Revolution' des Körperbewusstseins im 18. Jahrhundert	46
3.2 Die Reinlichkeitskonzepte der verschiedenen gesellschaftlichen Schichten	49
3.3 Der Wandel des Reinlichkeitsverhaltens um 1750	55
II. Fallstudie der Freien Reichsstadt Regensburg	67
1. Politische, demographische und sozio-ökonomische Situation	67
2. Seuchenbekämpfung im 18. Jahrhundert am Beispiel der Pestepidemie von 1713/14	81
2.1 Historische Erklärungsmodelle für die Pest im Mittelalter und der Frühen Neuzeit	81
2.2 Aktivitäten des Magistrats	89
2.2.1 Obrigkeitliche Verordnungstätigkeit in Pestzeiten	89
2.2.2 Einschränkung des translokalen Personen- und Güterverkehrs	99
2.2.3 Bestattungswesen und religiöses Leben in Pestzeiten	104
2.2.4 Reinigung infizierter Häuser	114
2.3 Medizinische Verwaltung	122
2.4 Die Pest in den Freien Reichsstädten Regensburg und Nürnberg im Vergleich	132
2.5 Schlussbemerkung	141

3. Hygiene im städtischen Alltag: Abfall und Abwasser, reichsstädtisches Reinigungspersonal und bauliche Maßnahmen zur Verbesserung der Luft 145
   3.1 Die Städtereinigungstheorie der Medizinischen Polizei 145
   3.2 Stadtreinigung in Regensburg 151
      3.2.1 Straßenreinigung und Abfallbeseitigung 151
      3.2.2 Städtisches Reinigungspersonal 160
      3.2.3 Tierhaltung 164
      3.2.4 Trinkwasser 167
      3.2.5 Badstuben 168
      3.2.6 Bettelwesen 171
   3.3 Bauliche Maßnahmen zur Hygiene 175
      3.3.1 Der Niedergang des städtischen Bauwesens im 18. Jahrhundert 176
      3.3.2 Städtebauliche Erfolgsprojekte: Grünanlagen und Alleen 178
   3.4 Schlussbemerkung 182

4. Das Bestattungswesen der Reichsstadt 183
   4.1 Die mittelalterliche Tradition der Kirchenbestattung 184
   4.2 Der Einfluss der Aufklärung auf die Einstellung zum Tod 187
   4.3 Das Begräbniswesen in Regensburg 198
      4.3.1 Die Regensburger Friedhöfe bis zum Ausgang des 18. Jahrhunderts 198
      4.3.2 Die Verlegung der katholischen Friedhöfe zu Beginn des 19. Jahrhunderts 202
      4.3.3 Die Leichenordnungen von 1689 und 1789 207
   4.4 Schlussbemerkung 213

Fazit 217

Anhang 225

Abkürzungen 228

Quellen- und Literaturverzeichnis 229
   1. Archivalische Quellen 229
   2. Gedruckte Quellen 231
   3. Literatur 233
Register 239

Es stanken die Straßen nach Mist, es stanken die Hinterhöfe nach Urin, es stanken die Treppenhäuser nach fauligem Holz und nach Rattendreck, die Küchen nach verdorbenem Kohl und Hammelfett; die ungelüfteten Stuben stanken nach muffigem Staub, die Schlafzimmer nach fettigen Laken, nach feuchten Federbetten und nach dem stechend süßen Duft der Nachttöpfe. Aus den Kaminen stank der Schwefel, aus den Gerbereien stanken die ätzenden Laugen, aus den Schlachthöfen stank das geronnene Blut. Die Menschen stanken nach Schweiß und nach ungewaschenen Kleidern; aus dem Mund stanken sie nach verrotteten Zähnen, aus ihren Mägen nach Zwiebelsaft und an den Körpern, wenn sie nicht mehr ganz jung waren, nach altem Käse und nach saurer Milch und nach Geschwulstkrankheiten. Es stanken die Flüsse, es stanken die Plätze, es stanken die Kirchen, es stank unter den Brücken und in den Palästen. Der Bauer stank wie der Priester, der Handwerksgeselle wie die Meistersfrau, es stank der gesamte Adel, ja sogar der König stank, wie ein Raubtier stank er, und die Königin wie eine alte Ziege, sommers wie winters. Denn der zersetzenden Aktivität der Bakterien war im achtzehnten Jahrhundert noch keine Grenzen gesetzt, und so gab es keine menschliche Tätigkeit, keine aufbauende und keine zerstörende, keine Äußerung des aufkeimenden oder verfallenden Lebens, die nicht von Gestank begleitet gewesen wäre.

Auszug aus: Patrick Süskind: „Das Parfum"

Einleitung

In seinem Roman *Das Parfum* hat Patrick Süskind ein eindrucksvolles olfaktorisches Stimmungsbild der Stadt des 18. Jahrhunderts gezeichnet, das den heutigen Leser einerseits reichlich exotisch anmutet, ihm aber andererseits auch den Eindruck einer gewissen ‚Rückständigkeit' der früheren Zeiten aufdrängt.[1] Aus der heutigen Perspektive, die natürlich auch die des Romanciers ist, werden die hygienischen Standards des 18. Jahrhunderts als zutiefst abstoßend empfunden. Dabei wird im öffentlichen Bewusstsein Geschichte stark vereinfachend als ein Prozess angesehen, der sich – geradlinig fortschreitend – auf den heutigen ‚hohen' zivilisatorischen Grad hin entwickelt hat. Ein solch optimistisches Fortschrittsdenken ist allerdings unangebracht, denn es überträgt heutige Perspektiven auf historische Prozesse und einen moralisch aufgeladenen bürgerlichen Reinlichkeitsbegriff auf vormoderne Verhaltensweisen.

Demgegenüber gilt es, den Hygienediskurs zum einen als komplexen historischen Prozess zu begreifen, der zum anderen von Akteuren mit einem spezifischen Selbstverständnis und spezifischen Interessen getragen wird.[2] Erst seit der Mitte des 18. Jahrhunderts begannen sich, von Frankreich ausgehend, in der menschlichen Wahrnehmung von Hygiene Veränderungen abzuzeichnen, die der heutigen ähnlich sind. Dieser Wandel schlug sich in bestimmten Verhaltensweisen nieder. Die neuen Reinlichkeitsnormen wurden anfangs nur schichtspezifisch praktiziert, jedoch seit dem Ende des 18. Jahrhunderts, getragen von den Protagonisten der Aufklärung, als allgemeingültige und verbindliche Verhaltensregeln auf die ganze Bevölkerung übertragen. Damit sind bereits zwei wichtige Grundzüge dieser Arbeit angedeutet: Zum einen soll gezeigt werden, dass sich im Laufe des 18. Jahrhunderts eine Sensibilisierung vor allem der bürgerlichen Schichten gegenüber Schmutz und Gestank abzeichnete. Zum anderen ging die daraus resultierende Hygienisierung des Lebensraumes mit der Normierung von Verhaltensweisen einher.

Um letzteres zu untermauern, wird im ersten Teil der Arbeit das Konzept der Sozialdisziplinierung beleuchtet, da es eine wertvolle theoretische Grundlage für die weitere Argumentation liefert. Außerdem geht der erste Abschnitt der Frage nach, welche Rollen der Aufklärung, dem Bürgertum und den Obrigkeiten im aufkommenden Gesundheits- und Hygienediskurs zukamen und welche Interessen sie mit dem Vorantreiben dieses Diskurses verfolgten.

Der Begriff ‚Hygiene' war im 18. Jahrhundert kaum gebräuchlich, sondern wurde erst im 19. Jahrhundert zum Schlagwort.[3] Deshalb wird in dieser Arbeit über das 18. Jahrhundert in erster Linie von ‚Reinlichkeit' die Rede sein, ein Begriff, der in der zeitgenössischen Literatur in der Bedeutung von Sauberkeit verwendet wurde. Bis zur Mitte des 18. Jahrhunderts war der Begriff ‚Reinlichkeit' noch mit religiösem Inhalt ausgefüllt. Zu Beginn des Jahrhunderts stand die seelische, also innere ‚Reinigkeit' im Vordergrund. Die innere *puritas* stand der äußeren

---

[1] Vgl. P. SÜSKIND: Das Parfum, S. 5-6.
[2] Vgl. M. DINGES: Pest und Staat, S. 73.
[3] Vgl. G. VIGARELLO: Wasser und Seife, S. 200.

Reinlichkeit (*elegantia*) gegenüber. Im Zuge der Aufklärung zeichnete sich eine Säkularisierung religiöser Begriffsinhalte ab. Damit wandelte sich der Begriff ‚Reinlichkeit' von einer christlichen zu einer bürgerlichen Tugend. Als solcher stand er nicht nur in enger Verbindung mit bürgerlichen Wertvorstellungen, sondern wurde selbst zu einem identitätsstiftenden Verhaltensmuster. Der ‚Reinlichkeit' kam ein programmatischer Aspekt zu, denn sie bedeutete *„ein tätiges Verhalten von Einzelnen und sozialen Gruppen, das auf das Erreichen bestimmter Ziele – Orientierung, Homogenität der Gruppe nach innen, Abgrenzung nach außen – gerichtet ist"*[4]. Diese Programmatik ist im Zusammenhang mit der Konstituierung des Bürgertums als neuem gesellschaftlichem ‚Stand' von Bedeutung. Wie zu zeigen sein wird, definierten sich die Bürger über spezifische Verhaltensnormen wie Vernunft, Innovationsfreudigkeit, Leistungsbereitschaft und eben ‚Reinlichkeit' und kultivierten bestimmte Vorstellungen von Schönheit und Gesundheit. Durch diese grenzten sie sich von den bereits etablierten Ständen ab. Der Begriff ‚Reinlichkeit' markiert also einerseits Grenzen, fungiert aber auch als ‚soziales Zeichen', da es die Erfahrungen verschiedener Individuen vereinheitlicht. Auch in den heutigen westlichen Gesellschaften stellt die ‚Reinlichkeit' ein zentrales Verhaltensmuster dar.[5]

Das Erkenntnisinteresse dieser Arbeit liegt weniger im medizingeschichtlichen, sondern vielmehr im alltagsgeschichtlichen Bereich und bei den sozialen Folgen des Hygienediskurses.

Die Arbeit beleuchtet im ersten Teil drei verschiedene Aspekte der Hygienisierung im 18. Jahrhundert in europäischer Perspektive. Im ersten Abschnitt soll die enge Verknüpfung von Staatsbildung und der allmählichen Ausprägung einer obrigkeitlichen Bevölkerungs- und Gesundheitspolitik aufgezeigt werden. Die ergriffenen Hygienemaßnahmen gingen dabei Hand in Hand mit dem obrigkeitlichen Interesse, die Bevölkerung zu disziplinieren. Anhand der Konzepte Max Webers, Gerhard Oestreichs und Michel Foucaults wird die Theorie der Sozialdisziplinierung umrissen.[6] Die kurze Einführung in diese Theorie erscheint dienlich, um die Hintergründe frühneuzeitlicher Reglementierungspraktiken zu erhellen. Dabei soll betont werden, dass es sich hier um Modelle mit heuristischem Wert handelt, die keineswegs absolute Geltung beanspruchen können und die am empirischen Befund zu überprüfen sind. Dieser erste Teil der Arbeit zeigt die ‚Triebkräfte' des Gesundheitsdiskurses auf.

Der zweite Abschnitt skizziert den Aufstieg des Bürgertums zur führenden Gesellschaftsschicht, die auch auf sozialem und kulturellem Gebiet dynamische Veränderungen anregte. Hier soll die Rolle des Bürgertums dargestellt werden, das durch die Entwicklung eines neuen Körperbewusstseins eine Hygienisierung seines Lebensraumes und -stils vorantrieb und diese neuen Verhaltensweisen langsam auch auf andere gesellschaftliche Schichten übertrug. Vor allem die bürgerlichen

---

[4] M. FREY: Der reinliche Bürger, S. 12.
[5] Vgl. ebd., S. 12-13.
[6] Vgl. M. WEBER: Wirtschaft und Gesellschaft; G. OESTREICH: Policey und Prudentia civilis; M. FOUCAULT: Überwachen und Strafen.

Ärzte waren Träger des Gesundheitsdiskurses und Vorreiter der Hygienebewegung. In diesem Zusammenhang soll auf zeitgenössische medizinische und naturwissenschaftliche Forschungserkenntnisse und ihre Schlussfolgerungen für die Hygienisierung eingegangen werden.

Der dritte Abschnitt befasst sich mit den konkreten Veränderungen, die um die Mitte des 18. Jahrhunderts in Deutschland spürbar wurden, thematisiert also das neue Körperbewusstsein und die Gesundheitskonzepte inhaltlich. Dabei wird insbesondere auf die ‚Revolution' der Geruchssensibilisierung eingegangen, die Alain Corbin[7] Mitte des 18. Jahrhunderts in Frankreich beobachtet und die sich etwas zeitversetzt auch in Deutschland ihre Auswirkungen zeitigte.[8] Die Reinlichkeitskonzepte der verschiedenen Schichten und die Konsequenzen des sich wandelnden Körper- und Gesundheitsbewusstseins sollen in diesem Abschnitt zur Sprache kommen.

Der zweite Teil der Arbeit ist als Fallstudie konzipiert, die die eingangs dargestellten Triebkräfte, Träger und Inhalte des frühneuzeitlichen Gesundheitsdiskurses auf lokaler Ebene empirisch analysiert. Gegenstand der Untersuchung ist die Freie Reichsstadt Regensburg im 18. Jahrhundert, aus deren Geschichte drei Aspekte der Stadthygiene herausgegriffen werden. Zunächst wird die Pestepidemie des Jahres 1713 beleuchtet, während der Hygiene und Krankheit zur öffentlichen Angelegenheit wurden und gleichzeitig gesundheitsfördernde Maßnahmen und soziale Kontrolle Hand in Hand gingen. Zweitens wird auf ausgewählte Schwerpunkte der hygienischen Situation des städtischen Alltags Regensburgs eingegangen, wobei die Abfall- und Abwasserbeseitigung, die Straßenreinigung, die Badestuben, das Vorgehen gegen Unterschichtsangehörige als ‚unreine' Außenseiter der Gesellschaft und die baulichen Tätigkeiten in Hinblick auf Stadthygiene besprochen werden. Drittens wird die in der Reichsstadt praktizierte Leichenbestattung, die wie andernorts am Ende des 18. Jahrhunderts zum Hygieneproblem wurde, genauer beleuchtet. Während die Untersuchung der Pestepidemie sich weitestgehend auf die Jahre 1713/14 beschränkt, werden, was die Beschreibung der alltäglichen Hygiene der Stadt betrifft, je nach Quellenlage Beispiele vom Anfang bis zum Ende des 18. Jahrhunderts angeführt. Das Bestattungswesen wurde in Regensburg eindeutig erst am Ende dieses Jahrhunderts zum Gegenstand der Diskussion.

Zum Forschungsgebiet Hygiene beziehungsweise Reinlichkeit im 18. Jahrhundert existieren einige grundlegende Werke. Dabei haben sich vor allem französische Autoren um diesen Bereich verdient gemacht. Als erstes soll hier Alain Corbins Werk *Pesthauch und Blütenduft. Eine Geschichte des Geruchs* erwähnt werden, das im Original 1982 in Paris erschien. Es liefert eine eindrucksvolle Geschichte der Geruchswahrnehmung im Frankreich des 18. Jahrhunderts und zeichnet das Bild einer körper- und geruchsfixierten Epoche. Georges Vigarellos Veröffentlichung *Wasser und Seife, Puder und Parfüm: Geschichte der Körperreinigung seit dem Mittelalter*, das 1985 im Original

---

[7] Vgl. A. CORBIN: Pesthauch und Blütenduft.

[8] Vgl. M. FREY: Der reinliche Bürger.

erschien, konzentriert sich, wie der Titel bereits verrät, auf die private Körperreinigung. Da der Schwerpunkt der vorliegenden Arbeit auf der öffentlichen Hygiene liegt, wurde diese ansonsten bemerkenswerte Forschungsarbeit nur vereinzelt herangezogen. Arbeiten wie die von Corbin oder Vigarello, die eine Fülle von Quellenmaterial über die von ihnen untersuchten Gebiete zur Geschichte der Reinlichkeit auswerten, sind für Deutschland nicht verfügbar. Obwohl auch hier kultur- und sozialhistorische Themen vermehrt auf Interesse stoßen, existieren noch keine vergleichbar umfangreichen Forschungsarbeiten zu diesem Thema. Die im Jahr 1997 erschienene Untersuchung von Manuel Frey *Der reinliche Bürger: Entstehung und Verbreitung bürgerlicher Tugenden in Deutschland, 1760-1860* bildet eine rühmliche Ausnahme. Dieses Werk, dessen geographischer Schwerpunkt auf dem süddeutschen Raum liegt, stellt das für die vorliegende Arbeit wichtigste Werk aus der Sekundärliteratur dar. Eines der Hauptprobleme, weshalb sich die deutsche Forschung nur zögerlich des Themenkomplexes Reinlichkeit beziehungsweise Hygiene annimmt, ist Frey zufolge die Vielzahl von „*Bedeutungsfeldern wie Religion, Gesundheit, Erziehung, Technik, Ästhetik*"[9], in die dieser eingebettet ist. Die Fülle dieser Problemfelder erfordern umfassende Fragestellungen. Es existieren allerdings bereits einzelne Arbeiten, die das Thema Reinlichkeit unter einem dieser genannten Aspekte abhandeln.

Philipp Sarasins Werk *Reizbare Maschinen. Eine Geschichte des Körpers 1765-1914* handelt in erster Linie vom veränderten Körperbild ab der zweiten Hälfte des 18. Jahrhunderts und von der medizinischen Forschung dieser Zeit.[10] Wichtiger für die vorliegende Untersuchung sind die Arbeiten von Alfons Labisch und Gerd Göckenjan, die sich mit dem Themenkomplex ‚Gesundheit und Medizin in der bürgerlichen Welt' auseinandersetzen.[11] Labisch geht dabei auch auf die soziale Disziplinierung durch die Ärzte ein. Dies ist auch ein wichtiger Aspekt in Christian Barthels Monographie *Medizinische Polizey und medizinische Aufklärung. Aspekte des öffentlichen Gesundheitsdiskurses im 18. Jahrhundert*.[12] Er setzt in seiner Darstellung der ‚Medizinischen Polizei' einen wichtigen Akzent auf die Diskriminierungspraxis der bürgerlichen Ärzte gegenüber den nicht approbierten ‚Heilern'. Der Medikalisierungs-, Professionalisierungs- und Disziplinierungsprozess, in dessen Zusammenhang sich die ‚Medizinische Polizei' herausbildete, ist in der Literatur, häufig in Bezugnahme auf Foucault, ausführlich dargestellt worden.

Im Zusammenhang mit der Vorstellung der ‚Medizinischen Polizei' sollen in dieser Arbeit auch zeitgenössische Vertreter dieser ‚Bewegung' zu Wort kommen. Natürlich gebührt dabei Johann Peter Frank Erwähnung, dem Verfasser der ersten medizinalpolizeilichen Abhandlung in Deutschland.[13] Weitere wichtige Autoren

---

[9] Vgl. M. FREY: Der reinliche Bürger, S. 17.

[10] Vgl. P. SARASIN: Reizbare Maschinen.

[11] Vgl. A. LABISCH: Homo Hygienicus; ders.: „*Hygiene ist Moral*", S. 265-284; G. GÖCKENJAN: Kurieren und Staat machen.

[12] Vgl. C. BARTHEL: Medizinische Polizey.

[13] Vgl. J. P. FRANK: System einer vollständigen medizinischen Polizey.

sind Christoph Wilhelm Hufeland, Ernst Benjamin Gottlieb Hebenstreit, Zacharias Gottlieb Huszty und Johann Peter Xaver Fauken.[14]

In Hinblick auf die Regensburger Fallstudie erweist sich die Forschungslage als sehr uneinheitlich. Drei wichtige zeitgenössische Autoren, die sich auf verschiedene Aspekte Regensburgs im 18. Jahrhundert beziehen, sollen zuerst genannt werden. Der weithin bekannte Regensburger Arzt Jacob Christian Gottlieb Schäffer trat im Jahr 1787 mit seinem *Versuch einer medicinischen Ortsbeschreibung der Stadt Regensburg* an die Öffentlichkeit. Darin hielt er alle die seiner Ansicht nach die Gesundheit der Menschen beeinflussenden Gegebenheiten fest. Im gleichen Jahr erschien Albrecht Christoph Kaysers *Versuch einer kurzen Beschreibung der kaiserlichen Freyen Reichstadt Regensburg*, der eine Übersicht über die Institutionen, infrastrukturellen und naturräumlichen Gegebenheiten und kulturellen Einrichtungen liefert. Der dritte Autor, Christian Gottlieb Gumpelzhaimer, veröffentlichte sein vierbändiges Werk *Regensburgs Geschichte, Sagen und Merkwürdigkeiten* erst im Jahr 1838. Gumpelzhaimer listete darin die wichtigsten Begebenheiten eines jeden Jahres auf. Der Regensburger ‚Medizinalpolizist' und ‚Stadtphysikus' Johann Jakob Kohlhaas verschaffte in seinen *Nachrichten von den Medicinalanstalten in Regensburg* einen Überblick über das Regensburger Gesundheitswesen und das medizinische Personal samt deren Berufsordnungen.

Das umfangreiche Werk von Karl Bauer über Regensburg wertet zwar eine beeindruckende Anzahl an Quellen aus, geht aber auf einzelne Aspekte nur relativ kurz ein.[15] Zur Regensburger Stadtverfassung wurde der aufschlussreiche Aufsatz von Jürgen Nemitz *Verfassung und Verwaltung der Reichsstadt (1500-1802)* herangezogen. Zusätzliche Informationen hierzu und über den Niederschlag der Aufklärung in der Stadt bietet Edmund Neubauers Veröffentlichung *Das geistig-kulturelle Leben der Reichsstadt Regensburg (1750-1806)*. Da diese aus dem Jahr 1979 stammt, kann hier nicht gerade von einer üppigen Forschungslage gesprochen werden. Allerdings trösten die Quellen weitgehend über das Fehlen von weiterer Literatur über Regensburg im 18. Jahrhundert hinweg. Zur Sozialgeschichte der Stadt hat Artur Dirmeier den Aufsatz *Soziale Einrichtungen, Fürsorge und Medizinalwesen der Reichsstadt* vorgelegt, der den Zeitraum vom Mittelalter bis ins 18. Jahrhundert behandelt.

Zum Thema Pest gibt es an Sekundärliteratur für Regensburg nur eine umfassende, jedoch sehr zeitgebundene und wenig erhellende Abhandlung von Heinrich Schöppler aus dem Jahr 1914.[16] Die Quellenlage zur Pest ist umfangreich, so dass dieser Teil der Fallstudie überwiegend durch Primärliteratur abgedeckt werden kann. Das wichtigste Werk zur Pest in Regensburg stammt aus der Feder des Regensburger evangelischen Predigers Erasmus Sigismund Alkofer aus dem Jahr 1714. Alkofers *Regenspurgisches Pest- und Buß-Denckmahl wegen der im Jahr Christi 1713. allhier grassirten Seuche der Pestilentz* liefert einen

---

[14] Vgl. C. W. VON HUFELAND: Die Kunst das menschliche Leben zu verlängern; E. B. G. HEBENSTREIT: Lehrsaetze; Z. G. HUSZTY: Diskurs; J. P. X. FAUKEN: Lebensart.
[15] Vgl. K. BAUER: Regensburg.
[16] Vgl. H. SCHÖPPLER: Die Geschichte der Pest zu Regensburg.

beeindruckenden Zeitzeugenbericht, der sowohl durch die Fülle an Information als auch durch die zeitliche Unmittelbarkeit besticht.[17] Einen weiteren – allerdings undatierten – Pestbericht über die Epidemie von 1713 verfasste der Konrektor des städtischen Gymnasium Poeticum, Christoph Eibelhuber.[18] Seine Schilderungen gehen allerdings nur in wenigen Punkten über die Alkofers hinaus und können diese allenfalls ergänzen.

Weitere wichtige Quellen sind die Ratsdekrete, die zur Pestbekämpfung erlassen wurden und entweder dem Regensburger Stadtarchiv oder der Dekretensammlung von Johann Friedrich Keyser aus dem Jahr 1754 entnommen wurden. Zusätzlich wurden auch Archivalien des Bayerischen Hauptstaatsarchivs in München herangezogen.[19]

Der Vergleich der Reichsstädte Regensburg und Nürnberg in Bezug auf die Pest stützt sich auf die im Jahr 2000 erschienene Studie von Carolin Porzelt *Die Pest in Nürnberg: Leben und Herrschen in Pestzeiten in der Reichsstadt Nürnberg (1562-1713)*.[20] Mit dieser Veröffentlichung existiert für Nürnberg eine sehr ausführliche und anschaulich geschriebene Untersuchung, die sich auf eine breite Quellenbasis stützt. Eine vergleichbare Arbeit wäre für Regensburg wünschenswert.

Der zweite Abschnitt der Fallstudie, der sich aus mehreren ausgewählten Aspekten zur Hygiene im städtischen Alltag Regensburgs zusammensetzt, stützt sich in erster Linie auf die im Verlauf des 18. Jahrhunderts vom Magistrat zu den Themengebieten Abfall- und Abwasserentsorgung, Straßenreinigung, Bettelwesen und zur Bautätigkeit erlassenen Dekrete. Hier kommt noch die Dekretensammlung von F. W. Wiesand hinzu, die im Jahr 1802 erschien und die Dekrete aus den Jahren 1754 bis 1802 enthält, also direkt an die 1754 erschienene Sammlung von Keyser anknüpft. Zum Thema Abfallentsorgung oder Stadthygiene existiert keine Untersuchung, die sich mit der Situation in Regensburg befasst. Eine Arbeit über den Vitusbach von Helmut Gloßner, die unter anderem auch auf die Funktion des Baches zur Stadtreinigung eingeht, erschien im Jahr 1998.[21] Für die Darstellung der baulichen Maßnahmen in Bezug auf Hygiene wurden Aufsätze von Peter Morsbach

---

[17] In diesem Werk äußerte sich Alkofer sowohl zu den Vorkehrungen des Magistrats gegen die Seuche als auch zu den Ratschlägen der Pestärzte, zu Einzelschicksalen, zur mentalen Befindlichkeit der Stadtbewohner, zum Handel in Pestzeiten, zur Sperre um Regensburg und der damit einhergehenden schlechten Versorgungslage und zur Totenbestattung. Seinem zweiteiligen ‚Historischen Bericht' fügte er nicht nur die wichtigsten Verordnungen des Magistrats zur Pest, sondern auch Predigten, Pestgebete, einen Bericht der städtischen Pestärzte und eine Ankündigung, die die protestantischen Gottesdienste vorübergehend verbot, an.

[18] Vgl. C. EIBELHUBER: Umständliche Nachricht.

[19] Vgl. J. L. HECHTEL: Consilium Antipestiferum, S. 675-690. Diese auf Anordnung des Magistrats verfasste Druckschrift enthielt medizinische Ratschläge zur Vorsorge und zur Pestbekämpfung. Beim Abklingen der Seuche im Jahr 1714 ließ der Rat den „Regenspurgische[n] Unterricht Auf was Art in hiesiger Stadt die inficirte Haeuser und darinn sich befindende Mobilien zu reinigen, fol. 1-8". veröffentlichen. Auch die undatierte Pestschrift „Ein kurz Regiment wie man sich zur zeit der Pestilentz halten sol, fol. 191-196" gibt Ratschläge zur Medikation im Falle einer Pesterkrankung.

[20] Vgl. C. PORZELT: Die Pest in Nürnberg.

[21] Vgl. H. GLOẞNER: Der Vitusbach in Regensburg.

und Eugen Trapp herangezogen.[22] Morsbachs Arbeiten enthalten einzelne wertvolle Hinweise zur Stadthygiene. Trapp befasst sich in seinem Aufsatz auch mit dem städtebaulichen Prestigeprojekt der Stadt im 18. Jahrhundert, der Carl-Anselm-Allee. Über diese existiert auch ein ausführlicher Aufsatz von Richard Strobel aus dem Jahr 1963.[23] Für die Baugeschichte wurden auch die Regensburger Bauamtschronik aus dem Jahr 1768 und die Bauamtsordnungen von 1657 und 1698 herangezogen. Mehrere Ordnungen existieren auch für das Reinigungspersonal der Stadt, so beispielsweise eine undatierte Schlögelmeisterordnung, Baderordnungen aus den Jahren 1514, 1578 und 1698, die Wachtgedingsordnungen von 1765 und 1774 oder eine Instruktion für die Rottmeister aus dem Jahr 1712. Anweisungen für ‚Schaufel- oder Wasenmeister' enthält die Bauamtsordnung von 1698.[24]

Zum dritten Schwerpunkt der Fallstudie, dem Thema Leichenbestattung, existiert eine Fülle an Sekundärliteratur. Die vorliegende Arbeit beschränkte sich allerdings für die Darstellung der kulturhistorischen Problematik auf drei Aufsätze. Die hervorragenden Arbeiten von Franz J. Bauer und Barbara Happe reichen für diesen Zweck aus, da sie die historische Entwicklung und den Mentalitätswandel zum Thema Leichenbestattung sehr klar umreißen.[25] Da für die Bestattungssituation in Regensburg keine Ratsdekrete existieren, die auf den hygienischen Aspekt eingehen, wurden Akten des Magistrats vom Beginn des 19. Jahrhunderts herangezogen. Der Zeitraum der Arbeit musste in diesem Punkt etwas ausgedehnt werden, da trotz einer regen Diskussion über die Verlegung der Grabstätten im 18. Jahrhundert praktische Maßnahmen erst im 19. Jahrhundert ergriffen wurden. Ein Vergleich zweier Leichenordnungen aus den Jahren 1689 und 1789, die das protestantische Begräbniswesen regeln, soll Aufschluss über den Einfluss der Aufklärung auf die Verordnungstätigkeit des Magistrats liefern.[26]

Insgesamt ergänzen sich Quellen und Sekundärliteratur in zufriedenstellender Weise, so dass sich ein einigermaßen aussagekräftiges Bild der hygienischen Situation Regensburgs im 18. Jahrhundert zeichnen lässt und die Stadt im europäischen Hygienisierungsprozess verortet werden kann. Nicht zuletzt geben die Quellen auch Einblick in das Selbstverständnis und die Interessen der Akteure in der Freien Reichsstadt.

---

[22] Vgl. P. MORSBACH: Die städtebauliche Entwicklung Regensburgs, S. 1141-1154; Ders.: Untersuchungen zur städtebaulichen Entwicklung, 121-175; E. TRAPP: Beziehungs- und Grenzfragen, S. 281-338.
[23] Vgl. R. STROBEL: Die Allee des Fürsten Carl Anselm, S. 229-267.
[24] Vgl. Schlögelmeisterordnung, Fasz. 8; Baderordnung 1514; Baderordnung 1578; Baderordnung 1691; Wachtgedingsordnung. Regensburg 1765; Revidirte neue Wacht-Gedings-Ordnung. Regensburg 1774; Revidirte Instruction, Wornach sich Die Rottmeister [...] in ihrem Ambt zu reguliren und zu verhalten haben. Regensburg 1712; Bauamtsordnung vom 07. November 1698.
[25] Vgl. F. J. BAUER: Von Tod und Bestattung, S. 1-31; B. HAPPE: Entwicklung der deutschen Friedhöfe; dies.: Gottesäcker, S. 205-231.
[26] Vgl. Der Stadt Regenspurg Leichen-Ordnung. Regensburg 1689; Der Stadt Regensburg erneuerte Leich- und Trauer-Ordnung. Regensburg 1789.

I. Der Hygienediskurs des 18. Jahrhunderts
1. Die Verknüpfung von Sozialdisziplinierung und Hygienediskurs
1.1 Obrigkeit und Gesellschaft

Umwelt- und Entsorgungsprobleme, Angst vor Seuchen und Ansteckung sind keine Phänomene der Gegenwart. Man kann weit in die Geschichte zurückgehen, um erste Anzeichen dieser Probleme zu entdecken. Ein wichtiger Faktor hierfür ist zunehmender Bevölkerungsdruck, da das Zusammenleben vieler Menschen auf engem Raum derartige Entwicklungen beschleunigt. Im 18. Jahrhundert war im Heiligen Römischen Reich nach einer langen Phase des Bevölkerungsrückgangs beziehungsweise der Stagnation wieder ein Bevölkerungsanstieg zu verzeichnen, der sich auch durch neue hygienepolitische Erfordernisse bemerkbar machte.

Die Pestwellen, die, vom Morgenland ausgehend, seit dem Spätmittelalter Europa heimsuchten, forderten unzählige Opfer und beendeten das aus Städtegründungen und Landesausbau resultierende Bevölkerungswachstum des Mittelalters. Im 17. Jahrhundert zeichnete sich zwar in ganz Europa ein leichter Anstieg der Bevölkerung ab, in Deutschland jedoch brachte der Dreißigjährige Krieg hohe Menschenverluste mit sich. Schätzungen zufolge sind die Verluste auf 33 Prozent der Bevölkerung in den Städten und 40 Prozent in ländlichen Regionen zu beziffern. Allerdings kann der hohe Rückgang der ländlichen Bevölkerung auch dadurch begründet sein, dass die Städte durch erleichterte Einbürgerung auf Kosten der umliegenden Dörfer ‚aufgefüllt' wurden. In manchen Teilen Deutschlands erreichte die Bevölkerungszahl erst um 1730, also fast ein ganzes Jahrhundert nach dem Krieg, den Vorkriegszustand.[27]

Seuchen wie die Pest blieben in den meisten Teilen Deutschlands bis ins frühe 18. Jahrhundert hinein maßgebliches Hindernis eines Bevölkerungswachstums. Dann aber stieg die Bevölkerung nach einer langen Zeit des Rückgangs beziehungsweise der Stagnation wieder an. Ein maßgeblicher Wachstumsschub setzte um 1770 ein, verlief jedoch regional sehr unterschiedlich. Für den Wachstumsprozess der zweiten Hälfte des 18. Jahrhunderts gibt es verschiedene Erklärungen, wie beispielsweise das Einsetzen von Wanderungsbewegungen oder die Zunahme innerehelicher Fruchtbarkeit. David Eversley hebt weitere Aspekte hervor, die eine Erklärung für den demographischen Zuwachs bieten: Während er im 17. und frühen 18. Jahrhundert das Phänomen häufiger Ehelosigkeit konstatiert, beobachtet er einen Anstieg der Heiraten im Laufe des 18. Jahrhunderts. Gleichzeitig sank seiner Ansicht nach die Müttersterblichkeit bei der Geburt.[28]

Manfred Rauh spricht vom 18. Jahrhundert als dem Zeitalter der *„demographischen Transition"*[29], das die Bevölkerungsexplosion des Industriezeitalters vorbereitete. Die Forschung ist sich bis heute nicht im Klaren

---

[27] Vgl. G. IPSEN: Bevölkerungsgeschichte, S. 85 und C. PFISTER: Bevölkerungsgeschichte und historische Demographie, S. 77.
[28] Vgl. D. E. C. EVERSLEY: Bevölkerung, Wirtschaft und Gesellschaft, S. 112-113.
[29] M. RAUH: Die bayerische Bevölkerungsentwicklung, S. 471.

darüber, ob diese Entwicklung auch für Bayern zutrifft, denn die Statistiken des späteren 18. Jahrhunderts wurden noch nicht aufgearbeitet. Die These einer Stagnation oder sogar eines Bevölkerungsrückgangs in Bayern im Gegensatz zur gesamtdeutschen Entwicklung sieht Rauh dadurch widerlegt, dass sie nicht durch Quellen untermauert ist. Er berechnet anhand dreier Volkszählungen des 18. Jahrhunderts die Einwohnerzahl Altbayerns, jedoch ohne das Innviertel, aber inklusive der verwaltungstechnisch angeschlossenen Nebenländer, die sich vor allem im schwäbischen Reichskreis befanden. Dabei kommt er für 1771 auf 875.000 Einwohner, für 1779 auf 842.000 und für 1795 auf 924.000. Daraus ergibt sich in diesem Zeitraum eine Zunahme der Bevölkerung um 5,6 Prozent.[30]

Der Bevölkerungszuwachs zeigte sich in erster Linie in den Städten, weshalb für das vorliegende Thema städtische Strukturen besonders interessant sind.

Zunächst gilt es, die Rolle der Stadt und des städtischen Bürgertums innerhalb des säkularen Modernisierungsprozesses von Wirtschaft, Gesellschaft und Staat zu beleuchten. Der ausschlaggebendste Wandel hinsichtlich kultureller und sozialer Modernisierungsvorgänge der Frühen Neuzeit war der Staatsbildungsprozess, der den modernen, bürokratisch verwalteten Territorialstaat hervorbrachte. Dieser Prozess prägte auch die Städte und ihre tragende Schicht, das Bürgertum. Zwar ist es vereinfachend zu sagen, die Konstituierung des frühneuzeitlichen Staates hätte allein den Abstieg der Städte mit sich gebracht, doch entstanden für sie durchaus neue politische und rechtliche Realitäten. Dem Staat kam nun die führende Rolle zu. Waren vor 1500 die Städte als politische Entitäten maßgeblicher ‚Motor' für Innovationen gewesen, gingen von ihnen seit etwa 1650 kaum mehr modernisierende Impulse aus. Von nun an nahmen sie, mit Ausnahme der Residenzstädte, in eher passiver Weise an politischen, gesellschaftlichen und wirtschaftlichen Neuerungen teil.[31]

Das Städtewesen war im Heiligen Römischen Reich besonders stark entwickelt. Die deutschen Städte konnten zu Beginn der Frühen Neuzeit auf eine lange Tradition der Autonomie zurückblicken. Das galt nicht nur für die Reichsstädte, die ihre Vertreter zum Reichstag entsenden durften und denen ein besonderer Rechtsstatus zukam, sondern auch für die Land- und Territorialstädte. Doch trotz ihres Autonomiestrebens hatten beide Stadtformen mit Einmischungen ihrer jeweiligen Herren zu kämpfen. Dies geschah meist dann, wenn es Konflikte zwischen Rat und Bürgerschaft gab. Die relativ große Selbständigkeit der deutschen Territorialstädte endete Mitte des 16. Jahrhunderts, in erster Linie aufgrund des Augsburger Religionsfriedens, der den Landesherren das *ius reformandi* zusprach, das einen tiefen Eingriff in die städtische Verwaltung bedeutete. Die Landstädte

---

[30] Vgl. M. RAUH: Die bayerische Bevölkerungsentwicklung, S. 471-473. Der britische Historiker Robert Lee vertritt die These, Bayerns Bevölkerung sei in der zweiten Hälfte des 18. Jahrhunderts rückläufig gewesen und auch nach 1800 noch hinter der Bevölkerungszunahme anderer Länder zurückgeblieben. (Vgl. R. LEE: Bevölkerungsgeschichte Bayerns, S. 309-338).

[31] Vgl. H. SCHILLING: Die Stadt, S. 38.

wurden nun den Territorialstaaten, in deren Gebiet sie sich befanden, untergeordnet. Den Reichsstädten kam damit eine Sonderstellung zu.[32]

In ihnen lebte auch nach 1650 der Stadtrepublikanismus weiter, der sich im Mittelalter herausgebildet hatte. Dieser ist der bürgerlichen Politikkultur zuzurechnen, welche die Autonomie der Bürgergemeinschaft und eine *„oligarchisch-egalitäre Besetzung der städtischen Regierungsgremien"*[33] anstrebte. Die Mitglieder der Bürgergemeinschaft verstanden sich als freie Bürger, welche sich zum Wohle der Allgemeinheit an öffentlichen Angelegenheiten beteiligten.[34]

In wirtschaftlicher Hinsicht wirkte sich die Selbständigkeit der Reichsstädte eher nachteilig aus. Während man in den Territorialstaaten begann, die Gewerbe von der Stadt auf das Land zu verlagern, sperrten sich die Reichsstädte gegen diese Neuerung. Die städtische Gewerbeproduktion wurde damit weitgehend auf den lokalen Markt beschränkt. Um sich gegen die auswärtige Konkurrenz zu behaupten und auf den Nachfragerückgang nach städtischen Produkten zu reagieren, versuchten die Zünfte und Stadträte vielerorts, innerstädtisches Gewerbe, Handel und Konsum stärker zu regulieren. Dies zog allerdings eine Aufblähung des Verwaltungsapparates nach sich.[35]

Wie Adel und Kirche zählten die Städte nach Gerhard Oestreich zu den wichtigsten nichtabsolutistischen *„Subsystemen"*[36] innerhalb des absolutistischen Staates. Waren einige der Landstädte aufgrund ihres finanziellen Wohlstands zunächst relativ autonom, brachte der Dreißigjährige Krieg eine endgültige Schwächung der städtischen Wirtschaft und die Landesherren konnten ihre Souveränitätsansprüche nun ungehindert durchsetzen. Auch die reichsunmittelbaren Städte waren vor Übergriffen der Landesherren nicht sicher, waren sie doch störende kleine Separatherrschaften in einem sonst einheitlichen Herrschaftsgebiet und wurden gleichsam als anachronistische Fremdkörper angesehen. So versuchten beispielsweise die bayerischen Herzöge immer wieder, die Reichsstadt Regensburg ihrem Herrschaftsgebiet einzuverleiben, was jedoch bis 1810 nicht gelang.[37]

Die städtische Selbstverwaltung der Residenz- und Landstädte wurde jedoch nicht völlig aufgehoben, sondern an die neuen territorialstaatlichen Gegebenheiten angepasst. So wurden die Ratsverfassungen der Städte beibehalten; man ging gewissermaßen von der autonomen zu einer ‚beauftragten' Selbstverwaltung über.[38]

Sowohl in den Reichs- als auch den Landstädten bildete sich, parallel zur Entwicklung in den Territorialstaaten, bereits im späten Mittelalter eine neue Vorstellung von öffentlicher Gewalt heraus, was die Mitglieder der Stadträte dazu brachte, sich zur ‚Obrigkeit' zu erklären, welche die Untertanenmasse regieren sollte. Im Falle der Landstädte spricht Schilling allerdings von einer nur ‚sekundären' Obrigkeit. In den Reichsstädten gingen die Magistrate sogar so weit,

---

[32] Vgl. H. SCHILLING: Die Stadt, S. 39-41.
[33] Ebd., S. 90.
[34] Vgl. ebd., S. 89-93.
[35] Vgl. H. ZÜCKERT: Die wirtschaftliche und politische Funktion, S. 60-69.
[36] G. OESTREICH, zitiert nach: H. SCHILLING: Die Stadt, S. 55.
[37] Vgl. H. SCHILLING: Die Stadt, S. 44-55.
[38] Vgl. ebd., S. 47.

die von den staatlichen Mächten beanspruchte Souveränitätslehre zu übernehmen und das Gottesgnadentum für sich zu reklamieren. In vielen Städten lösten diese Souveränitätsbestrebungen des Rates schwerwiegende Konflikte mit der Bürgerschaft aus, die sich zurückgesetzt fühlte. Vor allem in den Reichsstädten wurde diese Verfassungsfrage zum Problem. Im Laufe des 18. Jahrhunderts einigte man sich unter dem Druck der kaiserlichen Kommissare auf einen Kompromiss, nämlich die Souveränität von Magistrat und erblicher Bürgerschaft gemeinschaftlich ausüben zu lassen.[39]

Im Unterschied zu den landesuntertänigen Städten, wo sich Auseinandersetzungen erübrigten, weil alle vormaligen Rechte von Magistrat und Bürgerschaft an den Landesfürsten gefallen waren, kam es in den meisten Reichsstädten weiterhin zu Streitigkeiten, die nicht selten vor Gericht verhandelt wurden. Die inneren Spannungen waren häufig durch die schwierige wirtschaftliche Situation in den Reichsstädten hervorgerufen, die aus dem Niedergang des Zunfthandwerks und des gleichzeitigen Aufstiegs neuer, nicht zunftmäßig organisierter Gewerbe resultierte. Dabei wurde *„viel demokratisches Potential in der Bürgerschaft mobilisiert"*[40], denn diese ließ sich die Mitwirkung an der Gestaltung des Gemeinwesens nicht verwehren.[41]

Im Laufe der Frühen Neuzeit kam es in beiden Stadttypen zu einer Verdichtung administrativer und sozialdisziplinierender Aktivität. Die unter dem Begriff ‚Policey' zusammengefasste obrigkeitliche Verwaltungs- und Verordnungstätigkeit sollte für geordnete Verhältnisse innerhalb des Herrschaftsgebietes sorgen, aber auch Missständen abhelfen. Der Begriff ‚Policey' wurde in der Frühen Neuzeit nicht so eng gefasst wie heute. Er meinte nicht eine Institution, die öffentliche Ruhe und Sicherheit garantieren sollte, sondern eher *„so viel wie Regiment, das ein gut geordnetes städtisches oder territoriales Gemeinwesen bewirken soll"*[42]. Damit war sowohl das Ordnungsgesetz als auch der Ordnungsvorgang gemeint. Die ‚Policey' umfasste beispielsweise auch wirtschaftliche Angelegenheiten. Mit den Polizeiordnungen der frühneuzeitlichen Städte reagierten die Obrigkeiten vom 15. Jahrhundert an und verstärkt im 17. und 18. Jahrhundert auf zwei Entwicklungen. Zum einen auf die Auflösungserscheinungen der traditionellen ständischen Gesellschaft, verursacht durch den Bevölkerungsanstieg im städtischen Raum, der neue Lebensformen mit sich brachte und zum anderen auf das Versagen kirchlicher Ordnungsfunktionen. So regelten die polizeilichen Verordnungen nun auch ehemals kirchliche Angelegenheiten wie Gotteslästerung, ‚Ausschweifungen' bei Festlichkeiten oder Kleiderordnungen.[43]

Durch die Übernahme solcher Aufgaben in den Zuständigkeitsbereich der Obrigkeiten und ihrer Behörden entwickelten sich umfassende Regelungen, die den polizeilichen Charakter der städtischen und staatlichen Herrschaft auswiesen. Die

---

[39] Vgl. H. SCHILLING: Die Stadt, S. 47-49.
[40] H. ZÜCKERT: Die wirtschaftliche und politische Funktion, S. 68.
[41] Vgl. ebd., S. 67-69.
[42] G. OESTREICH: Policey und Prudentia civilis, S. 368.
[43] Vgl. ebd., S. 368-369.

Organisation einer zentralisierten Polizei galt als unmittelbarer Ausdruck der obrigkeitlichen Herrschaft und verband sich aufs engste mit dem Anspruch auf Souveränität.[44]

Der Polizei kamen in der Frühen Neuzeit nicht nur Ordnungsfunktionen, sondern auch umfangreiche disziplinatorische Aufgaben zu. In den städtischen Ballungszentren veränderte sich die Toleranzschwelle der Menschen in Bezug auf ihre Nachbarn. Die neue Lebenssituation, geprägt von größerer räumlicher Enge und damit von verstärkten Reibungsmöglichkeiten und erhöhter Seuchengefahr und von massiven Veränderungen in wirtschaftlicher Hinsicht wie steigender Differenzierung der Gewerbe, fortschreitender Arbeitsteilung und dadurch neuer Abhängigkeitsverhältnisse, erforderte von den Obrigkeiten Maßnahmen zur Regelung dieser Probleme. So begann die Zeit von umfassenden polizeilichen Bestimmungen, die auf die neuen sozialen, wirtschaftlichen und hygienischen Erfordernisse reagierten, in den Städten früher als im ländlichen Raum. Die ‚Policey' gewann damit stark an Bedeutung und versuchte nicht nur das öffentliche, sondern auch das private Leben der Menschen zu reglementieren. Dies zeigte sich zum Beispiel in der Armenfürsorge, die jedoch nicht nur auf die materielle Versorgung der Mittellosen, sondern auch auf eine langfristige Umformung ihrer Verhaltensweisen abzielte.[45]

Die ursprünglich städtische ‚Policey' wurde durch den absolutistischen Staat instrumentalisiert und ausgebaut. Einer der Vertreter der ‚Polizeywissenschaft', der Leipziger Professor der Medizin Ernst Benjamin Gottlieb Hebenstreit (1753-1803)[46] definierte 1791 die Begriffe der ‚Polizey' und der ‚Polizeywissenschaft' folgendermaßen:

„Die Ordnung in einem Staate, durch welche das innere allgemeine Beste desselben und aller seiner Einwohner befoerdert und erhalten wird, heißt Polizei. [...] Die Polizeiwissenschaft ist der Inbegrif aller Grundsaetze, nach welchen die Policei ihrem Endzweck gemaeß verwaltet, d.i. das gemeine Wohl befoerdert und erhalten wird. [...] Die Mittel, welche die Policei anwendet, um ihren Endzweck zu erreichen, sind oeffentliche Anstalten, Gesetze, Belehrung und Unterricht der Staatsbuerger. [...] In einem Lande, welches gute und zweckmaeßige Policeianstalten und Gesetze hat, deren Wirkung weder durch Fehler der buergerlichen Gesetzgebung noch durch Bedrueckungen oder Mangel an Industrie vereitelt wird, - in einem solchen Lande blueht oeffentlicher Wohlstand, und dessen natuerliche Folge ist zahlreiche Bevoelkerung." [47]

Damit betonte Hebenstreit die Bindung der Polizei an den obrigkeitlichen Staat. Mit der Konsolidierung des frühmodernen Staates gingen nicht nur die Zersetzung der traditionellen ständischen Gesellschaft und damit der Aufstieg neuer

---

[44] Vgl. G. OESTREICH: Policey und Prudentia civilis, S. 369.
[45] Vgl. ebd., S. 369-370.
[46] Alle biographischen Angaben wurden entnommen aus: Biographisches Lexikon hervorragender Ärzte, S. 101-102.
[47] E. B. G. HEBENSTREIT: Lehrsaetze, S. 1-2.

gesellschaftlicher Gruppen einher, sondern unter anderem auch die ‚Entdeckung' der Bevölkerung als existentiell notwendiges, weil produktives Potential für den Staat. Die Sorge um die Gesundheit der Untertanen rückte von nun an ins Zentrum der obrigkeitlichen und administrativen Bemühungen, die darauf ausgerichtet waren, die sogenannte ‚innere Staatsbildung' voranzutreiben. Zu dieser waren vor allem die *„Konzentration der politischen Machtressourcen im Innern"* sowie *„die allmähliche Beseitigung der vielfältigen, ursprünglich autonomen Herrschaftsträger zu Gunsten einer hoheitlichen Herrschafts- und Entscheidungsgewalt"*[48] notwendig. Es erfolgte eine Umgestaltung des Steuer-, Militär- und Gerichtswesens zu Gunsten des Fürsten mit der Absicht der Schaffung eines effizient arbeitenden und hierarchisch gegliederten Behördenapparates, der die Verwaltung expandieren ließ. Das neue Interesse am Wohle der Untertanen leitete sich vom Bedarf des absolutistischen Staates nach regelmäßigen Steuereinnahmen und einem starken Militär ab. In der Folge entwickelte sich eine staatliche ‚Peuplierungspolitik', die sowohl auf die Vermehrung der Menschen als auch auf deren Versittlichung, d. h. auf die Disziplinierung der Untertanen abzielte.[49]

Der absolutistische Staat sah in der Bevölkerungszunahme einen Faktor innerer und äußerer Macht aber auch eine Fürsorgeverpflichtung seinerseits und verband die ‚Peuplierungspolitik' mit der Medizin. In der ‚Medizinischen Polizeiwissenschaft', auf die unten eingegangen werden soll, wuchs den Ärzten die Aufgabe zu, die gesamte Bevölkerung für die neuen Gesundheitsmaßnahmen zu gewinnen.[50] Labisch spricht in diesem Zusammenhang von einem *„Dreieck von Interessen"*[51], in dem sich die staatliche Gesundheitspolitik bewegte, nämlich zwischen dem *„gesellschaftlichen Bedarf [...] nach Experten, wie er sich aus Strukturwandlungen ergibt, dem Professionalisierungsinteresse der Ärzte und dem staatlichen Interesse der Steuerung sozialer Prozesse"*[52].

Der Modernisierungsprozess zeigt sich zum Beispiel anhand der nichtverheirateten Mütter, die bis zu dieser Zeit automatisch gesellschaftliche Außenseiterinnen gewesen waren, da man sie verspottet, bestraft, des Landes verwiesen oder auf ‚Hurenkarren' gebunden hatte. Im Dienste der Bevölkerungspolitik entstanden in der Zeit des aufgeklärten Absolutismus Gebäranstalten, in denen die unverheirateten Frauen ihre Kinder ungestraft zur Welt bringen konnten. Sie mussten sich allerdings den in Ausbildung befindlichen Hebammen und Ärzten zu Anschauungszwecken zur Verfügung stellen. Das Hebammenwesen rückte verstärkt ins Licht der Aufmerksamkeit der Obrigkeit, die deren Ausbildung nun an sich zog und die Geburtshilfe zum medizinischen Fach erhob.[53]

---

[48] Beide Zitate stammen von C. BARTHEL: Medizinische Polizey, S. 27.
[49] Vgl. ebd., S. 27-33.
[50] Vgl. A. LABISCH: Homo hygienicus, S. 86-87.
[51] Ebd., S. 104.
[52] Ebd.
[53] Vgl. ebd., S. 91-92.

Der ‚Schub' an Disziplinierungsbemühungen durch die Obrigkeiten, den das 17. und 18. Jahrhundert hervorbrachte, entsprang dem Zeitgeist der Aufklärung. So resümiert Michel Foucault in seinem Werk *Überwachen und Strafen. Die Geburt des Gefängnisses*: *„Die Aufklärung, welche die Freiheiten entdeckt hat, hat auch die Disziplinen erfunden."*[54]

1.2 Das Konzept der Sozialdisziplinierung

Der in der Folge besprochene Hygienisierungsprozess ist in einen größeren Zusammenhang einzuordnen, der mit dem Konzept der Sozialdisziplinierung in adäquater Weise beschrieben werden kann. Dieses Modell ist eng mit dem Staatsbildungsprozess verknüpft und liefert wertvolle Interpretationshilfen für das Handeln der frühneuzeitlichen Akteure.

Die Sozialdisziplinierung ist kein Phänomen des 18. Jahrhunderts. Schon die Konfessionalisierungsprozesse des 16. Jahrhunderts hatten sozialreglementierende Wirkungen entfaltet. Doch im 17. und 18. Jahrhundert weiteten sich die Formen der Disziplinierung weiter aus und griffen langsam von einzelnen gesellschaftlichen Gruppen auf die gesamte Gesellschaft über.[55]

Dem Begriff der Sozialdisziplinierung hat Max Weber (1864-1920) in seinem Werk einen wichtigen Rang eingeräumt. Er erhob *„die Disziplin zur Schlüsselkategorie der modernen Gesellschaft"*[56]. Die um sich greifende Disziplinierung stellte Weber als eine Begleiterscheinung des Rationalisierungsprozesses dar, der sich im Laufe der Frühen Neuzeit abzeichnete und der oben schon angedeutet wurde.[57]

Weber definierte ‚Disziplin' als *„die Chance [...], für spezifische (oder: für alle) Befehle bei einer angebbaren Gruppe von Menschen Gehorsam zu finden".*[58] Somit wird dem Einzelnen von außen ein Wille aufgezwungen, der dessen individuelles Handeln manipuliert.

Der Begriff der ‚Disziplin' ist bei Max Weber eng mit den Begriffen von ‚Macht' und ‚Herrschaft' verbunden, denn nur durch funktionierende Herrschaftsausübung kann es gelingen, die Untertanen zu disziplinieren. Erfolgreiche Herrschaft besteht darin, die Beherrschten über ihren eigenen Willen derart zu kontrollieren, dass diese über ihre Handlungen nicht mehr reflektieren, sondern unmittelbar und quasi reflexartig gehorchen. Die beherrschten Individuen sollen somit nicht nur in Furcht vor Strafandrohung nach dem Willen der ihnen übergeordneten Macht handeln, sondern die Notwendigkeit der obrigkeitlichen Anordnungen derartig verinnerlichen, dass das ‚herrschaftskonforme' Handeln zu ihrem eigenen Willen wird. In diesem Fall ist es dem Herrscher gelungen,

---

[54] M. FOUCAULT: Überwachen und Strafen, S. 285.
[55] Vgl. ebd., S. 269.
[56] S. BREUER: Sozialdisziplinierung, S. 45.
[57] Vgl. ebd., S. 45- 46.
[58] M. WEBER: Wirtschaft und Gesellschaft, S. 122.

gleichsam in die Untertanen 'einzudringen' und ihr Verhalten zu steuern. Um diesen Grad an Disziplinierung der Untertanen zu erreichen, bedarf es jedoch nach Weber der ‚Entsubjektivierung' der Herrschaft, damit der Gehorsam nicht mehr nur der Person des Herrschaftsträgers, sondern einer ‚rationalen' Ordnung entgegengebracht wird, in welche Herrscher und Beherrschte eingebunden sind. Diese ‚Versachlichung' von Herrschaft sieht Weber als ein Merkmal der modernen Gesellschaft an.[59]

Weber bezeichnete das Militär als „Mutterschoß der Disziplin überhaupt"[60]. Zunächst fand eine Disziplinierung nur in den speziellen Bereichen von Militär, Kloster und Administration statt, ohne ein gesamtgesellschaftlicher Vorgang zu sein. Weber sieht die Disziplinierung solange auf diesen begrenzten Rahmen beschränkt, wie sich die Herrschaft an der ‚Tradition' orientiert, die für ihn in genauem Gegensatz zur ‚Rationalität' steht. Somit schließt er die Gleichzeitigkeit von Sozialdisziplinierungsprozess und traditionaler Herrschaft in der Theorie aus. In der historischen Realität hätten jedoch auch traditionelle Strukturen den Disziplinierungsprozess angestoßen.[61]

Der Historiker Gerhard Oestreich hebt eine doppelte Strategie der städtischen Magistrate hervor, nämlich einerseits eine Disziplinierung durch Instrumente der Strafe und Sanktion und andererseits durch die Verhaltensnormierung und -anpassung. Er unterscheidet zwischen Sozialdisziplinierung und ‚Sozialregulierung', die eine Art Vorstufe der ersteren in Bezug auf die Städte darstellte, wo die Anfänge der obrigkeitlichen Reglementierung unsystematisch vor sich gingen. Von der Durchsetzung der Sozialdisziplinierung im Sinne eines *„alle möglichen Lebensbereiche und fast alle Stände, Gruppen und Berufsschichten erfassenden, fundamentalen sozialen Vorgang[s]"*[62] spricht er erst, als im 18. Jahrhundert Bürokratismus, Militarismus und Merkantilismus den Charakter des absolutistischen Staates bestimmten. Die Disziplinierung griff zu dieser Zeit über das ‚stehende Heer' des Militärs und das ‚sitzende Heer' der Beamten auf die gesamte Gesellschaft über. Die neuen philosophischen Strömungen des Späthumanismus und Neustoizismus taten ihr übriges, indem sie den gemäßigten Absolutismus unterstützten. Der herrschende politische Oberbegriff war nach Oestreich die ‚*prudentia civilis*', eine Morallehre, die Anleitung zu einem nützlichen gesellschaftlichen und politischen Verhalten gab, das Individuum dem Staatszweck unterordnete, die Meisterung der Affekte lehrte und Gehorsam und Disziplin betonte. Die Normen und Verhaltensweisen, die sich herausbildeten, wurden zu den integralen Bestandteilen der bürgerlichen Tugenden. Der Prozess der Sozialdisziplinierung umfasste alle grundlegenden Felder der Disziplinierung, sei es in Wirtschaft, Wissenschaft oder Erziehung, was zu einer umfassenden ‚Vermachtung' dieser Lebensbereiche führte. Die Summe der verschiedenen Disziplinierungsprozesse ergibt einen umfassenden ‚Vermachtungsprozess', mit

---

[59] Vgl. S. BREUER: Sozialdisziplinierung, S. 47.
[60] Vgl. M. WEBER: Wirtschaft und Gesellschaft, S. 647.
[61] Vgl. S. BREUER: Sozialdisziplinierung, S. 48-51.
[62] G. OESTREICH: Policey und Prudentia civilis, S. 371.

dessen Hilfe es der zentralen Autorität gelang, alle Strukturen des Staates auf sich selbst hin zu ordnen.[63] Die Oestreich'sche Konzeption der Sozialdisziplinierung soll nicht weiter ausgeführt werden, da sie stark auf den monarchischen Staat ausgerichtet ist.

Stärker an der Struktur der frühneuzeitlichen Städte orientiert ist die Konzeption von Michel Foucault, der mit seinem Werk *Überwachen und Strafen: Die Geburt des Gefängnisses* eine Theorie der Sozialdisziplinierung vorgelegt hat, die davon ausgeht, dass die Individuen sich nicht freiwillig der Disziplinierung unterziehen, sondern diese ihnen von außen aufgezwungen wird. Für ihn ist die Disziplin eine Erscheinungsform der Macht. Wichtigste Lokalitäten der Disziplinierung sind nach Foucault Kasernen, ‚Irrenanstalten' und Gefängnisse. Er sieht die Anfänge einer ‚Disziplinargesellschaft' im 17. und 18. Jahrhundert, dem sogenannten ‚klassischen Zeitalter' der Disziplinierung. In dieser Zeit *„spielte sich eine Entdeckung des Körpers als Gegenstand und Zielscheibe der Macht ab"*[64].

Der Körper wurde nach Foucault als eine Maschine angesehen, die gehorsam den obrigkeitlichen Anordnungen gemäß zu funktionieren hatte. Diese menschliche Maschine sollte zugleich ausnutzbar und durchschaubar sein und ihre Kräfte durch Disziplinierungsprozeduren unterworfen werden, welche jede Körperfunktion genau kontrollierten. Diese Methoden, von Foucault ‚Disziplinen' genannt, existierten – hier stimmt Foucault mit Weber und Oestreich überein – zunächst nur in Klöstern, in Armeen und im Gefängnis, wandelten sich aber im Laufe des 17. und 18. Jahrhunderts zu *„allgemeinen Herrschaftsformen"*[65]. Ziel dieser ‚Disziplinen' war es nach Foucault nicht nur, den Nutzen des zu disziplinierenden Körpers zu mehren und den Gehorsam der menschlichen Maschine zu vertiefen, sondern einen Zustand zu erreichen, in dem sich diese beiden Fähigkeiten gegenseitig verstärken. Durch die neuen Herrschaftsformen versuchte die Obrigkeit, die Körper der Untertanen in ihre Gewalt zu bringen, um sie für sich arbeiten zu lassen: *„Die Disziplin fabriziert auf diese Weise unterworfene und geübte Körper, fügsame und gelehrige Körper."*[66] Seit dem 17. Jahrhundert breitete sich die Disziplinierung stetig aus. Mit der Verankerung in den Schulen, Spitälern, Manufakturen und Erziehungsheimen griff sie langsam auf die gesamte Gesellschaft über.[67]

Foucault beschreibt verschiedene Techniken der Disziplin, so zum Beispiel die Klausur, die nicht auf die Klöster beschränkt blieb, sondern auch in Kasernen, Manufakturen und später in Fabriken, die ihre Pforten versperrten, erprobt wurde. Nach dem Prinzip der ‚Parzellierung' wurde jedem Individuum sein spezifischer Platz zugeteilt, um seine Anwesenheit und Tätigkeit besser kontrollieren zu können. Durch die Zuweisung von ‚Funktionsstellen' wurde der Raum der ‚Disziplinarinstitutionen' gegliedert und abgeschlossen, um alle Vorgänge unter Kontrolle zu

---

[63] Vgl. G. OESTREICH: Policey und Prudentia civilis, S. 369-377.
[64] M. FOUCAULT: Überwachen und Strafen, S. 174.
[65] Ebd., S. 176.
[66] Ebd., S. 177.
[67] Vgl. ebd., S. 174-181.

haben. Eine solche Institution war beispielsweise das Spital. Um wichtige Vorgänge wie Medikamentenausgabe, Verpflegung, An- und Abwesenheit, Heilung, Todesfälle etc. überwachen zu können, baute man ein wirksames Kontrollsystem auf, das auch heute noch gültig ist. Die Medikamente wurden weggeschlossen, jede Verwendung registriert, Zahl und Identität der Kranken festgestellt, jeder erhielt sein eigenes Bett, an dem sein Name angebracht war, der Arzt kontrollierte bei seinen Visiten das Krankenregister, die Patienten mit ansteckenden Krankheiten wurden isoliert. So wurde das Spital zu einem Raum der perfekten Überwachung. Eine weitere wichtige Kategorie der Disziplin ist der ‚Rang', der jedem Individuum, beispielsweise in der Schule, je nach Wissen und Fähigkeit zugewiesen wurde, was das Einordnen der Einzelnen in eine Hierarchie und ihre effektive Überwachung und Belohnung ermöglicht.[68]

Eine wichtige Säule der Tätigkeitskontrolle ist nach Foucault auch die Zeitplanung. Diese hat ihre Wurzeln in den Klöstern, wo das alltägliche Leben einem strengen zeitlichen Rhythmus unterworfen war. Diese Verfahren der zeitlichen Reglementierung breiteten sich im Verlauf des ‚klassischen Zeitalters' auf andere Bereiche aus. Die disziplinierenden Gewalten in Armeen, Schulen und Manufakturen begannen, jeder Tätigkeit ihre Zeitspanne zuzumessen. Die tätige Ausnutzung der Zeit entschied über die Arbeitstauglichkeit des Individuums.[69]

Doch es reichte nach Foucault nicht aus, dass jedes Individuum zu einer funktionierenden Maschine wurde. Sein Konzept geht in dieser Hinsicht noch über das von Weber und Oestreich hinaus. Denn er sieht die Disziplin sich an einer noch viel größeren Maschine versuchen, die aus vielen zusammengefügten Körpern bestehend im Zusammenspiel funktionieren sollte, wenn jeder seinen Platz einnahm. Die Nützlichkeit des Einzelnen wurde noch erweitert, indem die Körper nicht nur als Summe von Kräften zusammenwirkten, sondern jeder als Element einer übergeordneten Ordnung fungieren sollte, die die ‚Maschine' zum Laufen brachte und damit die Gesamtleistung optimierte. So mussten beispielsweise im Heer die Tätigkeiten der Einzelnen auch zeitlich aufeinander abgestimmt sein, damit die taktisch geschickte Aufstellung funktionieren konnte. Durch solche militärischen und politischen Taktiken wurde die staatliche Kontrolle über Körper und Kräfte der Untertanen ausgeübt und optimiert. Diese Techniken weiteten sich auch auf den Produktionsprozess aus; in den Manufakturen wurde dieser Disziplinierungseffekt unabdingbar.[70]

Die Instrumente der Disziplinarmacht sind Foucault zufolge Sanktion, Überwachung und Prüfung. Durch Sanktionen versuchen die ‚Disziplinen', von der Norm abweichendes Verhalten zu unterbinden beziehungsweise zu korrigieren. Diese ‚Normalisierung' sieht Foucault neben der Überwachungstätigkeit als wichtigstes Machtinstrument der Obrigkeiten im späten 18. Jahrhundert an. Wer

---

[68] Vgl. M. FOUCAULT: Überwachen und Strafen, S. 181-191.
[69] Vgl. ebd., S. 192-206.
[70] Vgl. ebd., S. 209-218.

sich nicht dieser Norm unterwarf, konnte sich nicht in die homogene Gesellschaft integrieren.[71]

Die Disziplinierung durch Prüfung war für den medizinischen und damit auch für den hygienischen Bereich von größter Bedeutung. Die Spitäler erfuhren im 18. Jahrhundert eine einschneidende Umstrukturierung. Sie wurden quasi zu ‚Prüfungsapparaten' umfunktioniert und dienten der medizinischen Überwachung der Bevölkerung. Die wichtigste Art der Prüfung im Spital waren die ärztlichen Visitationen, die sich im Laufe der Zeit nicht nur ausdehnten, sondern auch regelmäßiger und strenger wurden. Zeitplan und Dauer der Visiten waren genau festgelegt und weiteten sich zu einer ständigen Beobachtung und Überprüfung des Patienten aus. Dies wurde auch für die Rolle des Arztes im Gefüge des Heilpersonals von Bedeutung, auf die unten eingegangen werden soll. Eine Begleiterscheinung, die diese Epoche charakterisiert, ist der zunehmende Aufzeichnungs- und Dokumentationsdrang. In umfangreichen Registern wurde über Individuen, ihre Krankheiten, die Umstände ihres Todes oder ihrer Heilung und ihre persönlichen Daten Buch geführt. Dies konnte sich sogar zu biographischen Berichten über einzelne ‚Fälle' von Kranken, Häftlingen oder Wahnsinnigen ausweiten.[72]

Wichtige Ausnahmesituationen, die nach Foucault die Disziplinierungsmaschinerie auf Hochtouren laufen lässt, waren die Epidemien der Frühen Neuzeit. So sah er in Pestzeiten das gesamte Gebiet einer frühneuzeitlichen Stadt zum ‚Disziplinarraum' umfunktioniert, indem man beispielsweise folgende Maßnahmen ergriff: Absperrung der Stadt, das Verbot diese zu verlassen, das Gebot, sich in den Häusern zu halten, jedoch die Kranken und Toten zu melden. Meist erfolgte eine ‚Parzellierung' des Seuchengebietes, indem man es in verschiedene Viertel aufteilte, die jeweils einem Inspektor unterstanden, der Aufenthaltsort und Befinden jedes einzelnen Einwohners genau erfasste. In einem solchen Quarantänegebiet wurde die perfekte Überwachung möglich, denn es war oft sogar bei Strafe verboten, das Haus zu verlassen, womit jeder an seinen Platz gebunden wurde – kurz „*dies ist das kompakte Modell einer Disziplinierungsanlage*"[73]. Krankheiten, besondere Vorkommnisse, Beschwerden und Todesfälle wurden von der Obrigkeit, die auch die medizinische Versorgung und die Reinigung der infizierten Häuser organisierte, genau registriert. Damit wurden alle Bereiche der Seuchenbekämpfung zentral gelenkt. Die Obrigkeit versuchte, durch strenge Disziplinierungsmaßnahmen die Unordnung und Regellosigkeit, die die Seuche mit sich brachte, in den Griff zu bekommen.[74] Dass diese Theorie auch auf die Regensburger Pestepidemie von 1713 zutrifft, soll unten ausgeführt werden.

Das Herrschaftsinstrument der Sozialdisziplinierung versuchte, abweichendes Verhalten schon im Keim zu ersticken, um die Herrschaft aufrecht zu erhalten. Die Disziplinierungsversuche zielten auf Verhaltensnormierung ab, die in den Augen

---

[71] Vgl. M. FOUCAULT: Überwachen und Strafen, S. 232-237.
[72] Vgl. ebd., S. 238-247.
[73] Ebd., S. 253.
[74] Vgl. ebd., S. 251-256.

der Obrigkeiten angesichts des Verfallens alter Traditionen notwendig wurde. Foucault spricht von einer *„Ausweitung der Disziplinarmechanismen"*[75] im 18. Jahrhundert. Vollendet wurden diese im 19. Jahrhundert mit der Nachahmung von ‚Kerkersystemen' wie Benthams „Panopticon", das eine optimale Überwachung bis in den letzten Winkel der Zellen und der gesamten Gefängnisanlage ermöglichte. Breuer fasst Foucaults Theorie der Sozialdisziplinierung folgendermaßen zusammen: *„Die Gefängnistore können geöffnet werden, weil die Gesellschaft selbst zum Gefängnis geworden ist – zur Disziplinargesellschaft"*[76]. Es wird anhand der Fallstudie zu beobachten sein, inwieweit sich die sehr weitreichende Foucaultsche Theorie tatsächlich in die Praxis umsetzen ließ.

2. Die Entdeckung der Reinlichkeit durch das Bürgertum

2.1 Das Aufstreben des Bürgertums zur tonangebenden Gesellschaftsschicht

Das Phänomen des Sozialdisziplinierungsprozesses ist nicht nur mit dem Geist der Aufklärung, sondern auch mit deren Trägerschicht, dem Bürgertum, sehr eng verbunden. Denn die ‚Reglementierungswut' des Staates kam besonders der Befindlichkeit des aufstrebenden Bürgertums entgegen, denn es war ein wichtiges Anliegen des bürgerlichen Lebensstils, umfassende Regelungen aufzustellen und damit das öffentliche Leben zu kontrollieren. Verhaltensnormierung und Disziplin sollten das Streben nach Ruhe, Ordnung und Leistungswillen verwirklichen. Gerade diese gesellschaftliche Gruppe war es auch, die eine zunehmende Hygienisierung ihres Lebensraumes vorantrieb. Im Bürgertum herrschte große Angst vor der regellosen, chaotischen Unsauberkeit der unteren Schichten. Man kann hier von einer Sozialdisziplinierung durch Hygienisierung sprechen.[77]

Das Bürgertum der zweiten Hälfte des 18. Jahrhunderts ist keineswegs als Einheit zu betrachten, sondern bestand aus einem heterogenen Konglomerat verschiedener Gruppen, die in der Gesamtgesellschaft eine Minderheit von fünf bis fünfzehn Prozent ausmachten. Diese setzten sich vor allem aus dem Wirtschaftsbürgertum, also Manufaktur- und Fabrikbesitzern und dem Bildungsbürgertum, das verschiedenste Berufsklassen wie akademisch gebildete Beamte, Juristen, Theologen, Professoren, Lehrer und Ärzte umfasste, zusammen. Vor allem letzterem gelang dank der akademischen Bildung ab der Mitte des 18. Jahrhunderts ein rascher sozialer Aufstieg. Die universitäre Ausbildung war Voraussetzung für eine Stelle in der Bürokratie des absolutistischen Staates. Durch das Universitätsstudium wurde auch weniger Begüterten eine Karriere ermöglicht. Das Bildungsbürgertum versuchte nun, sich durch einen spezifisch ‚bürgerlichen' Lebensstil nach

---

[75] M. FOUCAULT: Überwachen und Strafen, S. 271.
[76] S. BREUER: Sozialdisziplinierung, S. 62.
[77] Vgl. A. CORBIN: Pesthauch und Blütenduft, S. 13 und A. Labisch: „Hygiene ist Moral", S. 280-281.

oben und unten abzugrenzen, was zur Folge hatte, dass Kleinbürger wie Handwerker oder Gewerbetreibende sozial abstiegen.[78]

Dieses Streben nach einem eigenen Stil ist gleichzusetzen mit einer Suche nach Identität. Im 18. Jahrhundert zeichneten sich zwar erste Konturen der späteren Hegelschen ‚bürgerlichen Gesellschaft' ab, die jenseits der traditionellen, ständischen Strukturen entstand. Doch den bürgerlichen Schichten fehlte in der noch ständisch geprägten Gesellschaft eine feste soziale Verortung. Sie gehörten weder zu den Geburtsständen wie dem Adel, noch waren sie den Berufsständen wie Bauern oder Handwerkern zuzuordnen. Da man sich nicht unter dem schützenden Mantel der Ständesolidarität wärmen konnte, musste man andere Wege finden, um sich Ansehen zu verschaffen. Das Bürgertum sah sich somit gezwungen, durch wirtschaftliche, intellektuelle oder künstlerische Leistungen seinen Platz in der Gesellschaft zu behaupten. Man stürzte sich in rastlose Betriebsamkeit und erhob den Glauben an Vernunft, Leistung und Machbarkeit zu den höchsten Tugenden. Die normative Zielsetzung des Bürgertums war es, das eigene Schicksal in die Hand zu nehmen und das Leben in planvoller Tätigkeit zu verbringen. Eine zentrale Leitkategorie der Aufklärung war die ‚Mäßigkeit', an der alle anderen Tugenden gemessen wurden. Spontane und affektive Gefühlsäußerungen und Begierden und insbesondere der Müßiggang wurden als unvernünftig und unzivilisiert entlarvt und verworfen. Die Ideale der Aufklärung wurden vor allem von diesen bürgerlichen Schichten hochgehalten, die eine soziale und politische Veränderung der bestehenden Verhältnisse zu ihren Gunsten anstrebten und gleichzeitig versuchten, das eigene Zusammenleben unter dem Leitstern der Vernunft zu organisieren. Ein geordnetes, konfliktfreies Miteinander sich selbst disziplinierender Bürger sollte das Gefühl von Überschaubarkeit und Sicherheit vermitteln.[79]

Diese normativen Handlungsanleitungen schlugen sich in einer spezifisch bürgerlichen Aufklärungsprogrammatik nieder, die in vielfältigen literarischen Produktionen zum Ausdruck gebracht wurde. Tageszeitungen, Zeitschriften, Romane, Kalender und Ratgeber waren die neuen Medien einer immer breiter werdenden bürgerlichen Öffentlichkeit. Daneben stillte der aufgeklärte Bürger seinen Bildungshunger in Leihbibliotheken[80], Lesekabinetten, im Theater oder in ‚patriotischen Gesellschaften', den Vereinigungen von Bürgern oder Gelehrten, die gerne mit Vorträgen oder Preisfragen zu gemeinnützigen Zwecken an die Öffentlichkeit traten oder Zeitschriften herausgaben. Sie bildeten die ‚Keimzellen' der späteren ‚bürgerlichen Gesellschaft' und grenzten sich nach unten sehr wohl ab. So waren zum Beispiel die Handwerker, die wenig Zeit für schöngeistige Dinge aufbringen konnten, von dieser bürgerlichen Öffentlichkeit ausgeschlossen.[81]

Das Aufkommen einer solchen diskursiven bürgerlichen Öffentlichkeit wirkte sich auch auf die gesundheitspolitischen Konzeptionen aus. Vor allem in der

---

[78] Vgl. M. FREY: Der reinliche Bürger, S. 90.
[79] Vgl. C. BARTHEL: Medizinische Polizey, S. 34-37.
[80] Der Anteil der Alphabeten an der Gesamtbevölkerung betrug in den meisten Gegenden des Heiligen Römischen Reichs jedoch nur ca. 10 Prozent. (Vgl. M. FREY, Der reinliche Bürger, S. 92)
[81] Vgl. ebd., S. 91-92.

zweiten Hälfte des 18. Jahrhunderts entwickelte sich ein breiter Gesundheitsdiskurs, der von bürgerlichen Akteuren getragen wurde. Die Gesundheit des Körpers lag den aufgeklärten Geistern sehr am Herzen, denn sie war Bedingung für Fleiß, Leistungsbereitschaft und eine tugendhafte Lebensführung. Ein gesunder und damit beweglicher Körper war Voraussetzung für eine wirtschaftlich selbständige Existenz. Die persönliche Reinlichkeit wurde auf diese Weise bedeutsam für den sozialen Aufstieg. Gesundheit, so schreibt Labisch, ist *„eine spezifisch bürgerliche Erfindung – die ständisch-feudale Gesellschaft wird vom Bürgertum daher mit Müßiggang und Krankheit, die bürgerliche jedoch mit Arbeit und Gesundheit gleichgesetzt"*[82]. Die diätetischen[83] Abhandlungen wurden zu einem *„bürgerliche[n] Befreiungsprogramm"*[84], mit dem sich das Bürgertum von den dominierenden Reinlichkeitsvorstellungen des Adels löste und von der ihm widerwärtigen ‚Unsauberkeit' der Unterschichten distanzierte.[85]

Das neue Körperbewusstsein orientierte sich an der eigenen Leistungsfähigkeit. Die Gesundheit zu erhalten, wurde zur Pflicht gegen sich selbst und die übrigen Mitglieder der Gesellschaft. Denn diese forderte vom Individuum, seine Kräfte in ihrem Sinn einzusetzen. Somit wurde die Erhaltung der Gesundheit zu einem *„gesellschaftlichen wie privaten Zweck [...], dem im Dienste eines übergeordneten Zieles gleichermaßen öffentliches wie privates Leben unterzuordnen"*[86] war. Im Bürgertum verbreitete sich bald die Angewohnheit, sich einer strengen Selbstkontrolle zu unterwerfen und sich zum Pädagogen und Arzt seiner selbst zu machen. Barthel spricht etwas überspitzt von einer bürgerlichen *„Gesundheitsreligion"*[87]. Das Bürgertum forderte damit von den Angehörigen seiner Schicht ein bestimmtes rationales Verhalten ein, das vor allem in den Städten als Gemeinschaften der Bürger effektiv durchgesetzt werden konnte.[88]

Der Gesundheitsdiskurs wurde vor allem von den bürgerlichen Ärzten getragen. Für sie gab es zwei Gründe, ihre schriftstellerischen Ambitionen voranzutreiben. Zum einen war ihre soziale Stellung nicht festgelegt, denn sie gehörten als medizinische Aufklärer zwar zum Bildungsbürgertum, fanden aber in der noch ständisch geprägten Gesellschaft der ersten Hälfte des 18. Jahrhunderts keinen festen Platz. Zum anderen wurde ihre fachliche Autorität in weiten Kreisen der Bevölkerung nicht anerkannt. Die Publikationen dienten somit zum einen der Selbstdarstellung; sie versuchten, die Meinung ihres meist gebildeten bürgerlichen oder adeligen Publikums in ihrem Sinne zu beeinflussen. Somit sind ihre Abhandlungen *„auch Öffentlichkeitskampagnen, Imagewerbung, Verkaufsstrategien der Profession"*[89]. In der zweiten Hälfte des 18. Jahrhunderts zielten sie

---

[82] A. LABISCH: „Hygiene ist Moral" S. 268.
[83] ‚Diätetik' nannte man die aus der antiken Tradition übernommene Konzeption einer ‚richtigen' Lebensweise.
[84] M. FREY: Der reinliche Bürger, S. 142.
[85] Vgl. ebd., S. 142 und A. LABISCH: „Hygiene ist Moral", S. 268.
[86] A. LABISCH: „Hygiene ist Moral", S. 267-268.
[87] C. BARTHEL: Medizinische Polizey, S. 38.
[88] Vgl. ebd. und M. FREY: Der reinliche Bürger, S. 95.
[89] G. GÖCKENJAN: Kurieren und Staat machen, S. 85.

außerdem auf eine Teilnahme an der wissenschaftlichen Diskussion über die Medizinische Polizei ab, um sich auf überregionaler Ebene einen Namen zu machen. Dies war der Reputation förderlich und verschaffte dem einen oder anderen eine Stellung bei Hofe oder im Staatsdienst. Die Publikationen entstanden so zu einem guten Teil aufgrund eines ärztlichen Profilierungsinteresses.[90]

Andererseits standen die bürgerlichen Ärzte vor dem Problem, dass ihr Berufsstand in Konkurrenz zu verschiedenen im Gesundheitswesen tätigen Gruppen stand. Denn neben den an der medizinischen Fakultät einer Universität ausgebildeten Ärzten gab es eine große Gruppe nicht-akademisch, sondern handwerklich ausgebildeter, in Zünften organisierter Wundärzte, Chirurgen, Bader, Barbiere und Zahnärzte. Die Bezeichnung ‚Wundarzt' stand dabei nur denjenigen zu, die sich durch die Ablegung eines ‚Probierstückes' für die wundärztliche Tätigkeit qualifiziert hatten. Die dritte und größte Gruppe bestand aus dem als ‚Pfuschern' denunzierten Heilpersonal, das in den Städten eine obrigkeitliche Lizenz besaß und ihre Heilpraktiken meistens bei den ärmeren Schichten der Bevölkerung zum Besten gab, die sich keinen ‚gelehrten Arzt' leisten konnten. Nach Meinung Barthels wäre das auch nicht nötig gewesen, denn deren Kunst beschränkte sich weitgehend auf den Aderlass und die Verabreichung von Brechmitteln und Klistieren. Die ‚Pfuscher', ‚Wunderdoktoren', ‚Quacksalber' und ‚weisen Frauen' waren dagegen zwar nicht akademisch gebildet, hatten aber viel Erfahrung und brachten billige und oft auch wirksame Heilmittel zum Einsatz.[91]

Die akademischen Ärzte wurden allerdings nicht nur von den unteren Bevölkerungsschichten gemieden, sondern hatten auch bei den Begüterten einen harten Stand. So wurden die Ärzte nicht nur nach Belieben an das Krankenbett bestellt, sondern es wurde ihrer Kompetenz auch dadurch Geringschätzung erwiesen, dass man häufig gleich mehrere Doktoren zu sich rief, was die Autorität des Einzelnen natürlich in Frage stellte.[92]

In den Städten des 18. Jahrhunderts etablierte sich, getragen von den bürgerlichen Schichten, ein neuer Wertekanon, dessen integraler Bestandteil die Gesundheitspflege und -erhaltung war. Um die neuen hygienischen Verhaltensregeln, die sich seit etwa 1760 mit Hilfe des breiten hygienischen Diskurses im städtischen Bürgertum durchgesetzt hatten, auch an die nächsten Generationen weiterzugeben, sollten Kinder schon früh zu individueller Körperkontrolle und Reinlichkeit erzogen werden. Dabei stand auch die Abhärtung im Vordergrund, die der Verzärtelung und damit schwachen Körpern und unmoralischen Verhaltensweisen vorbeugen sollte. Dieser Gedanke ging auf Rousseau zurück, der in seinem Erziehungsroman *Emile* von 1762 die Reinlichkeit in Form von kalten Bädern zur Abhärtung empfahl, die man schon gleich nach der Geburt des Kindes anwenden sollte. In Deutschland kam es zu einer Konjunktur der Erziehungsliteratur, die zwischen 1780 und 1800 etwa 160 Monographien hervorbrachte. Auf diese Weise versuchte man, die neu erworbenen Grundsätze an die nächste Generation

---

[90] Vgl. C. BARTHEL: Medizinische Polizey, S. 42-43.
[91] Vgl. ebd., S. 47-50.
[92] Vgl. ebd.

weiterzugeben, um durch frühes Erlernen der Wertorientierungen die *„soziale Einheit"*[93] des Bürgertums zu verfestigen, gleichzeitig aber auch der hohen Kindersterblichkeit entgegenzuwirken.[94]

Um auch die untersten Schichten auf dem Land, die keinen Zugang zu schriftlichen Medien hatten, medizinisch belehren und damit auch reglementieren zu können, etablierte sich die ‚Pastoralmedizin', mit der die medizinische Volksaufklärung in den letzten zwanzig Jahren des 18. Jahrhunderts ihren Höhepunkt erreichte. Diese wurde vor allem in kleineren Orten praktiziert, wo es keinen ansässigen Arzt gab. Vor allem Landgeistliche, aber auch Wundärzte, Bader oder Beamte wurden zu den *„Distributoren"*[95] der aufgeklärten Gesundheitserziehung gemacht. Sowohl katholische als auch evangelische Geistliche wurden mit dem Argument, die Gesundheitspflege sei ein wichtiger Aspekt eines gottesfürchtigen Lebenswandels, auf die Linie der Mediziner und der Obrigkeit gebracht. Deren Ansinnen war es, die Leistungsfähigkeit der Landbewohner und damit das Wohlergehen des Staates zu steigern. Aufgeklärte Geister wehrten sich zwar gegen eine Verbindung von Gesundheit und Religion und man befürchtete überdies, die Konkurrenz an ‚Pfuschern' weiter zu vermehren, beruhigte sich aber mit dem Gedanken, dass den Klerikern nur eine eingeschränkte Rolle als medizinische Autorität zukam. Allerdings bedeutete die Übernahme von Aufgaben zur Hygieneerziehung durch den Klerus für diesen durchaus eine Kompetenzerweiterung, da ihnen ein Instrument an die Hand gegeben wurde, um die Landbevölkerung moralisch und praktisch zu Gehorsam und Fleiß anzuweisen und Widerstand zu unterdrücken. Auf diese Weise traten Hygiene, Moral und Religion in eine einmalige Verbindung, da über den Wert ‚Gesundheit' ein disziplinierender Zugriff auf das Verhalten der Menschen legitimiert wurde. Durch diese Gesundheitserziehung wurde die Übernahme eines bestimmten Wertesystems unausweichlich. Mit der Pastoralmedizin wurde aber auch ein Säkularisierungsprozess in Gang gesetzt, der den aufgeklärten ländlichen Klerus an die Lebensformen des städtischen Bürgertums annäherte. Da dieser sich durch die schlechten hygienischen Bedingungen der Menschen in seiner Umgebung selbst gefährdet sah, lag es auch im eigenen Interesse, hygienische Verhaltensnormen weiterzugeben. Die unter den Bürgern verbreitete Angst vor einer Ansteckung durch die unteren Schichten war ein wichtiger Grund für die Fortschritte der medizinischen Volksaufklärung. Dem Bürgertum gelang auf diese Weise zwar der Zugriff auf die untersten gesellschaftlichen Schichten, doch es war ein fragwürdiges Unterfangen, die eigenen Normen und Rollenerwartungen auf diese übertragen zu wollen, denn die Angehörigen der Unterschichten betrachteten sich nicht als selbstbestimmte Individuen wie die Angehörigen des städtischen Bürgertums. Deshalb war das Programm der Medizinischen Polizei, die sich Ende des 18.

---

[93] M. FREY: Der reinliche Bürger, S. 133.
[94] Vgl. ebd., S. 132-134.
[95] Ebd., S. 135.

Jahrhunderts etablierte, nicht auf die Einzelnen, sondern auf die Gesamtheit der Bevölkerung ausgerichtet.[96]

2.2 Die Rolle der bürgerlichen Ärzte und das Konzept der ‚Medizinischen Polizei'

Wichtigste Propagandisten des Gesundheitsdiskurses, der sich um die Mitte des 18. Jahrhunderts entsponnen hatte, waren die bürgerlichen, akademisch gebildeten Ärzte. Mit ihrem publizistischen Engagement für gesundheitspolitische Themen bildete sich gegen Ende des 18. Jahrhunderts eine sogenannte ‚Medizinische Polizeiwissenschaft' heraus. Im Unterschied zu vorangehenden diätetischen Abhandlungen beschränkte sich diese nicht mehr auf Ratschläge zur individuellen Gesundheitspflege, sondern die akademischen Ärzte entwickelten *„eine öffentliche Perspektive, die sie als Medizinalpolizei der Obrigkeit anempfehlen"*[97]. In der Medizinischen Polizei sollte sich das bürgerliche Interesse an der Gesundheitsvorsorge mit dem Interesse des Landesherrn an der Gesundheit seiner Untertanen, das produktions- und militärpolitisch motiviert war, verbinden. Damit können diese Abhandlungen als erste Ansätze eines staatlichen Gesundheitswesens betrachtet werden, da sie, im Falle einer gesetzlichen Umsetzung durch den Staat *„im Gegensatz zu den korporativ-kollegialen Medizinalordnungen der Städte [...] Bestandteil legaler und damit über die Verwaltung organisierter, bürokratischer Herrschaftsausübung"*[98] wurden.[99] Die praktische Umsetzung der ausführlichen Maßnahmenkataloge der Medizinischen Polizei erfolgte allerdings bis zum Ende des 18. Jahrhunderts nicht zur Zufriedenheit ihrer Akteure. Die gesundheitspolitische Gesetzgebung der Obrigkeiten wurde von vielen zeitgenössischen Ärzten als nicht weitgehend genug kritisiert.[100]

Die Medizinische Polizei steht in direkter Verbindung mit der oben skizzierten Herausbildung polizeilicher Ordnungsfunktionen, denn *„der Endzweck der Policei schließt [...] auch die Sorge fuer das oeffentliche Gesundheitswohl, d. i. die Befoerderung und Erhaltung der Gesundheit aller im Staat beisammen lebenden Menschen, und die Verhuetung und Abwendung aller Uebel, welche dieselbe beeintraechtigen koennen, in sich."*[101]

Im Unterschied zu den polizeilichen Verordnungen der Frühen Neuzeit, welche Gesundheit und Hygiene betreffen, waren die Schriften der Medizinischen Polizei weitaus umfassender und zielgerichteter.

---

[96] Vgl. A. LABISCH: „Hygiene ist Moral", S. 270-280 und M. FREY: Der reinliche Bürger, S. 134-138.
[97] G. GÖCKENJAN: Kurieren und Staat machen, 95.
[98] A. LABISCH: „Hygiene ist Moral", S. 269.
[99] Vgl. G. GÖCKENJAN: Kurieren und Staat machen, S. 94-95 und A. LABISCH: „Hygiene ist Moral", S. 268-271.
[100] Vgl. M. RODENSTEIN: „Mehr Licht, mehr Luft", S. 38.
[101] E. B. G. HEBENSTREIT: Lehrsaetze, S. 6-7.

Indem sie in ihren Schriften das Wort an die Obrigkeiten richteten und nicht müde wurden, ihre Bemühungen um die Gesundheit der Bevölkerung zum Wohle des Staates hervorzuheben, versuchten die Autoren der Medizinischen Polizei, ihre Bedeutung für diesen zu untermauern. In ihren Schriften bekundeten die Publizisten ihre ‚patriotischen Absichten', was ihr Bemühen verdeutlichte, als aktive und dem Gemeinwohl verpflichtete Bürger dem Staat zu dienen und den Herrschenden ihre Loyalität zu bekunden. Sie appellierten an die Vernunft der aufgeklärten Fürsten, die Untertanen nicht nur vermehren zu wollen, sondern auch deren Glück und Wohlergehen anzustreben.[102]

Die bürgerlichen Autoren wurden sich ihrer Bedeutung für den Staat bewußt, der die Ärzte als Distributoren des hygienischen Wissens benötigte. Mit ihren umfassenden Gesamtkonzepten verfolgten sie die staatlichen Anliegen, nämlich die Bevölkerung zu vermehren und die Untertanen zu einem sittlichen Leben, zur Übernahme bürgerlicher Reinlichkeitsnormen aber auch zur Anerkennung der Autorität des bürgerlichen Akademiker-Arztes anzuleiten.[103]

Der Pressburger Arzt Zacharias Gottlieb Huszty (1754-1803) definierte die Medizinische Polizeiwissenschaft sogar als Teil der Bevölkerungswissenschaft. Er verknüpfte damit kameralistische Forderungen des frühen 18. Jahrhunderts nach Vermehrung der Menschen mit einem Konzept der Gesundheitsvorsorge für die gesamte Bevölkerung.[104]

Huszty stellte damit die Medizinische Polizei einerseits in den Dienst des absolutistischen Staates, sprach aber auch den neuen Aspekt an, auf den die Medizinalpolizei ihre Anstrengungen ausrichtete. Man wandte sich mit den diätetischen Abhandlungen nun nicht mehr allein an das bürgerliche Publikum, sondern an die gesamte Gesellschaft inklusive der Unterschichten, welche das Gros der Bevölkerung ausmachten. Es wurde zum Anliegen des aufgeklärt-absolutistischen Staates und seiner selbsternannten Ideologen, den Autoren der Medizinischen Polizei, die Nation gesund und leistungsfähig zu erhalten. Dabei ging es nicht mehr nur, wie in den diätetischen Abhandlungen der Jahrhundertmitte, um die Einbindung der Individuen in die bürgerliche Gesellschaft und die nur individuelle Körperpflege, sondern darum, Reinlichkeit zum *„nationalen Programm"*[105] zu machen.[106]

---

[102] Vgl. C. BARTHEL: Medizinische Polizey, S. 42-45.
[103] Vgl. G. GÖCKENJAN: Kurieren und Staat machen, S. 66.
[104] Huszty schrieb dazu: *„Der Zwek der medizinischen Polizeiwissenschaft wird durch den Hauptgrundsaz der Staatswirthschaft, die Bevölkerung, bestimmt: mit welchem die Erhaltung der Gesundheit und des Lebens der Unterthanen unzertrennlich verbunden ist. Man hat nicht nöthig, in der medizinischen Polizeiwissenschaft für die Bevölkerung einen eigenen Artikel aufzustellen; da jene nur ein Theil der eigentlichen Bevölkerungswissenschaft ist; und ich eben so gut medizinische Bevölkerungs- als med. Polizeiwissenschaft sagen kann. [...] So wenig nun die allgemeine Wohlfahrt des Staats ohne innerer Sicherheit bestehen kann, eben so wenig kann auch diese innere Sicherheit ohne Sorge für die Erhaltung der Gesundheit und des Lebens und für die Fortpflanzung der Unterthanen, als des Zweks der medizinischen Polizeiwissenschaft gegründet werden."* (Z. G. HUSZTY: Diskurs, Bd. I, S. 20-22)
[105] M. FREY: Der reinliche Bürger, S. 139.
[106] Vgl. ebd., S. 139-146.

So bemerkte Christoph Wilhelm Hufeland (1762-1836) in seinem 1799 in der zweiten Auflage erschienen Werk *Die Kunst, das menschliche Leben zu verlängern*: *„Die unreinlichsten Nationen sind auch immer die dümmsten, verworfensten, unedelsten, und ich würde, wär ich ein Reformator, ihre Kultur damit anfangen, sie an körperliche Reinigkeit zu gewöhnen."*[107]

So wurde die Reinlichkeit von nun an für die gesamte Gesellschaft zur erstrebenswerten Tugend erhoben. Gleichzeitig geschah eine ‚Versachlichung' der Gesundheit im Sinne Max Webers, da die Vernunft zum Antrieb für gesundheitliche Vorsorgemaßnahmen wurde.

Vor allem unter den wohlhabenden Stadtbürgern herrschte große Angst vor Ansteckung durch die Armen. In dem Versuch der bürgerlichen Aufklärer, ihre Reinlichkeitsnormen auch auf die nicht-bürgerlichen Schichten zu übertragen, lagen *„aufgeklärter Idealismus und Gruppenegoismus"*[108] eng beieinander. Diese Gefahr, durch die Unsauberkeit der Unterschichten angesteckt zu werden, führte zu einer Ausweitung der Hygieneforderungen vom privaten auf den öffentlichen Bereich. Dabei bediente man sich der Medizinischen Polizei als Fachdisziplin.[109]

Die Theoretiker der Medizinischen Polizei entwarfen umfangreiche diätetische Abhandlungen mit detaillierten Ratschlägen zu den verschiedensten gesundheitlichen Problembereichen. Die sechs ‚nicht natürlichen Dinge' wurden dabei zu den diätetischen Programmpunkten. Diese Faktoren, die äußerlich auf den Körper einwirkten, fasste man unter den Begriff der *sex res non naturales* zusammen, worunter Licht und Luft, Speise und Trank, Arbeit und Ruhe des Körpers, Wachen und Schlafen, Anfüllen und Entleerung des Körpers und die Bewegungen des Gemüts zusammengefasst wurden. Jeden dieser Aspekte verbanden die Autoren mit dem Normativ Reinlichkeit, denn ohne diesen übergeordneten Zweck entfalteten sie nach ihrer Darstellung keine gesundheitsfördernde, sondern eher eine schädliche Wirkung. Die Veröffentlichungen der Medizinischen Polizei schilderten in drastischen Worten die Bedrohung durch Verstopfung, Stagnation und Gestank und ‚predigten' Mäßigung und die Anregung der Säfte durch Bewegung.[110]

Die Abhandlungen brachen mit einer gängigen Auffassung, die bis zur Mitte des 18. Jahrhunderts noch in den höchsten Kreisen vorgeherrscht hatte, nämlich dem Glauben, Krankheiten seien von Gott als Strafe geschickt, die man schicksalsergeben hinzunehmen habe und die zur Kirchenbuße mahnten. Zur Mitte des 18. Jahrhunderts hin, als sich mit der Aufklärung eine säkularisierte Weltsicht durchsetzte, bildete sich der Wunsch, ein hohes Alter zu erreichen, als ein neuer Wertmaßstab der bürgerlichen Welt heraus. Es wurde üblich, bei Krankheiten, die man vormals als Bestandteil eines unausweichlichen göttlichen Weltplans angesehen hatte, zu intervenieren und gesundheitliche Vorsorge- oder Heilungsmaßnahmen zu ergreifen. Auch dafür konnten religiöse Begründungen

---

[107] C. W. VON HUFELAND: Erinnerung, zitiert nach: M. FREY: Der reinliche Bürger, S. 141.
[108] Ebd., S. 142.
[109] Vgl. ebd., S. 138-142.
[110] Vgl. G. GÖCKENJAN: Kurieren und Staat machen, S. 80-81.

gefunden werden, nämlich das Argument, es sei Gotteslästerung, mit der eigenen Gesundheit in unverantwortlicher Weise umzugehen.[111] So heißt es bereits 1735 bei Zedler:

„Es ist also der goettliche Wille in gehoeriger Maße, und in Beobachtung der gehoerigen Subordination derer Endzweck und Mittel die Gesundheit zu erhalten, die verlohrne wieder herzustellen, und alles, was uns an dem Genuß dieses guten hindern kann, aus dem Wege zu raeumen, wo wir nur dadurch uns und unsern Naechsten nicht um ein groesseres Gut bringen. Hieraus laeßt sich also gar leichte die Frage entscheiden, ob es erlaubt, uns wieder die, so unserer Gesundheit Schaden drohen, zu vertheidigen? wir antworten mit ja. Denn GOTT hat mir die Gesundheit gegeben, selbige zu meinem wahrhafften Nutzen zu gebrauchen. Wer nun also mich darinnen hindert, suendiget wieder den goettlichen Willen."[112]

Nach Zedler sollte jeder Einzelne durch eigene Kraft oder mit Hilfe der Obrigkeit, die entsprechende Maßnahmen zu treffen hatte, für die Erhaltung seiner Gesundheit sorgen.

Für diejenigen Publizisten, die selbst Ärzte waren, war es durchaus vorteilhaft, die göttliche Vorsehung zu leugnen, da diese der ärztlichen Tätigkeit keinen Spielraum gelassen hätte. Andererseits musste die Existenz einer göttlichen Weltordnung vorausgesetzt werden, um den eigenen Argumenten moralischen Anspruch zu geben oder auch nur, um sie zu legitimieren. Außerdem blieb dem Arzt damit die Möglichkeit, die Position eines *„Erforschers und Vermittlers der göttlichen Ordnung"*[113] einzunehmen. Das Postulat, den eigenen Körper gesund und damit leistungsbereit zu erhalten, war ein spezifisch bürgerliches. Denn damit endete der Glaube an von vorneherein fest zugeteilte Lebenschancen und es begann sich die Idee von der Eigenverantwortlichkeit festzusetzen. Dieses bürgerlich-aufklärerische Vernunftpostulat verwies auf die Veränderbarkeit der bestehenden Verhältnisse, die von der traditionellen aristokratischen und klerikalen Ordnung bestimmt waren. Dieser Säkularisierungsprozess, der das Verhältnis der Menschen zu ihrem eigenen Körper grundlegend veränderte, begann bereits in der Renaissance, aber erst in der zweiten Hälfte des 18. Jahrhunderts traf er auf ein größeres Selbstbewusstsein und die Besinnung der Menschen auf ihre eigene Leistungsfähigkeit, aber auch ihr Gespür für die gestiegenen Anforderungen ihrer Umgebung.[114]

Einer der ersten, die mit der Auffassung von der göttlichen Vorsehung brachen, war der aus Zweibrücken stammende Medizinprofessor Johann Peter Frank (1745-1821), der zwischen 1785 und 1790 in den Diensten Kaiser Josephs II. stand. Er war quasi der ‚Vorreiter' der Medizinischen Polizeiwissenschaft, denn er trat schon im Jahr 1779 als erster mit dem ersten Band eines umfangreichen sechsbändigen Werkes, dem *System einer vollständigen medicinischen Polizey* an die

---

[111] Vgl. G. GÖCKENJAN: Kurieren und Staat machen, S. 62-63.
[112] J. H. ZEDLER, Grosses Vollständiges Universallexikon, Bd. 10, Sp. 1336.
[113] G. GÖCKENJAN: Kurieren und Staat machen, S. 63.
[114] Vgl. ebd., S. 62-66.

Öffentlichkeit. Die meisten Publizisten, die in der zweiten Hälfte des 18. Jahrhunderts eine Abhandlung über die Medizinische Polizei schrieben, nahmen voller Lob Bezug auf Frank. Dessen Werk war als ‚polizeistaatliches' Reformprogramm konzipiert und beinhaltet eine Zusammenfassung aller erdenklichen Bereiche der Gesundheitsvorsorge, die das menschliche Leben von der Zeugung bis zur Bestattung bestimmen. Der Obrigkeit wurde darin ein Katalog an Änderungsvorschlägen unterbreitet, dessen Fülle an angesprochenen Problemfeldern so umfangreich war, dass die Erledigung aller angemahnten Aufgaben wohl jede Staatskasse geleert hätte. Frank sprach im ersten Band die Bereiche der Fortpflanzung, Ehe und Schwangerschaft und im zweiten Band außereheliche Geburten, Abtreibung, Säuglingspflege und Kindererziehung an. Im dritten Band ging es um Nahrungsmittel, Mäßigkeit, Kleidung, Erholung, Wohnungsbau und -hygiene und im vierten Band besprach er die öffentliche Sicherheit. Der fünfte und sechste Band behandelten den Bereich der gerichtlichen Arzneikunde, Fragen der Ärzte und das Krankenhauswesen.[115]

Das Werk enthielt unter anderem eine große Fülle an stadthygienischen und seuchenpolizeilichen Erörterungen. Es stand unter dem Motto „*Servandis et augendis civibus*"[116] und richtete sich „*an alle und jede Menschenfreunde, an die verehrungswuerdigen Vorsteher der Republicken, und an die oeffentlichen, zur Verpflegung des allgemeinen Gesundheitswohls der Voelker, aufgestellten Gesellschaften und Collegien*"[117], die dazu angeleitet werden sollten, wie eine optimale Gesundheitsvorsorge zu treffen sei.

Franks Abhandlung ist erfüllt von den kameralistischen Überzeugungen seiner Zeit, die besagten, dass eine zahlreiche, gesunde und damit leistungsbereite Bevölkerung die Quelle von Reichtum und Macht für den Staat sei, der wiederum die Aufgabe habe, die Bevölkerung zu mehren und sie zu Glück und Wohlstand zu führen. Frank musste damit bei Kaiser Joseph II., einem enthusiastischen Anhänger der Aufklärung, dem das *System einer vollständigen medicinischen Polizey* gewidmet war, auf begeisterte Zustimmung getroffen sein.[118]

Eine Definition seiner Vorstellung der Medizinischen Polizei gibt Frank in der Einleitung zu seinem Werk im ersten Band:

„*Die innere Sicherheit des Staates ist der Gegenstand der allgemeinen Polizeywissenschaft; ein sehr ansehnlicher Theil davon ist die Wissenschaft, das Gesundheitswohl der in Gesellschaft lebenden Menschen [...] nach gewissen Grundsätzen zu handhaben, folglich die Bevölkerung [...] durch Mittel zu befördern, welche die Menschen in Stand setzen, mit froher Empfindung und lange genug der Vortheile zu geniessen, welche ihnen das gesellschaftliche Leben wirklich darbeut, ohne zu vieles von den Zufällen und der Abartung zu leiden, zu welchen sie dasselbe herabsetzen mußte, so bald sie sich einmal entschlossen hatten, die Natur in ihrer Wildheit zu zähmen, und auf ewig gewissen Vortheilen zu*

---

[115] Vgl. A. LABISCH: Homo hygienicus, S. 88-90.
[116] J. P. FRANK: System, Bd. 2, Mannheim 1780, S. I.
[117] Ebd., S. VII.
[118] Vgl. Erna LESKY: Einleitung zu: Johann Peter Frank, S. 7-10.

entsagen, die in keinem Fache so überwiegend waren, als in der rauhen und eisenmäßigen Beschaffenheit der noch ungekünstelten Menschen. Die medicinische Polizey ist daher, so wie die ganze Polizeywissenschaft, eine Vertheidigungskunst, eine Lehre, die Menschen und ihre thierischen Gehilfen, wider die nachtheiligen Folgen größerer Beysammenwohnungen zu schützen, besonders aber deren körperliches Wohl auf eine Art zu befördern, nach welcher solche, ohne zu vielen physischen Uibeln unterworfen zu seyn, am spätesten dem endlichen Schicksale, welchem sie untergeordnet sind, unterliegen mögen. Seltsam genug, daß diese unserem Geschlechte täglich unentbehrlichere Wissenschaft noch bis in diese Zeiten einen so geringen Umfang behielt, nur hie und dort stükweis, von niemand aber, so viel ich weis, systematisch behandelt worden ist; - vielleicht, weil man etwas spät angefangen hat, den Werth eines Menschen, und die Vortheile der Bevölkerung zu berechnen, und weil diese Berechnungen erst zu den menschenfreundlichen Betrachtungen der Ursachen Anlaß gegeben haben, welchen man die von manchen Gegenden geklagte Abnahme unseres Geschlechtes allenfalls zuzuschreiben hätte?" [119]

Frank hat sich hier nicht nur an Joseph von Sonnenfels' 1770 erschienenes Werk *Grundsätze der Polizey, Handlung und Finanzwissenschaft* orientiert, sondern auch stark an Rousseau angelehnt. Sonnenfels untermauerte die kameralistische Lehre von der Vermehrung der Bevölkerung als wichtigstes Anliegen des Staates mit humanistischen Geboten, die das Recht der Untertanen auf Glückseligkeit und Wohlstand als Zielsetzung hatten.

„Die Beförderung der allgemeinen Glückseligkeit ist [...] die Entstehungsursache der Staaten, und ihr immerfortdauernder Endzweck [...] Wenn ein Gesetz gegeben, oder sonst eine Anstalt getroffen werden soll, von welchen es zweifelhaft waere, ob sie dem Staate zutraeglich seyn; so ist die Frage: dieses Gesetz, befördert es die allgemeine Glückseligkeit?" [120]

Die Idee der ‚Glückseligkeit' stellte eine wichtige Kategorie der aufklärerischen Ideale dar. Rousseaus Kulturkritik des gekünstelten zivilisierten Menschen, der den Naturzustand, welcher gleichzeitig ein Zustand von Glück und Gesundheit gewesen war, verlassen hatte und ein Leben in Laster, Entartung und Krankheit führte, wurde von Frank zum Anlass genommen, die Notwendigkeit gesundheitspolizeilicher Maßnahmen zu unterstreichen. Die Medizinische Polizei wurde damit zur ‚Vertheidigungskunst' gegen die schädlichen Einflüsse der ungleichen gesellschaftlichen Verhältnisse, die vor allem durch die krankheitsverursachenden Missstände der Leibeigenschaft bedingt waren. Frank sah die Krankheit als Ausdruck einer widernatürlichen Gesellschaftsordnung an, in

---

[119] J. P. FRANK: System, Bd. 1, Einleitung, Mannheim ²1784, S. 3-6.
[120] J. VON SONNENFELS: Grundsaetze der Polizey. Bd. 1, S. 16.

der die Verschwendungssucht des Adels in diametralem Gegensatz zur Armut der Unterschichten stand.[121]

Rousseau und der von ihm geprägte ‚Naturzustand' waren ein gemeinsamer Bezugspunkt der Autoren der Medizinischen Polizeiwissenschaft, die das Bild des ‚edlen Wilden' zum Inbegriff von Gesundheit und Kraft stilisierten. Auf die zeitgenössische Realität bezogen bedeutete dies, den Bauernstand, wo er noch von der Zivilisation unberührt ein ursprüngliches Leben führte, zum gesündesten zu erklären und sich von dem ausschweifenden, vom Müßiggang geprägten und damit als degeneriert empfundenen adeligen Lebensstil abzugrenzen. Besonders beklagt werden die Verhältnisse des städtischen Lebens, das als von Enge, Laster und Ausschweifungen geprägt angesehen wurde und das die Bevölkerung schwäche und krankheitsanfälliger mache. Auch Frank schloss sich an dieses Urteil über die Städte an.

„Die Anzahl der Staedte hat sich in Deutschland und Gallien, [...] außerordentlich vermehret, und was hiebey ein jedes Land an Zierde und Ansehen gewonnen hat, das muß an dem allgemeinen Gesundheitwohl abgerechnet werden. Die Sterblichkeit der Menschen nimmt um so mehr zu, je groeßer deren Zusammenrottung ist, und das dadurch verursachte Sitten-Verderbniß hat den groeßten Antheil daran; die Krankheiten der Menschen werden durch nahes Beysammenwohnen derselben, unterhalten und leichter fortgepflanzet; und jede Seuche ist um so toedtlicher, je haeufiger die Staedte in einem Lande sind. Man rechne noch hinzu, was der Muessiggang und die Ueppigkeit der staedtischen Einwohner, und deren Einfluß auf das umliegende Land, fuer Folgen hat, so wird man sich des Schadens dieser Veraenderung bald ueberzeugen koennen."[122]

Während sich Frank für die Verbesserung der hygienischen Situation in den Städten einsetzte, war Rousseau noch einen Schritt weitergegangen und hatte die Zivilisation insgesamt zum Feindbild erklärt. Diese brachte seiner Ansicht nach nur Entkräftung und Degeneration der Menschen mit sich. Auch der ärztlichen

---

[121] Vgl. M. FREY: Der reinliche Bürger, S. 144 und E. LESKY: Johann Peter Frank, S. 10-11. Frank schrieb zu den ungleichen gesellschaftlichen Verhältnissen: *„Verschwendung gebiert Armuth, und Armuth Krankheiten. Je elender ein Land ist; desto mehr gebrechliche und Kranke Unterthanen hat es zu ernähren: der Abgang der nothwendigsten Lebensmittel zehret ganze Familien aus, und macht sie, schon in ihrem Leben, als Todtengerippe herumgeistern. [...] Die Kinder solcher Elenden sind waeßrigte Geschoepfe, mit geschwollenen Baeuchen und verstopften Eingeweiden; ihre Sterblichkeit ist daher ueberaus groß. [...] Keine Freude, (der noethigste Lebensbalsam) erquickt mehr den bedraengten Landmann, und alles seufzet unter dem Joche der Verschwendung, welche den Preiß aller Lebensmittel erhoehet, und das Blut der Armen, bis auf den letzten Tropfen aussauget. Bey allen Seuchen ist der Arme allezeit der erste, welcher angegriffen wird. [...] Aller Ueberfluß verleitet zur Schwelgerey, und man weiß, daß diese, durch Schwaechung der Seelen- und Leibeskraefte der Menschen, die groeßten Reiche zeruettet: Rom selbst hat den ueberfluessigsten Beweis dazu hergegeben. Man muß sagen, daß ins Allgemeine, besonders in Deutschland, jetzt um eben so sehr, zuviel gegessen, als vormals getrunken wird."* (Vgl. J. P. FRANK: System. Bd. 1. Mannheim ²1784, S. 19-23.) Mit diesen Anspielungen trug Frank der bürgerlichen Adelskritik Rechnung.

[122] Ebd., S. 25-26.

Profession und der praktischen Medizin stand Rousseau ablehnend gegenüber, doch sah er Gesundheitslehren und Hygieneregeln als nützlich an. Die Autoren der Medizinischen Polizei störten sich wenig an der Rousseau'schen Kritik ihres Berufsstandes und waren sich in ihren Schriften weitestgehend darüber einig, dass in der ganzen Bevölkerung Entkräftung, sinkende Leistungsfähigkeit und steigende Krankheitsanfälligkeit zu beobachten seien. Gegen diese ‚Fehlentwicklungen' galt es, den publizistischen Feldzug zu führen.[123]

In seiner Konzeption eines völlig von staatlicher Intervention geprägten Gesundheitswesens nahm Frank durchaus eine starke Beschränkung bürgerlicher Freiheiten in Kauf. In seinem erträumten gesundheitspolizeilichen Idealzustand waren Sexualität und Fortpflanzung einer strengen Reglementierung unterworfen. Er erörterte ausführlich die Nutzlosigkeit bestimmter ehelicher Verbindungen, denn *„zu frühe Ehen", „zu späte und ungleiche Ehen"* oder *„ungesunde Ehen"*[124] brächten dem Staat keinen Nachwuchs an Staatsbürgern und sollten deshalb verhindert werden. Wer heiratswillig sei, sollte seine Gesundheit, und damit seine Fortpflanzungstauglichkeit vor einem Medizinalkolleg nachweisen müssen, wenn er im Verdacht stehe, an einer vererbbaren Krankheit zu leiden. Diese Programmatik enthält einen vehementen Übergriff auf den privaten Bereich. Dies veranschaulicht verschiedene Intentionen der Medizinischen Polizei. Sie wollte einerseits das Wohl der Bevölkerung, indem sie sich um deren Gesundheit sorgte, andererseits war sie als Erziehungsinstrument konzipiert, das zu einer moralischen und produktiven Lebensführung anhalten sollte, was bei Frank teilweise in deutlich überzogener Weise sichtbar wird.[125]

Frank und anderen ‚Medizinalpolizisten' war wohl bewußt, dass es in der Realität keine kulturelle Vereinheitlichung der verschiedenen gesellschaftlichen Schichten geben konnte, deshalb wurden für die breiten Massen in erster Linie hygienische Mindeststandards angestrebt. Bei der Abfassung ihrer Vorstellungen von zukünftigen Krankenhäusern, Schulen, Kasernen, Gefängnissen oder Waisen- und Erziehungshäusern stellten sie diese Bedenken allerdings zurück und konstruierten, ohne an finanzielle oder bürokratische Hindernisse zu denken, *„imaginäre Räume"*[126] der Sauberkeit und Ordnung. Diese abgeschlossenen Inseln eigneten sich perfekt, um die optimierte Ausprägung einer alles und jeden umfassenden Hygiene bis zur letzten Konsequenz zu konzipieren. Solche Anstalten sollten zukünftig anhand der Darstellungen der Medizinischen Polizeiwissenschaft durch den Staat realisiert werden. Diese Einrichtungen stellten quasi die *„Pufferzone"*[127] der bürgerlichen Gesellschaft dar, da in diesen bürgerliche Normen und Wertvorstellungen in einer *„Laborsituation"*[128] effektiv umgesetzt und damit auf andere gesellschaftliche Schichten übertragen werden sollten. Diese modernen

---

[123] Vgl. G. GÖCKENJAN: Kurieren und Staat machen, S. 67-74.
[124] Alle vorhergehenden Zitate stammen von J. P. FRANK: System, Bd. 2, Frankenthal 1791, S. 9.
[125] Vgl. C. BARTHEL: Medizinische Polizey, S. 83-85 und A. LABISCH: Homo hygienicus, S. 89-90.
[126] M. FREY: Der reinliche Bürger, S. 150.
[127] Ebd., S. 147.
[128] Ebd., S. 149.

Krankenhäuser, Gefängnisse und Erziehungsheime existierten zwar vorerst nur als Konstruktion in den Köpfen der bürgerlichen Ärzte und wurden erst im 19. Jahrhundert in die Realität umgesetzt, doch Ansätze dieser perfekt zu überwachenden abgeschlossenen Räume gab es bereits in Form von Kasernen oder klösterlichen Gemeinschaften.[129]

Die Experten der Medizinischen Polizeiwissenschaft sahen in ihren modellhaften Einrichtungen durch den Ausschluss der Öffentlichkeit die Möglichkeit einer ungebremsten Anwendung von Disziplinierungsmaßnahmen durch die Obrigkeit gegeben. Die Anstalten waren nicht zur bloßen Verwahrung ihrer Insassen gedacht, sondern wurden als Orte der Erziehung und Resozialisation angesehen. Die ‚imaginären Räume' umfaßten Einrichtungen für Menschen aller Altersstufen, von den Kleinkinderbewahranstalten, den Erziehungs- und Waisenhäusern über Kasernen und Gefängnisse bis zu den Armen-, Arbeits- oder Krankenhäusern. In diesen Zwangsgemeinschaften sollten sich die Angehörigen der Unterschichten lebenslang dem Disziplinierungseifer der bürgerlichen Experten unterwerfen, um die Regeln bürgerlicher Wohlanständigkeit zu erlernen. Die Einbindung der Gefängnisse in diese Konzeption der einzelnen zu modernisierenden Einrichtungen ging auf den Engländer John Howard (1726-1790) zurück, der auf einer Reise durch ganz Europa eine Vielzahl von Gefängnissen und Spitälern besichtigt hatte und in seiner Abhandlung mit dem Titel *Nachrichten von den vorzüglichsten Krankenhäusern und Pesthäusern in Europa. Nebst einigen Beobachtungen über die Pest und fortgesetzten Bemerkungen über Gefängnisse und Krankenhäuser* zur Reinlichkeitserziehung in den Gefängnissen gemahnt hatte. Howard forderte dies nicht nur aus reiner Menschenfreundlichkeit, sondern warnte auch vor Ansteckung durch die Ausdünstungen der Gefängnisse. Auch die Krankenhäuser, die im 18. Jahrhundert vielerorts noch eher Notunterkünfte für Mittellose als Orte der Krankenpflege darstellten, sollten durch strikte Regeln zu Orten der Kasernierung und Parzellierung im Sinne Foucaults unter Aufsicht des medizinischen Fachpersonals umstrukturiert werden, zu denen die Angehörigen der Unterschichtspatienten keinen Zugang hatten. Das Individuum wurde seiner gewohnten Umgebung entrissen und durch die Verlegung in ein Einzelbett, ein Einzelzimmer oder eine Einzelzelle separiert. Dabei trat die Privatsphäre des Kranken völlig in den Hintergrund, denn nichts entging mehr dem Blick des Aufsehers. Durch die rationale Organisation und den Zwang zur Reinlichkeit wurden die Verhaltensweisen aller Kranken vereinheitlicht und ihre individuellen Gewohnheiten verloren sich zwangsläufig. Dieser Prozess der Entindividualisierung stand im genauen Gegensatz zu der Entwicklung im Bürgertum, wo die individuelle Reinlichkeit zur Identitätsstiftung beitrug und somit individualisierende Wirkung hatte.[130]

Insgesamt zeigt sich im Zwangscharakter solcher Einrichtungen die Dialektik der Aufklärung, die einerseits befreiende, andererseits aber streng disziplinierende und reglementierende Züge aufwies. Die Erziehung der Unterschichten zur

---

[129] Vgl. M. FREY: Der reinliche Bürger, S. 146-150.
[130] Vgl. ebd., 148-154.

Reinlichkeit bedeutete einen „*über Gesundheit vermittelte[n] Anspruch angemessenen Verhaltens*"[131].

Das Aufkommen der Medizinischen Polizeiwissenschaft war vor allem für die gesellschaftliche Etablierung der Ärzte von Bedeutung. Durch ihre Ausrichtung auf alle Teile der Bevölkerung erweiterte sie den Kreis der Patienten enorm. Außerdem bot die Medizinische Polizeiwissenschaft den bürgerlichen Ärzten eine Plattform, um ihrer Forderung nach Anerkennung der universitären Ausbildung als alleingültiger Qualifikation Nachdruck zu verleihen. Den ‚philanthropisch' engagierten Publizisten der Medizinischen Polizei waren die ‚Pfuscher' ein Dorn im Auge und sie drängten auf die Vereinheitlichung der zahlreichen Heilberufe und beabsichtigten, ihre Ausbildung unter die Kontrolle der akademischen Fachärzte zu stellen.[132] Hebenstreit schrieb dazu:

„*Die Aufsicht ueber das gesamte Medicinalwesen in einem Staate muß einer Gesellschaft sachkundiger und erfahrner Maenner uebertragen werden, welche, je nachdem sie ein Theil einer Universitaet ist, oder fuer sich besteht, den Namen einer medicinischen Facultät, oder eines Medicinal- oder Sanitaetskollegii fuehrt. [...] Die Hauptgeschaefte solcher Collegien sind: auf alles zu achten, was das allgemeine Gesundheitswohl angeht, und in Ansehung dieser Dinge [...] gehoerigen Orths Anzeige zu thun, und Rathschlaege zu geben [...], vernuenftige diaetetische Grundsaetze fuer alle Staende durch populaere Belehrungen unterm Volke zu verbreiten, [...] den Afteraerzten, Quacksalbern und Arzneikraemern Einhalt zu thun, diejenigen, welche als Aerzte practiciren wollen, so wie auch Medicinalpersonen zu pruefen, und ihnen die ihrem Stande zukommenden Rechte, Freiheiten und [...] akademische Wuerden zu ertheilen, neue Arzneimittel zu untersuchen, Dispensatorien und Apotheker- und auch andre Medicinaltaxen zu entwerfen, ueber deren Beobachtung zu wachen, auch auf das Betragen aller Medicinalpersonen in ihrem Berufe ein wachsames Auge zu richten, und in gerichtlichmedicinischen Faellen ihr Gutachten in letzter Instanz auszustellen.*"[133]

Aus diesen Zeilen spricht die feste Überzeugung, nur die akademischen Ärzte könnten ‚vernünftige Grundsätze' unter der Bevölkerung verbreiten und nur sie hätten folglich auch das Recht auf staatliche Protektion. Nach Meinung von Barthel steigerte die „*aggressive[...] Denunziation und Ausgrenzungspolitik gegenüber den nicht-akademischen Heilpraktikern*"[134] in den Abhandlungen der Medizinischen Polizei die soziale Anerkennung der ‚gelehrten Ärzte'.

In der zweiten Hälfte des 18. Jahrhunderts und besonders zur Jahrhundertwende hin zeichnete sich dann eine spürbare Professionalisierung des ärztlichen Standes ab. Wie Foucault betont, kam den Ärzten eine wichtige Funktion der als ‚Disziplinierer' zu. Indem sie begannen, Krankenvisitationen durchzuführen, stiegen sie nicht nur in der inneren Hierarchie des Spitals auf, in welcher sie bislang

---

[131] A. LABISCH: Homo hygienicus, S. 110-111.
[132] Vgl. C. BARTHEL: Medizinische Polizey, S. 51-53.
[133] E. B. G. HEBENSTREIT: Lehrsaetze, S. 254-255.
[134] C. BARTHEL: Medizinische Polizey, S. 48.

eine nur untergeordnete Rolle gespielt hatten, sondern sie verdrängten auch das Ordenspersonal oder ordneten es sich als Krankenschwestern beziehungsweise Krankenpfleger unter. Diese Ärzte waren es auch, die das Spital zum Ort medizinischen Erkenntnisgewinns machten, indem sie die ihnen dort zur Verfügung stehenden Objekte einer ständigen Überprüfung unterzogen. Das Krankenhaus wurde damit auch zum Ausbildungsort für angehende medizinische Akademiker. Diese konnten unter Anleitung des Arztes am lebendigen Objekt ihre Studien vorantreiben.[135]

Auch die Geburtshilfe wurde mehr und mehr von den Ärzten und den ihnen untergeordneten staatlich geprüften Hebammen ausgeübt, die die ‚weisen Frauen' verdrängten. Dabei spielte der Staat eine wesentliche Rolle, denn es lag in seinem Interesse, den Vorgang der Geburt medizinisch fachgerecht betreuen zu lassen.[136]

Damit gingen Herrschaft und Medizin eine unlösbare Verbindung miteinander ein, denn beide Seiten profitierten stark voneinander. Während der Staat die Fähigkeiten und das Wissen der Mediziner benötigte, um die Gesundheits- und Hygieneregeln unters Volk zu bringen, gelang den Ärzten eine Professionalisierung ihres Standes mit Hilfe staatlicher Protektion. Wundärzte, Bader und ‚weise Frauen' wurden reglementiert und zu Gunsten der akademisch ausgebildeten Ärzte aus der medizinischen Versorgung abgedrängt. Die Ärzte schlossen sich zu Vereinen zusammen, die sowohl die Wissenschaftspflege als auch die Ausbildung der Mitglieder organisierten. Damit hatten die bürgerlichen Ärzte einen eigenen, gesellschaftlich anerkannten Wirkungsbereich gefunden.[137]

Um sich selbst zur „*gesamtgesellschaftlichen Instanz*"[138] erheben zu können, bot man den Obrigkeiten mit der Medizinischen Polizei ein Konzept an, das den Disziplinierungs- und Kontrollanspruch der Staatsmacht in einen wissenschaftlichen Rahmen stellte und damit dessen Notwendigkeit rechtfertigen sollte.[139]

Hinsichtlich der Medizinischen Polizei stellt sich mit Hinblick auf das oben vorgestellte Konzept der Sozialdisziplinierung die Frage, ob die praktische Umsetzung dieses Konzepts der Medizinalpolizei eher zur Vermehrung der Staatsmacht oder zu der des Gemeinwohls beigetragen hätte. Letzteres wurde in den Abhandlungen der Autoren der Medizinischen Polizei ja immer wieder beschworen. Göckenjan sieht im Konzept der Medizinischen Polizei eine ‚Staatsideologie', da seiner Ansicht nach die umfassende Regelung aller gesundheitspolitischen Bereiche des menschlichen Lebens und Sterbens nicht „*integraler Bestandteil bürgerlicher Weltsicht*"[140] sein konnte.[141]

Die medizinalpolizeiliche Strategie, Gesundheitsvorsorge zu politisieren, misslang wahrscheinlich nicht zuletzt deshalb, weil die Medizinische Polizei eine konservative, ausschließlich an der absolutistischen Staatsmacht orientierte

---

[135] Vgl. M. FOUCAULT: Überwachen und Strafen, S. 239-240.
[136] Vgl. A. LABISCH: Homo hygienicus, S. 92.
[137] Vgl. ebd., S. 93- 104.
[138] G. GÖCKENJAN: Kurieren und Staat machen, S. 99.
[139] Vgl. M. FREY: Der reinliche Bürger, S. 143 und G. GÖCKENJAN: Kurieren und Staat machen, S. 99.
[140] G. GÖCKENJAN: Kurieren und Staat machen, S. 99.
[141] Vgl. ebd.

Bewegung war. Deren Stern war jedoch seit dem Beginn der Französischen Revolution im Sinken begriffen und die polizeistaatliche Gängelung der Untertanen stieß auch in Deutschland zunehmend auf Widerstand.[142]

3. Körperbewusstsein und Reinlichkeitskonzepte

3.1 Die ‚Revolution' des Körperbewusstseins im 18. Jahrhundert

Während des 17. und 18. Jahrhunderts zeichnete sich ein allmählicher Wandel der körperlichen Selbstwahrnehmung ab. Entgegen früheren Gewohnheiten wandte man dem eigenen Körper in dieser Zeit größere Aufmerksamkeit zu. Die Gründe dafür sind vielfältig: Zum einen zwang der zunehmende demographische Druck die Menschen in den Städten, näher zusammenzurücken, was eine Verschlechterung der eigenen Lebensqualität zur Folge hatte. Abfall, Abwasser und Gestank wuchsen sich zum drängenden Problem aus. Man nahm die Ausdünstungen der Nachbarn nun ungleich stärker wahr als früher und damit sank die Toleranzschwelle gegenüber Schmutz und Gestank erheblich. Zum anderen wurde aber auch der eigene Körper als Bedrohung empfunden. Frey zufolge bildete der Körper zum Beginn des 18. Jahrhunderts eine *„Projektionsfläche für die Ängste der Menschen"*[143]. Maßgeblich beteiligt an der Herausbildung solcher Ängste waren *„medizinische Gefahrenkonzepte"*[144], mit deren Hilfe sich die Ärzte in der Frühen Neuzeit mehr Autorität zu verschaffen suchten.[145]

Um dies nachvollziehen zu können, soll kurz die gängige Gesundheitslehre des 18. Jahrhunderts skizziert werden. Die ‚Diätetik', die aus der antiken Tradition übernommene Konzeption von der richtigen Lebensweise, orientierte sich an der Lehre der Humoralpathologie, die aus der Tradition des griechischen Arztes Hippokrates (ca. 460 v. Chr.-375 v. Chr.) und des griechisch-römischen Arztes Galen (129-199) hervorgegangen war und die ihre Gültigkeit bis ins 19. Jahrhundert hinein behielt.[146] Diese ‚Säftelehre' basierte auf der Vorstellung, Krankheiten rührten von einem Ungleichgewicht der vier Körpersäfte Blut, Schleim, gelbe und schwarze Galle her, die in einem ausgewogenen Zustand gehalten werden mussten. Während Hippokrates angenommen hatte, dass die Krankheitsstoffe von außen, besonders aus der Luft, in den Körper gelangten, entwickelte Galen die Vorstellung, innerhalb des Körpers selbst entstünden Fäulnisprozesse. Nach dieser Lehre befand sich der Körper in einem ständigen Fäulniszustand, da durch die Aufnahme von Nahrung permanent neue Fäulnisstoffe produziert wurden und der Körper dadurch ständig aufs Neue verunreinigt wurde. Daraus folgerte man im frühen 18. Jahrhundert, der Körper selbst gefährde das

---

[142] Vgl. M. RODENSTEIN: „Mehr Licht, mehr Luft", S. 47.
[143] M. FREY: Der reinliche Bürger, S. 33.
[144] Ebd.
[145] Vgl. ebd., S. 33-34.
[146] Vgl. ebd., S. 35.

Leben, da er unentwegt Schmutz produziere. Diese Vorstellung einer *„Bedrohung aus dem Innern"*[147] verlangte eine ständige Selbstbeobachtung zur Vorbeugung von Krankheiten. Vor allem die Tätigkeit der Verdauungsorgane wurde aufs genaueste überwacht, die Exkremente penibel kontrolliert, da man an ihrem Geruch und Aussehen den Grad der Fäulnis des eigenen Körpers ablesen zu können meinte. Auch Blähungen, Koliken und Durchfälle wurden einer sorgfältigen Analyse unterzogen.[148]

Corbin sieht den Grund für diese wachsende zeitgenössische Sensibilität für Gerüche in der Todesangst, da der Tod sich vermeintlich durch die üblen Gerüche des Körpers schon zu Lebzeiten ankündigte. Fäkalien wurden im 18. Jahrhundert automatisch als Fäulnisprodukte angesehen, die in den Augen der Zeitgenossen die größte gesundheitliche Gefahr darstellten.[149]

Nach dieser Gesundheitslehre sahen die Zeitgenossen es als ihre dringlichste Aufgabe an, den Körper von der inneren Fäulnis zu reinigen. Die Ärzte versuchten, durch *„Aderlaß und Schröpfen dem Überhandnehmen des Blutes entgegen[zusteuern]"*[150] oder durch häufiges *„purgieren und klistieren"*[151] eine Entleerung der Gedärme des Patienten von unreinen und schnell faulenden Stoffen zu erreichen.[152]

Die Humoralpathologie beinhaltete aber noch einen zweiten Gefahrenaspekt. Der Körper war keineswegs nur einer Bedrohung von innen, sondern auch von außen ausgesetzt. Die *sex res non naturales* wurden als entscheidende Faktoren begriffen, die das Gleichgewicht der Säfte beeinflussten und die Gesundheit und damit die Gestaltung der Lebensweise bestimmten. Dies bestärkte die Ängste der Zeitgenossen vor einer verschmutzten oder stinkenden Umgebung. Diese beiden ‚medizinischen Gefahrenkonzepte' der inneren und äußeren Verschmutzung standen in engem Zusammenhang.[153]

---

[147] M. FREY: Der reinliche Bürger, S. 36.
[148] Vgl. A. CORBIN: Pesthauch und Blütenduft, S. 33 und M. FREY: Der reinliche Bürger, S. 35.
[149] Vgl. A. CORBIN: Pesthauch und Blütenduft, S. 33- 42.
[150] M. FREY: Der reinliche Bürger, S. 36.
[151] Purgation bedeutet nach Zedler *„ein Heilmittel, so die boesen Feuchtigkeiten des Leibes durch den Stuhlgang abfuehret. Es sind unzaehlbare, so wohl einfache als zusammengesetzte, Mittel, die diese Wuerkung thun, welche bestehet in einer mehreren oder minderen Krafft, die verderbten Feuchtigkeiten in eine Gaerung zu bringen, auszuloesen, von den guten zu scheiden, und durch Reitzung der Gedaerme zum Ausgange zu befoerdern. Ob durch gewisse Mittel eine Feuchtigkeit vor der anderen koenne ausgefuehret werden, ist unter den Medicis noch streitig; wie auch ob die boesen Feuchtigkeiten alleine abgefuehret, und die guten nicht zugleich angegriffen werden, [...]. Viele halten das Purgiren fuer das vornehmste Stueck in der Artzneykunst, und meynen dadurch den Leib von allen boesen Feuchtigkeiten, als der Hauptursache aller Krankheiten, zu saeubern, und solcher gestalt vor vielen Kranckheiten zu bewahren. Ob es nun wohl nicht das vornehmste Stueck in der Artzneykunst ist, [...] dennoch kann man es nicht gantz und gar in der Medicin entuebrigt seyn."* (J. H. ZEDLER: Universallexikon, Bd. 29, Sp. 1648-1649.)
[152] Vgl. M. FREY: Der reinliche Bürger, S. 35-36.
[153] Vgl. ebd., S. 36-37.

Besonderes Augenmerk galt damit also nicht nur den Exkrementen, sondern auch der Nahrung und den Getränken, der Luft und dem Wasser, da diese Faktoren von außen auf den menschlichen Körper einwirkten.

Bei der Nahrungsaufnahme galt die Mäßigkeit als oberstes Prinzip. Nahrungsmitteln wurden bestimmte Eigenschaften wie öffnend, beruhigend, stopfend, brenzlig, kraftlos, schleimbildend oder zu Würmern und Fäulnis disponierend zugeschrieben. Je nach Alter, Geschlecht, Zustand des Körpers, Jahreszeit, Temperatur und Beruf sollen bestimmte Speisen bevorzugt oder vermieden werden. Besonders vor süßen, stark gewürzten, gesalzenen oder gemischten Speisen, die als ‚hitzig' galten und vor Fleisch, das im Verdacht stand, das Blut in Fäulnis zu versetzen und den ganzen Körper mit Faulfieber anzustecken, wurde gewarnt. Alkoholische Getränke, Kaffee, Tee oder Fleischbrühe wurden als stimulierend abgelehnt. Hier ist eine moralisierende Absicht der diätetischen Lehren nicht zu verkennen, die Übergänge sind dabei oft fließend.[154]

Auch die Angst vor einem Erschlaffen der Fasern war weit verbreitet. Nicht nur die Körpersäfte konnten in Unordnung geraten, indem sie durch bestimmte Flüssigkeiten verdünnt oder verdickt wurden, sondern auch die Körperfasern konnten durch große Erhitzung und unmittelbar darauf folgende Abkühlung überlastet werden.[155]

Wasser wurde seit dem 17. Jahrhundert als Mittel der Reinigung abgelehnt, da es als Transportmittel von Miasmen[156] nicht mit Sauberkeit in Verbindung gebracht wurde. Ihm wurden eine Reihe von Gefahren zugeschrieben: Durch sein Eindringen in alle Körperöffnungen lies es angeblich die Fasern erschlaffen, verdünnte die Körpersäfte und schuf damit die Voraussetzungen für die Entstehung innerer Fäulnis.[157] Zedler schrieb in seinem Universal-Lexikon dem Wasser sogar eine auflösende Wirkung zu:

„Daher es auch geschiehet, daß das Wasser den festen Coerpern bis auf ein gewisses Maaß widerstehet, endlich aber doch weichet und nachgiebet; daß es in alle Coerper eindringet, in welchen es bequeme Gaenge hiezu antrifft, dieselben zertrennet und aufloeset."[158]

---

[154] Vgl. G. GÖCKENJAN: Kurieren und Staat machen, S. 82. Frank warnte sogar noch am Ende des 18. Jahrhunderts vor dem schädlichen Einfluss von Heißgetränken: *„Es ist gar nicht schwer jedermann begreiflich zu machen, daß die erschlappenden und die hitzigen Getraenke, die, bei ausschweifendem Gebrauche, leicht das Gesundheitswohl einer ganzen Nation schwaechen und ihre natuerliche Staerke herabsetzen koennen, unmoeglich den obrigkeitlichen Beifall verdienen, und was hier Befehle nicht koennen, kann durch gute Beispiele der Vornehmeren, und durch Zuspruch der Aerzte bewirket werden, besonders wenn auf den Verkauf des Thee- und Koffees gewisse Auflagen zum Vortheile frommer Stiftungen gemacht wuerden."* (J. P. FRANK: System, Bd. 8, Frankenthal 1792, S. 281.)
[155] Vgl. A. CORBIN: Pesthauch und Blütenduft, S. 48 und G. GÖCKENJAN: Kurieren und Staat machen, S. 82.
[156] Corbin definiert Miasmen als *„außerhalb des Körpers gebildete Ansteckungsstoffe, insbesondere giftige Ausdünstungen des Bodens"* (A. CORBIN: Pesthauch und Blütenduft, S. 9). Miasma entstand überall dort, wo sich faulige Ausscheidungen an der Luft zersetzten und in diese übergingen.
[157] Vgl. ebd., S. 48.
[158] J. H. ZEDLER: Universallexikon, Bd. 2, Sp. 984.

Wenn das Wasser Schmutz auflösen konnte, vermochte es in den Augen der Zeitgenossen dasselbe wohl auch mit dem vor Unreinlichkeit starrenden Körper. So kam auch der Irrglaube auf, das Wasser löse den Abfall und die Exkremente, die man in Flüsse ‚entsorgte', auf und reinige sich selbst. Allerdings wurde nur dem sich in Bewegung befindenden Wasser eine reinigende Kraft zugeschrieben. Dies führte zu dem Glauben, man könne verschmutztes Wasser reinigen, indem man es in Bewegung versetzte. Doch das seichte Wasser, in dem die verwesenden Substanzen lauerten, bedeutete höchste Gefahr. Vor allem Sümpfe wurden als Inbegriff von *„Stagnation und Akkumulation"*[159] und damit als Fäulnisherde betrachtet. Die Beseitigung von Schlick aus den Flüssen und das Trockenlegen von Sümpfen wurde als dringliche Notwendigkeit zur Gesundheitsvorsorge angesehen.[160]

3.2 Die Reinlichkeitskonzepte der verschiedenen gesellschaftlichen Schichten

Obwohl sich Adel und Bürgertum zunächst in der Ablehnung von Wasser zur Körperpflege einig waren und sich anderer Reinigungstechniken bedienten, kristallisierten sich in ihren Auffassungen von Hygiene vor allem seit der Mitte des 18. Jahrhunderts maßgebliche Unterschiede heraus.[161] Zu dieser Zeit ‚entdeckten' die Bürger die Reinlichkeit für sich als Abgrenzungsmittel sowohl gegen den Adel als auch gegen die Unterschichten.

Frey, der die verschiedenen Hygienepraktiken der drei Stände Adel, Bürgertum und Bauernschaft näher beleuchtet, bescheinigt den ländlichen Unterschichten eine hohe Schmutztoleranz. Er beobachtet bei diesen *„einen unbefangene[n] Umgang mit dem Wasser als Reinigungsmittel und mit verschiedenen Schmutzstoffen, die auch als Heilmittel angesehen wurden"*[162]. Die Landbevölkerung konnte im Krankheitsfall keinen akademisch gebildeten Stadtarzt bezahlen und hielt eine Konsultation bei einem solchen wohl auch nicht für notwendig, da sie in erster Linie auf die traditionellen Heilpraktiken vertraute, welche von ‚weisen Frauen', ‚Wunderdoktoren' und sogenannten ‚Pfuschern' ausgeübt wurden.[163] Die Behandlung der Krankheiten erfolgte deshalb häufig mit billigsten Mitteln, die man aus der Natur gewann, wobei auch Abfallstoffen wie Urin, Kot und Schmutz eine heilende Wirkung zugesprochen wurde.[164] Die Unterschichten pflegten allerdings

---

[159] A. CORBIN: Pesthauch und Blütenduft, S. 50.
[160] Vgl. ebd., S. 48-50 und M. FREY: Der reinliche Bürger, S. 37.
[161] Vgl. M. FREY: Der reinliche Bürger, S. 62-87.
[162] Ebd., S. 63.
[163] Vgl. C. BARTHEL: Medizinische Polizey, S. 51.
[164] Der Mediziner Franz Paullini wandte sich mit seinem erstmals 1698 erschienen und später mehrmals neu aufgelegtem Werk *Dreckapotheke. Wie nemlich mit Koth und Urin fast alle ... Krankheiten ...*

nicht nur mit Dreck, sondern auch mit Wasser einen unbefangeneren Umgang. Das ‚wilde' und oft religiös motivierte[165] Baden in den Flüssen und die Schwitzbäder in den Badstuben waren bei der ländlichen Bevölkerung beliebt, während die Badekultur in den anderen Schichten im 17. und 18. Jahrhundert im Vergleich zum Mittelalter stark zurückgegangen war. Hieran dürfte auch das neu entstandene Schamgefühl beteiligt gewesen sein, das vor allem den oberen Schichten nicht mehr erlaubte, dass Männer und Frauen sich einander unbekleidet zeigten. Das öffentliche Baden wurde dem ‚Pöbel' überlassen und gewann zunehmend etwas Anstößiges. Doch auch die Furcht vor Ansteckung durch die feuchte Luft der Badstuben, der allerhand Schadstoffe zugeschrieben wurden, dürfte am Niedergang der Badekultur beteiligt gewesen sein.[166] Durch die Tatsache, dass die Unterschichten zumindest bis zur Mitte des 18. Jahrhunderts weiterhin badeten, sieht Frey die Annahme widerlegt, die Gewohnheit zu baden sei im 18. Jahrhundert völlig verschwunden. Er sieht kein Ende der Badekultur, sondern nur eine soziale Differenzierung.[167]

Der höfische Adel und die wohlsituierten Stadtbürger lehnten eine Berührung mit Wasser dagegen beinahe völlig ab. Man ‚reinigte' seine Haut in erster Linie mit parfümierten, aber trockenen Tüchern. Dabei wurden jedoch nicht nur auf die Säuberung der öffentlich sichtbaren Teile des Körpers, also Gesicht, Hände, Ohren, Haare, Fingernägel und Zähne geachtet, sondern auch und vor allem auf die der inneren Teile des Körpers mit Hilfe geregelter Nahrungsaufnahme und Überwachung der Ausscheidungen.[168]

Für den heutigen Leser, den die Praxis der wasserlosen Reinigung befremden mag, scheint es erstaunlich, dass diese Schichten ihrem Körper durchaus große Aufmerksamkeit schenkten. Sie empfanden ihn als bedrohlich und praktizierten vielfältige Reinigungsmethoden. Der Akzent lag bei den Eliten auf der ‚inneren' Reinigung des Körpers. Besonders verbreitet war das Klistieren und Spucken, denn auch der Speichel galt als schmutzig und seine Absonderung wurde als reinigend empfunden. So war es im frühen 18. Jahrhundert in Deutschland durchaus üblich,

---

glücklich curieret werden gezielt an die unteren Bevölkerungsschichten. (Vgl. M. FREY: Der reinliche Bürger, S. 62.)

[165] Durch die Religion vermittelt, blieb in den Augen der ländlichen Unterschichten die reinigende Wirkung des Wassers erhalten. Es hatte hier seine alte Bedeutung als Mittel der inneren Reinigung behalten. Dem Wasser kam durch den Taufritus oder seine Weihe an Ostern eine wichtige Funktion zu, nämlich die des Reinigens von Sünden. Die äußere Reinigung des Körpers durch ein Bad im Fluss verhalf zu innerer Reinheit. Der praktische Nutzen des Bades wurde also mit einer symbolträchtigen Handlung in Verbindung gebracht. Zudem spielte aller Wahrscheinlichkeit nach auch der gesellige Aspekt des gemeinsamen Badens eine wichtige Rolle. Die anhaltende Wertschätzung des Wassers durch die ländlichen Unterschichten wurde kaum durch den Gesundheitsdiskurs beeinflusst, da dieser die abgelegenen Gegenden schlecht erreichte. (Vgl. ebd., S. 55-57.)

[166] Zedler berichtete vom „*Schweiß und Koth, den man in Bad-Stuben sammlet*" (J. H. ZEDLER: Universallexikon Bd. 3, Sp. 99).

[167] Vgl. M. FREY: Der reinliche Bürger, S. 59-63.

[168] Vgl. ebd., S. 68.

auch in geschlossenen Räumen auszuspucken, wobei man nur in seltenen Fällen die sogenannten ‚Spuckkästchen' benutzte.[169]

Frey geht davon aus, dass das oben beschriebene ‚medizinische Gefahrenkonzept' den Reichen und Vornehmen der Gesellschaft gut bekannt gewesen ist, da sie ihre Verhaltensweisen stark nach diesem ausrichteten. Man glaubte an den Einfluss von Luft, Getränken und Nahrungsmitteln auf die Beschaffenheit der Exkremente und der individuellen Ausdünstungen und meinte, daran den Zustand der eigenen Gesundheit ablesen zu können. Die größte Gefahr wurde deshalb in der Verstopfung gesehen, die als eine lebensbedrohlich wirkende Vergiftung von innen galt. Dieses Problem war spezifisch für die obersten Schichten, deren Lebensweise sich durch Bewegungsmangel einerseits und reichliches und reichhaltiges Essen andererseits auszeichnete, obwohl die diätetischen Lebensregeln, die von bürgerlichen Ärzten und Zeitschriften propagiert wurden, eine gemäßigte Nahrungsaufnahme als Mittel der Körperpflege empfahlen. Doch die Eliten des 18. Jahrhunderts setzten weniger auf Mäßigung, sondern eher auf Klistiere und Brechmittel. Zedler beschrieb anschaulich die Anwendung dieser wohl sehr schmerzhaften Praktiken. Wie er berichtet, wurden dabei flüssige Arzneimittel durch eine mit einer Röhre oder Spritze versehenen Schweine- oder Kälberblase in den Mastdarm eingeführt.[170] Klistiere in Form von Tabakrauch wurden „*durch einen hierzu aus Leder gemachten Schlauch in den Hintern gebracht*"[171]. Mit Wasser kamen die Angehörigen dieser Schichten nur dann in Berührung, wenn ein warmes Voll- oder Teilbad zur Anregung der Verdauung verordnet wurde. Dieses diente jedoch nicht der Hautreinigung.[172]

In diesen Schichten war die Sensibilität vor schlechten Gerüchen besonders ausgeprägt. Man ängstigte sich vor der Fäulnis und dem Gestank des eigenen Leibes und vor allem vor dem der Anderen. So verwandte man viel Aufmerksamkeit darauf, inneren und äußeren Schmutz und Gestank zu verbergen und zu überdecken. Zur Hautreinigung benutzte man Wein, Milch, Duftwässer oder aufwendige Mischungen aus diesen Essenzen. Wie Frey betont, stand man allen Flüssigkeiten misstrauisch gegenüber und wählte deshalb sorgfältig aus, womit man seine Haut in Berührung brachte. Diese Mischungen wurden nicht in eine Wanne oder einen Waschzuber, sondern in kleinere Waschschüsseln und Kannen gefüllt. Man reinigte damit die sichtbaren Teile des Körpers und parfümierte sie gleichzeitig. Auch die kostbaren Seifen und das mit erlesenen Aromastoffen versetzte Wasser wurden eher zur Parfümierung als zur Reinigung verwendet. Während schlechte Gerüche Fäulnis und damit Gefahr bedeuteten, standen aromatische Düfte für das Lebensprinzip. Für die „*Technik der Desensibilisierung*"[173] dienten stark riechende Stoffe wie beispielsweise Schnupftabak, der sich als Ersatz für das Tabakrauchen seit dem 17. Jahrhundert in

---

[169] Vgl. M. FREY: Der reinliche Bürger, S. 65-66.
[170] Vgl. J. H. ZEDLER: Universallexikon, Bd. 6, Sp. 491.
[171] Ebd., Bd. 41, Sp. 1265.
[172] Vgl. M. FREY: Der reinliche Bürger, S. 65-68.
[173] Ebd., S. 70.

den obersten Schichten ganz Europas durchgesetzt hatte. Besonders bei großen Veranstaltungen wie Gottesdiensten, wo nicht nur viele Menschen auf engem Raum beieinander saßen, sondern auch die Leichname der in den Kirchen Bestatteten ihre Ausdünstungen verbreiteten, war der Schnupftabak ein beliebtes Mittel, um das Riechorgan zu täuschen. Doch solchen stark riechenden Stoffen wurde auch eine Reinigungsfunktion zugeschrieben, indem sie die aus der Luft ‚eindringenden' gefährlichen Miasmen abwehrten. So parfümierte man Körper, Haare und Kleidung mit intensiven animalischen Duftstoffen wie Ambra, Moschus und Zibet, die einen mit der Aura der Gesundheit umgaben. Eine weitere Funktion lag in der sozialen Abgrenzung zu niedriger gestellten Schichten durch einen spezifischen Geruch der Eliten. Zur Mitte des 18. Jahrhunderts hin ging die Tendenz weg von den penetranten Düften hin zu natürlichen, bevorzugt pflanzlichen Essenzen wie beispielsweise dem beliebten Rosenwasser.[174]

Durch die Identifikation von Gestank und gesundheitlicher Gefährdung rückte der Geruchssinn mehr und mehr ins Zentrum der Wahrnehmung. Somit hatte die Parfümierung, also die ‚Desodorierung' des Körpers nicht nur die Funktion, schlechten Eigengeruch zu kaschieren oder sich über die Ausdünstungen der Umgebung hinwegzutäuschen, sondern vor allem auch die Funktion der Reinigung des eigenen Körpers durch das Überdecken des schlechten Geruches.[175]

Die Luft schien den Zeitgenossen des 18. Jahrhunderts mehr als verdächtig zu sein. Ihr wurde die Fähigkeit zugeschrieben, nicht nur alle pflanzlichen und tierischen Absonderungen, sondern auch die Ausdünstungen der Erde in sich aufzunehmen und zu speichern. Somit wurde die Luft angesehen als *„eine bedrohliche Brühe, in der sich alles mischt: Rauch, Schwefel, wasserhaltige, flüchtige, ölige und salzige Dämpfe, die von der Erde aufsteigen, ja gegebenenfalls auch die feurigen Materien, die unser Boden ausspuckt, die aus den Sümpfen kommenden Dünste sowie winzige Insekten, deren Eier, allerhand Aufgußtierchen und, schlimmer noch, die ansteckenden Miasmen der verwesenden Körper."*[176]

Wasser und Luft waren so wichtige Einflussfaktoren für die Gesundheit, da sie als Bestandteile eines imaginierten Kreislaufs der Verschmutzung galten. Das Wasser gab seine gefährlichen, weil fauligen Ausdünstungen in die Luft ab. Diese nahm die Schadstoffe auf, die dann durch Nase und Mund in den menschlichen Körper gelangten. Von dort aus wurden sie nach dem Glauben der Zeitgenossen durch die Exkremente wieder ins Wasser und damit von neuem in die Luft abgegeben. Dies erklärt die beinahe hysterische und weit verbreitete Angst vor stehenden Gewässern und stinkenden Flüssen.[177]

Seit Mitte des 18. Jahrhunderts wurden *„Strategien der Desodorisierung"*[178] entwickelt. Die Gründe dafür waren neben der Angst vor den vermuteten Fäulnisprozessen im Innern der Lebewesen eine Verdichtung medizinischer

---

[174] Vgl. M. FREY: Der reinliche Bürger, S. 69-73.
[175] Vgl. ebd., S. 72-73.
[176] A. CORBIN: Pesthauch und Blütenduft, S. 23.
[177] Vgl. M. FREY: Der reinliche Bürger, S. 38.
[178] A. CORBIN: Pesthauch und Blütenduft, S. 118.

Vorschriften zur Eindämmung von ansteckenden Krankheiten und zur Bekämpfung der Miasmen, aber auch eine zunehmende Bedeutung der narzisstischen Angst vor undifferenzierten ‚sozialen Ausdünstungen'.[179]

Immer mehr Aufmerksamkeit widmete man auch der Mundhygiene. Der Atem galt als Träger von Miasmen und schlechten Gerüchen und damit als gefährlich. Gesundheitsratgeber empfahlen das tägliche Spülen des Mundes, manche sogar die Benutzung von Zahnpulver.[180] Die Kleidung gewann ebenfalls an Bedeutung und zwar weniger ihrer Reinheit wegen, sondern aufgrund der reinigenden Wirkung auf ihren Träger. Wichtigster Zweck der Kleidung war es, den Körper vor dem Eindringen gefährlicher unreiner Luft ‚abzudichten'. Frey spricht von der ‚Panzerung' beider Geschlechter durch engsitzende Kleidung, um sich vor Ausdünstungen und schmutzigem Wasser zu schützen. Da die Reinigung der Kleidung äußerst aufwendig war und jeder Waschgang den Stoff beschädigte, war es ein Luxus, häufig das Hemd zu wechseln. Die oberen Schichten, die sich mehrere Hemden und Personal zum Waschen leisten konnten, bezogen den Hemdenwechsel in ihr Reinlichkeitskonzept mit ein und gaben ihm damit auch eine soziale Funktion. Dem bloßen Wechseln des Hemdes, das als *„eigentliche Körpergrenze nach außen"*[181] galt, wurde eine effektive Reinigungsfunktion zugeschrieben.[182]

In bürgerlichen Kreisen wurde vor allem die Reinlichkeitspraxis des Adels, das ausgiebige Pudern der eingefetteten Haare mit parfümiertem Weizenmehl und das aufwändige Schminken der sichtbaren Haut, starker Kritik unterzogen. Schminken und Pudern waren jedoch nicht nur zur Körperpflege gedacht, sondern auch bevorzugtes Mittel, um den sozialen Status sichtbar zu machen. Ein mit weißer Schminke überzogenes Gesicht galt nicht nur als rein, sondern auch als sichtbares Zeichen von Reichtum. Frey betont die Gültigkeit des dargestellten adeligen Reinlichkeitskonzeptes in der ersten Hälfte des 18. Jahrhunderts für die verschiedenen europäischen Länder, deren Hochadel verwandt war. Durch den Glauben an die antike Lehre der Humoralpathologie war die Angst vor dem Wasser, das für das Reinigungsmittel der armen Leute gehalten wurde, in vielen Ländern ausgeprägt. Zeitlich und finanziell aufwändige Körperpflege und Kleidungskultur dienten so auch der sozialen Abgrenzung und der Selbstdarstellung.[183]

Obwohl auch im bürgerlichen Denken das oben angesprochene ‚gesundheitliche Gefahrenkonzept' eine wichtige Rolle spielte, unterschieden sich die Vorstellungen über Reinlichkeit von Adel und Bürgertum wesentlich. Während die Angehörigen des Hofadels sich in erster Linie auf die äußere Sauberkeit konzentrierten, waren die Reinlichkeitsvorstellungen des Stadtbürgertums eng mit den bürgerlichen Tugenden Fleiß, Sparsamkeit und häuslicher Ordnungsliebe verknüpft. Was ihren

---

[179] Vgl. A. CORBIN: Pesthauch und Blütenduft, S. 118.
[180] Vgl. ebd., S. 68.
[181] M. FREY: Der reinliche Bürger, S. 77.
[182] Vgl. ebd., S. 76-79.
[183] Vgl. ebd., S. 73-75.

eigenen Körper betraf, so orientierte sich das Stadtbürgertum ebenfalls eher an der trockenen Sauberhaltung des Körpers durch ‚reinliche' Kleidung. Ansonsten wurde die von Luxus, Verschwendungssucht, ‚Französelei' und ‚Verzärtelung' geprägte Lebensweise des Adels als degeneriert empfunden. Seine Schönheitspraktiken wie Pudern, Parfümieren und Schminken wurden als unnatürlich zurückgewiesen und aufdringliche Parfums wurden mit Gestank gleichgesetzt. Reinlichkeit und ‚Natürlichkeit' wurden als Zeichen der Tugend propagiert. Damit entstand zugleich ein neues Weiblichkeitsideal, das von den Merkmalen Arbeitsamkeit, natürlicher Schönheit und einer reinlichen und unauffälligen Kleidung geprägt war.[184]

Zunehmend waren die Bürger auf die Sauberkeit der Häuser und Gassen bedacht, denn die Reinlichkeit des Hauses wurde als Zeichen von Wohlanständigkeit angesehen. Durch eine kontinuierliche Bevölkerungszunahme vor allem in den Städten sahen sich die Bewohner einer anwachsenden Verschmutzung des öffentlichen Raumes durch den wachsenden Handel und Verkehr gegenüber. Auch die Häuser wurden immer höher und enger aneinander gebaut, was die Abfallproblematik verschärfte. Die Räume der Bürgerhäuser wurden bei kühler Temperatur nur selten gelüftet, um Heizmaterial zu sparen. Für Abortanlagen gab es in vielen Häusern keinen Platz und man entledigte sich seiner Notdurft in den Hinterhöfen, wohin man auch den Abfall brachte. Die Abtritte zwischen den Häusern, in die man das Nachtgeschirr leerte, teilte man sich mit den Nachbarn. In den Häusern war eine Reinigung der Böden mit Wasser nicht üblich. Statt dessen wurde Sand auf den Dielen ausgestreut, damit der Schmutz sich nicht festtrat. Die Luft reinigte man nicht durch Öffnen der Fenster, was vielerorts kaum zu einer Luftverbesserung beigetragen hätte, sondern mit Hilfe verschiedener Räucherstoffe, wie beispielsweise Wacholder. In Häusern der weniger wohlhabenden Stadtbewohner wurde zum Zweck der Nahrungssicherung häufig Vieh gehalten. Bei vielen Handwerkern lagen Wohnraum und Arbeitsplatz eng beieinander, was zum Beispiel bei den Tuchmachern, Gerbern oder Seifensiedern stark zur Verschlechterung der Luft, aber auch des Wassers beitrug. Die Abfallstoffe der Handwerker landeten meist auf den Straßen. Diese Art der ‚Entsorgung' konnte sich zum Beispiel im Falle des stechend stinkenden Beizkotes der Gerber gesundheitsschädigend auswirken.[185]

Diese Zustände waren den Angehörigen des Bürgertums ein Dorn im Auge, denn sie sahen durch Dreck und Gestank die bürgerliche Ordnung bedroht. Ab der Mitte und vor allem zum Ende des 18. Jahrhunderts hin, wurden der Städtereinigung vermehrte Aufmerksamkeit gewidmet. Dabei taten sich besonders die Publizisten der Medizinischen Polizei hervor.

---

[184] Vgl. C. BARTHEL: Medizinische Polizey, S. 39 und M. FREY: Der reinliche Bürger, S. 80.
[185] Vgl. M. FREY: Der reinliche Bürger, S. 80-83.

3.3 Der Wandel des Reinlichkeitsverhaltens um 1750

Über die Frage, ob es sich um die Mitte des 18. Jahrhunderts von einer ‚Revolution' der Reinlichkeitsvorstellungen sprechen läßt, zeigt sich die Forschung teilweise uneinig.

Frey, der eher die etablierte Forschungsmeinung vertritt, spricht für die Zeit um die Mitte des 18. Jahrhunderts von einem einschneidenden Wandel der Reinlichkeitsvorstellungen, der seine Grundlage in dem neuen Lebensstil des Bürgertums hatte. Auch Philipp Sarasin konstatiert einen Wandel der Reinigungsgewohnheiten seit der Mitte des 18. Jahrhunderts, als sich der Gebrauch des Wassers und des Bades ganz langsam wieder etablierten, warnt aber davor, diesen zu überschätzen. Er bezweifelt die Annahme, dass sich ab 1750 die Anwendung von Wasser als Reinigungsmittel als Zeichen einer der sich ankündigenden bürgerlichen ‚Revolution' des Sauberkeitsverhaltens lesen lässt. Er begründet seine These damit, dass der Prozess der Durchsetzung des Wassers als Reinigungsmittel langwierig war und das regelmäßige Waschen der Haut sich bis ins 20. Jahrhundert hinein nicht überall durchgesetzt hatte. Dies sieht er dadurch verdeutlicht, dass sich in Deutschland und Frankreich erst um die Mitte des 19. Jahrhunderts wieder öffentliche Badeeinrichtungen etablierten und im Jahr 1954 nur eine von zehn Wohnungen in Frankreich mit Bad oder Dusche ausgestattet waren. Sarasin zufolge ist Ende des 18. Jahrhunderts zwar eine *„neue Wertschätzung des Wassers"*[186], jedoch keine ‚Revolution' zu beobachten.[187] Doch auch Corbin spricht für Frankreich von einer *„Revolution der Wahrnehmung"*[188], die sich ab der Mitte des 18. Jahrhunderts abzeichnete und sich in der sinkenden Toleranz gegenüber Gestank, der Beliebtheit zarter Düfte und einem langsamen ‚Fortschritt' auf dem Gebiet der Körperhygiene niederschlug.[189]

Wenn es auch keine ‚Revolution' im wörtlichen Sinne gewesen sein mag, beobachten die meisten Autoren seit der Mitte des 18. Jahrhunderts auch in Deutschland zumindest einen Wandel von Reinlichkeitsnormen und -praktiken, der sich, vom Stadtbürgertum und den neuen bürgerlichen Eliten getragen, gegen 1800 beschleunigte, und der vor allem darin sichtbar wurde, dass das Wasser nicht mehr automatisch als unrein angesehen wurde und schlechte Gerüche gleichzeitig zunehmend als unangenehm empfunden wurden.

Frey sieht die Initialzündung für das *„Zeitalter der modernen Körperhygiene in Deutschland"*[190] in Johann Zacharias Platners 1752 ins Deutsche übersetztem *Tractat von der Reinlichkeit*, das erstmals reinliche und moralische Argumentationen zu einer umfassenden Programmatik der Reinlichkeit verknüpfte. Reinlichkeit hatte für Platner doppelten Wert. Sie war sowohl gesundheitsfördernd als auch eine unverzichtbare Tugend. Damit griff er auf das Konzept der frühneuzeitlichen städtischen Obrigkeiten, die Verbindung von ‚Ordnung und

---

[186] P. SARASIN: Reizbare Maschinen, S. 270.
[187] Vgl. M. FREY: Der reinliche Bürger, S. 100-101 und P. SARASIN: Reizbare Maschinen, S. 270-271.
[188] A. CORBIN: Pesthauch und Blütenduft, S. 118.
[189] Vgl. ebd.
[190] M. FREY: Der reinliche Bürger, S. 122.

Reinlichkeit' zurück und schuf für das Bürgertum verbindliche Normen für die Körperreinigung.[191]

Die Zeiten des Glaubens an medizinische Gefahrenkonzepte war vorüber. Anstatt sich vor Schmutz und Verunreinigung zu fürchten, wandte man sich der individuellen Pflege seines Körpers zu, den man gesund und leistungsfähig erhalten wollte. Im Gegensatz zu früheren religiös geprägten Reinlichkeitsvorstellungen, die dazu anleiteten, bestimmte Körperteile schamhaft zu ignorieren, wurde nun die Ganzkörperreinigung propagiert. Frey stellt gegen Mitte des 18. Jahrhunderts eine Veränderung des Schamgefühls fest, die mit dem Vordringen der Reinlichkeitspflege in intime Bereiche einherging. Reinlichkeit wurde zu einem Zentralbegriff des medizinischen Diskurses, der vor allem auch moralischer Natur war und von den bürgerlichen Ärzten getragen wurde.[192]

Im Verlauf des 18. Jahrhunderts wurde die gängige Metapher von der ‚menschlichen Maschine' mit neuem Inhalt gefüllt. Hatte man vorher alle Abläufe des menschlichen Körpers als mechanische Vorgänge angesehen, betrachtete man den Körper nun als lebendigen Organismus, der durch die Beziehung aller Teile zueinander funktionierte. Die neue Aufmerksamkeit galt vor allem der Haut, die nun als die schützende Außengrenze des Körpers galt. Vorher wurde der Kleidung diese Funktion zugeschrieben. Die Neubewertung der Haut rührte vor allem von ihrer neuen Funktionsbestimmung durch die Medizin als Reinigungsorgan her. War diese vorher dem Darmtrakt zugeschrieben worden, setzten die Ärzte nun vor allem auf die ‚äußere' Reinigung durch Schweißabsonderung, durch die Schmutzstoffe aus dem Körper geschwemmt wurden. Damit wurde das Schwitzen nicht nur zu einer reinigenden Körperfunktion, sondern auch zum Ausdruck von Arbeit und Fleiß. Die Haut sollte stets *„elastisch, biegsam und luftdurchlässig"*[193] sein. Für die Angehörigen des Bürgertums wurde körperliche Bewegung daher zum Ausdrucksmittel von Leistungsbereitschaft und zum Abgrenzungskonzept gegen den trägen Adel, der sich weiterhin mit Klistieren und Brechmitteln behalf. Das Schwitzen war nun zwar einerseits gesundheitsförderlich, auf der anderen Seite aber auch gefährlich, da die feuchten Ausdünstungen sich mit Staub und Schmutz verbanden und eine Schmutzschicht auf der Hautoberfläche erzeugten, die die Poren verstopfte. Diese Ablagerungen galten nicht mehr wie früher als schützend, sondern als gesundheitsschädigend. Diese Erkenntnis führte zu einer allmählichen Neubewertung des Wassers als Reinigungsmittel. Nach den neuen medizinischen Vorstellungen wurde die Hautreinigung nun zum wichtigsten Element der Gesundheitserhaltung. Gleichzeitig kam die Lehre von der Haut als Atmungsorgan auf. Somit galt sie nun als ‚Membran', die für Luft durchlässig war.[194]

Die Haut stellte auch einen wichtigen Bezugspunkt in Christoph Wilhelm Hufelands ‚Lebenskraftprinzip' dar. In seinem Werk *Die Kunst, das menschliche*

---

[191] Vgl. M. FREY: Der reinliche Bürger, S. 122.
[192] Vgl. ebd., S. 100 und S. 124-125.
[193] Ebd., S. 102.
[194] Vgl. ebd., S. 101-103.

Leben zu verlängern zeichnete „*der Arzneykunst ordentlicher Lehrer zu Jena*"[195] das Bild des Menschen als einer Maschine, die sich ununterbrochen in Bewegung befindet. Die ‚Lebenskraft', die sie antreibt, ist die „*Grundursache alles Lebens*"[196], sie „*erfuellt alle Theile des organischen belebten Koerpers, sowohl feste als fluessige, aeussert sich aber nach Verschiedenheit der Organe auf verschiedene Weise, in der Nervenfaser durch Sensibilitaet, in der Muskelfaser durch Irritabilitaet [...]*"[197].

Verbrauchte Kräfte werden nach dieser Theorie fortwährend ersetzt, weshalb der Prozess des Lebens ständig körperliche Ressourcen verschlingt, die Organe und auch die Lebenskraft abnutzt beziehungsweise aufbraucht.[198] Diese Vorstellung, der Verbrauch an Lebenskraft übertreffe irgendwann deren Erneuerung, schien durch den Alterungsprozess des menschlichen Körpers belegt zu sein. Das Leben selbst zehrte also die Lebenskraft auf und folglich war es ratsam, die Körperkräfte sorgfältig zu verwalten und nicht durch einen unmäßigen und ausschweifenden Lebensstil deren Verbrauch zu beschleunigen. Um das richtige Maß zu halten, war ein vernünftiger Umgang mit dem eigenen Körper vonnöten. Dies galt auch für die Haut, denn ohne eine gesunde und belebte Haut war nach Hufeland keine Erneuerung der Lebenskraft möglich.[199]

Eine gesunde Haut trug wesentlich zur Lebensverlängerung bei. Dies lag einerseits an ihrer Reinigungsfunktion, andererseits an der ihr zugesprochenen Sensibilität. Im späten 18. Jahrhundert hatten sich nicht nur Vernunft, Fleiß und Schaffenskraft als Tugenden herauskristallisiert, sondern es kündigte sich auch ein Zeitalter der Empfindsamkeit an. Seit der Mitte des 18. Jahrhunderts galt der Mensch als ‚*homme sensible*'. Seit der Arzt Albrecht von Haller anhand von Versuchen mit Fröschen, Tauben und Hühnern, deren Körper augenscheinlich zuckten, obwohl er ihnen das Gehirn herausgeschnitten hatte, den Glauben von der Abhängigkeit des Körpers vom Bewusstsein widerlegt sah, und in seinem 1753 verfassten Werk *De partibus corporis humani sensibilibus et irritabilibus* die

---

[195] C. W. VON HUFELAND: Die Kunst. Bd.1, S. I.
[196] Ebd., Bd. 1., S. 23.
[197] Ebd., S. 38.
[198] Hufeland schrieb dazu: „*Das wirkende Leben selbst ist eine unaufhoerliche Kraftaeusserung und Handlung, folglich mit unaufhoerlichen Kraftaufwand und bestaendiger Konsumption der Organe verbunden. Alles, wodurch sich die Kraft als handelnd und thaetig zeigt, ist Kraftaeusserung; denn es geschieht keine, auch nicht die kleinste Lebensaeusserung, ohne Reiz und Reaction der Kraft. Dieß ist Gesetz der organischen Natur. Also sowohl die ohne unser Wissen und Willen geschehenden innern Bewegungen der Cirkulation, Chylifikation, Assimilation und Sekretion, als auch die Freywilligen und Seelenwirkungen, sind bestaendiger Kraftaufwand, und konsumiren unaufhaltsam Kraefte und Organe. Dieser Lebenstheil ist besonders wichtig für die Dauer und Beschaffenheit des Lebens. Je staerker die Lebensaeusserung, desto schneller die Aufreibung, desto kuerzer die Dauer.*" (Ebd., S. 119.)
[199] Vgl. G. GÖCKENJAN: Kurieren und Staat machen, S. 79-80 und M. FREY: Der reinliche Bürger, S. 103. Hufeland schrieb über die wichtige Funktion der Haut: „*Viele tausende von größern und kleinern Organen sind unaufhoerlich beschaeftigt, die durch die innere Konsumtion abgeriebnen und verdorbnen Theilchen abzusondern und auszustossen. Ausser den eigentlich sogenannten Ausleerungswegen ist die ganze Oberflaeche der Haut und der Lungen mit Millionen solcher Absonderungsorgane bedeckt, und in unaufhoerlicher Thaetigkeit.*" (C. W. VON HUFELAND: Die Kunst, Bd. 1, S. 120).

Reizbarkeit der Nerven als Grundlage alles menschlichen Lebens deutete, rückte die Empfindungskraft der menschlichen Haut, Muskeln und Nerven in den Blick der Gelehrten.[200]

Für Hufeland war die Haut nicht nur *„das groeßte Reinigungsmittel unseres Koerpers"*[201], sondern *„ferner der Sitz des allgemeinsten Sinns, des Gefuehls, desjenigen Sinns, der uns vorzueglich mit der uns umgebenden Natur, insbesondere der Atmosphaere, in Verbindung sezt, von dessen Zustand also groeßtentheils das Gefuehl unsrer eignen Existenz und unsers Verhaeltnisses zu dem, was um uns ist, bestimmt wird. Die groeßere oder geringere Empfaenglichkeit fuer Krankheiten haengt daher gar sehr von der Haut ab [...]."*[202]

Hufeland sah die Gesundheit der Haut als *„Hauptprinzip des langen Lebens"*[203] an, denn er schrieb ihr die Funktion zu, mit Hilfe von kleinen Gefäßen die unbrauchbaren Schmutz- und Krankheitsstoffe nach außen zu befördern. Unreinlichkeit liess die Poren verstopfen und führte zur *„Verdorbenheit und Schaerfe unsrer Saefte"*[204].

Außerdem wurden unter der Haut viele kleine Nervenfasern vermutet, mit deren Hilfe die Menschen die Beschaffenheit von Gegenständen und Körpern zu erfühlen vermochten. Um die Haut als Organ der Empfindung zu erhalten, sollten Hitze, Kälte, übermäßige Anstrengung, Trägheit oder Schrecken vermieden werden, da die Haut auf diese Faktoren mit entweder zu starker oder unterdrückter Ausdünstung reagierte. Diese sollte jedoch gleichmäßig sein, um die ‚Elastizität' der Haut zu erhalten. Im Zeitalter der Empfindsamkeit hatte die Haut Konjunktur. Sie gewann einerseits als Organ der sensualen Wahrnehmung an Bedeutung, hatte aber andererseits auch einen sinnlichen Aspekt wie zum Beispiel bei der Berührung von Liebenden. Allerdings wurde davor gewarnt, Schmutzstoffe durch Kontakt mit sozial niedriger gestellten und unreinen Personen über die Haut aufzunehmen, da sie diese einsaugen konnte. Damit sollte der Bürger vor unerlaubten sexuellen Kontakten zurückschrecken oder davor, seine Kinder den Küssen *„unsaubere[r] Kindsmägde[...]"*[205] auszusetzen. Sein moralisches Verhalten sollte also ‚normiert' werden. Damit stand die Haut sowohl *„im Zentrum des bürgerlichen Affekthaushaltes und bürgerlicher Moral als Mittler sozialer Kontakte und sozialer Gefahren"*[206] und war gleichzeitig ein lebenswichtiges Organ, das den tätigen Körper gesund erhielt.[207]

Eine weitere Funktion der Haut war es, *„uns aus der Luft eine Menge feiner und geistiger Bestandtheile zu[zuführen]"*[208]. Mit der ‚Entdeckung' dieser Atmungsfunktion der Haut rückte die Besorgnis um die Güte der Luft in das

---

[200] Vgl. M. FREY: Der reinliche Bürger, S. 104 und P. SARASIN: Reizbare Maschinen, S. 263.
[201] C. W. VON HUFELAND: Die Kunst, Bd. 2., S. 150.
[202] Ebd., S. 150.
[203] Ebd., S. 151.
[204] Ebd., S. 150.
[205] M. FREY: Der reinliche Bürger, S. 105.
[206] Ebd.
[207] Vgl. ebd., S. 104-105.
[208] C. W. VON HUFELAND: Die Kunst, Bd. 2., S. 151.

Zentrum der Aufmerksamkeit. Am Ende des 18. Jahrhunderts häuften sich naturwissenschaftliche Untersuchungen zu den Auswirkungen der Luftqualität auf den menschlichen Körper und seine Gesundheit. Vor allem zwischen 1760 und 1800 fingen die Gelehrten im Dienste der ‚pneumatischen Chemielehre' in vielen europäischen Ländern eifrig Luft in Behältern ein, die sie dann einer genauen Analyse unterzogen.[209]

In Deutschland hatte sich vor allem Georg Ernst Stahl mit seiner Phlogistontheorie hervorgetan, die alle Stoffe auf ihre Brennbarkeit untersuchte und das sogenannte ‚Phlogiston' als Grundsubstanz für Verbrennungsvorgänge erkannte. Der englische Prediger Joseph Priestley identifizierte den Sauerstoff und hatte damit eine Erklärung für den Vorgang der Atmung gefunden: Der Mensch entzog der Luft den Sauerstoff und atmete ‚Stickluft' aus, welche die umgebende Luft verdarb. Die Luft war also lebensnotwendig, wurde jedoch an Orten, wo zahlreiche Menschen zusammenkamen, umso schlechter. Am verdorbendsten war sie in den großen Städten. Das Ergebnis zahlreicher Tierversuche war die Erkenntnis, dass die Luft aus einem Gasgemisch bestehe und eine Tabelle zur Einteilung der Luftarten in solche, die zur Atmung geeignet seien und solche, die beim Einatmen den Organismus schädigten. Die Luft setzte sich zusammen aus ‚phlogistisierter Luft', dem Stickstoff, ‚fixer Luft', dem Kohlendioxid und der ‚dephlogistisierten Lebensluft', dem Sauerstoff, die als gesündeste Atemluft galt. Das Interesse an der Luft war eine Folge der erhöhten Aufmerksamkeit für die physiologischen Vorgänge im menschlichen Körper.[210]

Priestley war es auch, der den Gasaustausch der Pflanzen entdeckte. Darauf aufbauend beschrieb Jan Ingenhousz in seiner 1786 erschienenen Abhandlung *Versuche mit Pflanzen hauptsächlich über die Eigenschaft, welche sie in einem hohen Grade besitzen, die Luft im Sonnenlichte zu reinigen, und in der Nacht und im Schatten zu verderben; nebst einer neuen Methode, den Grad der Reinheit und Heilsamkeit der atmosphärischen Luft zu prüfen* detailliert den Vorgang der Photosynthese.[211]

Von dem Wunsch getrieben, die Gefahrstoffe der Luft zu identifizieren, um diese in die Gesundheitslehren einfließen zu lassen, arbeiteten die Forscher jedoch in erster Linie an einer Klassifizierung verdorbener Gerüche. Man beobachtete aufs genaueste den Zersetzungsprozess verschiedener Substanzen, was Corbin als ‚Faszination der Fäulnis' bezeichnet. Um die einzelnen Phasen des Zerfalls genauer kategorisieren zu können, sollte eine eigene geruchsbezogene Sprache ausgebildet werden. Während Corbin zufolge in der französischen Literatur nun häufiger Gerüche erwähnt wurden, blieb dieses Bestreben in Deutschland eher in den Anfängen stecken, doch es entstanden einzelne Termini wie ‚Schwefelleberluft', ‚urinöse Luft' oder ‚Sumpfluft'.[212]

---

[209] Vgl. A. CORBIN: Pesthauch und Blütenduft, S. 26-27.
[210] Vgl. M. FREY: Der reinliche Bürger, S. 106-107.
[211] Vgl. A. CORBIN: Pesthauch und Blütenduft, S. 26-27.
[212] Vgl. M. FREY: Der reinliche Bürger, S. 106 und A. CORBIN: Pesthauch und Blütenduft, S. 25. Um die Güte der Luft feststellen beziehungsweise gefährliche Stoffe frühzeitig erkennen zu können, genügte es

Empirische Untersuchungen der Luftgüte kamen zu dem Ergebnis, dass die Luft in zahlreich bevölkerten und unsauberen Städten zu Epidemien führen konnte. Als besonders gefährlich für die gesunden Menschen wurde die Luft in den Spitälern, welche von den Ausdünstungen der Kranken angereichert war, angesehen. Diese ‚wissenschaftlichen' Erkenntnisse bestätigten die bürgerlichen Eliten in ihrem Antrieb, die Durchsetzung ihrer bereits ausgebildeten Normen und Wertvorstellungen voranzutreiben. Daraus leitete sich die Reform der Krankenhäuser im Deutschland des 18. Jahrhunderts nach den Gesichtspunkten der Reinlichkeit und Überschaubarkeit ab. Man hielt es für geraten, Luftströme durch die Krankenzimmer wehen zu lassen, da diese die Ausdünstungen forttragen würden. Die Forderung, die Wohnräume und die Straßen in der Stadt sauber zu halten, war nun nicht mehr die Konsequenz aus dem ‚humoralpathologischen Gefahrenkonzept', sondern leitete sich aus den neuen wissenschaftlichen Erkenntnissen ab. Während Corbin die Forschungen mit der Angst vor Tod, Zersetzung und Fäulnis begründet, erklärt Frey das Interesse der Zeitgenossen an der Luft damit, dass sich ein neues Körperbewusstsein der bürgerlichen Schichten herausbildete.[213] Diese Erklärung klingt vor dem Hintergrund des neuen bürgerlichen Leistungsethos plausibel.

Die Luftgüteprüfungen hatten auch praktische Konsequenzen in Hinsicht auf Luftreinigungsmaßnahmen. Hier wandte man sich neuen Methoden zu und verabschiedete sich von den Ausräucherungstechniken, da diese nach den neuen Erkenntnissen nur die reine, lebensnotwendige Luft aufzehrten. Man versuchte, die Luft in geschlossenen Räumen in ihre Bestandteile aufzulösen, um ihre ‚gesundheitsschädlichen' Anteile zu isolieren, und sie mit Hilfe scharfer chemischer Verbindungen wie Weinessig, Essigsäure, Schwefelpulver und Kochsalzlösungen unschädlich machen zu können. Für den Aufenthalt an stickigen, stinkenden oder irgendwie unreinen Orten wurden mechanische Mittel zur Luftreinigung wie Fächer, Blasebalge, Luftpumpen, Lufttonnen und -trichter empfohlen. Neu war die nun überwiegend positive Bewertung der Luft, die abgesehen von ihren ‚schädlichen' Anteilen als überwiegend gesundheitsförderlich bewertet wurde. Von Medizinern wurden nun sogar ‚Luftbäder' für den Körper verordnet, um die Haut atmen zu lassen. Dies war jedoch in erster Linie innerhalb der oberen Schichten populär.[214]

Wie bereits oben angedeutet, wurde seit Mitte des 18. Jahrhunderts auch das Wasser in einem neuen Licht betrachtet und sogar als Mittel zur äußeren Reinigung des Körpers herangezogen. Frey beobachtet am Beispiel des Wassers „*ein neues,*

---

den Forschern bald nicht mehr, sich der eigenen Nase zu bedienen und so trieb man die Entwicklung technischer Apparate voran, mit deren Hilfe man hoffte, Farbe, Schwere, Dichte und Brennbarkeit der Luftarten messen zu können. Der von Priestley entwickelte und von den Italienern Fontana und Landriani verbesserte ‚Eudiometer', mit dem sich der Anteil der ‚fixen Luft' in der ‚Lebensluft' ablesen ließ, erregte bald großes Aufsehen, das jedoch bald in Enttäuschung umschlug, als die Messung der Luft im Zentrum von Paris das gleiche Ergebnis von Unverdorbenheit zeigte wie in den Bergen. (Vgl. A. CORBIN: Pesthauch und Blütenduft, S. 27 und M. FREY: Der reinliche Bürger, S. 107-108.)
[213] Vgl. M. FREY: Der reinliche Bürger, S. 108-109.
[214] Vgl. ebd., S. 109-111.

universales naturwissenschaftliches Prinzip" in der Medizin, die sich nun nicht mehr von der antiken Medizin, sondern von *„ vernunft- und erfahrungsgeleitete[m] Handeln nach Versuch und Irrtum"*[215] leiten ließ. In allen naturwissenschaftlichen Disziplinen eroberte bis zum Ende des 18. Jahrhunderts das Experiment das wissenschaftliche Denken und man begann, sich nicht mehr an den überlieferten Schriften zu orientieren, sondern die zu beobachtenden Phänomene als Quelle des Wissens zu betrachten. Althergebrachte Meinungen und neuartige Beobachtungen wurden nun einer eingehenden Prüfung unterzogen. So fand auch eine Neubewertung der Bedeutung des Wassers statt. Die Mediziner hoben besonders die ‚Elastizität' des Wassers hervor, die mit der Haut in Verbindung gebracht wurde, da diese durch Berührung mit Wasser feucht und elastisch gehalten würde. Der Reinigungseffekt des Wassers wurde mit seiner Geruchlosigkeit begründet, welche die unangenehmen Ausdünstungen des Körpers entfernte. Aber auch zur Abhilfe gegen Ungeziefer und Hautausschlag sollte das Wasser nun geeignet sein, wenn man den Körper damit wusch – und zwar seine gesamte Oberfläche und nicht mehr nur die sichtbaren Stellen. Der Schweidnitzer Arzt Johann Sigmund Hahn, der mit seinem berühmten Werk *Unterricht von Krafft und Würckung des frischen Wassers* als erster eine Reinigung des gesamten Körpers forderte, führte die Reinlichkeitspraxis der Unterschichten, die den ganzen Körper untertauchten, als Vorbild an. Er pries die Vorzüge eines Vollbades in kaltem Wasser, das seiner Ansicht nach Puder und Parfum ohne weiteres ersetzen konnte. Warmem Wasser dagegen sprach er die Fähigkeit zu, den Schmutz schneller von der Hautoberfläche zu lösen, ihn aber auch wieder in die Haut zurückzutreiben, was zu *„Stockungen und Fäulnis"*[216] führe. Kaltes Wasser hatte seiner Ansicht nach nicht nur eine reinigende, sondern auch eine abhärtende Wirkung. Damit hatte er den Anfang einer kontrovers geführten Auseinandersetzung der zeitgenössischen Forscher über die Vorzüge und Nachteile warmen und kalten Wassers gemacht. Die Vertreter beider Seiten waren zwar Verfechter der Körperreinigung mit Wasser, reklamierten aber die größere Reinigungsfunktion für ihre Präferenz.[217]

Der Wiener Arzt Johann Peter Xaver Fauken (1740-1794) war ein Verfechter der Körperreinigung mit kaltem Wasser, wie man seiner 1779 erschienenen Abhandlung *Anmerkung über die Lebensart der Einwohner in großen Städten* entnehmen kann.[218] Er hatte sich die Ansicht Hahns, dass warmes Wasser den

---

[215] Beide Zitate stammen von M. FREY: Der reinliche Bürger, S. 112.
[216] Ebd., S. 113.
[217] Vgl. ebd., S. 112-114.
[218] „*Da nun bey jeder Abwechslung der Windlen das Kind soll gewaschen werden, damit die Schaerfe des Urins oder Unflaths die zarte Haut nicht aetze, so soll man, so viel moeglich ist, das Waschen mit kaltem Waßer verrichten, und das Kind fruehzeitig daran gewoehnen. Es ist ganz gewis, daß das warme Waßer den Koerper außerordentlich schwaecht, da im Gegentheil das kalte ungemein staerkt, und dieses, glaube ich ist leicht zu erweisen: Alles haeutige Wesen dehnt sich in warmen Waßer leicht aus, und wird duenner, da es sich hingegen im kalten zusammenzieht, und fester wird; die Ursache ist zweyfach, von Seite des Waßers naemlich, und von Seite der Eigenschaft der Haut: jene, weil das warme Waßer flueßiger ist, und leichter durch die feinen Oeffnungen der Haut dringen kann als das kalte: diese, weil die Haut von dem warmen Waßer ihre Schnellkraft, und die davon abhangende Wirksamkeit verliert, und*

Körper schwäche, zu eigen gemacht. Darüber hinaus sprach er dem kalten Wasser die Fähigkeit zu, die Nerven zu stärken.[219] Fauken übertrug die gesundheitsschädlichen Auswirkungen zu hoher Temperaturen auch auf die Luft:

„Das naemliche versteht sich auch von der Luft des Zimmers; dieses soll nicht so auserordentlich erwaermet werden, daß es mehr einem Schwitzbade als einem Zimmer aehnlich scheinet. Wir sehen wie nervigt und stark jene nordische Völker sind, welche bestaendig der kalten Witterung ausgesetzt bleiben, da hingegen die Einwohner der oestlichen und mittaegigen Laender ganz matt und kraftloß dahin schmachten." [220]

Aus diesen Zeilen spricht der bürgerliche Leistungsethos, den die Ärzte propagierten.

Johann Peter Frank sprach sich überdies für das Schwimmen im kalten Wasser aus, da dies den Körper jugendlich erhalte und außerdem den Geschlechtstrieb unterdrücke. Auch dies war ein wichtiger gesundheitspolitischer Aspekt, denn die Onanie wurde in den Abhandlungen der Medizinischen Polizei als äußerst abträglich für die geistige und körperliche Gesundheit gegeißelt.[221] Der Körper

---

die Oeffnungen der Haut nicht zusammengezogen sondern vielmehr erweichet und ausgedehnet werden; da hingegen das kalte die Haut reizt, und die Zusammenziehung dieser Oeffnungen befoerdert. Hieraus ist nun leicht abzunehmen, warum das kalte Waßer staerkt, und das warme schwaecht." (J. P. X. FAUKEN: Lebensart, S. 60-61.)

[219] *„Zudem habe ich zu oft die Wirkung des kalten Waßers nach Anweisung vieler in unserer Wissenschaft beruehmter Maenner bey aeußerst entkraefteten Personen erfahren, als daß ich diese Meinung nicht sollte behaupten können; und ich getraue mir zu sagen daß dieses eines der staerkendsten Mittel ist, welche wir haben, um das Nervengewebe unseres Koerpers abzuhaerten, und wider die abwechselnde Anfaelle unseres Dunstkreises sicherzustellen. Wenn nun der Koerper des Kindes von Jugend auf an das Warme gewoehnet wird, so ist die natuerliche Folge, daß derselbe viel schwaecher und entnervter werden muß; dieses nun mit den andern uebelen Gewohnheiten der weichen Erziehung vereinigt, kann eine blasse Entkraeftung des Koerpers, unzaehlige Nervenkrankheiten, bey zunehmenden Jahren die Milzbeschwehrung, Unvermoegenheit, fruehzeitiges Alter, und eine verworrene Kette von allerhand Uebeln befoerdern, welche Zufaelle dem bey solchen Personen immer beschaeftigten Arzte genug Stoff an die Hand geben, sich in Recepten schreiben zu ueben, und seine Beurtheilungskraft zu prüfen."* (Ebd., S. 61-62.)

[220] Ebd., S. 62-63.

[221] *„Was, unter den der Jugend anzurathenden Leibesübungen, das von der Natur fast allen größeren Thieren zugelegte, von dem Menschen aber nur mit besonderer Kunst zu erlernende Schwimmen betrift: so wird niemand in Abrede stellen, daß es nicht eine fuer sehr viele Menschen hoechst wichtige Sache seye, und daß Tausende ihr Leben noch wuerden gerettet haben, wenn nicht dieser Theil der physischen Erziehung, an vielen Orten ganz ausser Acht gekommen waere. [...] Aber auch die Gesundheit selbst gewinnet durch die Wirkung eines kalten Bades, [...] so wie durch die kraftvolle Bewegung des Körpers, waerendem Schwimmen, ungemein vieles. [...] Moses hatte dann gewiß Recht, so viele Waeschereien und Reinigungen zu verordnen, so wie die angefuehrte Meinung, „daß durch Vereinigung mehrerer physikalischen Mittel, die auf die Reinigung und Verfeinerung des Koerpers abzielen, sogar Stupiditaet, wo nicht gehoben, doch gemindert (und, wie ich gewiß glaube, der zu fruehe Trieb der Jugend zur Liebe, welcher so leicht von jeder durch die Haut auszuleerenden Schaerfe vermehret wird, zurueckgehalten) werden koenne, viele Wahrscheinlichkeit gewinnen muß."* (J. P. FRANK: System, Bd. 2, Mannheim 1780, S. 641-642.)

wurde durch kalte Bäder also nicht nur vor ‚Verweichlichung' geschützt, sondern auch widerstandsfähiger gegen das Laster der Onanie. Hufeland sah nur den Ehestand als geeignet an, den Trieb in geregelte Bahnen zu lenken. Jede sexuelle Aktivität, die darüber hinausging, konnte sich auf die Gesundheit nur schädlich auswirken.[222] Die Onanie stand im Gegensatz zu den bürgerlichen Tugenden der Mäßigung und Disziplin. Eine geregelte Steuerung der Triebe wurde deshalb von wissenschaftlicher Seite zur Voraussetzung für Gesundheit und Leistungskraft stilisiert.

Frank forderte aus diesen Gründen die Einrichtung kalter Bäder in allen Städten als Aufgabe der Medizinischen Polizei und verband dies mit dem moralischen Postulat nach Sittsamkeit beim Baden.

„Niemand solle sich ferner, unter einer Strafe von einer vierteljaerigen Einsperrung, beigehen lassen, bei dem Baden, unverschaemt und nakt an dem Ufer der Fluesse sich zu zeigen oder auf den Schiffen sich sehen zu lassen. Auch verschiedne Koncilien haben fuer die Beibehaltung guter Sitten bei den oeffentlichen Baedern gesorget. [...] Es ist also gewiß besser, daß sich die Polizey selbst damit abgebe, das Publikum großer Staedte, sowohl fuer seine Gesundheit, als Reinlichkeit, mit kalten Baedern zu versehen. [...] Wenn nun die Polizey dafuer sorget, daß (wie sonst leicht zutreffen dürfte) dergleichen Badehaeuser nicht zum Sammelplaz ausschweifender Menschen und folglich zur Quelle der Entschoepfung und wechselseitigen Ansteckung mit einem die Zeugungstheile angreifenden, und durch kein fliesendes Wasser, wie man sich vielleicht einbilden moechte, abzuspuelenden Gifte, ausarten [...] so sind dergleichen Gelegenheiten zur oefteren Abwaschung des Koerpers und zur Staerkung seiner Nerven und Faseren durch die unnachahmliche Wirkung kalter Baeder, gewiß eines der groeßten und natuerlichsten Mittel zur Wiederherstellung aller der Vorzuege deutscher Mannhaftigkeit und Spannkraft, welche, unter der entlehnten Verzaertlung und dem affektirten Zurueckbeben vor jedem kalten Tropfen Wassers, so wie unter tausend andern auslaendischen, sowohl physischen, als moralischen Zimpferlichkeiten und mehr als weibischer Empfindlichkeit, anstrengen, zur Schande des deutschen Volkes, nach und nach zu erloeschen."[223]

Auch Frank betont hier die Notwendigkeit, mit Hilfe von Reinlichkeitsmaßnahmen die ‚deutsche Nation' zu stärken. Mit dieser Forderung kommt er dem staatlichen Anliegen einer Ertüchtigung der Bevölkerung in Hinblick auf militärische Zwecke entgegen.

Die Forderung nach den kalten Bädern war allerdings bei den nord- und mitteleuropäischen Witterungsverhältnissen schwer praktisch durchsetzbar, weshalb sich um 1800 die Rufe nach lauwarmen Bädern häuften. Die wichtigsten Argumente gegen das kalte Bad war dessen nervenreizende Wirkung und die schwächende Wirkung, da es den Körper zu sehr abkühlte.

---

[222] Vgl. C. W. VON HUFELAND: Die Kunst, Bd. 2., S. 123.
[223] J. P. FRANK: System, Bd. 3, Mannheim 1783, S. 1002-1004.

Einen Kompromiss fanden einige Vertreter der Medizinischen Polizeiwissenschaft in dem Vorschlag, mit lauwarmem Wasser zu baden. Der wohl bedeutendste von ihnen war Hufeland, der kaltes Wasser als stärkend und warmes als reinigend ansah, zur Verlängerung des Lebens aber das lauwarme Bad bevorzugte. Anders als in Frankreich, wo kaltes Wasser eher als ‚bürgerlich' und warmes Wasser eher als ‚aristokratisch' galt, wurde in Deutschland beides zur Körperreinigung empfohlen.[224]

Die Befürworter der Körperreinigung mit warmem Wasser versuchten dagegen, dem Bedürfnis nach individuellem Wohlbefinden entgegenzukommen, und das Argument, auch warmes Wasser habe eine stärkende Wirkung, zu untermauern. Vielen Bürgern kamen diese Argumente für das warme Wasser sehr entgegen, da sich damit Annehmlichkeit, Reinigungseffekt und Gesundheitspflege verbinden ließen. Im Jahrzehnt vor 1800 reduzierte sich die Anwendung von Kaltbädern auf den medizinisch-therapeutischen Bereich.[225]

Aus diesem Grund zogen auch die seit 1780 errichteten Kaltbadeanstalten nicht viel Publikum an. Um 1800 kam es in den Großstädten, aber auch in vielen kleineren zur Einrichtung luxuriöser Badesalons, in denen die wohlhabenden Schichten Körperreinigung, Vergnügen und Geselligkeit verknüpfen konnten. Hausbäder waren zu dieser Zeit äußerst umständlich, teuer und nicht selten wurden sie auch den neuen hygienischen Ansprüchen nicht mehr gerecht. Die Badesalons erlaubten eine Abgrenzung nach unten, da sie ausschließlich den bürgerlichen Schichten vorbehalten blieben, die dort ungestört die gepflegte Konversation des Salons im bürgerlichen Wohnhaus fortsetzen konnten. Für die meisten wohlhabenden Bürger war ein gemeinsames Bad mit Angehörigen der Unterschichten undenkbar. Bürgerliche Badesalons und öffentliche Volksbäder entwickelten sich deshalb von Anfang an getrennt. Die Gegebenheiten der Badesalons trugen nicht nur den neu etablierten Reinlichkeitsstandards Rechnung, sondern waren auch dem neuen Bedürfnis nach Intimität angepasst. Man badete in Badekabinen, die Ausdruck für die Scham vor dem anderen Geschlecht, aber auch der diskreten Abgrenzung des Individuums waren. Die gesellige Komponente zeigte sich vor und nach dem Bad, wenn man beispielsweise einen gemeinsamen Spaziergang im Garten des Salonbades unternahm oder sich bei Speisen und Getränken im Versammlungsraum zusammenfand. Damit war einerseits das gesellige Zusammensein Gleichgestellter ermöglicht, andererseits aber auch der Bequemlichkeit und Intimität Rechnung getragen und das im eigenen Haus fehlende Badezimmer ersetzt. All dies war Ausdruck des modernen Lebensstils.[226]

Luft und Wasser wurden im Laufe des 18. Jahrhunderts einer neuen Bewertung unterzogen. Ordnete man sie noch am Beginn des Jahrhunderts dem ‚medizinischen Gefahrenkonzept' zu, wurden sie nun wesentlicher Bestandteil eines spezifisch bürgerlichen ‚Reinlichkeitskonzeptes'. Dieses deutete jedoch die beiden Elemente nicht einfach um und stufte sie nun als völlig ungefährlich ein, sondern warnte auch

---

[224] Vgl. G. VIGARELLO: Wasser und Seife, S. 122 und M. FREY: Der reinliche Bürger, S. 119.
[225] Vgl. M. FREY: Der reinliche Bürger, S. 117.
[226] Vgl. ebd., S. 219-233.

vor ihren Gefahren. Dem Wasser schrieb man nach wie vor die Eigenschaft zu, es könne durch die durchlässige Haut in den Körper eindringen und dort das Blut verdünnen, den Organismus schwächen und Ansteckungsstoffe in den Körper transportieren. Die medizinischen Experten warnten eindringlich davor, sich in bereits von einem selbst oder anderen Personen benutztem Badewasser zu baden, da der Körper das Wasser verunreinige. Somit brachte das Baden in warmen Wasser auch eine Intimisierung und Vereinzelung mit sich. Der Umgang mit der Luft und dem Wasser war aber nicht mehr so angstbestimmt wie zu Beginn des Jahrhunderts, als die bürgerlichen Schichten und der Adel den Kontakt des Körpers mit diesen Elementen zu vermeiden versucht hatten. Die Wertschätzung des Reinigungseffektes von Luft und Wasser wog nun stärker, da Reinlichkeit im Bürgertum zum *„Zentralbegriff eines neuen Lebensstils"*[227] geworden war.[228]

Beim Übergang zur modernen Körperpflege um 1800 spielte die Intimität eine wichtige Rolle. Dies hing nicht nur mit der Trennung des privaten vom öffentlichen Leben zusammen, sondern auch der Einzelne wurde in einen inneren und äußeren Menschen aufgeteilt. Beim Ritual der Körperreinigung kam das innerste Wesen des Menschen zum Vorschein, das der Privatsphäre bedurfte. Im bürgerlichen Wohnhaus wurde das Schlafzimmer zu dem Raum, in dem man mit seinem Körper alleine war und ihn einer möglichst vollständigen Desodorisierung durch Wasser und Seife im Sinne bürgerlicher Hygienestandards unterzog. Der Rückzug in den intimen Raum stellte einen krassen Gegensatz zur repräsentativen Reinlichkeitspraxis des Adels dar. Der bürgerliche Drang nach Abgrenzung von dessen Gebräuchen wird auch hier wieder offensichtlich.[229]

Die täglichen körperlichen Verrichtungen wurden tabuisiert, indem in den bürgerlichen Haushalten die Funktion von Hygienemöbeln verschleiert wurde, um den Betrachter nicht durch die Darstellung des intimen Bereichs zu beschämen. Was äußerlich wie ein Schreibtisch oder eine Kommode aussah, konnte in Wirklichkeit eine Waschvorrichtung sein.[230]

In der bürgerlichen Gesellschaft wurde Krankheit allmählich zur Randerscheinung, denn sie war in der Gemeinschaft der Gesunden und Leistungswilligen unerwünscht. Man fing an, jeden Menschen nach seiner äußerlichen Erscheinung zu bewerten, um ihn dann als Gleichgestellten anzunehmen oder abzuwehren. Reinlichkeit war keine Privatangelegenheit, sondern wurde zum *„sozialen Zeichen"*[231], das nach außen wirkte und dem Gegenüber zu verstehen gab, dass man selbst die bürgerlichen Tugend- und Reinlichkeitsnormen verinnerlicht hatte. Man urteilte von der äußerlichen Erscheinung eines unbekannten Gegenübers auf seine inneren Qualitäten. Somit wurden ein reinlicher Körper und saubere Kleidung zum Zeichen bürgerlicher Tugendhaftigkeit, die nun über die sinnliche Wahrnehmung erkennbar wurde. Das Auge wurde in

---

[227] M. FREY: Der reinliche Bürger, S. 120.
[228] Vgl. ebd., S. 119-120.
[229] Vgl. ebd., S. 128 und S. 212.
[230] Vgl. ebd., S. 196-205.
[231] Ebd., S. 162.

Abgrenzung zum Geruchssinn das „*Wahrnehmungsorgan der Vernunft*"[232]. So etablierte sich zwischen 1770 und 1830 ein neues ästhetisches Ideal des Einfachen, Klaren und Gemäßigten. Der Klassizismus setzte sich als Gegenbewegung zu Barock und Rokoko nicht nur in der Baukunst, sondern auch in der Mode und bei Einrichtungsgegenständen durch. Schmutzige Kleidung war im höchsten Maße verpönt und drückte niedrige Herkunft beziehungsweise das Angewiesensein auf körperliche Arbeit aus. Die Farbe Weiß wurde in der bürgerlichen Kleidung vorherrschend, denn ein weißes Kleid bedeutete zum einen schlichte, schnörkellose Reinheit und zum anderen Abgrenzung nach unten. Um 1780 trug man in den wohlhabenden bürgerlichen Kreisen in ganz Europa weiße Kleidung.[233]

Am Ende des 18. Jahrhunderts waren Körperreinigung, Kleidungsstil und Wohnungseinrichtung ein Teil der bürgerlichen Identitätsfindung.

---

[232] M. FREY: Der reinliche Bürger, S. 164.
[233] Vgl. ebd., S. 162-217 und A. LABISCH: Homo hygienicus, S. 103.

II. Fallstudie der Freien Reichsstadt Regensburg
1. Politische, demographische und sozio-ökonomische Situation

Um sich ein Bild über die gesundheitspolitischen Maßnahmen und hygienischen Anforderungen im Regensburg des 18. Jahrhunderts machen zu können, ist es zunächst erforderlich, die politische, demographische, wirtschaftliche, gesellschaftliche und soziale Situation der freien Reichsstadt zu skizzieren. Besonderes Augenmerk gilt dabei der Rolle des Inneren Rates der Stadt, der bis zum Ende des 18. Jahrhunderts eine starke Stellung behaupten konnte. Dieses Gremium war es, das Verordnungen polizeilicher Natur erließ und maßgeblichen Einfluss auf die medizinischen Berufsgruppen sowie die städtischen Sozial- und Fürsorgeeinrichtungen ausübte.

Regensburg war von 1245 bis 1806 durchgehend freie Reichsstadt, mit Ausnahme der Zeitspanne zwischen 1486 und 1492, in der es unter dem Wittelsbacher Herzog Albrecht IV. an Bayern gefallen war. Die Stadt unterlag der Dienst- und Abgabenverpflichtung gegenüber Kaiser und Reich. In den Jahren 1500 und 1514 wurden zwei Regimentsordnungen erlassen, deren letzte bis 1802 in Kraft blieb. Sie sollten die innenpolitischen Verhältnisse stabilisieren und einer neuerlichen Abwendung vom Reich vorbeugen.[234]

Der städtische Magistrat setzte sich aus Innerem und Äußerem Rat zusammen, wobei ersterer sechzehn und der zweite zweiunddreißig Mitglieder zählte, worunter mindestens zwölf Handwerker sein mussten. Daneben existierte der sogenannte ‚Ausschuß der Gemeine', auch ‚Rat der Vierziger' genannt. Dem Inneren Rat, auch als ‚Senat' bezeichnet, stand ein Mitglied als Stadtkämmerer für jeweils ein Vierteljahr vor und amtierte damit quasi als Bürgermeister. Dieses Gremium hatte die judikative und legislative Gewalt inne.[235]

Neben dem Inneren Rat existierten die Kollegien der ‚*Consulenten*' und der ‚*Syndici*'. Während Erstere für den Inneren Rat Rechtsgutachten erstellten und ihn bei Abordnungen an die Gesandten oder an Auswärtige vertraten, übernahmen Letztere die Funktionen des Stadtschreibers, Archivars, Registrators oder Ratsprotokollschreibers. Die Tätigkeit als Syndicus oder Konsulent galt häufig als ‚Sprungbrett' zur Wahl in den Inneren Rat. Diesen beiden Kollegien waren das Steueramt, das Ungeldamt, das Stadt-, Fünfer- und Hannsgericht, das Almosen-, Vormund-, Rechen-, und Bauamt und die Stadtkanzlei untergeordnet. Weitere Behörden waren das Mauth-, Salz- und Pfandamt. Äußerer Rat und ‚Ausschuß der Gemeine' hatten die Rechte der Landstände inne, wobei der Äußere Rat an der städtischen Regierung beteiligt war. Diesem stand der Stadtschultheiß, auch Vorgeher genannt, vor, welcher gleichzeitig Vorsitzender des Stadtgerichts war. Der Äußere Rat besaß das Mitspracherecht in Steuerfragen, bei der Erbringung

---

[234] Vgl. J. NEMITZ: Verfassung und Verwaltung, S. 248-249.

[235] Da der Innere Rat die zentrale Instanz der Rechtsprechung war, konnte er nicht nur selbst Recht sprechen, sondern auch den Zuständigkeitsbereich der städtischen Gerichte festlegen und gegen deren Entscheidungen als Appellationsinstanz fungieren. (Vgl. A. C. KAYSER: Versuch, S. 14-15 und J. NEMITZ: Verfassung und Verwaltung, S. 256.)

städtischer Leistungen für Kaiser und Reich, in Kriegsangelegenheiten oder beim Verkauf von Renten. Der ‚Ausschuß der Gemeine' bestand aus je fünf Vertretern der acht Wachten und hatte ein Stimmrecht in Angelegenheiten wie Steuerbewilligungen, Geldaufnahmen oder dem Verkauf von städtischen Grundstücken. Verfassungsergänzungen der Regimentsordnung von 1514 konnten nur durch den Inneren Rat und einer Deputation von jeweils sechs Mitgliedern des Äußeren Rates und der ‚Gemeine' unter der Aufsicht des kaiserlichen Hauptmanns vorgenommen werden.[236]

In der Realität sah die Verfassungsentwicklung jedoch anders aus. Wie der fürstliche Bibliothekar Albrecht Christoph Kayser berichtet, hatte *„die Constitution der Reichsstadt Regensburg des Schicksal aller Regierungsformen gehabt [und war] seit langer Zeit nicht mehr die nämliche".*[237] Denn nachdem die kaiserliche Reichshauptmannschaft Mitte des 16. Jahrhunderts der Bedeutungslosigkeit anheim gefallen war, bildete sich ein Gremium informeller Art innerhalb des Inneren Rates heraus, der ‚Geheime Ausschuß'. Dieser setzte sich aus sechs Mitgliedern zusammen und tagte zweimal wöchentlich unabhängig vom Ratsplenum. Diese wechselten sich im Amt des Stadtkämmerers ab und behielten sich die wichtigsten Entscheidungen vor. Mit der Ratsordnung von 1558 wurde dieser ‚Geheime Ausschuß' schließlich in der Ratsverfassung verankert und wurde in der Zeit nach dem Dreißigjährigen Krieg *„zur beherrschenden Regierungsinstanz der Reichsstadt"*[238]. Seit der ersten Häfte des 17. Jahrhunderts bekleideten die Angehörigen des ‚Geheimen Ausschusses' die Direktorate im Steueramt, Ungeldamt, Almosenamt, Vormundamt und Bauamt und stellten auch den Hannsgrafen, der dem Hannsgericht vorsaß. Seit 1654 kontrollierte allein der ‚Geheime Ausschuss' die städtischen Einnahmen und Ausgaben. Da die Machtfülle nun in diametralem Widerspruch zur Regimentsordnung stand, beschloss das Gremium, diese geheim zu halten – sogar vor den übrigen zehn Ratsherren. Gegen den Ausschuss erhob sich erst am Ende des 18. Jahrhunderts, als sich die Finanzkrise der Stadt zunehmend verschärfte, ernsthafter Widerstand. Vier Angehörige des Inneren Rates, der Äußere Rat und der ‚Rat der Vierziger' strengten gemeinsam einen Prozess beim Reichshofrat in Wien wegen Unterdrückung und Bruch der städtischen Verfassung an. Obwohl diese Klage in vielerlei Hinsicht erfolgreich war, da der Reichshofrat die Mitbestimmungs- und Kontrollrechte des Ratsplenums, des Äußeren Rates und der ‚Gemeine' erweiterte, konnten diese nicht mehr in die Praxis umgesetzt werden, da dem der Reichsdeputationshauptschluss von 1803 zuvor kam und eine völlig neue Situation in der Reichsstadt schuf.[239]

Zur verwaltungstechnischen Vereinfachung teilte man das Stadtgebiet in acht Wachten ein, denen jeweils ein Ratsherr als ‚Wachtherr' oder ‚Wachtverordneter' vorstand. Diesem unterstanden ein Wachtschreiber und ein Wachtknecht. Die von

---

[236] Vgl. A. C. KAYSER: Versuch, S. 14-17.

[237] Ebd., S. 16.

[238] J. NEMITZ: Verfassung und Verwaltung, S. 259.

[239] Vgl. A. C. KAYSER: Versuch, S. 16 und J. NEMITZ: Verfassung und Verwaltung, S. 258-260.

den Wachtherren geleiteten ‚Wachtämter' fungierten als Ordnungs- beziehungsweise Überwachungsinstanzen im Sinne des oben skizzierten ‚Polizey'- Begriffs. Sie legten Verzeichnisse der in ihrer Wacht lebenden Bürger, Beisitzer und Dienstboten an und erfassten die Einwohnerschaft statistisch. Diese Verzeichnisse dienten dem Steueramt als Übersicht über die steuerpflichtigen Personen. Außerdem zogen die Wachtämter das Wachtgeld ein, das wöchentlich zum Unterhalt der Stadtgarnison gezahlt werden musste. Ihre weiteren Aufgabengebiete waren die Straßenreinigung, die Überwachung von bau- und feuerpolizeilichen Vorschriften, die Bekanntgabe von Ratsdekreten, die Inspektion der bürgerlichen Bewaffnung, die Kontrolle von Fremden und die Liegenschaftsverwaltung. Innerhalb der einzelnen Wachten gab es eine weitere Untergliederung in Rotten, von denen jede ungefähr zehn Häuser umfasste. Ihnen stand jeweils ein ehrenamtlicher ‚Rottmeister' vor, der die Einhaltung der polizeilichen Vorschriften und die militärische Ausrüstung der ihm zugeordneten Bewohner beaufsichtigte.[240]

Die Stadt verfügte über eine Garnison von 200 Soldaten, deren Hauptwache sich auf dem Neupfarrplatz befand und über eine Bürgerwehr, die aber ausschließlich repräsentative Aufgaben zu erfüllen hatte.[241]

Die Bürgerschaft hatte jedes Jahr am dritten Pfingstfeiertag einen Schwur auf die Sammlung ihrer Rechte und Pflichten, die ‚Wachtgedingsordnung' abzulegen. Daneben wählten die Bürger fünf Vertreter ihrer Wacht in den ‚Ausschuß der Vierziger'. Dieses Zeremoniell wurde das ‚Wachtgeding' genannt.[242] Es war die einzige Gelegenheit, bei der die Bürgergemeinde als politischer Handlungsträger in Erscheinung treten konnte. Folgt man Jürgen Nemitz, so deutet dieses politische Privileg zwar an, dass man sich prinzipiell auf eine gemeinschaftliche Wahrnehmung der Souveränität festgelegt hatte, insgesamt jedoch eindeutig der Rat in Regensburg dominierte. Dieser erließ Verordnungen, welche die Bürgerschaft widerspruchslos anzuerkennen hatte.[243]

Diese Dominanz des Inneren Rates zeigt sich auch in Hinsicht auf die städtische Behördenverfassung. Beim Steuer- und Ungeldamt sollten sich jeweils ein Amtsträger des Inneren Rates, des Äußeren Rates und der ‚Gemeine' die Geschäftsführung teilen. Diese Regelung entsprang dem Anliegen der kaiserlichen Kommissare, durch die Mitwirkung von Vertretern aus Äußerem Rat und ‚Gemeine' die Bürgerschaft an der Arbeit der Exekutive zu beteiligen. Sie hätten allerdings die Amtsgeschäfte nicht aktiv beeinflussen können. In der Realität galt spätestens seit der Mitte des 17. Jahrhunderts der Angehörige des Inneren Rates als Amtsdirektor und leitete damit faktisch die Behörde. Auch das Almosen- und das Vormundamt wurden in ähnlicher Weise verwaltet. Nemitz weist auf die

---

[240] Vgl. J. NEMITZ: Verfassung und Verwaltung, S. 255.
[241] Vgl. A. C. KAYSER: Versuch, S. 31.
[242] Vgl. ebd., S. 23.
[243] Vgl. J. NEMITZ: Verfassung und Verwaltung, S. 249-251.

‚Gewaltenverschränkung' hin, die damit bestand, da einem Angehörigen der Legislative exekutive Kompetenzen zufielen.[244]

Auch im Bauwesen sollte laut Regimentsordnung ein Angehöriger des Äußeren Rates oder der ‚Gemeine' die Leitung übernehmen. Diese Regelung wurde bereits 1526/27 mit der Besetzung des ‚Baumeisteramtes' durch Albrecht Altdorfer, der dem Inneren Rat angehörte, außer Kraft gesetzt. Um die Mitte des 16. Jahrhunderts entstand das Bauamt, mit einem Mitglied des Inneren Rates als Direktor an der Spitze von Assessoren, Schreibern und mehreren Handwerkern und Knechten.[245]

Innerhalb der Reichsstadt war die Rechtsprechung nicht einheitlich organisiert, denn sowohl das Domstift und die drei Reichsstifte St. Emmeram, Ober- und Niedermünster, wie auch die Kollegiatsstifte zur Alten Kapelle und zu St. Johann, die Kommenden des Deutschordens und des Malteserordens, das Schottenkloster St. Jakob, die bischöflichen Klöster der Augustiner, Dominikaner, Kapuziner, Karmeliten, Minoriten, der Dominikanerinnen und der Klarissinnen und das Jesuitenkolleg St. Paul besaßen eigene Hoheitsrechte und ihre eigene Jurisdiktion. Aber auch die Klöster Prüfening, Walderbach und die Karthause in Prüll, denen je ein Hof innerhalb des Burgfriedens gehörte, und der herzogliche bayerische Hof am Kornmarkt, der erzbischöflich salzburgische Hof, der bischöflich brixensche und der bischöflich augsburgische Hof unterstanden nicht der reichsstädtischen Gerichtsbarkeit.[246]

Auch durch den Immerwährenden Reichstag, der seit 1663 fast ununterbrochen in Regensburg residierte, war eine Ausnahmesituation gegeben. Kaiser und Fürsten kamen seither kaum noch persönlich zum Reichstag, sondern ließen sich vertreten, wobei der Kaiser einen Prinzipalkommissar ernannte und die Fürsten ständige Gesandtschaften unterhielten. Auch diese unterstanden nicht der reichsstädtischen Gerichtsbarkeit. Nachdem Fürst Alexander Ferdinand das Amt des Prinzipalkommissars von Kaiser Franz I. übertragen bekommen hatte und das Fürstenhauses Thurn und Taxis nach Regensburg umzog, etablierte sich ein weiterer, vom städtischen Magistrat unabhängiger Reichsstand innerhalb des Stadtgebietes. Der „*Gesandtenkongreß*"[247] bereicherte das gesellschaftliche Leben der Stadt und der Fürstenhof wurde zum kulturellen Anziehungspunkt. So kam es, dass die Stadt auch nach außen attraktiver wurde und viele Stadtfremde wie Juristen, Kaufleute und Schauspieler anlockte. Im späten 18. Jahrhundert machten diese bereits ein Drittel der Regensburger Gesamtbevölkerung aus, die um 1800 auf circa 22.000 Menschen zu beziffern ist. Davon unterstand etwa die Hälfte, nämlich die aus ungefähr 800 Familien bestehende protestantische Bürgerschaft, die volles Bürgerrecht besaß und damit am Rat teilnehmen und freies Gewerbe ausüben durfte, aber auch die circa 1.200 Familien der Beisitzer ohne Bürgerrecht, der

---

[244] Vgl. J. NEMITZ: Verfassung und Verwaltung, S. 253.
[245] Vgl. ebd.
[246] Vgl. E. NEUBAUER: Das geistig-kulturelle Leben, S. 6.
[247] Ebd., S. 7.

städtischen Gerichtsbarkeit. Die andere Hälfte unterstand den Klöstern und Stiften.[248]

Während die Bürger Steuern zahlten, entrichteten die Beisitzer und Schutzverwandten Abgaben an die Stadt, die aber weitaus geringer ausfielen. Kayser zufolge waren sie damit jedoch oft auch im Rückstand.[249] Von etwa 22.000 Einwohnern waren nur circa 1.300 steuerpflichtig, doch nur 900 bis 1.000 von ihnen waren in der Lage, diese Steuern zu bezahlen. Die Bürger trugen damit die Hauptlast der städtischen Ausgaben.[250]

Die hier skizzierten Besonderheiten der freien Reichsstadt ließen auch in konfessioneller Hinsicht keine Einheit zu. Im Jahr 1542 wurde durch den Rat der Stadt die lutherische Konfession eingeführt und seit 1651 durfte das Bürgerrecht nur noch an deren Anhänger verliehen werden. Wie Kayser berichtet, waren zwar Magistrat und Bürger der Reichsstadt protestantisch, doch zwei Drittel der Bevölkerung gehörten dem katholischen Glauben an.[251]

Obwohl diese Mehrheit nicht das Bürgerrecht besaß, unterstand sie teilweise der Jurisdiktion der Reichsstadt, mehrheitlich aber der der katholischen Reichsstände, des Hochstifts und der Klöster, in deren Zuständigkeitsbereich auch die katholische Seelsorge, der Schulunterricht und die Alten- und Krankenpflege fiel. Der Rat galt als Oberhaupt der evangelischen Kirche. Die Kirchenleitung übertrug er einem Konsistorium, das die Ehegerichtsbarkeit, die Visitation der Schulen und die reichsstädtische Seelsorge übernahm. Auch die städtischen Spitäler und Altersheime waren mit Ausnahme des Katharinenspitals, das von Domkapitel und Stadt paritätisch verwaltet wurde, den Protestanten vorbehalten. Daneben gab es noch kleinere religiöse Minderheiten wie die Calvinisten, deren Gemeinde eine öffentliche Religionsausübung verboten war und die sich zu ihren Gottesdiensten in der holländischen, später in der hessen-kasselschen Gesandtschaft trafen und die Juden, die unter dem Schutz des Reichserbmarschalls standen.[252]

Die beiden großen Konfessionen standen sich einigermaßen tolerant gegenüber, die Auseinandersetzungen zwischen Klöstern und dem reichsstädtischen Magistrat waren meist wirtschaftlicher Natur.[253] An diesen wurde spürbar, wie hart fehlende Einnahmen die Stadt insbesondere in der zweiten Hälfte des 18. Jahrhunderts trafen, als diese vom wirtschaftlichen Niedergang geprägt war. Der Reichstag machte die Stadt zwar einerseits zum Anziehungspunkt, und viele Außenstehende sprachen sich lobend über Regensburg aus, wie beispielsweise Zedler, der

---

[248] Vgl. E. NEUBAUER: Das geistig-kulturelle Leben, S. 7.
[249] Vgl. A. C. KAYSER: Versuch, S. 26-27.
[250] Vgl. P. MORSBACH: Untersuchungen zur städtebaulichen Entwicklung, S. 129.
[251] Vgl. A. C. KAYSER: Versuch, S. 13-14.
[252] Vgl. J. NEMITZ: Verfassung und Verwaltung, S. 254 und E. NEUBAUER: Das geistig-kulturelle Leben, S. 7-8.
[253] Ein Beispiel für diese Auseinandersetzungen war der Streit um den Bierausschank. Der Rat verbot den Klöstern, ihr Bier an die reichsstädtische Bevölkerung auszuschenken und damit die Stadt um das ‚Bierumgeld' zu bringen. Diese Auseinandersetzung schlug sich in zahlreichen Verordnungen des Magistrats nieder (Vgl. Ratsdekret vom 26. August 1732, in: J. F. KEYSER: Sammlung, Nr. CCXVI., S. 580-584.)

Regensburg 1741 in seinem *Universallexikon* als *„vortreffliche"* und *„berühmt[e]"*[254] Stadt bezeichnet. Andererseits zogen die Gesandtschaften auch eine Vielzahl auswärtiger Gewerbetreibender, wie Köche, Perückenmacher, Seidenwaren- und Tuchhändler an, die für die Regensburger Kaufleute eine starke Konkurrenz darstellten. Dies lag vor allem daran, dass die einheimischen Kaufleute in Zünften organisiert waren und damit Einschränkungen in Hinsicht auf ihr Warensortiment unterlagen. Dies traf für die auswärtigen Kaufleute nicht zu, und diese konnten darüber hinaus Güter zum Eigenbedarf der Gesandten zollfrei einführen, was dem illegalen Handel in Regensburg Aufschwung brachte. Die einheimischen Kaufleute leisteten dagegen hohe Zollabgaben, die ihnen von der bayerischen Regierung zur Strafe, dass Regensburg 1741 der Zollordnung nicht zugestimmt hatte, aufgebürdet wurden. Damit versuchte der bayerische Kurfürst, die Stadt Regensburg in seinen Herrschaftsbereich einzubeziehen. Deshalb waren an allen Ausfahrtsstraßen der Stadt bayerische Mautstationen eingeführt worden, wo die Zollbeamten oft willkürliche Beträge einforderten. Die Regensburger Kaufleute, insbesondere die Goldschmiede und Tuchmacher, waren durch diese schikanöse Zollpraxis und durch die ungleichen Wettbewerbsverhältnisse gegenüber auswärtigen Gewerbetreibenden stark betroffen. Einige Großhändler versuchten sich als Spediteure, da die Donau als relativ kostengünstige Verkehrsstraße nach Wien einen Standortvorteil bot. Doch nur die allerwenigsten brachten es damit zu großem Reichtum, denn Regensburg spielte zwar im Donauverkehr mit Österreich bis ins 18. Jahrhundert die führende Rolle, doch die gute Verkehrslage wirkte sich insgesamt eher negativ aus, weil dadurch auch auswärtige Produkte leicht nach Regensburg gelangten, was das einheimische Gewerbe beeinträchtigte.[255] Die finanzielle Misere Regensburgs rührte damit nicht zuletzt vom Fehlen eines ausreichenden reichsstädtischen Umlandes her, das die wirtschaftliche Unabhängigkeit der Stadt gesichert hätte.[256] Die Zahl der Armen stieg mit den Teuerungen seit dem Spätmittelalter stetig an.

Die wichtigsten Handelsgüter für Regensburg waren Salz und Eisen, während der einst blühende Handel mit Wein seit dem 17. Jahrhundert zurückgegangen war.[257] Bierbrauer und Nadler waren die einzigen Handwerkszweige, die nicht auf

---

[254] J. H. ZEDLER: Universallexikon, Bd. 30 (1741), Sp. 1760.
[255] Vgl. E. NEUBAUER: Das geistig-kulturelle Leben, S. 8-9 und R. SCHÖNFELD: Die Donau, S. 192-193.
[256] Vgl. P. MORSBACH: Untersuchungen zur städtebaulichen Entwicklung, S. 128.
[257] Der Eisenhandel hatte schon seit Ende des Dreißigjährigen Krieges Einbußen hinnehmen müssen, und konnte schließlich mit dem billigeren böhmischen Erz, das die Österreicher seit dem Spanischen Erbfolgekrieg in die Oberpfalz brachten, nicht konkurrieren. Die Eisenhändler handelten in der zweiten Hälfte des 18. Jahrhunderts nur noch mit steyrischen Eisenwaren, die von Regensburg aus nach Norddeutschland verkauft wurden. Das Salz wurde aus Reichenhall und Hallein auf der Donau nach Regensburg gebracht und bedeutete Kayser zufolge einen *„ansehnlichen Handlungszweig"* (A. C. KAYSER: Versuch, S. 27), wobei das Gros des Umsatzes aus dem Salzhandel an den bayerischen Kurfürsten fiel, denn seit 1615 hatte die Stadt nur noch die Stellung eines Zwischenhändlers im Salzgeschäft. (Vgl. ebd., S. 27-28 und E. NEUBAUER: Das geistig-kulturelle Leben, S. 8-9).

den innerstädtischen Absatzmarkt beschränkt blieben.[258] Kayser fasste die wirtschaftliche Situation seiner Heimatstadt mit folgenden Worten zusammen:

„Regensburg, beynahe in der Mitte des suedlichen Teutschlands, an einem so großen schiffbaren Strome, auf welchem es seine Waaren bis ins schwarze Meer versenden koennte, treibt uebrigens kaum so viel Handel als irgend eine mittelmaeßige Landstadt." [259]

Außerdem kam es wegen Getreidesperren von bayerischer Seite in Regensburg zu einer Verteuerung der Lebensmittel, die zur Verarmung der Einwohner führte und 1770/71 eine Hungersnot nach sich zog. Der Magistrat musste seine Sparmaßnahmen unterbrechen und die Stadtbewohner beim Getreidekauf finanziell unterstützen. Steuererhöhungen führten meist zum Aufruhr der Bürgerschaft gegen den Rat. Diese forderte eine umfassende Reformierung des städtischen Gemeinwesens, zu der es zu Zeiten der Reichsfreiheit der Stadt aber nicht mehr kam. Der Magistrat trug insofern die Mitschuld an der Misere der Stadt, da er keine Pläne zur Schuldentilgung fasste und eine Reform des Bürgerrechts unterließ, die durch die politisch, rechtlich und konfessionell uneinheitlichen Strukturen erschwert wurde. Ende des 18. Jahrhunderts versank die Stadt in hohen Schulden, die Neubauer für das Jahr 1784 auf 1.288.399 fl. beziffert. Erst unter der Regierung des Reichserzkanzlers Karl Theodor von Dalberg (1744-1817) wurden nach 1803 umfassende Reformen vorgenommen.[260]

Soziale Einrichtungen existierten in Regensburg bereits im Mittelalter. Spätestens seit dem 16. Jahrhundert stellte die Obrigkeit drei Stadtärzte in den Dienst der Reichsstadt. Seit Beginn dieses Jahrhunderts zeichnete sich ein zunehmender Einfluss der Stadt auf das Armenwesen ab, was sich in der Regimentsordnung von 1514 und in der Almosenordnung von 1523 niederschlug. Das Almosen- und das Vormundamt entstanden in den Dreißiger Jahren des 16. Jahrhunderts. Den städtischen Stiftungen und Fürsorgeanstalten standen jeweils eigene Pfleger zur Verfügung. Das Almosenamt besorgte das Stiftungs- und Sozialwesen. Es beaufsichtigte die Bettler, das Gesundheitswesen und verwaltete die Friedhöfe. Der Direktor des Almosenamtes und sein Stellvertreter waren Mitglieder des Inneren Rates und kümmerten sich in Pestzeiten um den Austausch von Informationen zwischen Rat und *Collegium sanitatis*. Das Vormundamt

---

[258] Der Eigenbedarf an Bier in der Stadt war beträchtlich und das Brauwesen konnte sich trotz der innerstädtischen Konkurrenz der Klosterbrauereien und trotz des hohen Zolls als florierender Gewerbezweig behaupten. Die Nadler verkauften ihre Erzeugnisse bis nach Spanien, Italien und Portugal. Das Regensburger Baumwollweberhandwerk konnte dagegen nicht mit Nürnberg und Augsburg Schritt halten. Auch die Schiffsmeister mussten um ihre wirtschaftliche Existenz bangen, als die Schifffahrt durch die hohen Zölle rapide zurückging. (Vgl. E. NEUBAUER: Das geistig-kulturelle Leben, S. 9-10 und R. SCHÖNFELD: Die Donau, S. 191.)
[259] A. C. KAYSER: Versuch, S. 28.
[260] Vgl. E. NEUBAUER: Das geistig-kulturelle Leben, S. 11-12.

übernahm die Aufsicht über das Vermögen minderjähriger Vollwaisen, vaterloser Kinder oder entmündigter Personen.[261]

Dem Almosenamt unterstanden zahlreiche Spitäler und Stiftungen, wie das St. Oswaldspital, das Bruderhaus am Emmeramsplatz, das Seelhaus, das sich seit 1580 in der Waffnergasse befand, das Leprosenhaus St. Lazarus und später der Pfründhof und das Blatterhaus bei St. Leonhard, der Pestinhof, das Waisenhaus, die Erziehkinderanstalt, zeitweise auch das Arbeits- und Zuchthaus und die bürgerlichen Almosenstiftungen ‚Reiches Almosen', ‚Neues Stift' und ‚Legatenstiftung'. Die Fürsorgeeinrichtungen hatten im 18. Jahrhundert in Regensburg Konjunktur: Der Gründung eines Waisenhauses für Bürgerkinder in der Alten Manggasse folgte 1725 eine Anstalt für nichtbürgerliche beziehungsweise uneheliche Kinder an der Brunnleite. Das seit 1688 bestehende Armen- und Arbeitshaus wurde 1766 in ein Zucht- und Arbeitshaus umgewandelt und ebenfalls in die Brunnleite verlegt. Der Weihbischof Langwerth von Simmern stiftete zwei neue Einrichtungen: Zum einen das Waisenhaus St. Salvator in der Ostnerwacht im Jahr 1731 und 1736 das Waisen-, Schul- und Krankenhaus St. Peter in Steinweg. Dort blieben uneheliche und Findelkinder von der Aufnahme ausgeschlossen.[262]

Die Regensburger Krankenhäuser waren bis ins 19. Jahrhundert hinein Armenkrankenhäuser, deren Patienten von Badern, Stadtphysicis und Vertragsärzten betreut wurden. Der Reformgedanke in Hinblick auf die Krankenhäuser, wie er im 18. Jahrhundert an vielen Orten umgesetzt wurde, scheint auch in Regensburg auf fruchtbaren Boden gefallen zu sein. So setzte die Krankenhausordnung von 1771 des im Jahr 1664 gegründeten Domkapitelschen Krankenhauses für katholische Dienstboten den Zeitraum der täglichen ärztlichen Visite auf die Stunde zwischen zehn und elf Uhr fest.[263] Dies zeigt, dass man nun auf Beobachtung und Registrierung der Kranken setzte, da man im 18. Jahrhundert dazu überging, die Patienten im Krankenhaus nicht nur ‚aufzubewahren', sondern zu heilen.

Den wichtigsten Platz innerhalb des gesamten Heilpersonals nahmen auch in Regensburg die akademisch gebildeten Ärzte ein. Neben einem abgeschlossenen Universitätsstudium waren eine obrigkeitliche Genehmigung, ein medizinisches Kolloquium und das Ablegen des Bürgereids Voraussetzung für die Eröffnung einer eigenen Praxis. Die Medizinalordnungen von 1686 und 1706 regelten das Verhältnis der Ärzte untereinander, zu den Patienten und legten ihren Tätigkeitsbereich fest. Gegen Ende des 18. Jahrhunderts kamen auf die etwa 20.000 Einwohner Regensburgs neun zugelassene Ärzte. Weitere drei Ärzte standen jeweils in den Diensten des Bischofs und des Fürsten von Thurn und Taxis.[264] In das Aufgabengebiet der ‚Stadtphysici' fielen neben der medizinischen Versorgung

---

[261] Vgl. A. DIRMEIER: Soziale Einrichtungen, S. 265 und S. 273-277 und J. NEMITZ: Verfassung und Verwaltung, S. 253.
[262] Vgl. A. DIRMEIER: Soziale Einrichtungen, S. 273-274.
[263] Vgl. ebd., S. 266-274.
[264] Vgl. ebd., S. 276-277.

der Bevölkerung und der Armenhäuser die Gerichtsmedizin. Diese „*öffentlichen Anstalten*"[265] war unter diesen neun Ärzten genau aufgeteilt.[266]

In Regensburg bestand zwischen 1687 und 1701 ein *Collegium medicum*, das vor allem administrative Aufgaben hatte und innerhalb der Ärzteschaft vermitteln sollte. Diesem gehörten zwei Ärzte, welche die Ämter eines Dekans und eines Vikars bekleideten und vier Beigeordnete an. Das *Collegium* tagte einmal im Monat im Rathaus und wurde von zwei Ratsmitgliedern in der Funktion als Direktoren *ad rem medicam* beaufsichtigt. Diese stellten die Verbindung zum Inneren Rat her. Dieser war sehr daran interessiert, Selbständigkeit und Einfluss der Ärzte unter seiner Kontrolle zu halten, da sich die Dominanz der Ärzte über das übrige Heilpersonal durch die Schaffung des *Collegium medicum* verfestigt hatte. Denn dieses beschränkte sich nicht nur auf die Standesvertretung, sondern übernahm die Prüfung von Apothekern, Chirurgen, Hebammen, Barbieren und Badern, erstellte Gutachten und nahm die Visitation von Apotheken vor. Somit kam den approbierten Ärzten ein klares Übergewicht gegenüber den Wundärzten, Apothekern, Hebammen und anderen Heilberufen zu. Der Antrag um Aufnahme ins *Collegium medicum* ging einher mit der gleichzeitigen Bitte um das Bürgerrecht. Der Kandidat musste mit Doktordiplom, seiner Dissertation und Taufschein beim Stadtkämmerer vorsprechen. Über seine Eignung entschied dann die Ratsversammlung.[267] Wegen unüberwindlicher Differenzen unter den Ärzten wurde das Kollegium allerdings 1701 aufgelöst und sein Aufgabenbereich fiel dem Inneren Rat zu. Der Begriff *Collegium medicum* blieb als Bezeichnung für die gesamte Ärzteschaft in Verwendung, obwohl, wie der Regensburger Arzt Johann Jakob Kohlhaas (1747-1811) sich ausdrückte, „*ihm* [dem Titel, K.K.] *gleich die Wehr und Waffen genommen, oder verloren zu seyn scheinen*"[268].

Die Apotheker, die sich um eine Aufwertung ihres zu den Handwerkern zählenden Standes bemühten, deklarierten ihre Zusammenkünfte, über die sie Protokoll führten, dementsprechend zum *Collegium pharmaceuticum*, um es den Ärzten gleich zu tun.[269]

Regensburg brachte in der zweiten Hälfte des 18. Jahrhunderts auch Vertreter der ‚Medizinischen Polizei' hervor. Der prominenteste ist wohl Jakob Christian Gottlieb Schäffer (1752-1826), der 1787 mit seinem *Versuch einer medicinischen Ortsbeschreibung der Stadt Regensburg* an die Öffentlichkeit trat. Diese Schrift ist in die weit verbreitete und eigenständige medizinische Literaturgattung der hygienischen oder medizinischen Ortsbeschreibungen einzuordnen, die wie auch die Bevölkerungs- und Medizinalstatistiken eng mit der Entwicklung obrigkeitlicher Sanitätsaufsicht verbunden waren.[270] Schäffers Monographie beinhaltete allerdings nicht nur medizinische, sondern auch botanische,

---

[265] J. J. KOHLHAAS: Nachrichten, S. 19.
[266] Vgl. ebd., S. 17-19.
[267] Vgl. ebd., S. 8-11.
[268] Ebd., S. 10.
[269] Vgl. A. DIRMEIER: Soziale Einrichtungen, S. 275-276.
[270] Vgl. A. LABISCH: Homo hygienicus, S. 91.

zoologische, mineralogische und meteorologische Aspekte. Schäffer war ein energischer Verfechter der neuen naturwissenschaftlichen Methoden, des Beobachtens und Experimentierens und folgte dem Leitspruch *„Ratio et Observatio"*[271]. In seiner ‚Ortsbeschreibung' schildert er die Krankheitsverläufe der von ihm behandelten Patienten, die er im Falle ihres Ablebens sezierte, um ihre Todesursache genau ergründen zu können. Aus Fehleinschätzungen versuchte er, neue Erfahrungen abzuleiten. Auf Reisen durch Frankreich, England, Holland und Italien, die er 1787 / 88 als Thurn und Taxischer Leibarzt unternahm, beschäftigte er sich eingehend mit dem Medizinalwesen des jeweiligen Landes. In seiner im Jahr 1808 in Regensburg erschienenen Veröffentlichung *Die Zeit- und Volkskrankheiten der Jahre 1806 und 1807 in und um Regensburg* wandte er sich entschieden gegen diejenigen Ärzte, die nur vorgefertigten Lehren nachliefen, sich aber vor dem eigenen Denken und Beobachten drückten. Damit war Schäffer Vertreter eines neuen naturwissenschaftlichen Ansatzes, der das Experiment vor althergebrachten Erkenntnissen bevorzugte und der sich im frühen 19. Jahrhundert durchsetzte.[272]

Auch Johann Jakob Kohlhaas tat sich als ‚Medizinalpolizist' hervor. Er stammte ursprünglich aus Württemberg und hatte sich, nachdem er um 1770 nach Regensburg gekommen war, mit mehr als zwanzig medizinischen Veröffentlichungen einen Namen gemacht. Besondere Bedeutung kommt der 1787 veröffentlichten medizinalpolizeilichen Abhandlung *Nachrichten von den Medicinalanstalten in Regensburg, als ein Beitrag zur medicinischen Policei* zu, die als Quelle zur Regensburger Medizingeschichte sehr ergiebig ist.[273]

Kohlhaas' Werk zeigt deutlich, dass die Grundsätze der ‚Medicinischen Policeywissenschaft' in der Tradition Johann Peter Franks, auf den er in der Vorrede ausdrücklich Bezug nimmt, am Ende des 18. Jahrhunderts auch in Regensburg bekannt waren. Der Autor zählt die wichtigsten Inhalte auf:

„Endlich, und nicht viel frueher, als mit dem Anfang des jetzigen Jahrhunderts, wurde man auf die Vortheile einer bessern Ordnung in dem allgemeinen Gesundheitswesen aufmerksamer. Man errichtete hin und wieder Gesellschaften denen die Pflege der oeffentlichen Gesundheit ueberlassen wurde. Man legte botanische Gaerten an, um die Kraeuterkunde mehr auszubreiten, und die nuetzlichen Gewaechse von den giftigen in jeder Gegend wohl unterscheiden zu lehren. Man errichtete oeffentliche Hebammenschulen, und verpflegte die unglueklichen Muetter, die sonst Kindermoerderinnen geworden waeren, bis zu ihrer Entbindung in besonderen Haeusern, wo die neubelehrten Hebammen und junge Geburtshelfer praktisch unterrichtet wurden. Man verlegte hie und da die Kirchhoefe ausser den Staedten, sorgte fuer eine bessere Lage der Krankenhaeuser und eine reinere Luft in denselben, belohnte die Erfinder beruehmter Mittel, setzte auf die Rettung verunglueckter Menschen ansehnliche Preise, rief erfahrne Aerzte zur Mittheilung lehrreicher Erfahrungen auf, errichtete anatomische Gebaeude zur

---

[271] J. C. G. SCHÄFFER: Zeit- und Volkskrankheiten der Jahre 1806 und 1807 in und um Regensburg. Regensburg 1808. Titelblatt, zitiert nach: E. NEUBAUER: Das geistig-kulturelle Leben, S. 89.
[272] Vgl. ebd., S. 87-89.
[273] Vgl. ebd., S. 90-91.

Zergliederung der Leichname auch in kleinern Staedten, und stiftete oeffentliche Vieharzneischulen." [274]

Dies ist die Zusammenfassung des Programms der ‚Medizinischen Polizei', das sich deren Autoren im ganzen Gebiet des Heiligen Römischen Reichs Deutscher Nation auf die Fahnen geschrieben hatten. Auch die neuen bevölkerungspolitischen Erkenntnisse hatte der Autor tief verinnerlicht. So heißt es bei Kohlhaas:

„Mit welcher Gleichgueltigkeit hatte man ehemals die Schwangern und Gebaehrenden den Haenden des veraechtlichstens Haufens aberglaeubischer Weiber ueberlassen, und auf eine schaendliche Art unter den Christen ein Gesetz aus der Acht kommen lassen, das doch mitten in dem Heidenthum befahl, keine Schwangere zu begraben, bevor sie geboren habe!" [275]

Kohlhaas kritisiert zwar in der Vorrede des Buches, dass *„sich die medizinische Polizei [lange] mit Nichts beschaeftigt [hatte], als mit Klagen und ohnmächtigen Verwendungen gegen die Quacksalber und Afteraerzte"* [276], doch sein Werk ist angefüllt mit diskriminierenden Aussagen über *„gemeine Krämer, Wurzelkrämer, hausirende Krämer, Laboranten, Oculisten, Bruch- und Steinschneider, Marktschreier und Zahnaerzte, Wasserbrennerinnen, Winkelaerzte, Scharfrichter und Wasenmeister"* [277].

All diese Berufsgruppen unterstanden der Aufsicht der Akademikerärzte, die im medizinischen Bereich den verlängerten Arm der Obrigkeit bildeten. Die meisten von ihnen unterlagen auch Einschränkungen, wie beispielsweise die *„Winkelapotheker[...], Barbiere[...], Bader[...], Stuempelaerzten und Aerztinnen, Bauerndoktorinnen, Destillatoribus, Pflaster- und Salbenkramerinnen und ihre[...] Gehuelfen"* [278], denen es bei vier Reichstalern Strafe und Konfiskation der Ware verboten war, eigenmächtig Arzneimittel zu verkaufen. Besonders hart ging Kohlhaas mit den *„Marktschreiern und Zahnaerzten"* ins Gericht, denn *„zu dieser Classe gehoeren alle Quacksalber, Waldhansel, Landstreicher und Zigeuner"*. [279]
Die Obrigkeit pflegte die Zigeuner der Stadt zu verweisen, die Waren der übrigen jedoch von den städtischen ‚Physicis' prüfen zu lassen, um ihnen daraufhin möglicherweise zu genehmigen, ihre Arzneimittel auf Kirchweihen und Jahrmärkten zu verkaufen. Trotz dieser Beschränkung bezeichnet Kohlhaas alle Angehörigen dieser Gruppe als *„Gesundheitsraeuber"* [280] und appelliert an die Obrigkeit, diese ausnahmslos aus der Stadt zu weisen.[281]

Dies unterstreicht er sogar mit einem Gedicht, das er allem Anschein nach einer anderen medizinalpolizeilichen Schrift entnommen hat:

---

[274] J. J. KOHLHAAS: Nachrichten, S. V-VI.
[275] Ebd., S. IV- V.
[276] Ebd., S. III.
[277] Ebd., S. 92-98.
[278] Ebd., S. 97.
[279] Ebd., S. 96.
[280] Ebd.
[281] Vgl. ebd., S. 96-97.

„Dann ein Volk, das oft dem kluegsten Arzt nicht traut, traut gleich dem Mann, der sein Theater baut, viel Wuermer zeigt, von Wunderkuren prahlet, und mehr betruegt, je mehr man ihm bezahlet, bei Tausenden hoert ihm der Poebel zu."[282]

Obwohl diese Berufsgruppen unter akademischen Medizinern einen schlechten Ruf genossen, trugen Stein- und Bruchschneider, die als Chirurgen ausgebildet waren, aber auch Zahn- und Augenärzte wesentlich zur medizinischen Versorgung der Bevölkerung bei. Während die Akademikerärzte sich nur der inneren Krankheiten annahmen, versorgten die handwerklich ausgebildeten Wundärzte offene Wunden, Knochenbrüche, Kopf- und Schussverletzungen oder Verbrennungen. Daneben übten die Wundärzte das Handwerk der Bader und Barbiere aus. Diese Einteilung blieb bis in das 18. Jahrhundert bestehen, die Zahl der Barbiere und Bader beschränkte sich in Regensburg auf acht.[283]

Den Hebammen, deren Zahl am Ende des 18. Jahrhunderts ebenfalls auf acht beschränkt wurde, oblag die Geburtshilfe, aber auch die Behandlung von Frauen- und Kinderkrankheiten. Die Zulassung zur Hebammenausbildung unterlag strenger Reglementierung, denn es durften nur verheiratete und evangelische Frauen zwischen 25 und 45 Hebamme werden. Die Kandidatin musste sich jeweils ein Attest der Stadtphysicis, des Beichtvaters und eines Schreibers des Almosenamts ausstellen lassen, in denen ihre körperliche Eignung, ein einwandfreier Lebenswandel und ihre Schreib- und Lesefähigkeit bestätigt wurde. Das Almosenamt entschied daraufhin über die Zulassung zu einer dreijährigen Lehrzeit, während dieser sie einer erfahrenen Hebamme zugeteilt wurde. Sie wurde von einem der ansässigen Ärzte auf eigene Kosten unterrichtet, und nach Ablauf der Lehrzeit von den Stadtphysici geprüft. Wurde sie als *„geschworne"*[284] Hebamme in den Dienst der Stadt gestellt, verpflichtete sie sich, der Obrigkeit über jede durchgeführte Entbindung *„einer notorisch ledigen und ehelosen, oder sonst verdaechtig scheinenden Person"*[285] bereitwillig Auskunft zu geben.[286] Damit wollte man verhindern, dass unverheiratete Mütter unerkannt ihr Kind zur Welt brachten.

Kohlhaas, der mit seiner medizinalpolizeilichen Schrift seinen diätetisch interessierten Zeitgenossen sowohl die gängigen Vorurteile über das nicht akademisch gebildete medizinische Personal als auch eine detaillierte Aufstellung der Regensburger Medizinalordnungen und der neuesten Erkenntnisse der Medizinischen Polizei geliefert hat, bewertet die medizinische Situation in Regensburg insgesamt als positiv. Beim Vergleich mit Husztys *Diskurs über die medizinische Polizei* stellt er die These auf, Regensburg sei anderen Städten auf medizinischem Gebiet voraus: *„In Regensburg ist wohl auch nicht die beste Welt. Aber so, wie Hußty schildert, ists, Gottlob nicht."*[287] Man kann also davon

---

[282] J. J. KOHLHAAS: Nachrichten, S. 96.
[283] Vgl. A. DIRMEIER: Soziale Einrichtungen, S. 278-279.
[284] Regensburgische Hebammenordnung. Regensburg 1779, S. 11.
[285] Ebd., S. 13.
[286] Vgl. ebd., S. 3-13.
[287] J. J. KOHLHAAS: Nachrichten, S. 159.

ausgehen, dass in Regensburg am Ende des 18. Jahrhunderts eine gebildete und medizinisch interessierte Schicht mit den wesentlichen Forderungen der Medizinischen Polizei vertraut gewesen ist.

Sowohl Schäffer als auch Kayser belegen den Einfluss der Aufklärung in Regensburg. Kayser, der die Stadt in die drei Hauptkreise, den Reichstag, die Stadt und den Klerus mit Klöstern und Hochstift einteilte, stellte fest, *„daß in Regensburg alle Stufen von Aufklärung und Nichtaufklärung zu finden seyen"*[288]. Dies sei auch der Grund, warum die Urteile von Durchreisenden so unterschiedlich ausfallen würden und warum auch *„keine allgemeine Charakteristik der Regensburgischen Einwohner"*[289] möglich sei. Trotz dieser Einschätzung bemerkte Kayser, *„die Lebensweise der Eingebohrnen [habe] sich seit ein paar Jahrzehenden sehr veraendert"* und *„der groeßere Zufluß von Fremden aller Art [habe] Luxus, Sittenverderbniß und freiere Denkungsart durch alle Classen verbreitet."*[290]

Kayser hebt besonders die Wissenschaftsausübung in Regensburg hervor und betont, dazu fehle *„es nicht an Gelegenheiten"*[291]. Die Bibliotheken der Klöster, der Stadt und des Fürsten stünden jedem zum Gebrauch offen. Daneben gebe es in der Stadt aber auch noch private Bibliotheken, eine Lesegesellschaft, Sammlungen von Erziehungsschriften und Disputationen und eine Leihbibliothek, die für eine geringe Gebühr Bücher verleihe.[292]

Außerdem gab es in der Reichsstadt mehrere Gemäldesammlungen, Naturalien- und Kuriosenkabinette. Es existierte auch eine lebhafte Publizistik in Form von drei bürgerlichen und einer klösterlichen Buchdruckerei in St. Emmeram und mehreren Zeitungen, unter anderem einer ‚Reichstagszeitung', die in ganz Europa Verbreitung fand. Auch die in der Aufklärungsepoche beliebten ‚Gelehrten Blätter' durften nicht fehlen.[293] All diese Einrichtungen belegen die Bildungsbeflissenheit der bürgerlichen Schichten.

Am 14. Mai 1790 wurde in Regensburg die europaweit erste botanische Gesellschaft ihrer Art gegründet. Ihr Präsident war der Stadtphysikus Johann Jakob Kohlhaas. Der aufklärerische Drang zu pädagogischen Neuerungen schlug sich in einer Reform des Volksschul- und Gymnasialwesens nieder.[294]

Die Vorreiter der Regensburger Aufklärung, die sich vorwiegend am fürstlichen Hof finden ließen, trafen sich in der Freimaurerloge, die möglicherweise auch Grund für den verfolgten Gründer des Illuminatenordens Johann Adam Weishaupt war, sich nach Regensburg zu flüchten. Durch die Verbindungen der Gesandtschaften in alle Teile des Römischen Reiches war das geistige Klima in

---

[288] A. C. KAYSER: Versuch, S. 75.
[289] Ebd.
[290] Ebd., S. 82.
[291] Ebd., S. 75.
[292] Vgl. ebd., S. 75-76.
[293] Vgl. E. NEUBAUER: Das geistig-kulturelle Leben, S. 170.
[294] Vgl. ebd.

Regensburg geeignet, um aufklärerische Ideen aufzunehmen. Zu Beginn des 19. Jahrhunderts stand der Stadt mit Dalberg ein aufgeklärter Regent vor.[295]

Neubauer erörtert zusammenfassend, dass in Regensburg in der zweiten Hälfte des 18. Jahrhunderts eine gemäßigte Form der Aufklärung Fuß fasste. Die Bindung der Stadt an das bayerische Umland und die Stifte und Klöster, vor allem an St. Emmeram, dem katholischen Zentrum der Aufklärung, war stärker ausgeprägt als die an die protestantische Konfession, deren Angehörige meist eine radikalere Ausprägung der Aufklärung favorisierten.[296]

Einen Einblick in die konfessionellen Tendenzen Regensburgs im ausgehenden 18. Jahrhundert gewährt der Bildungsreisende Friedrich Nicolai in seinem im Jahr 1783 erschienenen Werk *Beschreibung einer Reise durch Deutschland und die Schweiz, im Jahre 1781. Nebst Bemerkungen über Gelehrsamkeit, Industrie, Religion und Sitten.* Nicolai, einer der *„führende[n] Geister der deutschen Aufklärung"*[297], war ein typischer Angehöriger des norddeutschen Bildungsbürgertums, das gerne in die süddeutsche Gegend reiste, um die dort noch stärker ausgeprägten Unterschiede zwischen Stadt und Land und zwischen fortschrittlichen und rückständigen Regionen zu erkunden. Damit verfolgte diese Schicht einen bestimmten Zweck, nämlich *„das Aufsuchen der Übergänge vom Wilden zum Zivilisierten und die Abschätzung der Distanzen kultureller Entwicklung"*[298]. Diese Erfahrung schien das Selbstbild der Bürger zu stabilisieren.[299] Nicolai hat auf dem Weg von Nürnberg und Altdorf nach Wien auch Regensburg besucht und geht in seinem Werk auch auf die Situation in der Reichsstadt ein. Der Aufklärer, der sich in Regensburg besonders für die wissenschaftlichen Bestrebungen der Klöster und Stifte, besonders von St. Emmeram, interessierte, urteilte folgendermaßen:

„Es ist zwar in Regenspurg der Magistrat und fast die ganze Buergerschaft der lutherischen Konfession beygethan; aber wegen der grossen Anzahl katholischer Stifter und Kloester sieht das Aeusserliche dort ziemlich katholisch aus. Zu allen Stunden des Tages hoert man laeuten, und fast bestaendig begegnet man auf der Gasse einem Ordensgeistlichen oder einer Procession."[300]

Man kann also davon ausgehen, dass sich durch den starken Einfluss der katholischen Konfession in Regensburg eine spezifisch katholisch-süddeutsche Ausprägung der Aufklärung etablierte, die sich zwar als relativ gemäßigt erwies, aber auch nicht den Anschluss an die gesamteuropäische Entwicklung versäumte.

Dem Einfluss der Aufklärung und der Kenntnis der Forderungen der Medizinischen Polizei kam jedoch erst gegen Ende des 18. Jahrhunderts und für die in dieser Arbeit angesprochenen Aspekte eines auch hygienische Überlegungen

---

[295] Vgl. E. NEUBAUER: Das geistig-kulturelle Leben, S. 171.

[296] Vgl. ebd., S. 171-174.

[297] H.-J. STÖRIG: Kleine Weltgeschichte der Philosophie, S. 435.

[298] M. FREY: Der reinliche Bürger, S. 190.

[299] Vgl. ebd., S. 190-191.

[300] F. NICOLAI: Beschreibung einer Reise. Bd. 2, S. 370-371.

einbeziehenden Städtebaus und der Verlegung der Friedhöfe Bedeutung zu. Bei der Bekämpfung der Pest von 1713/14, die in der Folge beleuchtet werden soll, spielte die Medizinische Polizei noch keine Rolle.

2. Seuchenbekämpfung im 18. Jahrhundert am Beispiel der Pestepidemie von 1713/14

Im Rahmen dieser Arbeit soll keine Darstellung des Verlaufs der Pestwelle von 1713 vorgenommen werden. Im Zusammenhang mit der Hygienisierung des Lebensraumes Stadt interessieren vielmehr die Maßnahmen, welche der Magistrat ergriff, um der Seuche entgegen zu wirken. Dabei soll auch deren disziplinatorischer Charakter im Sinne Foucaults beleuchtet werden. Zudem ist die medizinische Verwaltung der Reichstadt in diesem Zusammenhang von Interesse. Ein Vergleich mit der Reichsstadt Nürnberg soll nicht nur die überregionalen Maßnahmen zur Pestbekämpfung verdeutlichen, sondern auch aufzeigen, inwieweit die gesundheitspolitischen Standards in Regensburg den zeitgemäßen Anforderungen genügten.

2.1 Historische Erklärungsmodelle für die Pest im Mittelalter und der Frühen Neuzeit

Die Ansteckungswege der Pestseuche sind bis heute nicht vollständig erforscht. Es gibt zwei Theorien, die miteinander im Widerstreit liegen. Zum einen ist dies die ‚klassische Theorie', die Ende des 19. Jahrhunderts aufkam. Danach wurden die Pesterreger durch die auf infizierten Hausratten parasitierenden Rattenflöhe, seltener durch die Ratte direkt, auf den Menschen übertragen. Zum anderen wird seit den fünfziger Jahren des 20. Jahrhunderts die Theorie von der Verbreitung durch den Menschenfloh diskutiert, die plausibel scheint, weil sie eine Erklärung dafür bietet, warum sich die Pestepidemien in kurzer Zeit über große Distanzen europaweit ausbreiten konnten und selten ein vorangegangenes Rattensterben überliefert ist. Den Menschen in der Frühen Neuzeit, die nichts von Bakterien wussten, erschien es dagegen, als ob die Pest *„ein verborgenes / schleichendes / und die menschlichen Coerper / wie ein Strahl / durchdringendes Gifft in sich hege"*[301].

Um zu verstehen, nach welchen Gesichtspunkten der Regensburger Rat seine Maßnahmen zur Eindämmung beziehungsweise zur Prophylaxe ausrichtete, sollen zunächst die zu Beginn des 18. Jahrhunderts gängigen Theorien religiöser und medizinischer Art erläutert werden, die schon im Mittelalter zur Erklärung von Ursachen und Auslösern der Pest aufkamen. Die religiöse Theorie von der Seuche

---

[301] Zuverlaessiger Unterricht, in: Anhang zu: E. S. ALKOFER: Regenspurgisches Pest- und Buß-Denckmahl, I, S. 201.

als ‚Strafe Gottes', die man mit vielen Bibelstellen vor allem aus dem Alten Testament untermauerte, behielt teilweise bis ins 19. Jahrhundert ihre Gültigkeit. Diese basierte auf der Überzeugung, Gott greife in das nach seinem Willen verlaufende Weltgeschehen je nach den menschlichen Verhaltensweisen strafend oder belohnend ein. Die Anhänger dieser religiösen Erklärung der Pest reagierten auf die eintretende Seuche mit einer Intensivierung ihrer Glaubensübungen und der Besinnung auf einen gottgefälligen Lebenswandel. Der bereits genannte evangelische Prediger Erasmus Sigismund Alkofer verfasste im Jahr 1714 sein *Regenspurgisches Pest- und Buß-Denckmahl wegen der im Jahr Christi 1713 allhier grassirten Seuche der Pestilentz* in der Absicht, es *„moege ein steter Bußwecker seyn / um von Suenden abzustehen / wahre Buße zuthun / und kuenfftig GOTT zu foerchten / und Ihn zu lieben von gantzem Hertzen"*[302]. Die Pest deutet Alkofer zwar als Strafe Gottes, aber auch als Prüfung der Gläubigen.[303]

Die Pestzeiten, in denen ganze Städte und Landstriche in Verzweiflung und Hoffnungslosigkeit verfielen, gaben den Kirchenvertretern Anlass, um vom ‚rechten Weg' Abgekommene wieder auf die Linie der Kirche zu bringen. Auch die Heiligenverehrung hatte in Zeiten der Pest vor allem in katholischen Gebieten Konjunktur, vereinzelt jedoch auch in reformierten, wie Carolin Porzelt für Nürnberg nachweisen kann.[304] Die enge Verknüpfung der Seuchen mit der kirchlich-religiösen Sphäre bis in das 18. Jahrhundert hinein, ließ jedoch durch die Aufklärung beeinflusst, Auflösungstendenzen erkennen.[305] Auch dies soll in der Folge thematisiert werden.

Neben diesem religiösen Erklärungsmodell gab es zwei medizinisch-naturwissenschaftliche Theorien, die entweder in Abgrenzung zueinander oder aber gleichzeitig vertreten wurden und die obrigkeitliche Pestpolitik gleichermaßen beeinflussten. Die Kontagiumtheorie, die vor 1800 dominierte, basierte auf der Annahme, es existiere ein Ansteckungsstoff, der durch den Kontakt mit einem Erkrankten von Mensch zu Mensch übertragen werde. Diese entstand aus der Beobachtung, dass häufig in der unmittelbaren Umgebung von Pestkranken die Seuche besonders schnell Verbreitung fand. Deshalb glaubte man an die Übertragung der Pest durch den Atem oder die Berührung eines Erkrankten. Gleichzeitig beobachtete man, dass auch durch infizierte Gegenstände eine Übertragung stattfinden konnte. Allerdings hatten die Zeitgenossen keine Ahnung von der Existenz pestinfizierter Flöhe, die sich in den Besitztümern der Infizierten,

---

[302] Zuverlaessiger Unterricht, in: Anhang zu: E. S. ALKOFER: Regenspurgisches Pest- und Buß-Denckmahl, I, Vorrede, S. (4).
[303] *„Gleich wie die Pest physicè, im leiblichen Verstand / die allergroeste Kranckheit ist; Also ist sie theologicè, im geistlichen Verstand / eine harte und empfindliche Straffe / welche GOTT denen Menschen um der Suende willen zuschicket und verhaenget. An Seiten der Gottlosen bleibet es / wie schon erwehnet / eine empfindliche Straffe der Suenden / wenn diese an der Pest sterben. Bey den Frommen aber wird die Pest / wann diese daran sterben / gleich wie alle leibliche Kranckheiten / eine Zuechtigung und Prueffung / ja eine Wohlthat / daß / wenn sie auch durch dieselbe das Leben einbuessen / sie desto eher dadurch gelangen zu dem immerwaehrendem Freuden- Leben der Auserwehlten."* (Ebd., I, S. 132-133.)
[304] Vgl. C. PORZELT: Die Pest in Nürnberg, S. 29.
[305] Vgl. ebd., S. 169.

vor allem in deren Kleidung, befanden und die erst die moderne Forschung als Überträger ausmachte. Allerdings unterschied man in der Frühen Neuzeit bereits zwischen infektiösen Gegenständen, wie Stoffen, Pelz oder Federn und weniger infektiösen wie Metall oder Holz. Auf der Kontagiumtheorie beruhten die zu Pestzeiten angeordneten umfangreichen Quarantänemaßnahmen für Menschen und Waren.[306]

Dagegen vertraten die Anhänger der Schmutz- oder Miasmatheorie, welche die Seuchenlehre bereits seit Hippokrates beherrschte, die Auffassung, Infektionskrankheiten gelangten durch verdorbene Luft in den menschlichen Körper. In erster Linie wurden als Ursachen der Pest die schädlichen Dämpfe angesehen, die durch ungünstige Planetenkonstellationen hervorgerufene Erdbeben und Vulkanausbrüche aus dem Erdinneren entwichen. Manchmal wurde auch gemutmaßt, als Anzeichen einer Pestwelle kröche Kleingetier wie Schlangen aus der Erde hervor, da es deren Ausdünstungen gespürt habe. Die damit verbundene 'Planetentheorie' stammt aus dem 14. Jahrhundert[307] und hatte bis ins 16. Jahrhundert Konjunktur. Analog zur Humoralpathologie ordnete man den Planeten jeweils zwei Primärqualitäten zu, die den Körpersäften entsprachen: Der Jupiter galt als feucht und heiß, der Mars als trocken und heiß, der Saturn als kalt und trocken und der Mond als kalt und feucht. Standen diese Planeten in ungünstiger Interaktion zueinander, konnten sie sich nach Ansicht der zeitgenössischen Wissenschaft in schädlicher Weise auf die Luft und durch diese auf die Körpersäfte auswirken, wenn nämlich die verdorbene Luft über die Atmung in den Körper gelangte. Dort entfaltete sie ihre fäulniserregende Wirkung auf das Blut oder die ebenfalls feuchte Umgebung des Herzens.[308] So konnte es auch zum Ausbruch der Pest kommen, die als eine Art 'Faulfieber' betrachtet wurde. Auch im 18. Jahrhundert wurde diese Theorie noch häufig bemüht. Doch nicht nur im Erdinnern vermutete man die ansteckenden Miasmen, sondern auch in dem durch natürliche Fäulnisprozesse entstandenen Abwasser, in Tierkadavern, Misthaufen oder stehenden Gewässern. Die Infektionswege verliefen angeblich primär über die Atmung. Die inhalierten Ansteckungsstoffe vergifteten in den Augen der zeitgenössischen Forschung im Körperinneren das Blut und andere Körperflüssigkeiten. Deshalb galten diejenigen Personen, bei denen von vorneherein eine ungünstige Mischung der Körpersäfte bestand, als besonders gefährdet. Die Miasmatheorie erklärt die hohe Bedeutung, welche die Menschen der Frühen Neuzeit in Pestzeiten der Ausräucherung von Wohnungen und Gegenständen zumaßen, um die Ansteckungsstoffe in der Luft zu vertreiben.[309]

---

[306] Vgl. C. PORZELT: Die Pest in Nürnberg, S. 30-31.
[307] Die Pesttheorien des 14. Jahrhunderts nahmen die Vorstellung vom menschlichen Körper als Mikrokosmos auf, der dem Makrokosmos der Welt zu entsprechen schien. Die Sternkunde betrachteten die Zeitgenossen als seriöse Naturwissenschaft. Jeder Arzt, der in dieser Zeit praktizierte und etwas auf sich hielt, hatte eine profunde astrologische Ausbildung erfahren. (Vgl. K. BERGDOLT: Der schwarze Tod, S. 26)
[308] Vgl. H. WILDEROTTER: „Alle dachten, das Ende der Welt sei gekommen.", S. 21.
[309] Vgl. C. PORZELT: Die Pest in Nürnberg, S. 29-30.

Schon der Atem Gesunder galt als „*herausragender Träger von Miasmen und üblen Gerüchen*"[310]. Mit ihm, so glaubte man, würden neben der ‚phlogistisierten Luft', also dem Kohlendioxid, faulige Substanzen, die sich in den Körpersäften angesammelt hatten, ausgeschieden, was sich in schädlicher Weise auf die Umgebung auswirkte.[311] Besonders argwöhnisch begegnete man jedoch dem Atem infizierter Personen, der in Epidemiezeiten als Überträger gefürchtet war. Paul Bamcke berichtet in seiner um 1880[312] verfassten Schrift *Ein Besuch in Regensburg vor 150 Jahren*, in der er sich mit dem im 18. Jahrhundert entstandenen Reisebericht von Johann Georg Keyßler auseinandersetzt, von der Ansteckung des Regensburger *Doctor Medicinae* Georg Andreas Agricola durch einen Pestkranken:

„*es hat ihn im jahre 1713 ein anderes unglück betroffen, wodurch er sehr zurück gesetzet worden. als stadtphysikus mußte er die im lazareth an der pest krank gelegenen personen besuchen und ihnen arzneyen verschreiben, wobey es dann geschah, daß ein gottloser junge von vierzehn bis fünfzehn jahren, dem alle hoffnung der aufkunft abgesprochen war, aus verzweifelter rachgierde sich hinter den herrn doctor, der vor seinem tische saß und recepte schrieb, stellete, und ihn mit seinem atem anhauchte. dieser wußte anfänglich nicht, was für einer ursache er den süßlichen unangenehmen geruch, den er empfand, zuschreiben sollte; als er sich aber unvermuthet umkehrte und den jungen menschen, da er ihm den odem zublies, auf frischer that betraf, eiferte er sich solcher gestalt darüber, daß er den thäter mit füßen trat und sonst übel tractirte. die mit dem zorn vereinigten übrigen umstände hatten die wirkung, daß sich des folgenden tages die pest an ihm selbst vermittelst einer beule an der einen hüfte äußerte, welche von einem ungeschickten feldscherer so schlecht geöffnet worden, daß er von solcher zeit an beständig lahm geblieben.*"[313]

Dieser Bericht ist ein gutes Beispiel dafür, dass man noch Ende des 19. Jahrhunderts die von der Kontagiumtheorie vertretene Ansteckung von Mensch zu Mensch für plausibel hielt.

Während in der Frühen Neuzeit häufig beide dargestellten Theorien nebeneinander existierten und im Sprachgebrauch der Begriff *Contagium* sowohl für infizierte Luft als auch für die Bezeichnung eines Ansteckungsstoffes gebraucht werden konnte, wurde erst im 19. Jahrhundert eine scharfe Trennung vollzogen.[314]

---

[310] A. CORBIN: Pesthauch und Blütenduft, S. 68.
[311] Vgl. ebd., S. 68.
[312] Das Archivrepertorium des Historischen Vereins für Oberpfalz und Regensburg nimmt an, dass Bamckes Schrift zu dieser Zeit entstand. (Vgl. Archivrepertorien des Historischen Vereins, S. 32.)
[313] P. BAMCKE: Ein Besuch in Regensburg, S. 4-5.
[314] Die Miasmatheorie wurde mit sozialem Sprengstoff gefüllt, da man die Ursache vieler Krankheiten in den Armutsverhältnissen der Städte sah, wo die Menschen besonders unter dem Einfluss von verschmutztem Wasser und schlechter Luft standen. Der Streitpunkt zwischen Vertretern der Kontagions- und Miasmatheorie hinsichtlich der zu ergreifenden Maßnahmen war folglich der, ob die Seuchen nun von außen eingeschleppt und deshalb Quarantänemaßnahmen ergriffen werden müssten, die Verkehr, Handel und Industrie unterbrachen oder ob die inneren Verhältnisse für die Ausbreitung der Seuchen verantwortlich waren. Hätte letzteres zugetroffen, wären in erster Linie Sozialreformen wie

Über den Auslöser der Regensburger Pestepidemie von 1713/14 finden sich in den Quellen unterschiedliche Erklärungen. Alkofer, der einen sehr unmittelbaren Eindruck des Geschehens in der pestgeplagten Stadt liefert und deshalb eine der wertvollsten Quellen zur Regensburger Pest von 1713/14 darstellt, schildert die Ursachenforschung folgendermaßen:

„Wie aber / und wodurch diese Pest-Seuche in unsrer Stadt den Ursprung genommen habe / ob es durch inficierte Waaren / oder durch reisende Personen / oder auf diese / oder auf jene Weise / in unsere Stadt gebracht worden / das ist GOTT am allerbesten bekannt. Ein Vatter / wenn er sein Kind / um ein Verbrechen / stäupen und züchtigen will / kann bald ein Rüthlein finden. So hat auch Gott / der himmlische Vater / weil er uns / um unserer Sünden willen / mit der Pestilentzischen Straff-Ruthe züchtigen wollen / bald Mittel und Wege finden könen / uns diese Plage zuzuschicken. Einige haben den Ursprung solcher giftigen Seuche der Lufft zuschreiben wollen; Es haben aber alle kluge und in den natürlichen Wissenschafften wohlerfahrne Leuthe befunden / daß die Lufft / GOtt sey Danck! noch imer gantz rein und gesund gewesen / welches ich gleichfalls mit unterschiedlichen Experimentis täglich probiret / und für wahr befunden habe / sintemental sonst bekannt / wo eine Lufft inficiret ist / auch die Vögel aus der Lufft todt auf die Erde fallen; [...] Auch hat die wohlverfasste schleswig-holsteinische hochfürstliche obervormundschaftliche Verordnung wegen der Pest, welche im Jahr Christi 1711 zum Vorschein kommen p. 22 sehr wohl angemercket, daß „wenn die Luft inficiret wäre, weder Menschen noch Vieh von solcher Infection verschonet blieben". Andere haben mit den Kalendermachern solche gifftige Würckungen denen wunderlichen Strahlungen und Vermischungen der Planeten, welche in diesem Jahr zu observiren sind und mit ihren langwierenden Gegenstand auf keine gar gesunde Zeit deuten sollen, herholen wollen. Fürgebend solche starcke Strahlungen erregen starcke Bewegungen in der Erden, mächtige Veränderung in der Luft, ungleiche Vermischung der Humorum oder Feuchtigkeiten in den menschlichen Leibern. Daraus allerhand Seuchen und anfällige Krankheiten entstehen können. Wahr ist, das Gestirn steht nicht vergebens am Himmel. Es mag seine Bedeutung / Zuneigung / Kraft und einfließende Würckung haben. Es mögen auch des Menschen Humores / Temperament und Affecten dadurch bewogen und geneiget werden. Allein es hat nicht mehr Macht und Gewalt als GOtt. GOtt hat das Gestirn geschaffen. GOtt hat das Gestirn in seiner Hand. GOtt regieret das Gestirn und das Gestirn ist GOtt gehorsam. Des Gestirns Zuneigung ist kein Zwang. Wie GOtt freie Hand hat / so hat der Mensch freien Willen und kann mit Gebeth / Gottesfurcht und Fürsichtigkeit und guten Mitteln viel ausrichten. Auch gar der Natur Meister werden und weiter als das Gestirn kommen. Zumal stehet in der Schrift nicht ein Wort, daß die Planeten und ihr Lauf des Menschen Leben und

---

„Slumclearing, Kanalisation, sauberes Trinkwasser, Ventilation" (G. GÖCKENJAN: Kurieren und Staat machen, S. 113) zu ergreifen gewesen. Seit 1800 zeichnete sich ein Umschwung der Wissenschaft zur Miasmatheorie ab, der um 1850 rückgängig gemacht wurde. Denn die Kontagiumtheorie war für die Obrigkeiten weitaus unverfänglicher, da diese sonst umfangreiche soziale Reformen hätten einleiten müssen. (Vgl. ebd., S. 112-113)

Sterben regieren / verursachen / erzwingen oder auch nur vorher unfehlbar verkündigen sollten. GOtt lässet unter sein Volck eine Pestilentz kommen / nicht Saturnus noch ein anderer Planet / drum ists nach Augustini Ausspruch ein Aberglaube und ein GOttesdiebstahl / wenn man Creaturn zuschreibet / was GOtt allein zusteht. Man raubet GOtt seine Ehre und gibt sie andern / wer das tut / ist ein GOttesdieb. Unsere Zeit / so auch Sterbensläufften / steht in GOttes Händen / nicht in der Sternen Lauf. [...]" [315]

Alkofer zeigt sich durch seine Analyse der Ursachen in erster Linie als Vertreter der Kirche, da er die Pest als Strafe Gottes für die menschlichen Sünden deutet und damit das religiöse Erklärungsmodell am stärksten hervorhebt. Des Weiteren zeigt er sich eher der Kontagium-Theorie, also einer Ansteckung durch ‚inficierte Waaren' oder durch Reisende zugeneigt, während er die Miasmatheorie mit der Begründung ablehnt, dass die der Luft am stärksten ausgesetzten Vögel wohl am ehesten deren Vergiftung zu spüren bekämen und dass in einem solchen Falle ausnahmslos alle Menschen und Tiere erkranken müssten. Allerdings scheint er von diesen naturwissenschaftlichen Theorien noch am ehesten der vom Einfluss der Planeten zu glauben, deren ‚Strahlungen' die Fähigkeit zugeschrieben wird, sich auf die Körpersäfte auszuwirken und die Menschen krank zu machen. Um nicht in den Verdacht zu geraten, einer solch rein naturwissenschaftlichen Erklärung anzuhängen, betont Alkofer, dass alle Planeten dem Willen Gottes unterlägen, und ihnen deshalb ein so wesentlicher Einfluss nicht zukäme. Wer diese Allmacht Gottes bestreite, mache sich zum ‚Gottesdieb' und damit zum Sünder.

Außerdem stellt Alkofer die Beobachtung an, dass die Pest von den sozial schwachen Schichten ausging. Er berichtet, man habe zu Beginn der Pestwelle von 1713 spöttisch von der *„Hunger Pest"* gesprochen, da es *„bißhero nur die gemeine Leuthe getroffen hatte"*[316]. Alkofer liefert eine weitsichtige Analyse des Zusammenhangs von schlechten Lebensbedingungen und gestiegener Seuchenanfälligkeit:

„Warum aber diese ansteckende Kranckheit den gemeinen Mann zuerst betroffen / daran mag vielleicht Ursach gewesen seyn; Dieweil die Theurung dieser Orthen fast ein gantzes Jahr gewehret / da alles an Brod / Fleisch und Bier / auf hohen Preiß gestiegen. Bey solcher Beschaffenheit / wie leicht zu erachten / hat der gemeine Mann Hunger und grosse Noth leiden muessen / daß gar nicht zu verwundern / warum dieses Ubel die gemeine Leuthe zuerst ergriffen; Darzu kam noch Sorge / Furcht und Kuemmernisse: Ueber diß wohnten sie in engen Haeusern und solchen Loechern / wo alles gantz feucht und dumpfig war / dorffte also nur ein kleines accidens darzu kommen / so war es leider! um ihre Gesundheit geschehen."[317]

---

[315] E. S. ALKOFER: Regenspurgisches Pest- und Buß-Denckmahl, I, S. 134-137.
[316] Beide Zitate stammen von ebd., S. 144.
[317] Ebd., S. 145.

Diese Textstelle beweist, dass den Zeitgenossen die Bedeutung einer desolaten Hygiene in den Wohnverhältnissen für die Seuchenbekämpfung nicht verborgen geblieben ist.

Allerdings wurde Armut seit dem 16. Jahrhundert immer stärker als selbstverschuldet hingestellt. Man hielt den Armen vor, durch ihren unmoralischen Lebensstil die von Kirche und Obrigkeit erlassenen Vorschriften zu verletzen. Indem sie den Zorn Gottes auf sich zogen, gefährdeten sie auch ihre Mitbürger. Den anderen Schichten kam eine solche Moralisierungskampagne gegen die Armen recht, da sie sich dadurch als Vertreter eines anständigen Lebensstils fühlen durften, was sie moralisch entlastete.[318]

Der Conrector des Gymnasium Poeticum, Christoph Eibelhuber, der einen undatierten Bericht über die Pest mit dem Titel *umständliche nachricht / was sich in regenspurg / anno 1713, zeit wehrender contagion* [Infektion / Ansteckung, K. K.], *so wohl in politicis als ecclesiasticis zugetragen* verfasste, hatte eine weitere Version vom Auslöser der Pest:

„doch trug sich kurz darauf zu, daß eine ziml. anzahl juden, aus oesterreich ankommende, sich unserer stadt nahete, und unter faveur deß allhießig reichsconvents allhier sich nid[er] zu lassen suchete. es gerieht ihnen auch so weit, daß auf seiten der gesandschaft nichts dawieder wollte eingewendet werden. allein nachdem ein wohledler und wohlweiser h. stadtcammrer und rath allhier die sache für gemeiner stadt und bürgerschafft höchst schädlich zu seyn erachtete, so wurde der aussere rath zusammengeruffen, und über der juden gesuch abgehöret. da dann alle glied desselben, biß auf einen, der etwa denen juden nicht abhold mogte gewesen seyn einhellig gebetten, diese gottlose rotte auf keine weise einzunehmen. worauf auch die juden von gemeiner stadt abzuweisen, oberherrl. beschlossen worden. inzwischen begab sich eine brandweinbrennerin oberhalb dem juden stein wohnhaft, hinaus zu denen juden / welche etliche an der seuche gestorbene sollen bey sich auf dem schiffe gehabt haben / und verkauffte ihren brandt wein, mit so grossen schaden, daß sie nicht nur selbst und ihre person die seuche bekommen, sondern auch andere in ihrer nachbarschafft damit angestecket. nur wärs zu wünschen, daß dieses übel in selbiger gegend geblieben, und sich nicht nach und nach in die ganze stadt ausgebreitet hätte. welches aber leyder! zum verlust vieler tausend menschen, wie wir hernach hören werden, geschehen."[319]

Eibelhuber stimmte damit in die übliche Diskriminierungspraxis vieler Zeitgenossen ein und schob den Juden die Rolle des Sündenbocks zu. Der Glaube, dass Juden die Pest verbreiteten, war schon mit den ersten Pestwellen des 14. Jahrhunderts aufgekommen[320] und hielt sich hartnäckig bis ins 18. Jahrhundert hinein. Häufig wurde der rege Handelsverkehr jüdischer Kaufleute mit aller Welt

---

[318] Vgl. M. DINGES: Pest und Staat, S. 97.
[319] C. EIBELHUBER: Umständliche Nachricht, S. (4-7).
[320] Bergdolt bezeichnet die Pogrome zwischen 1348 und 1350 als „die größte singuläre Mordaktion gegen die jüdische Bevölkerung in Europa bis zum Holocaust des 20. Jahrhunderts". (K. BERGDOLT: Der schwarze Tod in Europa, S. 119.)

und die Einschleppung von auswärtigen Seuchen durch sie zum vorgeschobenen Argument. Wie so häufig in Pestzeiten im Heiligen Römischen Reich ergriffen Obrigkeiten oder Publizisten die Gelegenheit, antijüdische Ressentiments zu schüren oder gegen ‚nutzlose' Bettler und Almosenempfänger vorzugehen. In Regensburg hatte man, wie Gumpelzhaimer berichtet, bereits im Jahr 1710, da die Ausgaben für Almosen stark anstiegen, *„von den Städten Frankfurt und Breslau um Mittheilung ihrer Bettelordnungen an[ge]sucht[...], um ähnliche zu errichten"*[321]. Zusätzlich verschärften sowohl Bayern als auch die Reichstadt Regensburg mit dem Vorwand der Seuchengefahr ihre Einreisebestimmungen für fremde Reisende. So bot der Umgang mit der Seuche eine Gelegenheit zur Sozialdiskriminierung.[322]

In einem Aktenauszug aus einem politisch bedeutsamen Vertrag, der 1654 zwischen protestantischem Magistrat und katholischer Geistlichkeit abgeschlossen wurde, taucht in einem Kapitel zur Seuchenbekämpfung eine weitere Version auf, wie die Pest 1713 nach Regensburg gelangt sein könnte:

„als im anfang dieses säkulums, im monat julius des 1713 jahres sich dieses unbil in hiesigen mauern zeigte und durch zwei von oestreich kommende handwerkspurschen verbreitet wurde, so waren zwei katholische personen die ersten, an welchen diese krankheit bemerkt wurde."[323]

Für die Annahme, die Pest sei aus dem österreichischen Raum eingeschleppt worden, spricht, dass sowohl Eibelhuber als auch Christian Gottlieb Gumpelzhaimer über eine Pestepidemie in Wien Ende April oder Anfang Mai 1713 berichten.[324]

Die Vorstellung, die Pest werde durch fremde Reisende eingeschleppt, war eine feste Konstante im Denken der Menschen in der Frühen Neuzeit. Von den Obrigkeiten wurden deshalb oft rigide Maßnahmen gegen Einreisende von außerhalb getroffen. Dies war einerseits zwar sinnvoll, da die Ausbreitung der Pest durch die strengen Reisebestimmungen und Quarantänemaßnahmen wahrscheinlich eingedämmt werden konnte und dies möglicherweise sogar zum völligen Verschwinden der Pest in der ersten Hälfte des 18. Jahrhunderts aus Mitteleuropa beigetragen hat.[325] Andererseits wurden solche Vorsichtsmaßnahmen auch zur Ausgrenzung von Minderheiten und Randgruppen missbraucht. Ein Fremder wurde als ‚unrein' betrachtet und stellte für den eigenen ‚reinen' Wohnort eine Bedrohung dar. Durch die Ausgrenzung dieser Fremden ließ sich die eigene Identitätsbildung

---

[321] J. C. GUMPELZHAIMER: Regensburgs Geschichte, Bd. 3, S. 1520.
[322] Vgl. C. PORZELT: Die Pest in Nürnberg, S. 139.
[323] Konkurrenz des Klerus zu den Vorkehrungen gegen die Pest, S. (1).
[324] Vgl. C. EIBELHUBER: Umständliche Nachricht, S. (4-5) und J. C. GUMPELZHAIMER: Regensburgs Geschichte, S. 1527.
[325] Vgl. M. VASOLD: Pest, Not und schwere Plagen, S. 176. Bergdolt zufolge hängt der Rückzug der Pest im 18. Jahrhundert damit zusammen, dass sich die Wanderratte seit dem 17. Jahrhundert ausbreitete und die Zahl der Hausratten sich verringerte. Da die Wanderratte im Gegensatz zur Hausratte Städte, Dörfer und Siedlungen nach kurzer Zeit wieder verlässt, kommt ihr eine epidemiehemmende Rolle zu (Vgl. K. BERGDOLT, S. 20).

des Stadtbürgertums vorantreiben, was sich in Krisenzeiten als hilfreich erwies. Die gesellschaftlichen Außenseiter wurden zu ‚Sündenböcken' stilisiert, *„welche die Gemeinschaft symbolisch entlasteten"*[326]. Diese Art der Schuldzuweisung an Außenstehende half den Zeitgenossen auch, die scheinbar unerklärbare Macht der Pestseuche zu begreifen.[327]

2.2 Aktivitäten des Magistrats

2.2.1 Obrigkeitliche Verordnungstätigkeit in Pestzeiten

Die Ursachen der Pestepidemie von 1713/14 wurden also in sehr unterschiedlichen Richtungen vermutet. Da man nicht genau wusste, woher die Seuche kam und was ihren Fortgang begünstigte, mussten umfangreiche Maßnahmen zu ihrer Eindämmung getroffen werden. In Regensburg hielt man sich jedoch vorerst noch abwartend zurück:

„der magistrat suchte zwar, eben nicht zur zufriedenheit des reichsconvents und der benachbarten lande, dieses verheerende unbill so lange wie möglich zu verheimlichen und die lage der sachen, nicht wie sie war, bekannt zu machen: unter der hand lies er es aber doch an dienlichen maasregeln nicht ermangeln sondern durch aerzte in häusern u. gemächern visitationes unternehmen, und für bösartige kranke das lazarett im u. wörth zu richten."[328]

Der Versuch, den Ausbruch der Pest so lange wie möglich geheim zu halten, wirkt auf den ersten Blick zwar äußerst unverantwortlich, wird aber ein wenig verständlicher, wenn man sich die Konsequenzen verdeutlicht, die eine Stadt trafen, in der ein Ausbruch der Pest offiziell bestätigt wurde. Drang eine solche Information nach außen – häufig genügte schon ein Gerücht – reagierten die umliegenden Städte und Territorien mit Abschottung gegen die betreffende Stadt. Diese wurde mit einem Bann belegt, was sie vom Personen- und Güterverkehr abschnitt und wirtschaftliche Einbußen zur Folge hatte. Am schlimmsten traf dies stark exportorientierte Städte wie Nürnberg, wie noch zu zeigen sein wird. Deshalb wurden Verordnungen zum Verhalten in Seuchenzeiten, welche die Obrigkeiten andernorts hätten aufhorchen lassen, möglichst lange hinausgezögert.[329]

Schneller als der Magistrat reagierte die Reichsversammlung, die am 6. August dem Magistrat folgende Anweisungen zukommen ließ. Alle *„verdächtigen und von inficirten Orten kommende Leute und Wagen"*[330] mussten, bevor sie in die Stadt eingelassen wurden, zunächst unter sechswöchige Quarantäne gestellt werden. Zur Bekämpfung der Pest sollten den Stadtbewohnern geeignete Maßnahmen durch

---

[326] M. DINGES: Pest und Staat, S. 95.
[327] Vgl. ebd., S. 95-96.
[328] Konkurrenz des Klerus, S. (1).
[329] Vgl. C. PORZELT: Die Pest in Nürnberg, S. 125-126.
[330] J. C. GUMPELZHAIMER: Regensburgs Geschichte, Bd. 3, S. 1528.

eine Verordnung bekannt gemacht werden. Außerdem sollte eine gemeinsame Deputation von Reichstag, Hochstift und Stadt ins Leben gerufen werden, die sich um die Registrierung und Pflege der Kranken kümmerte. Zuletzt sollte bei der kaiserlichen Kommission in München nachgesucht werden, dass eine Sperre gegen andere infizierte Orte erlassen werde.[331]

Wie Alkofer berichtet, waren es zunächst zwei Häuser in der oberen Stadt, in denen sich Personen mit Beulen am Körper befanden. Diese Kranken wurden in den sogenannten Pestin- oder Pfründhof in der Ostnerwacht gebracht, während die gesunden Bewohner der beiden verdächtigen Häuser Quarantäne auf dem Oberen Wöhrd halten mussten. Die Pflege übernahmen ein Stadtmedicus, ein Geistlicher und weiteres Personal. Anscheinend konnten nicht genügend Bedienstete aufgetrieben werden, da der Umgang mit Pestopfern als äußerst gefährlich galt, so dass der Magistrat um Unterstützung von auswärts bat. Wie Alkofer berichtet, wurde das Pestpersonal auch mit Gewalt zur Erledigung seiner Arbeit gezwungen.[332]

Alkofer bemerkt in seinem Bericht, es sei notwendig, dass der Magistrat Verordnungen treffe, da seit über 79 Jahren keine Pest mehr in der Stadt geherrscht habe und die meisten Menschen nicht wüssten, wie sie sich zu verhalten hätten.[333] Somit konnte man nicht unbedingt ein Anknüpfen an erprobte Verhaltensweisen voraussetzen, vor allem nicht bei den Mittel- und Unterschichten, die nicht lesen konnten. Der Magistrat konnte während der Epidemie von 1713/14 allerdings auf einige Institutionen und Anregungen aus früheren Pestzeiten wie das Pestlazarett zurückgreifen. Bereits im Jahr 1543 hatte man im Leprosenhaus St. Lazarus beim Jakobstor eine Stube für Pestkranke eingerichtet und 1613 die Stadt dort ein eigenes Pestlazarett erbaut. Nach dessen Zerstörung im Dreißigjährigen Krieg wurden Pestkranke entweder in den Pestinhof oder in das Pestlazarett auf den Unteren Wöhrd gebracht, welches besonders im Pestgang von 1634/35 zum Einsatz kam. Die Quarantänestationen auf dem Oberen Wöhrd und am ‚Jakoberplatz' wurden allerdings erst 1713/14 errichtet.[334]

Die Pest veranlasste die Obrigkeit auch, die Maßnahmen anderer Städte und Territorien in Augenschein zu nehmen. Ein Wiener Pestbericht, der als wichtigste Maßnahme zur Seuchenprävention die zeitliche Separierung der Kranken von den Gesunden nannte, wurde in Regensburg nachgedruckt.[335] Auf diese Weise entstand über die eigenen Grenzen hinweg ein reger Austausch von Seuchen-, Medizinal- und Bettelordnungen.

Diese Vorsorgemaßnahmen, die als Ansätze eines öffentlichen Gesundheitswesens[336] gesehen werden können, waren gut dazu geeignet, ein weiteres Ausgreifen der Seuche zu verhindern. Doch nach kurzer Zeit griff die Pest

---

[331] Vgl. J. C. GUMPELZHAIMER: Regensburgs Geschichte, Bd. 3, S. 1528.
[332] Vgl. E. S. ALKOFER: Regenspurgisches Pest- und Buß-Denckmahl, I, S. 138-139 und S. 160.
[333] Vgl. ebd., S. 155.
[334] Vgl. A. DIRMEIER: Soziale Einrichtungen, S. 272.
[335] Vgl. E. S. ALKOFER: Regenspurgisches Pest- und Buß-Denckmahl, I, S. 170.
[336] Vgl. C. PORZELT: Die Pest in Nürnberg, S. 172.

auf weitere Stadtbewohner über, da sie, wie Alkofer berichtet, durch das Pflegepersonal übertragen wurde.[337] Daraufhin verfügte das Almosenamt, das Pestlazarett am Unteren Wöhrd zu eröffnen und mit *„Krancken-Wärterinnen / Pestin-Männer[n] / Todtengraber[n] / Chirurgus, und was dergleichen in solchem Fahl mehr nothwendige Leuthe sind"*[338], auszustatten.

Waren zu Beginn der Pest nur ein Lazarettarzt und ein Pestilentiarius bestellt worden, bestand bald ein großer Bedarf an Ärzten, besonders seit dem September 1713, als die Pest ihren Höhepunkt erreichte. Als Pestilentiarius wurde Rupertus Gottlieb Pauer bestellt, der bald an der Seuche starb. Während Doktor Johann Christoph Spieß als Pestarzt in der Stadt stationiert wurde, versahen die Ärzte Georg Andreas Agricola, Johann Georg Nikolaus Dietrichs, Siegmund Cornelius Koch und Johann Leonhard Hechtel im monatlichen Wechsel das Lazarett.[339] Sie bezogen ein ihrer Tätigkeit zugedachtes Quartier auf dem Unteren Wöhrd, wohl in erster Linie, um die Seuche nicht in die Stadt zu bringen, aber auch, wie Alkofer betont, um *„denen Krancken desto geschwinder bei Handen seyn"*[340] zu können. Auch für die katholischen Pestopfer wurde ein Geistlicher ins Lazarett bestellt.[341] Wie aus dem bereits erwähnten Aktenauszug über die *Konkurrenz des Klerus zu den Vorkehrungen gegen die Pest in Regensburg 1713* hervorgeht, kam es zwischen der protestantischen Obrigkeit und dem katholischen Klerus bald zu einer ernstzunehmenden Auseinandersetzung über die Frage, wer den Unterhalt der katholischen Pestopfer übernehmen müsse.[342]

---

[337] Vgl. E. S. ALKOFER: Regenspurgisches Pest- und Buß-Denckmahl, I, 140-141.
[338] Ebd., S. 141-142.
[339] Vgl. ebd., S. 167-168.
[340] Ebd., S. 142.
[341] Vgl. ebd.
[342] Vgl. Konkurrenz des Klerus, S. (1-8). In einer Anfang August abgehaltenen Konferenz forderte der Magistrat das Domkapitel auf, den in seinem Besitz befindlichen Stadel auf dem Unteren Wöhrd zur Einrichtung eines Pestlazaretts zur Verfügung zu stellen, da das vom Rat eingerichtete Lazarett als zu klein angesehen wurde. Der Magistrat stützte sich dabei auf eine *„im jahr 1654 mit hießiger clerisey errichtete policey-ordnung"* (ebd., S. 1), welche den katholischen Klerus nach Ansicht des Rates verpflichtete, ein Haus für die katholischen Pestkranken bereit zu stellen. Der Domdechant lehnte dies mit der Begründung ab, es sei die Pflicht der protestantischen Bürger, für ihre Dienstboten und Ehehalten zu sorgen. In die vom Magistrat angeordnete Hausvisitation, gegen die sich die katholische Seite zunächst gesträubt hatte, willigte man allerdings ein, wie auch auf den für die katholische Seite nach Meinung des Verfassers nützlichen Kompromiss, für die katholischen Kranken im Lazarett eine ‚billige Beisteuer' zu zahlen. Bald kam es zu Differenzen über die Begräbnisplätze für die katholischen Pestopfer, und auch zu großem Unmut von Seiten des Magistrats über die Katholiken, da diese keine Anstalten machten, ihre Schulden zu begleichen, denn glaubt man den Schätzungen des Verfassers, waren zwei Drittel der im Lazarett betreuten Kranken katholisch, woraus er folgert: *„die aufgegangene beträchtliche kosten würden solchergestalt 2/3 theils den katholiken zur vergütung zugefallen seyn."* (Ebd., S. 7.) Die Auseinandersetzungen um diese Zahlungen zogen sich noch lange hin. Der Autor, der dem katholischen Klerus *„eine nicht zu entschuldigende undankbarkeit"* bescheinigt, schließt den Bericht mit den Worten: *„die lezte vorstellung bey dem herren domdechant geschah d. 18 febr 1718. sie war wie alle vorhergehende ohne wirkung u der clerus ist noch schuldner."* (Ebd., S. 8.) So stellten die Pestzeiten die sonst funktionierenden Beziehungen von Protestanten und Katholiken auf eine harte Probe.

Kontakte zwischen dem Lazarett und der Stadt erwiesen sich als unumgänglich, da die Kranken mit Lebensmitteln und Medikamenten versorgt werden mussten. Zu diesem Zweck errichtete man in einiger Distanz zum Lazarett eine Absperrung mit Brettern, die durch Soldaten bewacht wurde. Hier wurden die Lieferungen aus der Stadt abgelegt, um dann von einem Bediensteten des Lazaretts abgeholt zu werden. Auf die gleiche Weise überbrachte man dem Almosenamt den täglichen Bericht aus dem Lazarett über die Zahl der Neuerkrankten und Verstorbenen.[343]

Aufgrund des immer weiteren Ausgreifens der Pest beschloss der Reichstag am 18. August, die Stadt zu verlassen und nach Augsburg überzusiedeln. Regensburg sollte zwar *„locus Comitiorum seyn und bleiben"*[344], um der eigenen Sicherheit willen wollte man aber bis zum Ende der Seuche der Stadt fernbleiben. Es dauerte allerdings vier Wochen, bis die Stadt Augsburg erklärte, die Reichstände aufnehmen zu wollen. Mit ihnen verließen auch viele höhere Geistliche die Stadt. Das Domkapitel hatte seine Arbeit bereits am 14. August wegen der Pest eingestellt. Das katholische *Consistorium* siedelte nach Kumpfmühl über.[345] Gumpelzhaimer schätzt die Zahl derer, die Regensburg verließen, auf ungefähr 7.000 Personen.[346]

Der Magistrat veröffentlichte ab Anfang September in kurzer zeitlicher Folge, nämlich am 4. und 14. September, am 10. November und am 12. Dezember 1713 vier Dekrete, die Verhaltensregeln für die Stadtbewohner beinhalteten. Bei Keyser sind sie unter dem Titel *Die Pest-Anstalten betreffend* abgedruckt.

Im ersten Dekret ermahnte der Magistrat der Einwohnerschaft Regensburgs, Gott um Vergebung für ihre Sünden zu bitten und einen gottgefälligeren Lebenswandel zu führen, *„damit er seinen gefasten Zorn, samt der vorgenommenen Straffe gegen uns gnaediglichen abwende und fallen lasse"*[347]. Doch gleichzeitig nutzte der Magistrat die Pest, um weltliche Vergnügungen zu unterbinden, die nicht zur anempfohlenen Selbstbesinnung und -bescheidung passten. Hier wird ein erzieherischer Impetus sichtbar.

„[...] auch das verordnete Mittel der Artzney so dann ihre Krafft und Würckung haben moege, wie dann absonderlich das ueppige Wesen, vermeinte Lustbarkeit, alle weltliche Music und Spielleuthe, sowohl bey Hochzeiten als in den Haeusern, auch Tantzen, Springen und Schwelgen in den Wirtshaeusern, und sonsten bey Leibes- und Gutes- Straff ernstlich verboten wird."[348]

Dieses Beispiel verdeutlicht, wie eng obrigkeitliche ‚Pestpolitik' mit sozialdisziplinierenden Maßnahmen verzahnt war. Die Pest wurde zum Anlass genommen, um Körperkontakte zu unterbinden und Versammlungen zu verbieten. Andererseits war die Mahnung zu Buße und Intensivierung der Glaubensübungen in den Augen

---

[343] Vgl. E. S. ALKOFER: Regenspurgisches Pest- und Buß-Denckmahl, I, S. 142-143.

[344] J. C. GUMPELZHAIMER: Regensburgs Geschichte, Bd. 3, S. 1528.

[345] Vgl. K. HAUSBERGER: Gottfried Langwerth von Simmern, S. 138.

[346] Vgl. J. C. GUMPELZHAIMER: Regensburgs Geschichte, Bd. 3, S. 1529.

[347] Ratsdekret vom 4. September 1713, in: J. F. KEYSER: Sammlung, Nr. CLXXXVI., S. 481.

[348] Ebd., S. 481-482.

des Magistrats wohl gut geeignet, um Panikausbrüche der Stadtbewohner zu unterbinden. So nutzte der Rat die Religion als Stabilisierungsfaktor, und sicherte sich damit weiterhin die Kontrolle über die Vorgänge in der Stadt.[349]

Eine weitere Maßnahme, die schon in früheren Zeiten[350] angeordnet worden war, wenn Pestgefahr drohte, war das Sauberhalten der Strassen und Gassen und die Reinlichkeit in den Haeusern. Gemäß der Miasmentheorie standen Kot, Unrat und Abwasser im Verdacht, die ansteckenden Keime in sich zu tragen.

„Zum Andern, ist Eines Wohl Edlen, Hoch- und Wohlweisen Herrn Cammerer und Raths ernstlicher Befehl und Meynung, daß alle Burger und Innwohner allhie sich gaentzlich enthalten sollen einigerley Unsauberkeit, es seye, s.v. Harn oder anders, bey Tag oder Nacht, aus ihren Haeusern und Wohnungen, weder auf die gemeine Gassen und Strassen, noch auf die dahin gehende Rinnen, zu giessen oder auszuschuetten, sondern solches alles in die heimlichen Gemach oder in die Donau zu tragen, bey Straff 10. Thaler, davon die Helffte dem Anzeiger zukommen solle. [...] Zum Vierten solle hinfuehro niemand einige Miststatt mehr ausserhalb seiner Behausung auf dem gemeinen Pflaster haben, und was er auch Mists und andere dergleichen uebelriechende Unsauberkeit in seiner Behausung sammlet, dasselbige (doch daß ausser des Gassenmists keine Lumpen oder andere Unsauberkeit darunter seye, soll er bey vorgemeldter Poen auf die gewoehnliche Miststatt bringen lassen, von dannen es weiter ausser der Stadt wird verfuehrt werden."[351]

Wie man anhand der angedrohten Strafen für die Nichtbefolgung dieser Anordnungen ersehen kann, war das Misstrauen gegenüber dem Schmutz sehr groß. Die Beobachtungen bei früheren Epidemien hatten einen möglichen Zusammenhang von Unsauberkeit und erleichterter Ansteckung erkennen lassen. Die genauen Hintergründe kannte man allerdings nicht. Hausratten und Flöhe wurden erst in der modernen Pestforschung als Überträger der Pest erkannt.

Zusätzlich zur ‚Müllentsorgung' sollte das Pflaster vor den Häusern zweimal wöchentlich gekehrt werden und der Vitusbach, der mitten durch die Stadt floss, als ‚Schwemmkanalisation' genutzt werden.[352]

Hier fällt im Vergleich mit einem früheren Dekret aus dem Jahr 1679 ein Unterschied im Umgang mit dem Vitusbach auf. Dort heißt es noch, dass *„in den durchfliessenden Bach, und in die Rinnen vor den Haeusern, nichts unsaubers, noch uebelriechendes, bey Abend und naechtlicher Weyl, zu giessen oder zu schuetten"*[353] sei. Möglicherweise sollte der Bach nur in ‚Notzeiten' zur Abfallbeseitigung genutzt werden. Anscheinend erschien es der Obrigkeit sonst wichtig, nicht nur die Strassen, sondern auch den Vitusbach sauber zu halten, da sie

---

[349] Vgl. C. PORZELT: Die Pest in Nürnberg, S. 169.
[350] Vgl. Ratsdekrete vom 22. September 1679 und vom 17. Dezember 1691, in: J. F. KEYSER: Sammlung, Nr. CXXXV., S. 350 und CLII., S. 390.
[351] Ratsdekret vom 4. September 1713, in : Ebd., Nr. CLXXXVI., S. 482.
[352] Vgl. ebd., S. 483.
[353] Ratsdekret vom 22. September 1679, in: J. F. KEYSER: Sammlung, Nr. CXXXV., S. 350.

das Verbot „*Kehricht, und andern s.v. Wust*"[354] auf Gassen, Plätze und in den Bach zu schütten, im Jahr 1691 erneuerten und den Wachtknechten bei Androhung der Entlassung befohlen, Zuwiderhandlungen beim Wachtherrn zu melden.[355]

In diesen beiden erwähnten Pestdekreten wurde ausführlich die Sauberhaltung der Wohnhäuser, Gassen und Strassen angemahnt, wobei man besonders betonte, dass die „*von GOtt bescherte, gute, reine und gesunde Lufft erhalten*"[356] werden müsse. Um die Luft von gefährlichen Miasmen sauber zu halten, wurde 1713 zum einen die Schweinehaltung in der Stadt verboten, andererseits zum fleißigen Räuchern der Wohnungen mit intensiven Duftstoffen aufgerufen.[357]

Aber auch die Kontagiumtheorie fand Eingang in die Überlegungen des Regensburger Magistrats. Besondere Aufmerksamkeit schenkte man deshalb allem, womit die Pestkranken in Berührung gekommen waren, vor allem deren Kleidung. Große Gefahr sah man auch von dem Blut der Pestkranken ausgehen, weswegen dieses auf besondere Weise ‚entsorgt' werden musste.[358]

Kleidung und Bettwäsche von Pestopfern waren als besonders infektiös bekannt. Sie mussten den Pestinmännern, welche die Verstorbenen abholten, mitgegeben werden, damit diese sie an ‚bestimmte Orth' brachten, wo sie wahrscheinlich verbrannt wurden. Dass man anscheinend häufig versuchte, aus dieser überflüssig gewordenen Habe der Verstorbenen Profit zu schlagen, zeigt das strenge Verbot des Magistrats, dass Kleider und Wäsche „*weder offentlich noch heimlich aber irgends wo jemanden allhier verkaufft oder umsonst gegeben, noch einigen Orts in der Stadt heimlich verborgen und niedergelegt, auch irgends in der Stadt gesaeubert, sondern alles vor der Stadt durch die bestellte Leuthe und keine andere verrichtet werden, bey 100. Thaler, oder in derer Ermanglung empfindlicher Leibes-Straff.*"[359]

---

[354] Ratsdekret vom 17. December 1691, in: J. F. KEYSER: Sammlung., Nr. CLII., S. 390.

[355] Vgl. ebd., S. 390-391.

[356] Ratsdekret vom 22. September 1679, in: Ebd., Nr. CXXXV., S. 350.

[357] „*Sechstens, dieweil auch der Gestanck von denen Schweinen sehr schaedlich, und zu vorab zu dieser Kranckheit foerderlich ist, sollte keiner, ausser denen Bauern- Hoefen, welchen solche (doch nur in geringer Anzahl) zu erhalten erlaubt ist, einiges Schwein in der Stadt haben, die andere aber solche entweder gantz abschaffen oder im Unter Woerth unterbringen, bey 10. Thaler Straff. [...] Zum Siebenden, will auch Ein Wohl Edler Rath, solche Seuche zu verhueten und zu wehren, maenniglich wohlmeinend erinnert haben, daß sie sich befleissigen sollen, mit Kronwet-Holtz, Stauden, oder andern wohlriechenden Sachen, zumahlen bey neblichten Tagen, Morgens und Abends Rauch in ihren Haeusern zu machen.*" (Ratsdekret vom 4. September 1713, in: Ebd., Nr. CLXXXVI., S. 483).

[358] „*Zum Dritten, soll hinfuehro das Blut, so von den Gesunden in gemeinen Baedern, Barbier- und andern Haeusern gelassen, nirgend anders wohin denn in die Donau oder Schwind- Gruben, das aber, so von den Krancken gelassen, so zu besorgen, daß sie mit dieser Seuche befleckt, gelassen wird, allein ausser der Stadt ohnverzueglich tieff in die Erde begraben werden, bey obgemelter Straff. [...] Wobey absonderlich bey Leibs- und Lebens- Straff ernstlich verboten wird, das Mindeste so von inficirten Personen herkommt, auf zu behalten, und weder dahin noch auch sonsten auf die Gassen zu werffen, sondern denen verordneten Traegern alles abfolgen zu lassen, damit es an gehoerigen Orth ausser der Stadt verbrennt werde.*" (Ebd., S. 482- 483).

[359] Ebd., S. 485-486.

Man erhoffte sich, durch das Untersagen „*alles Dändlen[s] und Verhandlen[s] alter Kleider und dergleichen Waar*"[360] die weitere Verbreitung der Pest unterbinden zu können. Ein erneutes Dekret vom 10. November rief sogar indirekt zur Denunziation auf, indem es demjenigen, der einen Hinweis auf Leute liefere, die infizierte Gegenstände unterschlugen und nicht ordnungsgemäß bei den Pestinmännern abgegeben hatten, die Hälfte der Geldstrafe anbot.[361]

Eine solche Maßnahme zeigt, wie schnell in der Ausnahmesituation der Pest nachbarschaftliche Solidarität in Frage gestellt werden konnte. Durch die Denunziation musste ein Klima gegenseitigen Misstrauens entstehen. Die Obrigkeiten setzten dieses Mittel erfolgreich ein, um die öffentliche Ordnung aufrecht zu erhalten. Diese heute polizeistaatlich anmutende Maßnahme beschränkte von ganz allein den Austausch mit Anderen.

Auch die Quarantänemaßnahmen zielten auf Separierung ab. Sie wurden aus Angst vor der direkten Ansteckung durch Pestkranke angeordnet, und führten dazu, dass die Kranken streng von den Gesunden isoliert wurden. Das Dekret ordnete an, es solle „*[...] ein jeder Hauß-Vatter allen seinen Haußgenossen und Zugehoerigen befehlen und ansagen, daß deren keines, so nicht ausdruecklich bestellet, und hierzu abgesondert, zu denjenigen so mit dieser Kranckheit behafftet seynd, gehe.*"[362]

Auch die Beherbergung von Fremden im eigenen Haus wurde untersagt, sogar wenn es sich um Freunde der Hausbewohner handelte, „*damit auch solche Vergifftung allhie noch desto besser verhuetet und von außwerts um so weniger allhero gebracht werde*"[363]. Darauf wurde wiederum eine Strafe von zehn Talern gesetzt. Auch die Wirte sollten sich des „*Gaestsetzens völlig enthalten*"[364].

Des Weiteren wurde vom Magistrat dazu aufgerufen, öffentliche Versammlungen zu meiden, um nicht in der Menschenmenge von einem der Absonderung entgangenen Pestopfer angesteckt zu werden. Solche Massenaufläufe gefährdeten in den Augen der Obrigkeit auch die öffentliche Ordnung, da sich in

---

[360] Ratsdekret vom 4. September 1713, in: J. F. KEYSER: Sammlung, Nr. CLXXXVI., S. 486.

[361] „*Weilen bißhero vieles Bettgewand und anderes Geräth / so von Inficirten gebraucht / hin- und wieder verstecket / und denen Pestin-Trägern nicht ausgefolget werden / als wird ein jeder / bey deme sich dergleichen noch finden möchte / hiemit ebenmässig erinnert / solches innerhalb von drey Tagen / nach publication dieses Decrets / bey E. Löbl. Consilio Sanitatis oder vorgemeldten Ausrichter anzuzeigen / damit deßfalls Vorsehung geschehe / und mehrers Unglück verhütet werde. Wer aber dergleichen in bemeldter Zeit nicht selbst angebe / und von jemand andern diese Nachricht einkäme / so soll die Geld- oder Leibes-Straffe / nach gestalt der Umstände / unnachlässlich wider den Aufhalter sothanen Geräths exequirt / und da er die Geld-Straff zu erlegen vermöglich / die Helffte / nemlich 50 Rthl. dem Anzeiger abgefolget / oder da jener die Geld-Straff nicht erlegen könnte / ihme 4 fl. Zum Recompens gegeben / auch soll bey empfindlicher Leibes- und Geld-Straffen / ferner von Stroh / Bettwerck / Fetzen und dergleichen nichts mehr in die Donau oder in der Stadt niedergeworffen werden.*" (Ratsdekret vom 10. November 1713, in: StadtAR, Dekr. Nr. 210.)

[362] Ratsdekret vom 4. September 1713, in: J. F. KEYSER: Sammlung, Nr. CLXXXVI., S. 483-484.

[363] Ebd., S. 484.

[364] Ebd.

ihnen Hysterie und Unzufriedenheit über die Obrigkeit entladen und es in Einzelfällen bei Pestepidemien auch zu sozialen Unruhen kommen konnte.[365]

Sollte jemand an sich selbst oder einem Angehörigen den Ausbruch einer Krankheit feststellen, wurde er durch das Ratsdekret dazu aufgefordert, *„so gleich einen Medicum ordinarium, oder in dessen Ermanglung den eigens darzu bestellten Pest-Medicorum oder Chirurgum zu sich fordern zu lassen, und dessen Rath und Huelffe in Zeiten zu erbitten, damit, wo etwas gefaehrliches an ihme waere, zeitlicher Rath geschafft, und weder er, noch andere durch ihn in mehrere Gefahr gerathen moegen.“*[366]

Der Magistrat stellte mit solchen Verordnungen die Menschen vor die Wahl, ihre nächsten Angehörigen entweder denunzieren zu müssen oder sie machten sich schuldig, die Allgemeinheit zu gefährden. Durch die Ausnahmesituation wurde der Wertmaßstab sozialen Verhaltens neu interpretierbar. Häufig entschied man sich dafür, die Krankheit eines Familienangehörigen so lange wie möglich geheim zu halten, denn die Folgen waren sowohl für diesen als auch für die Angehörigen weitreichend. Zum einen wurde der Kranke isoliert und damit aus der Gemeinschaft herausgerissen. Im Pestlazarett war die Ansteckungsgefahr sehr hoch und es wurden auch diejenigen infiziert, die gar nicht an der Pest, sondern an einer anderen Krankheit litten. Zum anderen war es den Angehörigen vorgeschrieben, sich daraufhin unter Quarantäne zu stellen, weshalb sie eine Zeit lang nicht ihrer Arbeit nachgehen durften, was sich existenzgefährdend auswirken konnte.[367]

Die gewaltige Geldbuße von hundert Talern drohte den Angehörigen des Heilpersonals, die es unterließen, die Erkrankung eines Patienten beim Almosenamt zu melden. Mit diesen Maßnahmen hoffte der Rat, alle Kranken ausnahmslos erfassen zu können. Dieser Hang zur lückenlosen Registrierung ist eine von Foucault eingehend thematisierte Kategorie, deren Ausweitung im 18. Jahrhundert er insbesondere in Ausnahmesituationen wie der Quarantäne oder in Krankenhäusern beobachtet. Dies gilt aber auch für Pestepidemien, denn durch die Registrierung der einzelnen Kranken gelang der Obrigkeit die Überwachung von Regelverstößen. Das Ratsdekret verbot den Genesenen ausdrücklich vier Wochen nach Abklingen der Krankheit ihr Haus zu verlassen und weitere vierzehn Tage öffentliche Versammlungen wie die Messe oder die Badstube zu besuchen. Mitbewohner eines Pestkranken, auch wenn es sich bei diesem um einen Dienstboten handelte, den man aus dem Haus hatte bringen lassen, mussten sich einer vierzehntägigen Quarantäne unterziehen und danach ebenfalls vierzehn Tage Menschenansammlungen meiden. Die hohe Strafe von hundert Talern bei Zuwiderhandlung beweist die Priorität dieser Maßnahme für den Magistrat. Sie wurde eigens in einem neuerlichen Mandat vom 14. September bekräftigt, wahrscheinlich, weil sie nicht ausreichend befolgt worden war. Deshalb drohte der Magistrat bei Verstößen erneut eine Strafe von hundert Talern an, verkündete aber obendrein, *„dass wer diese Geld-Straffe zu erlegen nicht vermöchte / solche dem*

---

[365] Vgl. M. DINGES: Pest und Staat, S. 80.
[366] Ratsdekret vom 4. September 1713, in: J. F. KEYSER: Sammlung, Nr. CLXXXVI., S. 484.
[367] Vgl. M. DINGES: Pest und Staat, S. 87.

Lazareth mit Tragen / Graben / oder Warten / nachdehme die Persohn tauglich erachtet wird / abzudienen angehalten werden soll"[368].

Die Androhung, zum Dienst im Lazarett verpflichtet zu werden, war sicher für die meisten Stadtbewohner äußerst abschreckend, denn immer wieder wird in den Quellen betont, wie eminent dort der Personalmangel war – trotz guter Bezahlung.[369]

Wollte man einen erkrankten Angehörigen oder Dienstboten in das Lazarett bringen lassen, so sollte der vom Rat bestellte *„Außrichter"*[370] Joseph Ferdinand Hilmer, informiert werden. Dieser organisierte aber nicht nur den Transport des Kranken samt seiner Kleidung und Bettwäsche in das Lazarett, sondern koordinierte auch seine Verpflegung in Privathäusern mit Lebensmitteln und Medikamenten durch Pestpersonal. Bei Bedarf kam dieses auch zu Pflegediensten ins Haus. In diesem Falle sollten die *„Warther"*[371] jedoch nicht in Kontakt zu den gesunden Hausbewohnern treten. Dem ‚Außrichter' oblag auch die Registrierung aller Kranken und Toten, deren Zahl er an die Obrigkeit weiter zu geben hatte.

Im Dekret vom 10. November 1713 wiederholte und präzisierte der Magistrat noch einmal die wichtigsten Vorschriften, wie die Stadtbewohner sich in Pestzeiten zu verhalten hatten. Man kann davon ausgehen, dass es sich bei den hier angesprochenen Regeln um diejenigen handelte, gegen die die meisten Verstöße festgestellt worden waren, denn wie die Obrigkeit tadelte, war die Verordnung vom 4. September *„bißhero in vielen Stuecken nicht genugsam beobachtet / und dadurch das Unglueck mercklich gemehret worden"*[372]. Die Hausbesitzer wurden gemahnt, ihre erkrankten Dienstboten oder Kostgeher nicht einfach aus dem Haus zu werfen, *„sondern solchen bey dem bestellten Außrichter / Joseph Ferdinand Hilmer / anzeige / welcher ihn durch bestellte Chyrurgos besichtigen / und da sich ein Infections-Zeichen an ihme faende / solchen in das Lazareth bringen lassen / und deßfalls einen Zettul ertheilen wird. Bey deme sich ein jeder / so Krancke dahin bringen lassen will / zu melden hat."*[373]

Es scheint, als seien diese unterprivilegierten Personen im Falle einer Ansteckung von ihren Hausherrn um der eigenen Sicherheit willen auf die Straße gesetzt worden. Der Magistrat sah in diesen herumirrenden ‚Distributoren' der Pest eine Gefährdung der Öffentlichkeit und drang darauf, diese Leute ins Lazarett zu befördern, wo sie vom städtischen Personal registriert werden konnten. Dies lässt eine zunehmende Verschriftlichung auch unter weniger Privilegierten wie den städtischen Bediensteten erahnen. Dazu passte die Aufforderung an die Hausbesitzer, jeden Sterbefall beim ‚Außrichter' zu melden und diesen schriftlich über Name, Alter, Geburtsort, Religionszugehörigkeit und Wohnort des Verstorbenen zu informieren. Außerdem sollte mitgeteilt werden, ob die

---

[368] Ratsdekret vom 4. September 1713, in: J. F. KEYSER: Sammlung, Nr. CLXXXVI., S. 485-486.
[369] Vgl. E. S. ALKOFER: Regenspurgisches Pest- und Buß-Denckmahl, I, S. 160.
[370] Ratsdekret vom 4. September 1713, in: J. F. KEYSER: Sammlung, Nr. CLXXXVI., S. 486.
[371] Ebd., S. 487.
[372] Ratsdekret vom 10. November 1713, in: StadtAR Dekr. Nr. 210.
[373] Ebd.

Pestinträger den Leichnam wegbringen sollten oder ob man den Toten auf andere Weise zu seinem Begräbnisort bringen sollte. Auf die Unterlassung dieser Melderegel standen zehn Reichstaler Strafe.

Auch in diesem Mandat fehlte das Verbot, infektiöse Textilien zu verstecken, nicht. Die Drohung einer empfindlichen Geldstrafe wurde ebenso wiederholt wie die Ankündigung, Denunzianten zu belohnen. Auch die Vorschrift, die Quarantäne einzuhalten, wenn man mit einem Pestopfer zusammenwohnte, wurde eindringlich wiederholt. In diesem Zusammenhang merkte man an, *„daß wer in dem Hauß vorhin so versehen waere / daß er / ohne Zutrager von Victualien / sothane Zeit in seinem Hauß Contumaciam* [eine andere Bezeichnung für Quarantäne, K. K.] *machen könnte / oder aber Freunde und Nachbarn haette / die ihme die Hauß- und Notdurfft zutrügen, dass solcher in seinem Hauß verschlossen bleiben moege / andere aber / die auf solche Weise sich selbsten in ihrem Hauße nicht versorgen koennen / sollen ohne Unterscheid in ein zur Contumacia bestimmtes Hauß und Wohnung gebracht / und daselbst / nach Gestalt der Sachen / auf eigene oder gemeine Kosten versorget / die inficirte vorige Wohnung aber interim gesperret werden."*[374]

Das hier angesprochene Quarantänekrankenhaus im Jakobshof dürfte allerdings nur den reichen Stadtbewohnern vorbehalten gewesen sein. Tatsächlich wird im nächsten Punkt etwas präziser von einem *„besondere[n] Lazareth in der Stadt / mit einiger mehrerer Bequemlichkeit / als in dem Untern-Wörth"*[375] gesprochen, wo man sich gegen entsprechende Bezahlung pflegen lassen konnte:

„Es soll ein jeder / der krancker in das Grundnerische Hauß / auf dem Jacobs-Hof / jemand zu bringen verlangt / solchen mit eigenem Bett und Lein-Geräth versorgen/ (2) wochentlich 3.fl. dem dahin bestellten Haußmeister zum voraus / als ein Kostgeld / erlegen / (3) vor die Aufnahm in dieses Hauß 4.fl. in E.E. Almosen-Amt / und (4) nachgehends alle Wochen 1.fl.30.kr. Wartgeld dahin bezahlen / welches zur Bestreitung der auf die Warth / Medicum, Chyrurgos, Zimmerzins / Holtz und Licht gehende Unkosten angewendet wird."[376]

Während das Lazarett auf dem Unteren Wörth aus städtischen Mitteln unterhalten wurde, kamen hier auf den Kranken einige Unkosten zu. So gab es auch zu Pestzeiten eine Art ‚Zweiklassenversorgung'.

Wer sich zu Hause pflegen lassen wollte, wurde bei zehn Reichstalern Strafe verpflichtet, das ihm zugeteilte Pflegepersonal mit *„Kost und Logement"*[377] zu versorgen. Wenn ein ‚Warther' oder eine ‚Wartherin' frei werde, weil der Patient gesundet oder verstorben sei, solle dies dem ‚Außrichter' rechtzeitig mitgeteilt werden.[378]

---

[374] Ratsdekret vom 10. November 1713, in: StadtAR Dekr. Nr. 210.
[375] Ebd.
[376] Ebd.
[377] Ebd.
[378] Vgl. ebd.

Als weiteren Punkt führte der Rat das Problem des „vielen unnoethigen Auß- und Umlauffens" an, das möglichst unterlassen werden solle, da scheinbar außerhalb der Stadt Beschwerden über Regensburger Einwohner, die die Stadt verließen, laut wurden. Im moralisierendem Stil mahnte der Rat die Stadtbewohner, *„durch unnoethiges Außlauffen sich nicht selbst in Verantwortung / Gefahr und Unglueck zu stuertzen / am wenigsten aber sich heimlich von hier in die benachbarte Lande zu schleichen."*[379] Dies kann als weiterer Versuch des Magistrats gesehen werden, die öffentliche Ordnung und Disziplin aufrecht zu erhalten und die Flucht der Stadtbewohner zu verhindern, die für den wirtschaftlichen Selbsterhalt der Stadt notwendig waren.

Als die Pestwelle zu Beginn des Jahres 1714 im Abklingen begriffen war, beeilte sich der Magistrat, das Lazarett aufzulösen, um der Außenwelt zu demonstrieren, dass Regensburg die Seuche nun überstanden habe. Am 16. Februar 1714 wurde das Lazarett unter Aufsicht des Pestmedicus Johann Leonhard Hechtel geräumt, anschließend gereinigt und abgeschlossen.[380] Man richtete drei sogenannte ‚Reconvalescenten-Häuser' und vier ‚Contumatz-Häuser' ein, wo die Kranken, die aus dem Lazarett zurück in die Stadt gebracht wurden, ihre Quarantäne halten sollten.[381] Das Pestpersonal wurde daraufhin aus seinem Dienst entlassen, die Totenwägen wurden verbrannt und das *Collegium Sanitatis* aufgelöst.[382] An all diesen Einzelmaßnahmen ist zu ersehen, mit welch großer Gründlichkeit man versuchte, die letzten Spuren der Pest zu tilgen.

2.2.2 Einschränkung des translokalen Personen- und Güterverkehrs

Wie oben bereits ausgeführt, fürchtete man besonders die Ansteckung durch von außen in die Stadt gekommene Personen oder Waren. Deshalb ergriff man strenge Sicherheitsmaßnahmen, um den Personen- und Güterverkehr auf das genaueste zu überwachen. Sobald die Obrigkeit das Gerücht erreichte, ein in der Nähe befindlicher Ort oder auch ein Nachbarland sei von der Pest heimgesucht worden, reagierte man rasch und verhängte ein Einreiseverbot für Personen und Waren aus dem betreffenden Gebiet. Diese Maßnahme bezeichnete man als ‚Bannisierung'. Auch in Regensburg erließ der Magistrat Dekrete, die sich mit der Problematik von Einreise, Warenimport und Handelsverkehr befassten, allerdings auch in Zeiten, in denen die Pest nicht in der Stadt herrschte. Der Magistrat belegte beispielsweise im Jahr 1679 Ungarn, Ober- und Unterösterreich mit dem ‚Banno', da man den Bericht erhalten hatte, dass dort die Pest bereits zahlreichen Menschen das Leben gekostet hatte. So wurde in einem Ratsdekret vom 22. September verkündet, *„wie es wegen der ankommenden Personen und Handels-Wahren, gehalten werden solle, albereit*

---

[379] Ratsdekret vom 10. November 1713, in: StadtAR Dekr. Nr. 210.
[380] Vgl. E. S. ALKOFER: Regenspurgisches Pest- und Buß-Denckmahl, II, S. 17-18.
[381] Vgl. ebd., I, S. 180-181.
[382] Vgl. ebd., II, S. 25-26 und S. 58.

unter denen Statt-Thoren sonderbare Anstalten machen, und solche biß anhero heilsamblich fortsetzen lassen"[383].

Im selben Dekret wurden auch die Gastwirte *„ernstlich erinnert, keine frembde Bettler, oder andere verdaechtige Persohnen auffzuhalten, auch die Handwercks-Gesellen, ueber zwo Naecht nicht zu beherbergen; sondern selbige wann sie in solcher Zeit keine Arbeit bekommen, fort zu schaffen."*[384]

Wenn die Angst vor der Pest umging, bekamen dies als erstes die Fremden, vor allem Unterprivilegierte zu spüren.

Im Jahr 1691 wurden erneut das Königreich Ungarn, Kroatien und weitere daran angrenzende Länder von der Reichstadt Regensburg bannisiert. Ein Dekret vom 17. Dezember begründet die damit verbundenen Maßnahmen vor allem damit, dass der Durchreiseverkehr in Regensburg durch den Reichstag sehr ausgeprägt war, da *„von allerhand Orthen sich Passagiers und Frembde einzufinden und durch zu reisen pflegen"*[385]. Alle Handelsbeziehungen mit dieser Region sollten völlig eingestellt werden, von dort kommende Reisende und deren mitgeführte Güter durften unter Androhung von *„scharffer [...] Leib- und Lebens-Straffe, und respectivè der Confiscation"*[386] weder die Stadttore passieren, noch auf anderen Wegen in die Stadt kommen. Auch denjenigen, die solchen aus bannisierten Gegenden kommenden Personen oder Gütern bei der ‚Einschleichung' in die Stadt behilflich waren, wurden Sanktionen angedroht.[387]

Um überprüfen zu können, ob jemand aus einer mit der Pest befallenen Gegend kam, hatte man nach dem Vorbild der oberitalienischen Stadtstaaten seit der zweiten Hälfte des 17. Jahrhunderts auch nördlich der Alpen ein Passsystem eingeführt. Die Gesundheitspässe, auch ‚Feden' genannt, sollten dem Besitzer die problemlose Einreise in fremde Städte und Territorien erleichtern, indem sie ihm bescheinigten, dass er aus einer nicht infizierten Gegend kam. Die Fede dementierte also den Pestbefall einer Stadt, weshalb sie von den Obrigkeiten gerne ausgestellt wurde. Sie stellte damit das Komplementärstück zur Bannisierung dar, da sie die Einreise ermöglichte, der ‚Banno' sie jedoch verhindern sollte.[388]

Der Regensburger Magistrat befahl, es *„solle niemand, wer der auch seye, ohne genugsame Bescheinung durch glaubwuerdige, mit allen nothwendigen Requisiten versehene, und zumahlen von einen Chur-Bayrischen Graentz- oder andern hierzu bestelten Oficianten, oder der Obrigkeit selbsten, wo nicht frisch ertheilten, doch unterschriebenen Feden, daß er, und alles bey sich habende inner denen naechsten 40. Taegen zuruck an keinen inficirten, oder der Gesundheit halber verdaechtigen Orth gewesen seye, passirt, sondern in Ermanglung solcher Ursachen, also gleich wieder ab- und zuruck gewiesen, auch nachgehends vor wuercklich also gemachter und gnugsam attestirter Quarantana, keines wegs eingelassen werden."*[389]

---

[383] Ratsdekret vom 22. September 1679, in: J. F. KEYSER: Sammlung, Nr. CXXXV., S. 350.
[384] Ebd., S. 351.
[385] Ratsdekret vom 17. Dezember 1691, in: Ebd., Nr. CLII., S. 387.
[386] Ebd.
[387] Vgl. ebd., S. 387-388.
[388] Vgl. C. PORZELT: Die Pest in Nürnberg, S. 126-130.
[389] Ratsdekret vom 17. Dezember 1691 in: J. F. KEYSER: Sammlung, Nr. CLII., S. 388.

Wie man aus dieser Regelung ersehen kann, gab es auch die Möglichkeit, sich selbst und seine Ware einer ausreichenden Quarantäne zu unterziehen, wenn man sich tatsächlich an einem infizierten Ort aufgehalten hatte. Durch eine Einhaltung der Quarantänebestimmungen konnte man die Bannisierung der eigenen Stadt verhindern. Die Initiative zur Einführung der Gesundheitspässe ging von den Kaufleuten aus, die beruflich darauf angewiesen waren, viel herumzureisen. Um anderswo die Grenzen passieren zu können, benötigten sie die Bescheinigung der Obrigkeit, dass sie aus einem hinsichtlich der Ansteckungsgefahr ungefährlichen Gebiet stammten. Porzelt vermutet, dass das Fedesystem spätestens im Jahr 1666 allgemeine Gültigkeit erlangt hatte. In Nürnberg waren die Feden bereits Mitte des 16. Jahrhunderts gebräuchlich.[390]

Doch nicht nur die Kaufleute und ihre Waren, sondern vor allem *„die unnuetze Handwercks-Pursch [...] wie auch das Herrnlose vagirende Gesindlein und frembde Bettler"*[391] sollten nicht nach Regensburg kommen, auch wenn sie mit Feden ausgestattet waren. Um überprüfen zu können, wer sich in der Stadt aufhielt, bekamen die Einreisenden an den Stadttoren sogenannte *„Nacht-Zettel"*[392], mit denen sie sich in ihrer Herberge als ‚legal' Eingereiste ausweisen konnten. Die Herbergswirte sollten diese Zettel bei der Obrigkeit abgeben, die somit genau kontrollieren konnte, wer wo und wie lange übernachtete. Wer sich heimlich, also ohne obrigkeitliche Erlaubnis, in der Stadt aufhielt, sollte „mit Schimpff auß der Statt geschaffet" werden. Auch diejenigen, die solche Leute versteckten oder ihnen auf andere Weise halfen, unentdeckt zu bleiben, mussten mit Bestrafung rechnen. Privatpersonen durften keine Fremden einquartieren, auch wenn es sich um deren Bekannte handelte.[393]

Außerdem wurde die Ausreise aus der Stadt obrigkeitlich reglementiert:

„Drittens werden hiesige Burger und Inwohner, sambt deren Angehoerigen hiemit erinnert, daß sie bey vorhabenden Reysen, sich jedesmal bey der Cantzley anzumelden, und Feden zunehmen, dabey aber wohl vorzusehen haben, daß sie keine verdaechtige Orth betretten; widrigen falls, sie bey Ihrer Ruckkehr eben so wenig als Frembde admittirt, sondern gleich denenselben, zu Außhaltung der voelligen Quarantana, ohn alle Convenienz angehalten werden sollen."[394]

Diese Regelung galt vor allem für *„Kauffleuthe und Kramhaendler, wie auch Schiff-Leuthe, Land-Gutscher, und andere das Fuhrwerck treibende, ingleichen die Botten-Geher"*[395]. Dieser Personenkreis wurde angehalten, beim Transport von Personen und Gütern besondere Vorsicht walten zu lassen. Besonders die

---

[390] Vgl. C. PORZELT: Die Pest in Nürnberg, S. 126-128.
[391] Ratsdekret vom 17. Dezember 1691, in: J. F. KEYSER: Sammlung, Nr. CLII., S. 388.
[392] Ebd., S. 389.
[393] Vgl. ebd., S. 388-389.
[394] Ebd., S. 389-390.
[395] Ebd., S. 390.

Ladungen, die aus „*Wolle, Flachs, Hanff, und dergleichen bald fangenden Sorten bestehen*"[396] galten als gefährlich.

Im Jahr 1713 zeigte sich die umgekehrte Situation, denn nun wurde Regensburg von anderen Territorien bannisiert. Als zu Beginn der Seuche im Sommer 1713 das Gerücht nach draußen drang, in Regensburg sei die Pest ausgebrochen, verfügte Pfalz-Neuburg eine Sperre gegen die Reichsstadt.[397]

Unmittelbar nach Abreise der Reichsversammlung Richtung Augsburg erfolgte dann die Absperrung der Reichsstadt von Seiten der kaiserlichen Administration in München. Wie Alkofer berichtet, erfolgte „*die gaentzliche Einsperrung unserer guten Stadt [...] / alle Stadt-Thore wurden nunmehro verschlossen gehalten / biß auf das Weih. St. Peter-Thor und die hoeltzerne Brucken / darueber man zu dem Pest-Lazareth kommt. Die angekommene Kayserliche Husarn besetzten von allen Seiten unsere Graentzen / daß niemand weder auß- noch einkommen koente. [...] Durch solche Einschliessung entstunde unter den hiesigen Einwohnern Abgang der Nahrung / aller Handel und Wandel lag darnieder / und die Nothduerfftigkeit wolte bey manchem mit Haussen einreissen. Es wurden zwey Officianten von dem Rathauß abgesondert / bestaendig ausser der Stadt zu wohnen / der Stadt bestes zu suchen / und Sorge zu tragen / daß kein Mangel an der Zufuhr von allerhand Nothwendigkeiten entstehe / damit nicht / durch Abgang der Lebens-Mitteln / der Jammer-Stand in der Stadt vergroessert wuerde / und solcher Gestalt Hunger und Pestilentz darinnen zugleich ihren Sitz haetten.*"[398]

Die schlechte Versorgung mit Lebensmitteln, die Alkofer anspricht, ging mit einer solchen Sperre notwendigerweise einher. Den umliegenden Dörfern war bei Leib- und Lebensstrafe verboten worden, Waren nach Regensburg zu bringen. Um die Versorgung zu garantieren, wurde im nahegelegenen Ort Kumpfmühl ein Wochenmarkt für die Regensburger Bevölkerung abgehalten.[399] Wer das Peterstor passieren wollte, um dorthin zu gelangen, benötigte einen Gesundheitsausweis aus der Stadtkanzlei, in den sein Name eingetragen wurde. Dieses Attest lautete:

„*Vorzeiger ... nicht allein für sich gesund / sondern auch aus einem gesunden Hauss / und zu Einkauffung der Marckt-Failschafften abgeschickt. Statt Regenspurg / den ...*"[400]

Wie Gumpelzhaimer berichtet, quartierten sich zwei von der Münchner Administration abgeordnete „*Pestcommissarien*"[401] in Prüll ein, welche die Aufrechterhaltung der Sperre überwachten und denen auch die angesprochenen Husaren unterstanden. Die von ihnen verordneten Einkaufsbeschränkungen veranlassten einige Bürger der Reichsstadt zu Protesten, die anscheinend beinahe einige Male eskaliert wären. Die Obrigkeit konnte die Gemüter mit dem

---

[396] Ratsdekret vom 17. Dezember 1691, in: J. F. KEYSER: Sammlung, Nr. CLII., S. 390.
[397] Vgl. J. C. GUMPELZHAIMER: Regensburgs Geschichte, Bd. 3, S. 1528.
[398] E. S. ALKOFER: Regenspurgisches Pest- und Buß-Denckmahl, I, S. 151.
[399] Vgl. ebd., S. 149-152.
[400] Zitiert nach: H. SCHÖPPLER: Die Geschichte der Pest zu Regensburg, S. 149.
[401] J. C. GUMPELZHAIMER: Regensburgs Geschichte, Bd.3, S. 1529.

Zugeständnis beschwichtigen, dass bestimmte Personen, die vor der Stadt ihre Bleibe aufschlagen sollten, dazu abgeordnet würden, die nötigen Einkäufe zu tätigen. Diese sollten sie zu bestimmten Zeiten in die Stadt liefern, so dass am Haidplatz ein öffentlicher Wochenmarkt abgehalten werden könne.[402]

Die Pest verschärfte also noch einmal die schon 1711 / 12 herrschende Hungersnot, die von Missernten und Viehsterben herrührte und eine starke Teuerung verursacht hatte. Sie brachte der ohnehin wirtschaftlich relativ schwachen Reichsstadt zusätzliche Einbußen, da der Handel still stand. Im Laufe der acht Monate, in denen die Absperrung aufrecht erhalten wurde, verschärfte sich der Mangel derart, dass die Obrigkeit gezwungen war, Fleisch-, Brot- und Holzrationen an Bedürftige zu verteilen.[403] Nach dem Abklingen der Seuche beeilten sich die Kaufleute, *„um [...] einen guten Anfang im Commercio wieder zu machen"*[404], die Waren, ihre Dienstboten und sich selbst der Quarantäne zu unterziehen, um nach Ostern am Markt in Linz und an der Leipziger Messe teilnehmen zu können.[405]

Doch erst als die kaiserliche Administration in München die Sperre gegen die Stadt am 4. Mai 1714 wieder aufhob und im September des gleichen Jahres der Reichstag wieder nach Regensburg zurückkehrte, und am 2. Oktober die Arbeit wieder aufnahm, konnte das Leben in der Stadt wieder seinen gewohnten Lauf nehmen.[406]

Im Dezember 1714 schreckte die Stadt noch einmal auf, als wieder von einer Pestwelle *„ausser Landes"*[407] berichtet wurde. Der Magistrat wies die Torwächter zu verschärfter Aufmerksamkeit an und verbot den Gastwirten und Bürgern bei einer Strafe von sechs Reichstalern die Aufnahme von Fremden, die keinen Nachtzettel bei sich hatten.[408]

Wie aus den angeführten Verordnungen zu ersehen ist, waren die Reisebestimmungen zu Pestzeiten strengsten Reglementierungen unterworfen. Die Einschränkungen müssen differenziert bewertet werden, da sie einerseits gut geeignet waren, eine weitere Verbreitung der Seuche zu unterbinden, andererseits jedoch auch zur Diskriminierung von Randgruppen wie Bettlern oder Juden missbraucht wurden, die man ohnehin nicht gerne in die Stadt kommen sah. Vor

---

[402] Vgl. E. S. ALKOFER: Regenspurgisches Pest- und Buß-Denckmahl, I, S. 152.

[403] Vgl. ebd., II, S. 12.

[404] Ebd., S. 17.

[405] Vgl. ebd.

[406] Vgl. K. HAUSBERGER: Langwerth von Simmern, S. 137-143.

[407] Ratsdekret vom 20. Dezember 1714 in: J. F. KEYSER: Sammlung, Nr. CXCVI., S. 509.

[408] Vgl. ebd., S. 509-511. Der Wortlaut dieser Nachtzettel ist folgender: *„Numero I. Anno 171– den – – passirt gegen diesen Versicherungs- Zettl in die Stadt Regenspurg N. N. –Thor. Numero II. Anno – Gegenwaertiger N. N. seines Handwercks ein – ist heute den – – zum Thor herein passirt, und der Oberherrlichen Ordnung gemeeß, ihme dieser Zettul zu dem Ende ertheilet worden, daß er innerhalb einen Tag sich bey einem ehrlichen Burgerlichen Meister um Arbeit umzusehen, da er aber keine ueberkommen kan, seinen Weg unverlaengt weiter zu nehmen habe. Mit der ernstlichen Erinnerung, woferne er sich ohne Arbeit laenger allhier betretten lassen wuerde, ihme nicht allein dieser Zettul von maenniglich, deme er zu Handen kommen wird, zerissen und cassirt- sondern auch er also gleich, ohne Verschonung, offentlich zur Stadt hinaus gefuehret- oder auch, nach Befinden, mit dem Zucht-Hauß, oder einer andern empfindlichen Straffe angesehen werden solle."* (Ebd., S. 511.)

dem Hintergrund der heutigen medizinischen Erkenntnisse von der Übertragung der Pest waren sie äußerst sinnvoll, da man schon damals bestimmte Handelswaren wie Textilien als besonders kontagiös erkannte und deren Einfuhr beschränkte. Darüber hinaus waren die Vorsichtsmaßnahmen gegenüber Personen aus infizierten Gebieten und die Quarantänemaßnahmen verständlich, da man ahnte, dass der Ansteckungsstoff, der die Pest auslöste, sehr widerstandsfähig sei.

2.2.3 Bestattungswesen und religiöses Leben in Pestzeiten

Ein besonderes Problem in Pestzeiten war die Beerdigungspraxis. Durch die sprunghaft ansteigende Anzahl von Todesfällen erwies die Organisation der Begräbnisse sich als problematisch. Verschärft wurde dies vor allem dadurch, dass das Bestattungspersonal eine Ansteckung durch den Kontakt mit den toten Körpern fürchtete. Der Kontagiumtheorie zufolge konnten auch tote Menschen die Lebenden infizieren. Außerdem lehrte die Miasmatheorie, dass aus einem Leichnam in hohem Maße vergiftete Luft austrat, welche die Umgebung ‚verpestete'. Um der Ausbreitung der Epidemie zu begegnen, gab es in dieser Ausnahmesituation Sonderregelungen und Beschränkungen im Bestattungswesen.[409]

Die Hauptpriorität der Obrigkeiten war die rasche Beseitigung der menschlichen ‚Ansteckungsherde'. Dabei sollten möglichst wenige Personen mit ihnen in Berührung kommen. Dies stand in diametralem Gegensatz zu den üblichen frühneuzeitlichen Begräbniszeremonien, die ausgiebig und mit großer gesellschaftlicher Anteilnahme begangen wurden. Schon im Vorfeld des Begräbnisses gab es Probleme mit den Angehörigen, welche den Verstorbenen auf traditionelle Weise für einige Tage in dessen Wohnhaus aufbahren wollten, um mit Gesängen und Leichenwachen Abschied von ihm zu nehmen. Mit dieser Tradition wurde zu Pestzeiten insofern gebrochen, da man die Dauer der Aufbahrung auf wenige Stunden herabsetzte. Außerdem versuchte man, das Erscheinen zahlreicher Anteilnehmender in Gegenwart des Leichnams zu unterbinden.[410] Für die hier untersuchte Pestepidemie ist dies durch Eibelhuber zu belegen:

„iedoch durfften nicht mehr als die nechsten anverwandten und etliche nachbarn zum conduct gebetten, auch in ienem andern hauß, als wo der verstorbene verschieden, versamlet werden, und alsdann mochten sie sich ohne gesang in selbstbeliebter ordnung auf den gottes-acker verfüg[en]."[411]

Bei der Begräbniszeremonie wurde zwischen Pesttoten und anderen Todesfällen unterschieden. Bei ersteren sollte sich das Begräbnis möglichst in aller Einfachheit und ohne Trauergäste abspielen. Insofern hatte die religiöse Auslegung der Pest als

---

[409] Vgl. C. PORZELT: Die Pest in Nürnberg, S. 103.
[410] Vgl. ebd.
[411] C. EIBELHUBER: Umständliche Nachricht, S. (15).

Strafe Gottes auch funktionale Gründe. Aber auch bei gewöhnlichen Todesfällen konnten in Pestzeiten die Dauer der Zeremonie, die Zahl der Teilnehmer und das Glockenläuten eingeschränkt werden. Zu einer Beerdigung kamen in normalen Zeiten nicht nur Angehörige und Freunde, sondern auch Kirchenmänner, Schüler, Lehrer und Mägde. Die Schulknaben, welche oft in beträchtlicher Anzahl die Leichenzüge begleiteten, übernahmen den Trauergesang.[412]

In Regensburg war es im Falle eines verstorbenen Handwerkers Brauch, dass seine Zunftkollegen ihn zu Grabe trugen.[413] Auch dieser Brauch verschwand mit dem Überhandnehmen der Pest Mitte August 1713, da die Betroffenen Zunftmitglieder eine Ansteckung durch den Leichnam fürchteten.[414]

Um diesem Problem abzuhelfen, bestellte die Obrigkeit einen ‚Visitator', der die Leichenschau durchführte. Fand er an dem Leichnam keine sichtbaren Zeichen von Pestbefall, wurde dieser zum Friedhof gebracht und *„nach einigen Tagen darauf der gewoehnliche Leichen-Conduct angestellet"*[415]. Wurde der Leichnam jedoch als Pesttoter identifiziert, so brachte man ihn am frühen Morgen zum Friedhof, wo er ohne Zeremonie begraben wurde. Doch Alkofer deutet in seinem chronologisch angelegten Pestbericht an dieser Stelle bereits an, dass die übliche Beerdigungspraxis nicht lange aufrecht erhalten werden konnte: *„Und damit ist so lang continuiret worden / biß die Seuche voellig ueberhand genommen."*[416]

Als die Zahl der Toten rapide anstieg, wurden die Begräbniszeremonien – unabhängig vom Stand des Verstorbenen – gänzlich eingestellt, wie Eibelhuber berichtet.

„disemnach wurde vor allem ding die gewöhnl. leich conduct eingestellet, und durffe wed[er] hohen noch nidrig mehr eine leich sermon od[er] ermahnung gehalten, sondern die verstorbenen nächtlicher weile entweder in das pestin hauß oder auf den gottes-acker geführet werden. wobey auch nicht zu geschweigen, daß die särge weg[en] menge der gestorbenen, in denen die anzahl manche tag biß auf 60 angewachsen, nicht mehr konnten schwarz angestrichen werden, sondern bleiben meist, wie die abgehobelten bretter aussahen."[417]

In den Augen der Zeitgenossen war ein solches Begräbnis unwürdig. Es wurde jedoch noch schlimmer, als man wegen der Vielzahl der Toten sogar auf Särge verzichten musste und nur bei Standespersonen noch eine Ausnahme machte. Deren Sarg wurde nachts in einem verdeckten Wagen zu ihrer Begräbnisstätte gebracht. Alkofer berichtet, viele Menschen seien über den bloßen Schrecken, den der Anblick der übereinandergehäuften Leichen auf den vorbeifahrenden Totenwagen geboten hätte, selbst erkrankt.[418]

---

[412] Vgl. C. PORZELT: Die Pest in Nürnberg, S. 103-104.
[413] Vgl. E. S. ALKOFER: Regenspurgisches Pest- und Buß-Denckmahl, I, S. 147.
[414] Vgl. ebd.
[415] Ebd., S. 148.
[416] Ebd.
[417] C. EIBELHUBER: Umständliche Nachricht, S. (33).
[418] Vgl. E. S. ALKOFER: Regenspurgisches Pest- und Buß-Denckmahl, I, S. 154.

Transporte von Toten zum Friedhof oder von Kranken in das Lazarett sollten, so wollte es der Rat, erst nach neun Uhr abends stattfinden.[419] Anordnungen solcher Art berücksichtigten die psychische Lage der Menschen in einer pestgeplagten Stadt. Da sich der tägliche Anblick von Pestinträgern mit Kranken oder Toten äußerst negativ auf die psychische Befindlichkeit auswirkte, sollten solche Transporte erst im Schutz der Dunkelheit stattfinden. Alkofer vermutete sogar, der Anblick der Pestinmänner habe Gesunde erst krank gemacht.[420]

Da die Zeitgenossen fürchteten, eine heftige Gemütsbewegung könne den Ausbruch der Pest begünstigen, versuchte man zu vermeiden, dass die Leute sich durch solche Anblicke erschraken. Die Transporte sollten möglichst ungesehen und auf kürzestem Weg ihr Ziel erreichen.[421] Wie Alkofer berichtete, wurden die Sänften der Pestkranken nach einiger Zeit durch einen Vorhang verdeckt.[422] Dies geschah allerdings nicht, um die Privatsphäre des Pestopfers zu wahren, sondern zum Schutz der Öffentlichkeit. Nebenbei war diese ‚Schutzmaßnahme' ein willkommenes Mittel zur Affektkontrolle. Dies passt in den Kontext des Verbots öffentlicher Vergnügungen, die der Magistrat im Zusammenhang mit der Pest verkündete, um einer sozialdisziplinatorischen Maßnahme den Deckmantel der Seuchenprävention überzuziehen.

Wie von Alkofer angedeutet, war der Umgang mit den Verstorbenen beim Transport zum Friedhof ein weitverbreitetes Problem in Pestzeiten, da die Pestinträger nicht mehr darauf achteten, die Pietät zu wahren. Da man sich der ‚Ansteckungsherde' so schnell wie möglich entledigen wollte, ging man achtlos mit den Leichen um, was von den Zeitgenossen als würdelos empfunden wurde. Eibelhuber berichtet:

„uberdiß so sezte auch das leichtfertige verfahren der so genannten pestin männer, welche die todt[en] nächtl. weile wie das vieh auf die wäg[en] werffen, und damit zur stadt hinaus rolleten, manche in ausserstes sorgen u. schrecken. ein jeglicher, der eben sonst nicht ungerne gestorben wäre, wünschte nur anjezo zu leben, damit er nicht so viehisch zur erden gebracht würde. [...] und was noch ernstlicher, so fehlte es an exempeln nicht, daß von denen auf die offene wäg[en] geworffenen tod[en] einige unter weeges verlohren, und folgend[en] tages auf offener strasse sind gefunden worden, ohne zweifel, weil die bestellte pestin männer, so unvorsichtig und leichtfertig umgieng[en]. welches um so viel erschrecklicher ist, weilen man keinen toden in einen sarg, sondern nur in einem leilach[en] eingewickelt fortnahm, v: damit zur stadt hinaus eilete. und kan ich mich, die wahrheit zugestehen, nicht ohne entsezen ein und andrer person erinnern, welche im leben so viel auf den leib gewendet, im tode aber so schmälich tractirt worden."[423]

---

[419] Vgl. Ratsdekret vom 4. September 1713, in: J. F. KEYSER: Sammlung, Nr. CLXXXV., S. 488.
[420] Vgl. E. S. ALKOFER: Regenspurgisches Pest- und Buß-Denckmahl, I, S. 143-144.
[421] Vgl. C. PORZELT: Die Pest in Nürnberg, S. 82-83.
[422] Vgl. E. S. ALKOFER: Regenspurgisches Pest- und Buß-Denckmahl, I, S. 147.
[423] C. EIBELHUBER: Umständliche Nachricht, S. (19-20).

In der Stadt herrschte großer Mangel an Pestinträgern und Totengräbern, da diese einerseits um die Gefährlichkeit ihrer Tätigkeit wussten, andererseits aber auch um ihre Unentbehrlichkeit, denn keiner wollte an ihrer Stelle sein. Trotzdem kündigte der Magistrat an, die laut gewordenen Vorwürfe wegen Leichenschändung untersuchen zu lassen. Daraufhin wurden einige der Pestinträger mit öffentlicher Züchtigung bestraft.[424]

Die protestantischen Toten wurden auf den Friedhöfen St. Peter und St. Lazarus bestattet, die beide außerhalb der Stadtmauer gelegen waren. Der Lazarusfriedhof vor dem Jakobstor musste während der Pestepidemie von 1713 sogar vergrößert werden. Ein weiterer Begräbnisplatz, der für die Pesttoten eingerichtet worden war, befand sich östlich des Pestlazaretts auf dem Unteren Wöhrd. Hier wurden wahrscheinlich die meisten Katholiken bestattet, die zu Beginn des 18. Jahrhunderts noch keine Begräbnisplätze außerhalb der Stadtmauern hatten. Bis zum Beginn des 19. Jahrhunderts war dort ein großer Pestgrabstein, der sich heute in der Dreifaltigkeitskirche von Steinweg befindet. Er trägt folgende Aufschrift:

„Dieser Stein Zeiget auf die hineben gesetzte Marcksteine, und denjenigen Orth, Wohin bey der in Mittel des Monats July Ao. 1713 durch Gottes Verhang um unserer schweren Sünden willen entstandenen und bis zur Helffte deß Monats February Ao. 1714 wiederum durch die Hertzliche Barmhertzigkeit deß allerhöchsten geendeten Contagion diejenige an dieser Krankheit verstorbenen Personen begraben worden. Hier deckt die kühle Erd' etlich tausend Leichen; Die Gottes schwere Hand durch Pest hat hingerafft; Mein Leser denk daran, laß dich zur Buß erweichen, Wo nicht, so wirst auch Du, wie Sie von Gott gestrafft."[425]

Schöppler bezweifelt, dass man eine Grube für 1.000 Menschen ausgehoben hat und verweist auf die Totengräber-Ordnung aus dem Jahr 1565, aus der hervorgeht, dass Massengräber für etwa zehn bis fünfzehn Personen angelegt wurden. In dieser heißt es: *„und da eine grube auf 10 persohnen gemacht wird, die soll 8 werckschuh in der tieffe / und in der weite 4 werckschuh halten. auf 15 persohnen in der weite 5 werckschuh halten."*[426]

Die Vorstellung einer Bestattung im Massengrab ohne Sarg und Leichenzeremonie außerhalb des Stadtgebiets mag für die Angehörigen äußerst schwer zu ertragen gewesen sein, denn ‚normalerweise' hatte das Begräbnis eine hohe gesellschaftliche Bedeutung. Der Umfang der Feierlichkeiten war eine Prestigefrage. So ist es nicht verwunderlich, dass es das Pietätsgefühl der Menschen verletzte, wenn der verstorbene Angehörige nur durch ‚unehrliche' Leute wie die Pestinträger und Totengräber auf seinem letzten Weg begleitet wurde. Wie hoch der symbolische Gehalt von Begräbniszeremonien geschätzt wurde, zeigt sich an dem Strafcharakter, den der ‚Entzug' eines christlichen Begräbnisses hatte. So war es üblich, ungetaufte Kinder in einer abgesonderten Stelle des Friedhofs ohne Zeremonie zu begraben. Selbstmörder und Verbrecher wurden nicht im geheiligten

---

[424] Vgl. E. S. ALKOFER: Regenspurgisches Pest- und Buß-Denckmahl, I, S. 171-172.
[425] Zitiert nach: H. SCHÖPPLER: Die Geschichte der Pest zu Regensburg, S. 120-122.
[426] Todten-Graber Ordnung. Regensburg 1565, S. 492.

Bezirk der Kirchhöfe und in der Gemeinschaft der Toten geduldet. In ‚unehrenhaften' Begräbnissen wurden sie am Waldrand, unter dem Galgen oder außerhalb der Friedhofsmauer ‚verscharrt', um ihnen das würdige Andenken zu nehmen.[427] Die Angehörigen von Pesttoten mussten sich an diese Praxis erinnert fühlen.[428]

Auch an diesem Beispiel wird sichtbar, in welchem Maße die Pestordnungen ‚normale' Alltagshandlungen verkehrten und die Wertmuster der Menschen auf den Kopf stellten. Wer seinem Angehörigen eine solch unwürdige Totenruhe ersparen wollte, war zu einer kriminellen Handlung gezwungen, wie der Bestechung eines Arztes, der eine andere Todesursache feststellen sollte oder des Pfarrers, damit er den Totenschein fälschte.[429]

Die Einschränkung der Begräbniszeremonie wurde bis ins Jahr 1714 aufrecht erhalten. Erst als die Absperrung um Regensburg herum aufgehoben wurde, konnten wieder öffentliche Begräbnisse stattfinden.[430]

Das Almosenamt schrieb den Totengräbern auch vor, die Leichen in Pestzeiten in sechs Werkschuh Tiefe einzugraben. In ‚Normalzeiten' wurde diese Tiefe nur bei männlichen Leichen, welche ohne Sarg bestattet wurden, vorgeschrieben. Bei Särgen oder Kinderleichen reichten fünf beziehungsweise drei Werkschuh.[431]

Es ist anzunehmen, dass auch dies eine Seuchenschutzmaßnahme war, da man sich vor dem im Körper des Pesttoten befindlichen *Contagiums* um so sicherer glaubte, je tiefer sich der Leichnam unter der Erde befand, *„damit nicht so leicht durch die verfaeulende Coerper boese Erd-Daempffe entstehen / und durch diese denen Menschen ein neues Unglueck zuwachsen moege"*[432].

Insgesamt ging die Einwohnerzahl Regensburgs während der Pestepidemie von 1713 stark zurück. Wie anhand der Neujahrszettel im landeskirchlichen Archiv der Evangelisch-Lutherischen Kirche zu ersehen ist, verstarben in den Jahren 1700 bis 1712 durchschnittlich 272 Menschen protestantischen Glaubens pro Jahr. Im Jahr 1713 stieg die Zahl der Sterbefälle sprunghaft auf 2265 an. Im Anhang zu Eibelhubers Pestbericht, der in handschriftlicher Form im Stadtarchiv vorliegt, befindet sich eine *„von der reichs-stadt regenspurg herausgegebene[...] berechnung"*[433], die von der oben genannten Zahl abweicht. Demnach starben in der Zeit von Juni bis Ende Dezember 1713 insgesamt 7.855 Personen an der Pest, davon 2.792 Protestanten. Dabei wurde sowohl zwischen Protestanten und Katholiken, als auch zwischen in der Stadt und im Unteren Wöhrd Verstorbenen unterschieden. Von den Protestanten starben demnach 2108 Personen in der Stadt und 684 im Lazarett auf dem Unteren Wöhrd, wogegen 2.566 katholische Konfessionszugehörige in der Stadt und 2.497 im Lazarett ihr Leben ließen. Damit belief sich die Zahl der in der Stadt Verstorbenen insgesamt auf 4674 Tote, im

---

[427] Vgl. W. HARTINGER: „...denen Gott genad!", S. 23-30.
[428] Vgl. C. PORZELT: Die Pest in Nürnberg, S. 108-109.
[429] Vgl. M. DINGES: Pest und Staat, S. 87.
[430] Vgl. E. S. ALKOFER: Regenspurgisches Pest- und Buß-Denckmahl, II, S. 26.
[431] Vgl. Todten-Graber Ordnung. Regensburg 1565, S. 491.
[432] E. S. ALKOFER: Regenspurgisches Pest- und Buß-Denckmahl, II, S. 26.
[433] Anhang zu: C. EIBELHUBER: Umständliche Nachricht, S. (2).

Lazarett auf 3.181. Die 186 Pestopfer Stadtamhofs waren bei letzterer Zahl nicht mit einberechnet. Von den städtischen Ordensgemeinschaften verlor das Kapuziner-Kloster mit 78 Pesttoten die meisten Mitglieder, da die Ordensbrüder die Kranken zu besuchen pflegten.[434]

Nach dieser Berechnung starben 5063 Angehörige der katholischen Konfession allein bis Ende des Jahres 1713. Dass die Katholiken etwa zwei Drittel der Pestopfer ausmachten, ist wohl damit zu erklären, dass etwa zwei Drittel der Einwohnerschaft Regensburgs katholisch waren.[435]

Der Unterschied der Angaben von protestantischen Pesttoten, welche die beiden Quellen angeben, beläuft sich auf 527 Menschen. Dies ist ein durchaus eklatanter zahlenmäßiger Unterschied, der sich auf rund ein Fünftel der protestantischen Pestopfer beziehen würde. Der Zahlenunterschied ist vor allem deshalb verwunderlich, da die Zahl der protestantischen Pesttoten, welche sich bei Eibelhubers Pestbericht findet (2792 Tote), höher ist als die Vergleichszahl in den Neujahrszetteln (2265 Tote), obwohl in der ersten Quelle nur die Todesfälle im Zeitraum der Monate Juni bis Ende Dezember, bei den Neujahrszetteln aber die für das gesamte Jahr 1713 einberechnet wurden.[436]

Alkofer, der selbst die Zahl der Toten der beiden großen Konfessionen, die zwischen Juni und Dezember 1713 starben, sehr vage auf 4.000 bis 6.000 beziffert, gibt folgende Gründe für die Ungenauigkeit der Sterbezahlen an.

„Warum man aber die eigentliche Zahl ins gemein nicht so richtig wissen koenne; Ist Ursach: (1) Weil man nicht in Erfahrung gebracht / was in waehrender Contagions-Zeit in denen Stifftern / Kloestern / und was zu ihrer Jurisdiction gehoerig / gestorben; Welches sich aber nicht auf ein geringes belauffen wird. (2) Dieweil die Confusion samt Furcht und Schroecken / als das Sterben mit Gewalt in unsrer Stadt grassirte / sehr groß unter den Leuthen war / und dadurch dann und wann einige Unordnung entstunde. (3) Weil die Pestin-Maenner oeffters einige Coerper der gemeinen Leuthen / fahls die Zahl der Todten gar zu groß gewesen / und nicht alle in derselben Nacht haben koennen zur Beerdigung gebracht werden / auf die folgende und wohl gar dritte Nacht liegen lassen / bey solcher Beschaffenheit / wie leicht zuerachten / ist ein und anderer von denen Verstorbenen doppelt angesaget / und sub diverso nomine bald so / bald anders / aufgeschrieben worden. (4) Habe nach der Zeit wahr genohmen / das einige in die Lista der Verstorbenen gesetztet worden / welche noch diese Stund das Leben haben. Andere

---

[434] Vgl. Anhang zu: C. EIBELHUBER: Umständliche Nachricht, S. (2).
[435] Vgl. J. C. G. SCHÄFFER: Ortsbeschreibung, S. 32-33.
[436] In einem Anhang zu Alkofers Pestbericht findet sich ein mit der laufenden Nummer 18. versehenes „Verzeichnus / Was in waehrender Contagion 1713. sowol Evangelischer als Catholischer Seiten gestorben / und nach Weyh St. Peter / St. Lazarus und im Lazareth begraben worden." (Anhang zu: E. S. ALKOFER: Regenspurgisches Pest- und Buß-Denckmahl, I, S. 144.) Hier werden die Sterbezahlen für den Zeitraum von 3. Juli bis Dezember 1713 angegeben. Die Gesamtzahl von 7.843 Toten gliedert sich wie folgt auf: Während in der Stadt 2.116 evangelische und 2.564 katholische Einwohner starben, erlagen der Seuche im Lazarett 684 Protestanten und 2.479 Katholiken. Diese Zahlen weichen nur minimal von der im Zusammenhang mit Eibelhubers Bericht genannten Zahlen ab und bestärken damit deren Richtigkeit.

aber im Gegentheil wohl gar uebersehen worden. Anderer Ursachen zu geschweigen."[437]

Alkofer tendiert demnach eher dazu, die hohe Anzahl von 6.000 Toten nach unten zu korrigieren, da möglicherweise zu viele Tote registriert worden waren.

Wie die Bevölkerung auf den durch die Seuche verursachten demographischen Einbruch reagierte, veranschaulichen die Heirats- und Geburtenzahlen, die sich den Neujahrszetteln entnehmen lassen. Nach dem Pestgang schnellte vor allem die Zahl der Heiratswilligen in die Höhe. Waren in den Jahren 1700 bis 1712 unter den Regensburger Protestanten im Durchschnitt 75 Paare getraut worden, heirateten im Jahr 1714 193 Paare. Alkofer berichtet, *„daß in mancher Woche 8 / 9 / 10 bis 13. Paar sind durch Priesterliche Hand in hiesiger Evangelischer Gemeine copuliret und eingesegnet worden"*[438]. Bei den Bräutigamen überstieg die Zahl der Witwer mit einhundert sogar die der ‚jungen Gesellen', von denen dreiundneunzig heirateten. Ähnlich verhielt es sich mit der Geburtenrate. Während in den Jahren 1700 bis 1712 die durchschnittliche Geburtenrate bei etwa 230 Kindern lag, sank sie im Jahr 1714 mit 162 Geburten deutlich, schnellte aber nach dem Ende der Pestwelle bereits im Jahr 1715 mit 283 Geburten sprunghaft in die Höhe.[439] Dies zeigt nicht nur, dass Heirat einen stark funktionalen Charakter hatte, da Versorgung und Zusammenlegung von Gütern eine wichtige Rolle spielte, sondern auch, wie sehr die Menschen sich nach einem Pestgang nach Normalität sehnten und wie stark ihr Bemühen war, sich einen neuen Alltag zu schaffen. Wie viele Quellen berichten, war die Regensburger Pestepidemie von 1713 ein für die Stadtbewohner durchaus traumatisierendes Ereignis.

Doch nicht nur das Bestattungswesen spielte sich in Pestzeiten völlig anders als im normalen Alltag ab, sondern auch das religiöse Leben reduzierte sich auf diejenigen Glaubensübungen, die jeder Einzelne für sich allein praktizieren konnte. Die gemeinsamen Gottesdienste wurden aus Gründen der Seuchenprävention ab Mitte Oktober 1713 vorübergehend eingestellt.[440] Der dementsprechende obrigkeitliche Befehl wurde von allen evangelischen Kanzeln als *Christliche Erinnerung / An die Evangelische Gemeine in Regensburg / wegen nothwendiger Einschraenckung des bißherigen oeffentlichen Gottesdienstes* verlesen.[441]

---

[437] E. S. ALKOFER: Regenspurgisches Pest- und Buß-Denckmahl, I, S. 186-187.
[438] Ebd., II, S. 48.
[439] Vgl. Neujahrszettel von 1700-1715.
[440] Vgl. E. S. ALKOFER: Regenspurgisches Pest- und Buß-Denckmahl, I, S. 168.
[441] Der Text findet sich im Anhang zu Alkofers Pestbericht abgedruckt. Darin heißt es: *„Ja wie solte jetzo unsern Krancken und Sterbenden gerathen seyn / wenn sie nicht wuesten / daß der aeusserliche Gottesdienst in den Versammlungen der Heiligen zwar gut / und von GOtt geordnet / der innerliche aber / so man des andern durch GOttes Verhaengnueß entbehren muß / weit besser sey / jener auch ohne diesen nicht einmal bestehen / noch GOtt gefallen kan. Das Seufftzen und Bethen betruebter und frommer Hertzen auf ihren Krancken-Lager ist ihm ein weit angenehmers Opffer / als was ihm bey guten Tagen offt aus Gewohnheit des Festes geliefert wird. [...] Wenn wir aus dringenden Ursachen zu GOtt nicht kommen koennen / so will er selbst zu uns kommen und Wohnung bey uns machen [...]."*(Christliche Erinnerung, in: Anhang zu: Ebd., S. 220-221).

Indem man die Präventionsmaßnahme mit dem Hinweis auf den Willen Gottes begründete, bediente die Obrigkeit sich einer religiösen Argumentation, um diese den Menschen ‚schmackhaft' zu machen. Das Verbot beziehungsweise die Einschränkung des öffentlichen Gottesdienstes stellte einen tiefen Eingriff in die religiösen Gefühle der Menschen dar. Gerade in Notzeiten wuchs das Bedürfnis der Menschen nach Religionsausübung, weshalb dieses Verbot wohl als besonders unliebsames Mittel der Herrschaftsausübung angesehen werden musste. Da die Mehrheit der Stadtbewohner die nach den medizinischen Erkenntnissen der damaligen Zeit notwendige Maßnahme des Verbots öffentlicher Versammlungen aus mangelndem Wissen nicht akzeptierte, musste der Magistrat sich Argumentationsmuster bedienen, die von der Allgemeinheit nachvollzogen werden konnten. So rechtfertigte er sich mit Hinweis auf seine Verantwortung für das Allgemeinwohl.

„[...] Welches auch diejenigen / so vor der Stadt Bestes zu sorgen / an GOttes statt verordnet sind / durch die jetzige stets anwachsende Seuchen bewogen hat / den oeffentlichen Gottesdienst auf eine Zeit lang / die GOtt seiner Macht und Erbarmung vorbehalten hat / moeglichst einzuschraencken / und nur allein Sonntags frueh um 9. Uhr in allen dreyen Evangelischen Kirchen eine Buß-Predigt / nach Erforderung dieser betruebten Zeiten anzuordnen / an welchen Tag des HErrn / auch wie bißhero gewoehnlich / das H. Abendmahl denen bußfertigen Communicanten zu ihrem Heyl und Seeligkeit soll gereicht / Dienstags aber in allen Kirchen eine kurtze auf diese Jammervolle Zeiten eingerichtete Bethstunde um 2. Uhr Nachmittags gehalten werden." [442]

Das Abendmahl stellte insofern ein Problem dar, weil die Geistlichen sich vor Ansteckung fürchteten, wenn sie einem Kranken die Hostie darreichen sollten. Man behalf sich deshalb mit einem langen Löffel, um größtmöglichen Abstand zu wahren.[443] Eine weitere Argumentation für die Beschränkung des Gottesdienstes war der Verweis auf die Praxis in anderen „wollbestelltesten Republiquen"[444], wo dasselbe Problem auch auf diese Weise gehandhabt wurde und öffentliche Versammlungen aufgehoben wurden. Außerdem wurde die Schuld am Ausbruch der Seuche „einigen unbaendigen Leuthen / in unserm Volck / die weder ihre eigene noch anderer Mitglieder augenscheinliche Gefahr bedencken wollen"[445] zugeschoben. Deshalb wiederholte man an dieser Stelle noch einmal die bereits im Ratsdekret vom 4. September 1713 eingehend erörterte Notwendigkeit, nach dem Kontakt mit Pestkranken oder nach ausgestandener Krankheit alle öffentlichen Versammlungen zu meiden. Die Argumentationsstränge der Sorge um das

---

[442] Christliche Erinnerung, in: Anhang zu: E. S. ALKOFER: Regenspurgisches Pest- und Buß-Denckmahl, I, S. 222.
[443] Vgl. K. BAUER: Regensburg, S. 791.
[444] Christliche Erinnerung, in: Anhang zu: E. S. ALKOFER: Regenspurgisches Pest- und Buß-Denckmahl, I, S. 222.
[445] Ebd., S. 222-223.

Gemeinwohl und der Befolgung des göttlichen Willens mündeten in die Feststellung der Gottgegebenheit des Rates.

„Wieviel aber haben damit ihr Gewissen verletzet / und gewißlich des Goettlichen Urtheils sich schuldig gemacht? Wer sich (in solchen heilsamen und auf der gantzen Stadt Wolfahrt abzielenden Verordnungen) wider die Obrigkeit setzet / der widerstrebet GOttes Ordnung / die aber widerstreben / werden ueber sich ein Urtheil empfahen." [446]

Denen, die sich diesen Anordnungen widersetzten, wurde der rechte christliche Glaube aberkannt.

„Wir muessen mit Betruebnueß unsers Hertzens bekennen / daß wuercklich inficirte Personen in die Kirche / ja so gar zum H. Abendmahl gegangen / oder sich doch zum wenigsten schon uebel befunden / und andere die auf ihren Todt-Bette darueber geseufftzet haben / unverantwortlicher Weise angestecket. Andere hingegen / die mit den grassirenden Seuchen behaffteten Personen umgegangen / sind ja ohne alle Scheu / zu jedermanns Greuel / in die oeffentliche Versammlungen kommen / denen doch das Obrigkeitliche Decret das indifferente Außgehen nicht einmal erlaubet hat. Gewiß eine mehr als heydnische Boßheit / deren man sich zu rechtschaffenen Christen nimmermehr versehen solte." [447]

Zur Untermauerung des Abscheus vor solchen Leuten wird sogar auf Luther Bezug genommen, der diejenigen, welche mutwillig andere gefährden würden, sogar mit *„Meuchel-Moerder[n] und Boesewichter[n]"* [448] gleichsetzte, die dem Henker vorgeführt werden sollten.

Damit instrumentalisierte man geschickt die religiöse Vorstellung schweren Sündigens und weckte die Schuldgefühle derer, die es für unumgänglich hielten, ihre Quarantäne vorzeitig abzubrechen, um beispielsweise ihrem Broterwerb wieder nachgehen zu können. Sie sollten der sozialen Ächtung anheim fallen. Der Rat hatte hier ein weiteres Register gezogen, um die Befolgung seiner Anordnungen zu erwirken, indem er sich den Einfluss des Glaubens auf die Verhaltensweisen der Menschen zu Nutze machte. Die *Christliche Erinnerung* betonte immer wieder den tatkräftigen Einsatz des Magistrats für das öffentliche Wohl. Außerdem wurden die Dienste der Beichtväter angeboten, allerdings sollte ein Pestkranker wohl abwägen, ob er wirklich seelischen Beistandes bedürfe oder ob er nur seinen Beichtvater leichtsinnig in Gefahr bringe. Den Geistlichen selbst wurde geraten, der Bitte eines Pestkranken nach Abnahme der Beichte nicht so bereitwillig zu folgen, dass er *„fast vor einem Moerder seiner selbst"* [449] gehalten werden könne, jedoch sich auch nicht gänzlich seiner Verantwortung entziehe.

---

[446] Christliche Erinnerung, in: Anhang zu: E. S. ALKOFER: Regenspurgisches Pest- und Buß-Denckmahl, I, S. 223.
[447] Ebd., S. 223-224.
[448] Ebd., S. 223.
[449] Ebd., S. 228-229.

Am 24. Dezember 1713 beraumte der Magistrat „*ein besonderes Beth- und Danck-Fest [...] / um GOtt dem Allmaechtigen das schuldige Danck-Opffer / nach gnaedigst geminderten Seuchen / in allen 3. Haupt- Kirchen zubringen / und Ihn zubitten / daß er uns mit Noah bald aus dem Kasten unsers voelligen Elendes und bißherigen Einsperrung gehen / und mithin einige Hoffnung besserer Zeiten erleben lassen wolle [...]*"[450]

Von diesem Zeitpunkt an wurde der übliche Gottesdienst, der täglich stattfand, restituiert. Der Schwerpunkt der Predigten lag nun auf der Ermahnung zu einem gottgefälligen Leben und „*zu besserer Außuebung des wahren Christentums*"[451], um Gott zu besänftigen.

Wie aus der *Christlichen Erinnerung* zu ersehen ist, wurden die Kirchenleute in Pestzeiten von der Obrigkeit zur Mithilfe verpflichtet, die als oberster Kirchenherr das Sagen hatte. Kirchenmänner verlasen Verordnungen des Rates von der Kanzel, und der Rat nutzte die Wirkung der „*Sündentheorie*"[452], um die Bevölkerung zu einem christlichen Lebenswandel zu mahnen und damit das „*indifferente Außgehen*"[453] zu unterbinden. Man verordnete das tägliche Hausgebet, um Buße für die Sünden zu tun.[454]

Diese Mahnungen implizieren, dass innere Umkehr und Besinnung auf die häusliche Andacht dringend notwendig waren. Auf diese Weise versuchte die Obrigkeit, die Menschen ruhig zu stellen, denn solange sie sich zu Hause aufhielten, unterstanden sie der Kontrolle der Stadtverwaltung. Mit Hilfe der Kirche gelang es, Unordnung und regelloses Verhalten zu unterbinden und folglich die Überschaubarkeit über die pestinfizierte Stadt zu optimieren. Damit wurde der Glaube als „*Stabilisierungsfaktor*"[455] instrumentalisiert und diente dadurch der Sozialdisziplinierung. Im Zusammenhang mit dem Pestphänomen wurden auch Säkularisierungs- und Rationalisierungstendenzen sichtbar. Beispiele dafür sind die angeführten Beschränkungen von religiösen Zeremonien bei den Bestattungen oder beim Gottesdienst. Obwohl auch die weltliche Obrigkeit die Mitwirkung Gottes bei der Entstehung und Überwindung der Pest betonte, war es ihr wichtiger, religiöse

---

[450] E. S. ALKOFER: Regenspurgisches Pest- und Buß-Denckmahl, I, S. 182.

[451] Ebd., S. 184.

[452] C. PORZELT: Die Pest in Nürnberg, S. 167.

[453] Christliche Erinnerung, in: Anhang zu: E. S. ALKOFER: Regenspurgisches Pest- und Buß-Denckmahl, I, S. 223-224.

[454] „*Weil nun um unsrer ueber grossen Suenden und manigfaltigen Boßheit willen / die Plage vom HErrn außgegangen / daß fast keine Rettung helffen will; Ach so last uns insgesamt in so hertzlicher Busse bey unsern taeglichen Haus-Betstunden Fuß-faellig seufftzen: HErr schone deines Volcks / und laß dein Erbtheil nicht zu schanden werden: Erzeige uns Gnade durch den Gnaden-Thron! vergib uns unsre Suende / und tue uns wol / so wollen wir opffern / die Farren unsrer Lippen! Heile uns HErr / so werden wir heil / hilff uns / GOtt unsers Heils / so ist uns an Leib und Seele / hier zeitlich und dort ewiglich / geholffen! Deine Guete HErr sei ueber uns / wie wir auf dich hoffen / Amen.*" (Ebd., S. 229). Die Metapher des heilenden Gottes, die hier angedeutet wird, taucht noch ein weiteres Mal umso deutlicher in einer vom Magistrat bei den Pestmedici in Auftrag gegebenen Druckschrift auf, wo die Bevölkerung angehalten wird, die heilende Wirkung der Arzneien „*durch andaechtiges Gebeth von dem himmlischen Artzt / ohnablaeßlich erbitten helffen.*" (Zuverlaeßiger Unterricht, in: Anhang zu: Ebd., I, S. 218).

[455] C. PORZELT: Die Pest in Nürnberg, S. 169.

Zeremonien zu beschränken, da sie dies als eine im Sinne der Seuchenprävention notwendige Maßnahme ansah. Hier wurden rationale Überlegungen den kirchlichen Interessen und auch den religiösen und spirituellen Bedürfnissen der Menschen vorangestellt. Die Seuchenpolitik löste sich im Laufe der Frühen Neuzeit aus der kirchlich-religiösen Sphäre heraus.[456]

2.2.4 Reinigung infizierter Häuser

Ein wichtiges Anliegen der obrigkeitlichen Seuchenprävention war die Reinigung der pestinfizierten Häuser. Dabei handelte es sich um diejenigen Häuser, deren Bewohner gestorben waren, krank im Lazarett lagen oder in denen sich auch nur ein Pestkranker aufgehalten hatte. Leerstehende Häuser wurden auf Anordnung der Obrigkeit versperrt, um zu verhindern, dass der Erreger von dort nach draußen getragen wurde, aber auch, um Plünderungen zu vermeiden. Bereits in einem Dekret vom 12. Dezember 1713 verurteilte der Magistrat aufs Schärfste die Diebstähle, die in den leerstehenden Häusern verübt wurden. Dabei schlug man zunächst einen moralisierend-verurteilenden Unterton an, indem man sowohl an die Pestwaisen erinnerte, denen durch den Raub auch noch die materiellen Güter genommen wurden, als auch davor warnte, den göttlichen Zorn dadurch aufs Neue und möglicherweise noch stärker herauszufordern. Außerdem gab der Rat zu bedenken, wie verwerflich der Diebstahl unter dem Aspekt der Verbreitung der in den infizierten Gegenständen befindlichen Ansteckungsstoffe sei. Indem der Diebstahl als *„wider GOttes Heilige Geboth lauffende[...] schwere[...] Suende"*[457] bezeichnet und streng verboten wurde, wurde die Bevölkerung darauf aufmerksam gemacht, dass die Obrigkeit gegen die Missachtung mit empfindlichen Strafen einschreiten werde. Wer sich doch des Diebstahls schuldig machte, erhielt die Chance, diesen im Ablauf von 14 Tagen anzuzeigen und das Diebesgut zurückzuerstatten. Andernfalls sollten die Diebe durch Strang oder Schwert hingerichtet werden, *„andern zum Beyspiel und Exempel"*[458]. Wer Zeuge eines solchen Diebstahls geworden oder an das Diebesgut gelangt sei, wurde verpflichtet, den Täter bei der Obrigkeit anzuzeigen. Dafür sollte er „eine nach befundenen Diebstahl proportionirte Belohnung" erhalten. Wer dagegen das Diebesgut verstecke, sollte bestraft werden, auch wenn er es nicht selbst gestohlen hatte, wobei besonders schwer das Verstecken von infizierter Bettwäsche geahndet würde.[459]

Im Jahr 1714, nachdem die Seuche im Abklingen begriffen war, wurde von einem Stadtarzt namens Göritz, der, wie ihm Alkofer bescheinigt, *„ein Loebl. Mit-Glied des Loebl. Collegii Sanitatis"*[460] war, eine Druckschrift mit dem Titel

---

[456] C. PORZELT: Die Pest in Nürnberg, S. 166.
[457] Ratsdekret vom 12. Dezember 1713, in: J. F. KEYSER: Sammlung, Nr. CLXXXIX., S. 494.
[458] Ebd., S. 496.
[459] Vgl. ebd., S. 494-496.
[460] E. S. ALKOFER: Regenspurgisches Pest- und Buß-Denckmahl, II, S. 11.

Regenspurgischer Unterricht Auf was Art in hiesiger Stadt die inficirte Haeuser und darinn sich befindende Mobilien zu reinigen Damit sie kuenfftig Zum Sichern Gebrauch Dienen moegen herausgegeben. Im ersten Kapitel der Schrift versuchte man die Notwendigkeit dieser Maßnahme und das beste Vorgehen bei der Reinigung zu erläutern. Die Schrift wurde mit einer Standpauke in Richtung derjenigen eingeleitet, die pestinfizierte Kleider und Wäsche horteten oder stahlen und sich damit über die Gefährlichkeit der Seuche hinwegsetzten.[461]

Gegen solches Verhalten wandte sich der Magistrat mit Entschiedenheit, da es eine Gefahr für die Öffentlichkeit darstellte. Man widersprach dezidiert der Vorstellung, Kleidung und Betten von Pestopfern würden sich nach einiger Zeit von selbst ‚entgiftet' haben, wenn man sie nur lange genug wegsperre beziehungsweise auslüfte.[462] Da die Pest ein *„subtiles Gifft"*[463] sei, könne sie dadurch aufs Neue ausbrechen, *„ja wohl gar eine gantze Stadt aufs neue angesteckt werden / zur grossen Verantwortung deßjenigen / welcher durch seine allzukluge Haußhaltung solch Unglück in die Stadt gebracht"*[464]. Denn der Pesterreger verstecke sich eben auch in Gegenständen, die nach außen hin rein zu sein schienen. Diese auch nach heutigen wissenschaftlichen Erkenntnissen richtigen Beobachtungen stammten anscheinend aus früheren Pestepidemien. Man hatte festgestellt, dass die schon überwunden geglaubte Seuche abermals ausbrechen konnte, wenn man die infizierten Gegenstände nicht gereinigt hatte. Tatsächlich war ein Flohbiss nicht der einzige Grund für das Ausbrechen der Krankheit, denn auch Hunde, Katzen, Hühner oder Schweine konnten Überträger sein. Der Pesterreger *Yersinia pestis* ist sehr unempfindlich und kann auch außerhalb von Wirtstieren zum Beispiel im Erdreich, Brunnenwasser, Sputum, Kot oder auf bestimmten Lebensmitteln bis zu einigen Jahren existieren und virulent bleiben. Die moderne Forschung hält die Infektion auf diesem Weg für gering, da die Zahl der Erreger in solchen Nährmedien meist relativ klein ist. Dennoch erkannte man ansatzweise bereits in der Frühen Neuzeit, dass man die Pesterreger durch starke Hitze, Trockenheit, starke Lichteinstrahlung oder Säure vernichten konnte.[465] Dazu heißt es im ‚Regenspurgischen Unterricht': *„Freye Lufft und Kaelte vermoegen zwar viel in der Pest / allein sie sind doch zu wenig das Pest-Gifft zu toedten / wo es sich tieff eingesetzet und sein rechtes Nest gefunden hat."*[466] Das Auslüften von infizierten

---

[461] *„Manche Wachhaelße dencken / ich scheue die Pest nicht / darum wird sie mir auch nicht schaden / raumen alles zusammen / was sie bekommen können / und wollen in der Pest reich werden; Allein ich hab gesehen / daß die Pest nach ihren frischen Gemueth nichts gefragt / sondern hat sie gleich andern mit fortgenommen. Man lasse sich also von solchen verwegenen Leuthen nicht bereden / die inficirte Sachen zu verschleppen / die Obrigkeit zu hintergehen / und zu glauben / wenn man sich nicht davor scheue / so bringe es keinen Schaden. Nein / die Zeit lehrts viel anders / und hat mancher das Leben bey dieser Pest verlohren / der vor der Zeit erben wollen."* (Regenspurgischer Unterricht, fol. 2.)
[462] Vgl. ebd.
[463] Ebd.
[464] Ebd.
[465] Vgl. C. PORZELT: Die Pest in Nürnberg, S. 24 und M. VASOLD: Pest, Not und schwere Plagen, S. 72.
[466] Regenspurgischer Unterricht, fol. 2.

Gegenständen und das Lüften der Wohnräume bei Sonnenschein und trockener Luft wurde immer wieder in verschiedenen Pestschriften empfohlen.[467]

Um die infizierten Häuser nach dem Ende des Pestganges sorgfältig zu reinigen, *„so sind mit Consens einer hiesigen hohen Obrigkeit von dero verordnetem Collegio Sanitatis Mauerer und Reiniger in 3. Partheyen angestellt / diese Arbeit vorzunehmen [...]"*[468]. Das Kollegium sah seine vordringliche Aufgabe darin, die Arbeit dieser Leute zu überwachen und auf Beschwerden zu reagieren.[469]

Das für die relativ verantwortungsvolle Aufgabe der ‚Mobilienreinigung' angestellte Personal wurde sorgfältig ausgewählt und vom ‚Außrichter' eingewiesen und mit dem *„noethigen Rauchwerck"*[470] versehen. Diejenigen, welche sich für diese Arbeit bewarben, sollten *„gesunde / starcke / getreue / fleissige und gewissenhaffte Leuthe [sein] die ungezwungen / aus freyen Gemueth / vor billige Bezalung dergleichen Arbeit uebernehmen wollen"*[471].

Die Druckschrift sollte das Reinigungspersonal über ihre Pflichten aufklären. Sie sollte ihnen, wie es im zweiten Kapitel heißt, sowohl bei ihrer Aufnahme in den Dienst des *Collegium Sanitatis* vorgelesen, als auch in Form eines eigenen Exemplars an die Hand gegeben werden. Wer selbst nicht lesen konnte, sollte es sich vorlesen lassen. In der Druckschrift wurde das Personal angewiesen, weder ohne ausdrücklichen Befehl der Obrigkeit ein Haus zu reinigen, noch aus den zu reinigenden Häusern etwas zu entwenden und als Diebesgut zu verkaufen. Dies wurde unter *„Geld- und Leibes-Straff"*[472] gesetzt. Die Bezahlung sollte beim *Collegio Sanitatis,* nicht aber bei den Hausbesitzern eingefordert werden. Die Reinigungskräfte sollten öffentliche Orte bis zum Abschluss ihrer Arbeiten meiden und nicht *„in die Kirche / oder aufs Rath-Hauß in die Wein / Bier und Meth-Haeuser"*[473] gehen. Man stellte eine Unterkunft zur Verfügung, in der das Reinigungspersonal bis zum Abschluss der Arbeit wohnen sollte. Im Falle, dass die Hausbewohner gesund waren, wurde ihnen erlaubt, ihr Haus selbst zu reinigen, vorausgesetzt, sie erhielten die Bewilligung des Kollegiums, das eine anschließende Besichtigung übernahm.[474]

Diese Separation musste die Mitarbeiter dieses Reinigungsdienstes zu ‚Außenseitern' werden lassen. Man sonderte sie von der übrigen Gesellschaft ab, für die sie eine Gefahr darstellten, da sie mit infizierten Gegenständen in Berührung gekommen waren. Deshalb ist anzunehmen, dass diese Aufgabe nicht besonders begehrt war und wahrscheinlich von Angehörigen der Unterschichten ausgeführt wurde. Die Aussonderung wurde noch verstärkt, indem man den Reinigungskräften

---

[467] Vgl. Zuverlaessiger Unterricht, in: Anhang zu E. S. ALKOFER: Regenspurgisches Pest- und Buß-Denckmahl, I, S. 203.
[468] Regenspurgischer Unterricht, fol. 3.
[469] Vgl. ebd.
[470] Ebd.
[471] Ebd.
[472] Ebd.
[473] Ebd., fol. 4.
[474] Vgl. ebd., fol. 3-5.

eine bestimmte ‚Arbeitskleidung' vorschrieb, anhand derer ihre Profession für Andere erkennbar gemacht werden sollte.

„Damit sie auch vor andern Leuthen erkannt werden / und ihnen die forchtsahmen auf der Strassen außweichen koennen / sollen sie zum Kennzeichen auf ihren Hueten eine Masche weiß und gruene Baender tragen / die Weiber aber dergleichen in die Haar einflechten. [...] Zu ihrer eigenen bessern Sicherheit sollen diese Reiniger ein Oberkleid tragen von schwartzer Leinwand / welches sie alle Abend mit dem vermischten Schwefel-Rauch starck durchraeuchern sollen / und ueber Nacht in die freye Lufft hangen."[475]

Schon beim Eintreten in die infizierten Häuser sollten die Reinigungskräfte bestimmte Sicherheitsbestimmungen beachten.

„Bey der Eroeffnung deß inficirten Hauses sollen sie sich Nasen und Mund mit einem Schnup-Tuch verbinden / ein Kohl-Feuer in der Hand tragen / und starcken Rauch machen / das gantze Hauß durchsehen / ob die Betten / Tücher / Polster / Stroh und Stroh-Saeck / darauf ein inficirter gestorben / ingleichen altes Geriffwerck / Lumpen und was nicht viel werth / weg gebracht seyen / nicht weniger die Kleider /so jemand wehrender Kranckheit angehabt / der s. v. Nachtstuhl / der gebraucht worden und dergleichen; wo sich nun etwas finden sollte / koennen sie alsobald dem Außrichter davon Nachricht geben / damit es weggeschafft werde."[476]

Der Reinigung des Hauses sollte zunächst eine Ausräucherung mit Hobelspänen, Wacholder und Schwefel vorangehen, während derer Türen und Fenster geschlossen werden sollten. Diese Prozedur sollte an drei aufeinanderfolgenden Tagen je zweimal wiederholt werden. Daraufhin sollte gelüftet und mit den Reinigungsarbeiten begonnen werden. Dabei trug die Obrigkeit auch Sorge um die Konstitution der Reinigungskräfte, die *„nicht nichtern an die Arbeit gehen [sollten]/ sondern vorher eine warme Suppe / oder Brod in Wacholder Brandwein eingedunckt genüssen / nicht aber sich in Brandwein vollsauffen / wie etliche bißher gethan. [...] Bey der Arbeit selbst / koennen sie Tobac rauchen."*[477] Auch hier schwang ein moralisierend-erzieherischer Unterton mit.

Im Hinblick auf den Hygieneaspekt ist es interessant, dass das ‚heimliche Gemach' als wichtigster Infektionsherd genannt wird. Dieses sollte als erstes inspiziert und dabei erfragt werden, ob *„Unsauberkeiten von inficirten Personen hinein geschüttet worden"*[478] waren. Diese seien mit einem *„guten Theil lebendigen Kalch"*[479] zu bedecken.

---

[475] Regenspurgischer Unterricht, fol. 4.
[476] Ebd.
[477] Ebd.
[478] Ebd.
[479] Ebd.

Nachdem die Reinigungsarbeiten abgeschlossen waren, sollte das Personal sich selbst säubern, wobei man auf die reinigende Wirkung von Feuer und Wasser vertraute.

„Nach voellig geendeter Reinigung / wenn man ihrer Dienste nicht mehr wird noethig haben / sollen sie ihre Kleidung / welche bey dem reinigen getragen worden / auser der Stadt verbrennen / den Leib abwaschen / andere reine Kleider anziehen / und darauf die Quarantaine machen: Worauf sie dann vom Collegio Sanitatis ihrer Dienste sollen entlassen werden / und die Erlaubnuß bekommen / frey wiederum unter die Leuthe zu gehen."[480]

Mit dieser Selbstreinigung und nach einer anschließenden Quarantäne endete der ‚Aussätzigenstatus' des Reinigungspersonals.

Im dritten Kapitel der Druckschrift wurden Anweisungen zu den konkreten Reinigungsarbeiten gegeben. Sollten in dem betreffenden Haus Gesunde wohnen, wurde geraten, dass diese am Tag vor Beginn der Reinigungsarbeiten auszogen *„und etliche Wochen sich anderwerts aufhielten / so haetten sie bey Eroeffnung der krancken Zimmer / und Ruehrung der Mobilien keine Gefahr zu foerchten."*[481] Der Auszug war aber nicht notwendig, wenn in einem Teil des Hauses sich kein Kranker aufgehalten hatte. Die Bewohner konnten sich dann in eines dieser – vermeintlich reinen – Zimmer zurückziehen, während in den anderen Räumen die Reinigung vonstatten ging.[482]

Besonders das Mauerwerk eines Hauses wurde verdächtigt, den Erreger in sich zu tragen, weshalb dessen Reinigung äußerst gründlich bewerkstelligt werden sollte. Dabei wurden aufwändige Vorsichtsmaßnahmen getroffen. Holztäfelungen sollten bestenfalls ganz herausgerissen und verbrannt werden, wäre die Täfelung jedoch *„noch neu / kostbar / oder koendte um anderer Ursachen willen nicht außgebrochen werden / so muß es mit scharffer heisser Lauge aufs beste abgewaschen / und nach der voelligen Reinigung deß Hauses aufs neue mit Oel ueberstrichen werden."*[483]

Maurer sollten von den verputzten Mauern *„die alte Weisse [abkratzen] / alle Ritz und Loecher der Waende genau [...] verwerffen / und dreymal [...] ueberweissen / doch jedesmal vorhero recht trocken werden lassen"*[484]. Diese Maßnahmen kamen einer vollständigen Sanierung mancher Häuser gleich, was die Stadt finanziell stark belastet haben muss.

Besonderes Augenmerk sollte dabei denjenigen Häusern gelten, die völlig ausgestorben und lange versperrt waren, denn hier sollte *„von oben biß unten außgeweist und außgefegt werden"*[485]. Andere Räume, in denen sich kein Pestkranker aufgehalten hatte, brauchten lediglich gereinigt werden. Danach

---

[480] Regenspurgischer Unterricht, fol. 5.
[481] Ebd.
[482] Vgl. ebd.
[483] Ebd.
[484] Ebd.
[485] Ebd., fol. 6.

konnten die Feinarbeiten beginnen, nun *„sollen die Weiber den Stuben-Boden / die Decken / Fenster / Stuehle / Treppen und was von Holtz vorhanden / fleissig fegen und butzen mit heisser Lauge oder Wasser / solches aber nicht auf die Gassen herauß giessen / sondern in die verdeckte Schwindgruben."*[486]

Diese Anordnung zeigt, wie genau man es mit der Reinigung der infizierten Häuser nahm und wie sehr man auch auf Details wie die Entsorgung des möglicherweise infizierten Putzwassers achtete.

Im vierten Kapitel der Druckschrift behandelte Göritz im allgemeinen die Reinigung der sich in den Häusern befindlichen Mobilien und im speziellen die Frage, *„ob dann alle Betten die in der Pest gebraucht worden / muessen verbrand werden / oder ob nicht ein Mittel sey / solche genugsam zu reinigen und zu conserviren? Dann bißweilen werden in solcher confusen Zeit / die Bette untereinander geworffen / daß eins das andere anstecket / und solcher gestallten behielte mancher keine Feder im Hauß."* [487] Göritz riet, diejenigen Betten, auf denen ein Pestkranker lange gelegen hatte oder sogar darauf gestorben sei, verbrennen zu lassen, *„denn das Feuer vermag das Pest-Gifft am besten zu destruiren / wie die Griechischen Historien bezeugen."*[488] Besonders vonnöten sei diese Maßnahme, wenn der Pestkranke an Durchfall oder starken Schweißausbrüchen gelitten habe oder falls es sich um eine infizierte Kindbetterin gehandelt habe.[489]

Andere Betten stufte er als weniger gefährlich und damit als reinigungsfähig ein, *„so etwa nur unter inficirte aus Nachlaessigkeit geworffen worden / oder darauf einer nicht lang krank gelegen / darinn er nicht verschieden / und welches noch neu kostbar und sauber ist / so spahre man doch keinen Fleiß im reinigen / und traue denen Federn nicht / denn sie halten das empfangene Gifft fest bey sich.*[490]

Mit der Erlaubnis, Ausnahmen bei kostbaren Gegenständen wie teuren Holzvertäfelungen oder Betten zu machen, kam man wohl den Begüterten entgegen, die sonst durch die Pest wichtige Wertgegenstände eingebüßt hätten. Bei den Ärmeren fielen diese Bedenken dagegen weg, außerdem hatte man diese sowieso als potentielle Distributoren der Krankheit in Verdacht. Mit den zu reinigenden Betten ging man folgendermaßen vor:

„Man lasse die Ziechen und Leylacher aus scharffer Lauge waschen / in freyer Lufft trocknen und wohl durchraeuchern. Die Federn aber muesten aus heissem Wasser gewaschen / auf grosse Tafeln / oder auch auf die Erde in Sonnenreiche Ort außgebreitet / oder auch wohl durch eingeheizte Zimmer getrocknet / offt aufgelockt und scharff mit dem vermischtem Schwefel-Rauch durchraeuchert werden."[491]

---

[486] Regenspurgischer Unterricht, fol. 6.
[487] Ebd.
[488] Ebd.
[489] Vgl. ebd.
[490] Ebd.
[491] Ebd.

Der Einsatz von Schwefel galt als Errungenschaft und wurde seit dem 17. Jahrhundert bei der Desinfektion von pestinfizierten Gegenständen angewandt. Da Schwefel und Essig zum Konservieren von Lebensmitteln benutzt werden konnten, schrieb man ihnen eine fäulnisverhütende und somit desinfizierende Wirkung zu.[492] Das Desinfizieren mit ‚scharfen' Substanzen wie Lauge, Essig, Salzwasser oder Schwefel wurde als die effektivste Reinigungsmethode angesehen, da man hoffte, der stechende Geruch erziele eine Gegenwirkung zum Fäulnisgestank der Pest. Deshalb sollten möglichst alle Gegenstände des Hauses mit solch ‚aggressiven' Stoffen gesäubert werden. So sollten Gold, Silber, Kupfer, Messing, Zinn und Eisen in einem Essigbad gereinigt und anschließend mit Wasser gespült werden. Aus Holz gefertigte Gegenstände sollten mit heißer Lauge oder Wasser abgewaschen oder, wenn sie zu empfindlich waren, *„nur abgeblasen / trocken abgewischt / geraeuchert und an die freye Lufft gestellt werden"*[493]. Leinen sollte zum Waschen mit *„scharffer heisser Lauge"*[494] sogar aus der Stadt gebracht, anschließend luftgetrocknet und mehrmals geräuchert werden. Wer seine Sachen selbst waschen wollte, sollte darauf achten, das Waschwasser nicht auf die Strasse zu gießen. Empfindliche Stoffe wie Tuch und Seide, aber auch *„Peruquen, Kleider / Leder / Decken / Tapeten / Fürhaenge und anders / so kein waschen leydet / muß in freye Lufft aufgehangen / offt umgekehrt / außgeklopft / und mit unsern Pest-Rauch durchraeuchert werden"*[495]. Flachs, Hanf und Garn sollte ausgewaschen, luftgetrocknet und geräuchert werden, während Bücher *„scharff außzustauben / durch zu raeuchern und an einem reinen / lufftigen und trocknen Ort aufzubehalten"*[496] waren. Bei der Reinigung von Gemälden wurde zwischen solchen mit Öl- und solchen mit Wasserfarben unterschieden. Während erstere mit Salzwasser abgewaschen werden sollten, konnten letztere nur trocken abgewischt und ausgelüftet werden. Bei Pelzen riet der Autor, sich nicht darauf zu verlassen, diese durch Vergraben zu entgiften, sondern bei einem Kürschner erneut beizen zu lassen, was zwar kostspielig, aber auch sicherer sei.[497]

Für die Versorgung mit Nahrungsmitteln waren nicht nur die Vorräte, sondern auch die Nutztiere maßgeblich. Als besonders infektiös galten diejenigen Tiere, *„was zur Außfuehrung der Toden oder zum Lazareth gebraucht worden"*[498]. Sie sollten gewaschen und möglichst oft ‚ausgelüftet' werden. Wenn es die Jahreszeit erlaubte, wurde geraten, die Tiere in der Donau zu ‚schwemmen'.[499]

Eine schwierige Angelegenheit war das ‚Entgiften' von eingelagerten Lebensmitteln. Auch hier mag es notwendig erschienen sein, die Vorräte zu erhalten, da die Lebensmittelzufuhr in die Stadt ohnehin nicht gerade üppig war. Deshalb sollten *„[...] Getreide / Mehl / Erbsen / Gersten und ander Zugemueß / [...]*

---

[492] Vgl. C. PORZELT: Die Pest in Nürnberg, S. 123.
[493] Regenspurgischer Unterricht, fol. 7.
[494] Ebd.
[495] Ebd.
[496] Ebd.
[497] Ebd.
[498] Ebd.
[499] Vgl. ebd.

nicht in die Kaesten versperrt / oder an dufftigen Orten auf behalten werden / sondern auf dem Boden / oder in trocknen luefftigen Zimmern / nicht gar zu dick auf einander ausgeschuettet liegen / und oeffters umgewandt werden. [...] Schmaltz und Inschlicht muß umgeschmoltzen / die Butter aus frischen Saltz-Wasser gewaschen / und in neue reine Gefaeß eingeschlagen werden. Verdaechtige Kaeß werden beschabt / und mit Essig abgewaschen."[500]

Bevor die gesäuberten Räume eines ehemals infizierten Hauses bezogen werden konnten, sollte man sie „*etliche Taege vorhero starck außbeitzen / auch mit wohlriechenden Rauchwerck aus der Apothecken / Mastix / Weyrauch / Bernstein und dergleichen / sowohl die Zimmer / als Mobilien nochmals durch raeuchern [...]*"[501]. Ausdrücklich wies der Autor am Ende der Schrift auf die „*Reinlichkeit im Haußwesen*"[502] hin, die sich die Bewohner zukünftig angedeihen lassen sollten.

Der *Regenspurgische Unterricht* erweist sich als äußerst umfangreiches, detailgetreues Regelwerk, das versuchte, alle wesentlichen Aspekte der Reinigung von pestinfizierten Häusern zu erfassen. Das Beispiel der intensiven Auseinandersetzung über die infizierten Betten zeigt, wie sorgfältig man die Einhaltung der Sicherheitsmaßnahmen überwachte. Dies beweist, wie prioritär es für die Obrigkeit war, nach einem Pestgang eine umfassende 'Reinigung' anzuordnen, da diese als wesentliche Maßnahme galt, um einem neuerlichen Ausbruch der Seuche vorzubeugen. Dass die städtischen Bediensteten im Auftrag des Magistrats dabei in Privathäuser eindrangen und keinen Gegenstand unberührt ließen, zeigt, wie weit der Zugriff der Obrigkeit auf die Bürger in einer solchen Ausnahmesituation reichte.

Am 15. März 1714 erließ der Rat ein Dekret, das die Besitzer von infizierten Gegenständen oder Wohnräumen aufforderte, sich bei ‚Außrichter' Hillmer zu melden, der Reinigung und „*Nachbeschau*"[503] organisierte. Wer sich dem widersetze, sollte mit einer Strafe von 10 fl. belegt werden. Sollte man feststellen, dass jemand, der dieser Vorsichtsmaßnahme nicht Folge geleistet hatte, einen neuerlichen Ausbruch der Pest verschuldete, wurden vorsorglich äußerst harte Konsequenzen angedroht. Ein solcher Übeltäter sollte „*als ein[...] Feind seines Vatterlands und boshafftige[r] Moerder, mit unfehlbahrer Bestraffung an Leib und Leben, und nach Gestalt der Sachen, doch wenigstens mit Aufkuendung deß Buergerrechts und Schutzes, auch ewiger Stadt-Verweisung*"[504] bestraft werden. Auch angesichts dieser drastischen Androhung lässt sich die Dringlichkeit der Reinigungsmaßnahmen ermessen. Diese Reinigung kann auch symbolisch für einen sowohl hygienischen als auch moralischen Neubeginn angesehen werden, den die Überlebenden nach Abklingen der Epidemie herbeigesehnt haben mochten. Überdies musste der Magistrat angesichts der Machtlosigkeit, mit der man der Seuche gegenüber gestanden hatte, seine Handlungsfähigkeit beweisen.

---

[500] Regenspurgischer Unterricht, fol. 7.
[501] Ebd., fol. 8.
[502] Ebd.
[503] Ratsdekret vom 15. März 1714 in: J. F. KEYSER: Sammlung, Nr. CXCI., S. 498.
[504] Ebd., S. 499.

2.3 Medizinische Verwaltung

Obrigkeiten und Ärzte waren in Pestzeiten mehr als sonst auf Zusammenarbeit angewiesen: Einerseits benötigte der Magistrat den Rat der Experten bei medizinischen Fragen und ihre Hilfe bei der Abfassung von Verhaltensanweisungen für die Bevölkerung. Andererseits stützten sich die Ärzte auf die Autorität des Magistrats, um ihren Anweisungen Nachdruck und gleichzeitig ihrem Stand größere Bedeutung zu verleihen. Mit dem Verweis auf die Notwendigkeit der Seuchenprävention unterstützten sie auch die Disziplinierungsversuche des Magistrats.

In Regensburg traf der Rat in Hinblick auf die medizinische Versorgung der Stadtbewohner während des Pestganges von 1713 folgende Anweisungen. Die Apotheken wurden angehalten, Medikamente zur Pestbekämpfung bereit zu halten, wobei die ärmeren Schichten diese *„in der Schwendterisch- und Weinmannischen Apotheck auf gemeiner Stadt Kosten"*[505] beziehen konnten. Dort gab es kostenlose Arzneien und Räucherstoffe wie ‚Gifft-Rauch, -Zeltlein, -Latwerge, -Essig', dunstreibende Mixturen, ‚Reinigungssälblein', ‚Temperirende Pulver' und Pflaster aller Art.[506] Der Rat bestellte Johann Georg Lipp zum Pestmedicus und Johann Paul Gewolffen zum ‚Chirurgos', welche ebenfalls die sozial Schwachen kostenlos behandeln sollten.[507]

Außerdem wurde das bereits im Pestjahr 1634 erwähnte *Officium sanitatis* reaktiviert, das sich aus zwei Direktoren des Almosenamtes, einem Konsulenten, einem Protokollführer und aus Ärzten und Apothekern zusammensetzte und den Einsatz des Pflegepersonals sowie die Kranken- und Leichentransporte organisierte.[508]

Der Magistrat betrieb gezielte Informationspolitik, um der Bevölkerung medizinische Ratschläge zukommen zu lassen. Auf seinen Befehl hin wurden im Jahr 1713 zwei medizinische Druckschriften publiziert. Zum einen trat der *„Medic[us] pestilentiari[us]"*[509] Johann Leonhard Hechtel mit der Druckschrift *Consilium Antipestiferum oder Wohlmeinendes Bedencken / Wie man sich anjetzo bey grassirenden pestilentialischen Seuchen und Kranckheiten / sowohl praeservativè als curativè mit erträglichen Mitteln durch Göttlichen Beystand verwahren solle* an die Öffentlichkeit und zum anderen ist im Anhang zu Alkofers Pestbericht eine Druckschrift von den *„Doctoribus Medicinae Pestilentiariis zu Regenspurg"*[510] mit dem Titel *Zuverlaessiger Unterricht / Wie man sich bey gegenwaertiger Seuche / unter Goettlichen Seegen / praeserviren und curiren könne* überliefert.

---

[505] Ratsdekret vom 4. September 1713, in: J. F. KEYSER: Sammlung, Nr. CLXXXVI., S. 487.

[506] Vgl. Zuverlaeßiger Unterricht, in: Anhang zu E. S. ALKOFER: Regenspurgisches Pest- und Buß-Denckmahl, I, S. 218-219.

[507] Vgl. Ratsdekret vom 4. September 1713, in: J. F. KEYSER: Sammlung, Nr. CLXXVI., S. 488.

[508] Vgl. A. DIRMEIER: Soziale Einrichtungen, S. 276.

[509] J. L. HECHTEL: Consilium Antipestiferum, fol. 675.

[510] Anhang zu: E. S. ALKOFER: Regenspurgisches Pest- und Buß-Denckmahl, I, S. 199.

Hechtels Schrift behandelt drei Themenbereiche. Zum einen versuchte sie eine Antwort auf die Frage zu geben, woher die Pest komme, zum anderen zeigte sie auf, an welchen Symptomen man eine Pesterkrankung feststellen könne und welche Medikation bei eingetretener Erkrankung anzuwenden sei. Drittens werden die wichtigsten Präventionsmaßnahmen für Gesunde besprochen. Die Schrift war *„zu jedermans Wissenschafft"*[511] verfasst und richtete sich damit an die gesamte Bevölkerung.

Hechtel sprach der Pest dreierlei Eigenschaften zu:

> *„Daß die schaedliche Pestilentz dreyerley Arthungen und gifftige Venena und Seminia in sich hege / als (1) Vaporosum, Rauch- und Dampffmaessiges / (2) Fermentificum, oder Guehr- und Aufwallungs-Wuerdiges / (3) Corrosivum oder Nagend- und Abwuergendes / also hat sie auch nach gewissen Umstaenden als wo viel sumpffigte Oerther / Schifffahrten / Bergwercke / und verfaengliche Effluvia sind / wie auch bey einen Magno consortio in grossen Reichs- und Handel-Staedten ihre Abfaelle [...]"* [512]

Dass er Sümpfe und Bergwerke als die Pest begünstigende Faktoren ansah, ist verständlich, denn wie bereits im ersten Teil der Arbeit ausgeführt, galten Sümpfe als Inbegriff von Stagnation und Ansteckungsgefahr. In den Bergwerken war die Luft dagegen ebenfalls schlecht, besonders, weil es hier keinen Austausch mit Frischluft gab. Was Hechtel bewogen hat, Schifffahrten als besonders pestförderlich zu deklarieren, ist dagegen eher unklar, möglicherweise dachte er dabei an die Nähe zum miasmenverseuchten Wasser. Außerdem wies auch er auf den Einfluss der Planeten auf die ‚Sterbensläuffte' hin. Wie er anhand von zwei Autoritäten zu belegen versucht, war es die Konkurrenz von Saturn und Jupiter im Jahr 1713, die ihre Auswirkungen zeitigte.[513] Weitere Einflussfaktoren waren für Hechtel die Auswirkungen der Hungersnot, das unbeständige Wetter und *„das verdächtige Juden-Gesindel"*[514]. Damit hatte er nahezu alle vermuteten Auslöser der Pest aufgereiht, welche die zeitgenössische Wissenschaft zu bieten hatte. Seine Antworten auf die Frage nach den Ursachen der Pest dürften im Jahr 1713 nichts Neues gewesen sein.

Auch die Behandlungsmethoden, die Hechtel vorschlug, waren nur teilweise zeitgemäß.

Als Symptome der Pest gab er Kälte- und Hitzeschauer, Schwermütigkeit, Kopf- und Rückenschmerzen, Schwindel, Mattigkeit, Nasenbluten, ‚Raserey und Phantasiren', Gallenüberfluss, Erbrechen, Durchfall, Schläfrigkeit, Appetitlosigkeit, Bildung von Blattern (Hautausschlag), Beulen, Flecken, Petechien (punktförmige Hautblutungen) und Carbunckeln (eitrige Knoten), Pulsflattern, Veränderung der weiblichen Menstruation und Blasenentzündung an.[515] Um diesen Pestzeichen

---

[511] J. L. HECHTEL: Consilium Antipestiferum, fol. 676.
[512] Ebd.
[513] Ebd.
[514] Ebd., fol. 677.
[515] Vgl. ebd.

entgegenzuwirken, schlug er eine Vielzahl von Rezepturen vor. Als erste Gegenmaßnahme beim Erkennen von Krankheitsanzeichen empfahl Hechtel das Schwitzen, wogegen er Brechmittel als eher schwächend ablehnte und darauf verwies, dass der Verlauf der Pestkrankheit ohnehin meist mit Erbrechen oder Durchfall einhergehe. Auch dem Aderlass stand Hechtel kritisch gegenüber, da *„von Aderlassen viele gestorben sind"*[516]. Dagegen wird in einer anderen Pestschrift, die wahrscheinlich ins 16. Jahrhundert zu datieren ist[517], der wahrscheinlich vom Regensburger Rat initiierten und undatierten Druckschrift *Ein kurz Regiment wie man sich zur zeit der Pestilentz halten sol*, der Aderlass eingehend beschrieben und noch ausdrücklich zur Behandlung von Pestkranken empfohlen.

„Wenn der Apostem [Abszess, K. K.] */ Beulen oder Blatter hinder den Oren od am Halß erscheint / sol man lassen die Hauptader auff der seitten da das zeichen / od[er] aber allein stich und serung ist / als wann dz zeichen bey dem Lincken Ohr / oder Lincken seiten des halß ist / sol man die Hauptader auff dem lincken arm schlagen / also / ist dz zeichen bey dem rechten Ohr / so sol man die Haupt ader auff dem rechten arm schlagn / ist des zeichen oder Beuln auff den schultern od unter den yechssen / sol man die Median auff der selben seitten lassen / ist aber der wetag bey den gmechten / sol man din Leberader auff dem arm derselben seiten lassen / oder die Rosenader / Und sol solche leß nit verzogen werden es sey tag oder nacht / Auch sollen sich befleissen die da lassen dz sie ein gut weit loch machen domit das dicke und vergifft blut wol herauß müg flissen auch alles wol lauffen lassen nach der Complexion und krafft des kranckhen."*[518]

Die zweite Seite nach dem Deckblatt des ‚Regiments' zeigt ein *„Aderlaßmännchen"*[519], dessen Hals, Schultern, Achseln, Hüften, Oberschenkel und Knie Pestbeulen aufweisen. Von diesen gehen Linien aus, die den medizinischen Laien auf die Stellen hinweisen, wo der Aderlass vorgenommen werden sollte, wenn die entsprechende Beule behandelt werden musste. Der Aderlass war demnach eine gängige Methode, die auch von Laien praktiziert wurde.

Der ‚Zuverlaeßige Unterricht' empfahl zwar den Aderlass, doch mit der Beschränkung auf diejenigen, welche ‚vollblütig' und an diese Therapie gewöhnt waren. Dabei sollte man sich an den *„Motus macrocosmici"*[520] orientieren. Damit hielt man zweifach an überkommenen Konzepten fest, sowohl am Aderlass als auch

---

[516] J. L. HECHTEL: Consilium Antipestiferum, fol. 677.

[517] Schöppler geht anscheinend davon aus, dass es sich um ein Pestregiment des 16. Jahrhunderts handelt, denn er ordnet diese Abhandlung in seiner Aufstellung im Druck erschienener Regensburger Pestschriften zwischen zwei Pestregimenter von 1555 und 1562 ein (Vgl. H. SCHÖPPLER: Die Geschichte der Pest zu Regensburg, S. 179).

[518] Ein kurz Regiment wie man sich zur zeit der Pestilentz halten sol, fol. 195.

[519] C. PORZELT: Die Pest in Nürnberg, S. 162.

[520] Zuverlaeßiger Unterricht, in: Anhang zu: E. S. ALKOFER: Regenspurgisches Pest- und Buß-Denckmahl, I, S. 207.

an der Planetentheorie. Doch bereits zu Beginn des 17. Jahrhunderts war die Entkräftung der Patienten erkannt worden, bei denen der Aderlass durchgeführt worden war, insbesondere, wenn es sich um Kinder oder ältere Menschen handelte. Seit dieser Zeit ging man allmählich von Radikalkuren wie dem Einsatz von Brechmitteln oder dem Aderlass ab, was eine allmählich sich wandelnde Einstellung in der Krankheitstherapie beweist. Dagegen wandten sich die Ärzte verstärkt Praktiken wie dem Schröpfen, Purgieren und Schwitzen zu. Letzteres hielt man für eine effektive Methode, den Körper von Schmutzstoffen zu befreien.[521]

Auch Hechtel verordnete schweißtreibende Mittel als Medikation für die Kranken im Lazarett. Dabei sollte man *„Schweiß- und Gifft- foerdernde Tropffen / 15. 20. 30. 40. biß 50. auf einmahl [...] nehmen / und darmit alle 6. Stunden [...] continuiren / wann man die Bubones, Carbuncel oder Petechien außtreiben oder sich anticipando praeserviren will".*[522] Die *bubones* sollten durch den Einsatz eines speziellen *Fermentums* zum ‚auslaufen' gebracht werden, damit das Blut nicht vergiftet würde. Diese Gefahr sah man beim selbständigen Abschwellen der Beulen gegeben. Das sich in diesen befindliche Gift sollte durch die Drüsen austreten. Offene *Bubones* sollten folgendermaßen behandelt werden:

„Stoesset einem ein Beulen auf / so lege er im Nothfall duennen neuen Laimen mit Wein-Essig angemachet auf / und wann es duerre wieder neuen. Oder nimm lebendige Froesche einen nach dem andern aufgebunden / biß keiner mehr stirbet. Item, nimm Semmel-Krumen mit Milch und Saffran angemacht / so eine Erweichung ist. Item, nimm folgendes / so das Beste ist: Eine grosse Zwiefel / höle sie aus / fuelle sie mit Theriac / mache sie oben zu / brate die Zwiefel in heisser Asche / hernach nimm Sauerteig / Senff / Wein-Essig und die gebratene Zwiefel / mache ein Pflaster daraus und lege es auf die Beulen. Und kan man die Carfunckel auch so tractiren."[523]

Der in diesem Rezept verwendete und auch sonst bei der medizinischen Pesttherapie sehr häufig eingesetzte Theriak ging auf Hippokrates zurück und galt seit der Antike als bewährtestes Gegengift gegen die Pest. Er setzte sich aus etwa siebzig Inhaltsstoffen wie Opium und Schlangenfleisch zusammen. Als man in der

---

[521] Vgl. C. PORZELT: Die Pest in Nürnberg, S. 158. Die ‚Doctoribus Medicinae Pestilentiariis' empfahlen: *„Wann demnach jemand Schauer / Frost und Hitze / Erbrechen / Kopfwehe / Mattigkeit in allen Gliedern / Drucken / Angst und Brennen um das Herz / Durst / und so fort empfindet / soll man den Patienten alsobald zu Bette bringen / die Struempffe an den Fuessen lassen / und so er nicht gar vollbluetig ist / also gleich von der Dunst- treibenden Mixtur 40. Tropfen eingeben / warm / doch nicht gar zu heiß zudecken / und vier / sechs / acht / zehen / zwoelff Stunden lang fort und fort dunsten / und still liegen lassen / damit die Natur in ihrer Excretion nicht gehindert werde. Mitten unter dem gelinden Schweiß soll man nach dem Gebrauch der vorbesagten Mixtur in vier Stunden darauf ein Dosin von denen verordneten temperirenden Pulvern eingeben / und also immer wechsels-weise mit der Dunst-treibenden Mixtur und Pulvern continuiren. Diejenigen aber / welche ein cholerisches und hitziges Naturel haben / sollen die temperirenden Pulver allein gebrauchen / und die Mixtur weglassen."* (Zuverlaeßiger Unterricht, in: Anhang zu: E. S. ALKOFER: Regenspurgisches Pest- und Buß-Denckmahl, I, S. 211-212).
[522] J. L. HECHTEL: Consilium Antipestiferum, fol. 678.
[523] Ebd., fol. 685.

Frühen Neuzeit dazu überging, die Auswirkungen von Arzneimitteln am Patienten zu beobachten, wurde Theriak allmählich in Frage gestellt, da man gravierende negative Auswirkungen beobachtete.[524] Auch Zedler urteilt im Jahr 1741: *„Die Alten haben auf dem Theriaca [...] sehr viel gehalten, doch wird er von den neueren Aerzten ohne Unterscheid nicht gebilliget."*[525] In Hechtels Rezepturen wird der Theriak des öfteren als Bestandteil genannt, was nicht gerade für deren Progressivität spricht. So war auch im 18. Jahrhundert die Behandlung der Pest durch approbierte Ärzte noch stark traditionell ausgerichtet. Dies zeigt das Festhalten an überholten Praktiken wie dem Aderlass oder dem schnellstmöglichen Öffnen der Pestbeulen. Zu Beginn des 18. Jahrhunderts zeigte sich bereits eine Professionalisierung des medizinischen Maßnahmenkatalogs, die durch die zunehmende Beobachtungstätigkeit der Ärzte begünstigt wurde. Man begann langsam, sich von den altüberlieferten Autoritäten zu lösen.[526]

In anderer Hinsicht erweist sich Hechtel jedoch wieder als vorausschauender Arzt, wenn er beispielsweise zur Reinlichkeit der eigenen Wohnräume riet:

„Halte die Behausung sauber / und reinige von allen Unflath und Gestanck. Dampfigte Stuben und Kammern soll man meiden / oder man lasse zuweiln / ist anders die Luft rein / den Sonnenschein hindurch streichen / oder raeuchere die Gemaecher mit blossen Wacholderen so gut du kanst aus."[527]

Der Pest wurde die Eigenschaft zugeschrieben, fäulniserregend zu wirken. Deshalb sollte sowohl die Luft in Wohnräumen als auch das Körperinnere trocken sein. So riet Hechtel, in pestinfizierten Häusern den Speichel *„beileibe nicht hinunter [zu] schlücken sondern aus[zu]werffen"*[528]. Andererseits meinte er, dass auch ‚feuchte' Speisen, die er mit ungesunden gleichsetzte, zu Verstopfung und damit zu innerer Fäulnis beitrugen. Hechtel forderte seine Leser auf: *„Brauche mehr truckene dann feuchte Nahrung / wofern du nicht von trockener Speise verstopffet wuerdest / dann Verstopffung des Leibs ist schaedlich."*[529] Deshalb sollte man sich nicht nur vor Völlerei hüten, sondern sich sogar kasteien. Darum riet das Regiment der Pestärzte zur Diät.[530]

---

[524] Vgl. C. PORZELT: Die Pest in Nürnberg, S. 157.
[525] J. H. ZEDLER: Universallexikon, Bd. 27, Sp. 767.
[526] Vgl. C. PORZELT: Die Pest in Nürnberg, S. 157-159.
[527] J. L. HECHTEL: Consilium Antipestiferum, fol. 686.
[528] Ebd., fol. 687.
[529] Ebd., fol. 686.
[530] *„Durch geziemende Maessigkeit in Essen und Trincken koennen viele von dieser Seuche befreyet bleiben. Hingegen werden durch unordentliche Speiß und Tranck viele Unreinigkeiten im Leibe gesammlet. Und wer von einer Tisch-Zeit zur andern warten kan / hat sich bey unverhofftem Uberfall desto weniger zu fuerchten. Gewiß ist es / daß je schlechter und weniger die Speise seye / je gesunder der Leib bleibe: Dann durch die vielerley Arten der Speisen / da man bald sueß / bald sauer / bald kalt / bald warm / bald diesen / bald jenen Tranck dazu geniesset / wird das sonst gesunde Blut und Saeffte verderbet / zur Faeulung gebracht / und in seinem Motu gehindert."* (Zuverlaeßiger Unterricht, in: Anhang zu: E. S. ALKOFER: Regenspurgisches Pest- und Buß-Denckmahl, I, S. 204).

Um den Körper rein zu halten, sollte man sich beim Essen mäßigen und auf Fleisch- und Fischspeisen verzichten. Ein weiterer Aspekt, die gesundheitsgefährdende Auswirkung heftiger Gemütsbewegungen, zielte ebenfalls auf Mäßigung hin, hier im Sinne der Affektkontrolle. Deshalb sollte man *„allen Zorn und hefftige Gemueths-Bewegungen / Furcht / Schroecken / Traurigkeit und melancholische Gedancken aus dem Sinn zuschlagen / hingegen einen freudigen Muth in GOtt fassen / und des Hoechsten Willen sich zu unterwerffen"*[531]. Auch übermäßige Bewegung, Schwitzen und Geschlechtsverkehr sollten vermieden werden.[532] Dies passte auch gut zur Aufforderung des Rates zu einer bescheidenen und in allem gemäßigten Lebensweise. Auch Hechtel riet seinen Lesern:

„Meide und fliehe starcke Gemueths-Bewegungen / als Zorn / Traurigkeit / Schrecken / Einbildung / sondern bediene dich einer modesten Motion durch Auf- und Abspazieren in deiner Stuben / dann die Gemueths-Affecten aendern das gantze Geblueth / daß es wird wie Zunder / darmit der Gifft leichtlich gefangen wird."[533]

Da man davon ausging, die Pest korrumpiere die Körpersäfte und vergifte vor allem das Blut, sollte man sich ein ausgeglichenes Wesen bewahren, um die Säfte nicht ins Ungleichgewicht zu bringen. Vor allem der Anblick von *„Todten-Waegen und Loecher[n]"*[534] sollte vermieden werden, da er nur Furcht und Melancholie auslöse. Hechtel riet:

„[...] imaginire dir was anders / und rede was lustiges / dann die Imagination ist gedachter massen gleich einem Bech / sie klebet gerne an / und wann sie in deinem Geblueth ingress findet so ist es geschehen. [...] Habe ein gutes Vertrauen zu deinen GOtt und deinen Medico, ob er zwar selbsten keinen Buergen hat / so solt du mit ihme conversiren / so fuerchst du dich desto weniger."[535]

Damit stellte Hechtel den Arzt in engen Zusammenhang mit Gott. Um für den eigenen Stand zu werben, sprach man gerne von der ‚Gottgegebenheit' der Ärzte und Arznei. Auch im ‚Pestregiment' hieß es:

„zum andern was die Artzney und den Artzet belangt / sollen abermaln baide der kranckh unnd Artzt / Gott den Himlischen Vatter / der den Artzt und Artzney erschaffen hat pitten / das er das gedeüen und seinen segen geben woelle / damit der Artzt und Artzney müge würcken / das / so zu Er seines heiligen namens / und zu hail des kranckhen raiche."[536]

---

[531] Zuverlaeßiger Unterricht, in: Anhang zu: E. S. ALKOFER: Regenspurgisches Pest- und Buß-Denckmahl, I, S. 206.
[532] Vgl. ebd.
[533] J. L. HECHTEL: Consilium Antipestiferum, fol. 687.
[534] Ebd.
[535] Ebd., fol. 687.
[536] Regiment, fol. 192.

Der Bezug auf Gott wurde von den Ärzten aber nicht nur zur Erhöhung ihres Standes genutzt, sondern auch, um sich ihre Glaubwürdigkeit zu bewahren, wenn ihre Künste versagten. So schrieb Hechtel: *„[...] dann das Divinum hat in dieser Seuche die Oberhand und kan ein Medicus davon nicht apodicticè sprechen / ob der Patient sterbe oder genese [...]"*[537]. Indem sie mit dem unberechenbaren Willen Gottes argumentierten, sicherten die Mediziner sich weiterhin ihren Einfluss.[538]

Auch die anderen Pestärzte mahnten eine ausgiebige Räucherung der Wohnräume an, *„in welchen durch Gifft widerstehende Duenste und Rauchwerck das Ubel gleichsam in seinem ersten Saamen ersticket werde"*[539]. Folgende Räucherstoffe wurden empfohlen:

„Buechsen-Pulver / Agtstein / Weyrauch / Myrrhen / Campher / Wacholder-Stauden und Beer / rc. Insonderheit aber sollen sorgfaeltige Hauß-Vaeter mit Meer-Zwiebeln [Sternhyazinthe, K. K.] */ Raten und Holunder-Bluehe einen Essig in guter Quantitaet ansetzen / und alle Morgen / Mittag und Abends etliche Loeffel voll davon auf einen erhitzten Ziegel- oder Kieselstein giessen / und damit das gantze Hauß außdaempffen / wie auch die Waende / Treppen / Bettstaette und Fuerhaenge damit bespritzen."*[540]

Auch hier folgte die Anweisung, die Fenster bei feuchtem und nebligen Wetter möglichst verschlossen zu halten, bei heißem Wetter oder Wind zu lüften. Die Luft war für die Verfasser des ‚Zuverlaeßigen Unterrichts' ohnehin ein wichtiger Faktor im Zusammenhang mit der Ansteckung. So rieten sie, *„es soll sich jedermann / der nicht nothwendiger Geschaefte halber außgehen muß / fruehe und Abends / und insonderheit bey feuchter Lufft / zu Hause halten. Im Fall Beduerffens aber niemals nuechtern außgehen / sondern zuvor ein warmes Bier / mit Butter gemacht / oder eine andere Suppe / Caffee, oder eine Butterschnitte mit Raute genießen. In den Mund kan man eingebeizte Wacholder-Beer / weissen Zimmet / Citronen-Schalen / oder andere condirte Sachen / Angelica-Wurtzel / Myrrhen und dergleichen kaeuen / und den Speichel immerfort dabey außwerffen. [...] Ingleichen soll man die Schwaemmlein und Schnuptuecher mit Meerzwiebel- Schnaltzen- Rauten- oder mit dem in denen Apothecken befindlichen Bezoardischen Gifft-Essig* [Ameisensäure, K.K.] *anfeuchten und daran riechen."*[541]

Doch nicht nur vor den in der Luft sich befindlichen Ansteckungsstoffen sollte man sich hüten, sondern auch einer Infektion durch die sich in den ‚heimlichen Gemaechern' befindlichen Miasmen vorbeugen. Zu dessen Reinigung sollte man einen Zuber Kalklauge hineinstellen, aus der man morgens und abends *„zwey Schoepff-Pfannen voll davon hinein giessen [solle] wodurch der Unflath und das*

---

[537] J. L. HECHTEL: Consilium Antipestiferum, fol. 687.
[538] Vgl. C. PORZELT: Die Pest in Nürnberg, S. 169.
[539] Zuverlaeßiger Unterricht, in: Anhang zu: E. S. ALKOFER: Regenspurgisches Pest- und Buß-Denckmahl, I, S. 202.
[540] Ebd.
[541] Ebd., S. 203-204.

etwa darinnen verborgene Gifft desto eher gedaempfet werde"[542]. Die Sorge vor der Ansteckung auf dem Abtritt war nur allzu begründet, da sich der Erreger in Kot lange halten konnte. Die Zeitgenossen hatten möglicherweise beobachtet, dass sich Gesunde, die die ‚heimlichen Gemächer' mit Infizierten teilten, mit der Pest angesteckt hatten.

Die von Hechtel vorgeschlagenen Rezepturen mussten relativ aufwändig hergestellt werden. Sie waren für die ganze Bandbreite der Symptome einsetzbar, dienten aber auch der Vorsorge, wie die wohl in erster Linie für Pestärzte und Pflegepersonal gedachten „Mund-Zeltlein", welche sich *„zur Vorsorge und zur Corrigirung boeser Lufft / wann man in die inficirte Oerther gehen muß"*[543] eigneten. Die Rezeptur eines Rauchpulvers trug den Zusatz *„vor vermoegende Persohnen"*[544] und beinhaltete so erlesene Zusatzstoffe wie rote Rosen, Sandelholz, Zimtrinde oder Weihrauch. Ein weniger aufwendiges *„zu Beraeucherung der Haeuser / Gesind-Stuben / unvergleichliches Pulver"*[545] setzte sich dagegen aus einfacheren Zutaten zusammen:

„Wacholder-Beer 4. Hand voll. Gruene Wein-Rauten / Alant-Wurtzel [Inula helenium, K. K.] */ Aufgerissene birckene Rinden unten am Stamm / Bocks-Horn jedes 2. Hand voll gepulvert. Eichen-Laub 2. Loth. Hirsch-Horn geraspelt 6. Loth. Wald-Rauch* [Harzkörner, K. K.] *6. Loth. Roß-Huff außgeschnitten 2. Loth. Weyrauch 5. Loth. Meisterwurtzel* [Radix imperatoriae, K. K.] *4. Loth. Lorbeer 3. Hand voll."*[546]

Noch stärker als bei Hechtel wird im undatierten Pestregiment zwischen Arzneien für Arme und der für Reiche unterschieden. Während die unteren Schichten ihr Räucherwerk aus Kräutern zusammenstellen sollten, konnten sich die Wohlhabenden hochwertigere Fertigprodukte aus der Apotheke besorgen:

„zum Andern / das ein jeder sich befleisse / sein Hauß und whonung vor gestanck und unsauberkhait zu verhueten / und uber das den lufft mit guetem rauch zu retificiren / auffs wenigst zu abents und morgens / die armen mit Kranwethbern [Gemeiner Wacholder, K.K.] *oder holtz / Wermut / Salvenbletter* [Salbeiblätter, K.K.] */ Lavendel / Rautten / Maieran* [Majoran, K.K.] */ Lorbere und Lorberbletter. Die Reichen finden mancherley Rauchkertzlein / Zeltlen und Pulver in Apotecken zu solchem prauch gemacht / [...]"*[547]

Bestimmte Arzneien, welche die Apotheke nicht kostenlos abgab, sollten die Armen sich aus einfachsten Mitteln selbst bereiten. Die Unterschichten hatten also durchaus Nachteile bei der medizinischen Prävention und Bekämpfung der Seuche.

---

[542] Zuverlaeßiger Unterricht, in: Anhang zu: E. S. ALKOFER: Regenspurgisches Pest- und Buß-Denckmahl, I, S. 203.
[543] J. L. HECHTEL: Consilium Antipestiferum, fol. 681.
[544] Ebd.
[545] Ebd., fol. 682.
[546] Ebd.
[547] Regiment, fol. 192.

Die Bandbreite der Arzneien, die ihnen zur Verfügung standen, war stark eingeschränkt. Auch andere Möglichkeiten, sich vor der Pest zu schützen, wie die Flucht aus der verseuchten Stadt, waren ihnen versagt, da sie sich eine solche nicht leisten konnten und weil sie ohne entsprechende Kontakte zu Freunden oder Geschäftspartnern keine Aufnahme in einer fremden Stadt gefunden hätten.

Hechtel empfahl ausdrücklich den Gesundgebliebenen eine Luftveränderung an *„fremde[n] Oerther[n]"*[548], die jedoch gleichzeitig *„gesunde Oerther"*[549] sein müssten. Dies ist als klare Aufforderung zur Flucht anzusehen, was verwundert, da dieses Mittel, sich vor der Pest zu schützen, zwar eine äußerst wirksame Präventivmaßnahme sein konnte, jedoch nicht unumstritten war. Denn häufig verließen die hohen Amtsträger und Standespersonen die Stadt und untergruben damit gerade in dieser Ausnahmesituation die Autorität der Obrigkeit. Bereits während der Reformation war dieses Thema – auch von Luther selbst in seiner Abhandlung *Ob man vor dem Sterben fliehen muge* – eingehend diskutiert worden.[550] Zwar war die Erhaltung des Lebens und der Gesundheit für Luther eine Christenpflicht, doch die Pflichterfüllung des Amtsträgers wog noch stärker. Als solcher konnte man nicht einfach wie eine Privatperson die Flucht ergreifen, sondern sollte mit gutem Beispiel vorangehen und das Amt ausfüllen. Damit wurde ein modernes Amtsverständnis entwickelt, das individuelle Bedürfnisse und Amtspflichten strikt trennte. Damit war die Pest für das moderne Staatsverständnis im Sinne Max Webers durchaus von gewisser Bedeutung.[551]

Während der Pestepidemien veränderte sich die Rolle des Kranken im Vergleich zu pestfreien Zeiten. Während Krankheit normalerweise eine intime Angelegenheit war, mit der nur der Kranke selbst und seine nähere Umgebung in Berührung kamen, wurde sie in Seuchenzeiten zum öffentlichen Ereignis, da die Allgemeinheit zur eigenen Sicherheit an der Gesundung beziehungsweise der Isolation des Infektionsträgers interessiert war. Die Pestopfer wurden somit gleichzeitig als *„potentielle Täter"*[552] gesehen. Diese Entprivatisierung von Krankheit zeigte sich in verschiedenen seuchenpolizeilichen Maßnahmen, die notfalls auch gegen den Willen des Kranken durchgeführt wurden.[553] Der wohl tiefgreifendste Eingriff in die Entscheidungsfreiheit des Einzelnen, der für die Regensburger Pestepidemie von 1713 nachzuweisen ist, war die zwangsweise Untersuchung durch vom Magistrat bestellte ‚Visitatores', die über die Einlieferung ins Lazarett entschieden, ohne sich um die Zustimmung der Betroffenen zu kümmern.[554] Vor allem die

---

[548] J. L. HECHTEL: Consilium Antipestiferum, fol. 686.
[549] Ebd.
[550] Porzelt weist darauf hin, dass in der Fachliteratur die Meinung vertreten wird, dass es in erster Linie die Anhänger der reformierten Konfession waren, die sich zur Flucht aus einem Pestgebiet entschlossen. Sie begründet dies mit der Abschaffung der Heiligenverehrung, die den Protestanten die Möglichkeit nahm, Trost bei den Heiligen zu finden, welche in katholischen Gebieten zu Pestzeiten Hochkonjunktur hatten. (Vgl. C. PORZELT: Die Pest in Nürnberg, S. 49.)
[551] Vgl. M. DINGES: Pest und Staat, S. 78-79.
[552] C. PORZELT: Die Pest in Nürnberg, S. 161.
[553] Vgl. ebd., 160-161.
[554] Vgl. E. S. ALKOFER: Regenspurgisches Pest- und Buß-Denckmahl, I, S. 146.

Armen brachte man ins Lazarett, da man meinte, ihnen sei die Ansteckungsgefahr eher zuzumuten, da ihre eigenen Behausungen ohnehin als bedrohlich angesehen wurden. Alkofer berichtet von der panischen Angst der Menschen vor dem Lazarett:

„Dadurch ist aber bey vielen unter den gemeinen Leuthen eine solche Furcht und Abscheu vor dem Lazareth erwecket worden / daß sie lieber in der Stadt gantz huelfflos crepiren / verschmachten und sterben / als sich dahin / zur Versorgung / bringen lassen wollen / in dem selber ein Exempel unter meinen Beicht-Kindern gehabt / als ich sie / wegen besserer Verpflegung / wolte in das Lazaret bringen lassen / haben sie sich also krancker aus dem Bett gewaget / und sich verstecket / damit man sie nicht finden moege; Man hat aber / nach wenig Stunden / erfahren / daß sie wieder am Vorschein gekommen / da man alsdann den Todtschwachen Mann neben seinem Todten Weib im Bett liegend angetroffen / und jener ohne Zweiffel haette nothwendig crepiren muessen / wo man ihn nicht bey Zeiten errettet haette; Und dieses hat sich offt- und vielmal zugetragen." [555]

Für viele war das Lazarett angstbesetzt, da sie fürchteten, dort erst recht zu erkranken oder weil sie die schlechten Bedingungen fürchteten. Die Patienten des Lazaretts waren in erster Linie Angehörige der unteren Schichten.[556] Wohlhabendere Bürger wollten mit diesen nicht in Berührung kommen, geschweige denn, Strohsack an Strohsack neben ihnen im Lazarett liegen.

Die Unterschichten waren in Seuchenzeiten verstärkt das Ziel von Repressalien. Da man zu Beginn der Seuche beobachtete, dass sich in erster Linie Arme und Bettler infiziert hatten, versuchte man eine Verbreitung durch solche zu unterbinden:

„[...] so hat e. wohl edler rath auf ansinnen der gesandschaft, nicht nur befehl gethan, daß die bettelrichter und wache den ganzen tage auf der strasse umher gehen, und alle bettler aufheben, auch in das pestin hauß im untern wörth / welches in zwischen zu pflegung der krancken bestimmet worden / weisen sollen, sondern auch gewisse visitatores ernennet, [...] die von hauß zu hauß, keines ausgenohmen, die wohnungen durchsuchen, und die kranken auß zeichnen musten."[557]

So wurde aus den *„Ebenbildern Christi, die man [...] zur Beförderung des eigenen Seelenheils durch Almosen unterstützen musste, [...] eine soziale Gefahr"*[558]. Damit rechtfertigte man die Zwangseinlieferung der Bettler und Stadtarmen in das Lazarett, wo sie registriert und verwahrt werden konnten. Auch dies kann im Zusammenhang mit dem obrigkeitlichen Ordnungs- und Stabilisierungsbedürfnis gesehen werden, das die Regellosigkeit, welche die Seuche mit sich brachte, in jeder Hinsicht zu bekämpfen versuchte. So hielt man die

---

[555] E. S. ALKOFER: Regenspurgisches Pest- und Buß-Denckmahl, I, S. 147.
[556] Vgl. ebd., S. 146.
[557] C. EIBELHUBER: Umständliche Nachricht, S. (12-13).
[558] M. DINGES: Pest und Staat, S. 77.

unsauberen Stadtviertel und Behausungen der Armen und gleichzeitig deren unmoralischen Lebenswandel für besonders bedrohlich und versuchte, mit dieser Argumentation härtere Maßnahmen zu rechtfertigen. Den Anfang machte man bei denen, die außerhalb der Bürgergesellschaft standen.[559]

Wer es sich in der Stadt leisten konnte, ließ sich dagegen in seinem Privathaus pflegen, wie Eibelhuber berichtet:

„indessen wurden so wohl die krancken als tod[en] in besagtes pestin hauß gebracht, jenen daselbst zu pflegen, diese aber zu begraben. was aber von vermögenden in der stadt erkranckt, hielte sich seiner eygene wärterinen, und wurde gleich nachdem abschied zu nachts auf den gottes acker gebracht und zur erde bestattet. nichtsdesto weniger wurde ihnen eine leiche gehalten."[560]

In Hinsicht auf soziale Unterschiede erwies sich die Pest als sehr ambivalent. Einerseits zeitigte sie egalisierende Tendenzen, da die Verordnungen für Arme und Reiche gleichermaßen galten. In Zeiten der Seuche wurde Fehlverhalten ohne Ansehen der Person sanktioniert, da dieses die gesamte Gemeinschaft gefährdete: *„Wer Ansteckungsfälle verheimlichte oder Leichen verbarg, machte sich – egal ob arm oder reich – strafbar und wurde verfolgt".*[561] Andererseits hatten Vermögende durchaus bessere Möglichkeiten, sich wirksam vor der Pest zu schützen. Zum einen lebten sie unter besseren hygienischen Verhältnissen, was die Ansteckung erschwerte. Wer sich dennoch krank fühlte, war nicht auf die Unterbringung im Lazarett angewiesen, wo erhöhte Ansteckungsgefahr herrschte.

2.4 Die Pest in den Freien Reichsstädten Regensburg und Nürnberg im Vergleich

Um die Regensburger Pestepidemie von 1713 in einen größeren Zusammenhang einordnen zu können, bietet sich ein Vergleich mit Nürnberg an, das ebenfalls Freie Reichsstadt war und in der auch in regelmäßigen Abständen die Pestseuche wütete, zum letzten Mal ebenfalls im Jahr 1713. Zu diesem Vergleich soll die umfangreiche Forschungsarbeit von Carolin Porzelt mit dem Titel *Die Pest in Nürnberg: Leben und Herrschen in Pestzeiten in der Reichsstadt Nürnberg (1562-1713)* herangezogen werden. Diese Fallstudie behandelt die Pestgänge, die sich vom 16. bis zum 18. Jahrhundert in der Reichstadt Nürnberg und ihrem Landgebiet ereigneten. Der Untersuchungszeitraum beginnt im Jahr 1562 mit dem Beginn einer schweren Pestepidemie und endet 1713 mit dem letzten Auftreten der Seuche in dieser Region.[562] Die Schwierigkeit bei diesem Vergleich besteht darin, dass die letzte Pestepidemie in Nürnberg augenscheinlich nicht annähernd so stark um sich

---

[559] Vgl. M. DINGES: Pest und Staat, S. 96-97.
[560] C. EIBELHUBER: Umständliche Nachricht, S. (14).
[561] M. DINGES: Pest und Staat, S. 78.
[562] Vgl. C. PORZELT: Die Pest in Nürnberg, S. 16.

griff wie in Regensburg. Dies wird einerseits durch das Fehlen von Sterbezahlen für 1713 bestätigt, andererseits, dadurch dass keine näheren Informationen zum Epidemieverlauf der letzten beiden Pestgänge 1679 und 1713 vorhanden sind. Bereits im 17. Jahrhundert hatte die Epidemiefrequenz im Nürnberger Raum nicht nur abgenommen, sondern die Seuche hatte sich insgesamt bereits weniger aggressiv gezeigt als im 16. Jahrhundert. Der Nürnberger Rat erließ zwischen August 1713 und Juni 1714 Vorkehrungen zur Sicherung der städtischen Grenzen und nannte ausdrücklich Bayreuth, Regensburg, Wien und Prag als infizierte Gebiete. Demnach war das eigene Gebiet anscheinend weitaus weniger betroffen.[563]

Nichtsdestotrotz lassen sich in den beiden Reichsstädten Regensburg und Nürnberg sehr viele Gemeinsamkeiten in Hinsicht auf die Vorkehrungen zur Seuchenprävention und -bekämpfung erkennen.

Regensburg und Nürnberg weisen zwar einen markanten Unterschied in der Größe ihrer Stadtgebiete, nicht aber hinsichtlich ihrer Einwohnerzahl auf. In Regensburg lebten Ende des 18. Jahrhunderts etwa 20.000 Menschen. Während Nürnberg mit 40.000 bis 50.000 Einwohnern zur Zeit der Reformation zu den bevölkerungsreichsten Städten im gesamten Heiligen Römischen Reich neben Köln und Augsburg gehört hatte, konnte es sich im Gegensatz zu anderen Städten des Reichs von den auf den Dreißigjährigen Krieg zurückgehenden Einbußen im Laufe des 18. Jahrhunderts nicht erholen. Im Jahr 1806 kam man bei einer Volkszählung auf 25.176 Einwohner. Allerdings regierte der Nürnberger Magistrat das größte Territorium aller Reichsstädte im Reich. Porzelt betont auch die Vorreiterrolle, welche die Stadt im Übergang vom Mittelalter zur Frühen Neuzeit einnahm und die sich auch in herausragenden Leistungen auf wissenschaftlichem und künstlerischem Gebiet niederschlugen.[564] Franz J. Bauer spricht vom Nürnberg des 16. Jahrhunderts als einem *„der wirtschaftlich höchstentwickelten und potentesten und zivilisatorisch-kulturell fortschrittlichsten Gemeinwesen in Deutschland"*[565].

Die politischen Strukturen im frühneuzeitlichen Nürnberg sind eng mit denen Regensburgs verwandt, mit dem Unterschied, dass es in Regensburg keine Patrizierfamilien gab, welche die gesamte Macht in den Händen gehalten hätten.[566] In Nürnberg war diese Patrizierherrschaft stark ausgeprägt und so rekrutierten sich die Mitglieder des ‚kleinen Rates', der legislative, exekutive und judikative Gewalt zugleich ausübte und in dessen Hand auch die Hoheit über Polizei, Verkehr, Handel, Militär und Finanzen lag, ausschließlich aus den Reihen des Stadtadels. Der ‚kleine Rat' war außerdem der oberste Kirchenherr seines Territoriums, das im Jahr 1525 reformiert worden war. Innerhalb des sechsundzwanzigköpfigen ‚kleinen Rates' bildeten sieben ältere Ratsherren den ‚Geheimen Rat', der die

---

[563] Vgl. C. PORZELT: Die Pest in Nürnberg, S. 43-44 und S. 203 Fußnote 113.
[564] Vgl. ebd., S. 16 und S. 34-35.
[565] F. J. BAUER: Von Tod und Bestattung, S. 9-10.
[566] Nemitz zählt in Regensburg zwischen 1500 und 1802 317 Mitglieder des Inneren Rates, die aus 181 verschiedenen Familien stammten. Von diesen Familien stellten im genannten Zeitraum 117 nur einen einzigen Ratsherrn. Nur fünfzehn Familien gelang es, vier oder mehr Ratsmitglieder zu stellen. So kann von einer abgeschlossenen Ratsoligarchie keine Rede sein. (Vgl. J. NEMITZ: Verfassung und Verwaltung, S. 250).

Staatsgeschäfte leitete. Das Pendant zum Regensburger ‚Äußeren Rat' bildete der aus drei- bis fünfhundert Kaufleuten und Handwerkern bestehende ‚Große Rat', dessen Mitglieder vom ‚kleinen Rat' ernannt wurden und dessen Einfluss sich auf beratende und repräsentative Aufgaben beschränkte.[567] Die Parallelen zu Regensburg sind nicht schwer auszumachen. Auch hier kam dem ‚Inneren Rat', der als Pendant zum Nürnberger ‚kleinen Rat' zu sehen ist, eine bedeutende Machtfülle zu, allerdings hatte diese Ratsherrschaft nicht so eindeutig oligarchische Züge wie in Nürnberg.

Die Vorkehrungen und Maßnahmen des Magistrats zum Schutz vor beziehungsweise zur Bekämpfung der Pest stimmen weitgehend mit denen in Regensburg überein, wie anhand einiger Vergleichsschwerpunkte gezeigt werden soll.

Zunächst soll die obrigkeitliche Verordnungstätigkeit beleuchtet werden. Diese nahm, wie auch für Regensburg zu beobachten ist, in Pestzeiten stark zu. Um die Ordnung in der Stadt während eines Pestganges aufrechterhalten zu können, waren die Amtsträger in Nürnberg schon 1520 zur persönlichen Anwesenheit in Pestzeiten verpflichtet worden. Diese Regelung ließ sich jedoch in der Praxis nicht immer konsequent durchsetzen, da diejenigen, die es sich leisten konnten, bevorzugt die Flucht ergriffen. Die Ratsmitglieder, welche zum Bleiben gezwungen waren, beanspruchten für die von ihnen besetzten Behörden besondere Seuchenschutzmaßnahmen, die aus der Stadtkasse bezahlt wurden. Sie mieden die Nähe der Stadtbewohner und versorgten sich mit kostenlosen Präservativmitteln aus der Apotheke.[568] Damit waren auch hier den Angehörigen der oberen Stände bessere Voraussetzungen gegeben, sich vor der Pest zu schützen.

Die Organisation und Verwaltung des Nürnberger Pestlazaretts geschah nach dem Vorbild Venedigs. Der Nürnberger Rat hatte dafür die venezianische Lazarettordnung angefordert und ins Deutsche übersetzen lassen. Auch in Nürnberg befand sich das Pestlazarett seit dem 16. Jahrhundert vor der Stadt und wurde von eigens für Pestzeiten angeworbenem Personal versehen, das die Stadt nicht betreten durfte. Ein Bader oder Barbier übernahm gemeinsam mit dem Arzt des Heilig-Geist-Spitals die medizinische Versorgung. Für die Lebensmittelversorgung des Lazaretts waren die sogenannten ‚Einkaufer' und ‚Poßler' zuständig. Während erstere sich um den Einkauf auf dem Markt kümmerten, trugen letztere die Speisen, Getränke und Medikamente zu einem auf dem Weg zum Lazarett befindlichen Zollhaus, wo diese abgelegt und dann von den Lazarettbediensteten abgeholt wurden. Das Pendant zum Regensburger ‚Außrichter' stellte der Nürnberger ‚Aufwarter' dar. Dieser beaufsichtigte das Pestpersonal und stellte die Verbindung zum Rat her.[569] Der Vergleich mit Regensburg zeigt, dass in Pestzeiten überall die gleichen Dienste gefragt waren und dass man auch mit der Handhabung des Lazarettwesens in weitgehend ähnlicher Weise verfuhr. Wie schon für Regensburg

---

[567] Vgl. C. PORZELT: Die Pest in Nürnberg, S. 33.
[568] Vgl. ebd., S. 53-55.
[569] Vgl. ebd., S. 59-60.

gezeigt wurde, hatte auch in Nürnberg die Obrigkeit Schwierigkeiten, Freiwillige zu finden, die sich dem Umgang mit den Seuchenopfern aussetzen wollten.[570]

Um zu verhindern, dass Pestopfer ihre Erkrankung verheimlichten, schuf der Rat das Amt des ‚Schauers', der in verdächtige Häuser kam und die Kranken auf die Pest hin untersuchte. Die ‚Schau', die man sich als Zwangsuntersuchung vorzustellen hat, weil die Pestdiagnose für den Betroffenen und seine Familie äußerst negative Konsequenzen haben konnte, wurde von einem Bader- oder Barbiermeister durchgeführt. Diejenigen, die als Pestkranke eingestuft wurden, mussten von den Gesunden isoliert werden. Der Schauer hatte außerdem die Aufgabe, Verstorbene zu untersuchen und die Todesursache zu diagnostizieren. Anscheinend hat es viele Bestechungsversuche gegeben, die den Schauer dazu bringen sollten, eine andere als die Pestdiagnose zu stellen. Diese sollte die Separierung der Familie, die ‚Beschreyung' des Hauses oder das unehrenhafte Begräbnis verhindern.[571] In Regensburg entsprachen den ‚Schauern' die *Visitatores*, die ebenfalls Kranke und Leichen untersuchten.

Die vom Nürnberger Rat erlassenen sogenannten ‚Sterbsordnungen' beinhalteten größtenteils Reglementierungen und Sonderverbote, was auch für Regensburg festgestellt werden konnte. Auch hier widmeten sich die Verordnungen in erster Linie zwei übergeordneten Themengebieten, zum einen der Reinhaltung der Luft und zum anderen der Seuchenprävention. Zur Luftreinhaltung sind vier Bestimmungen des Magistrats hervorzuheben, die auch in den Regensburger Dekreten der Jahre 1713/14 zu finden sind. Als wichtigste Maßnahme nennt Porzelt für die Nürnberger Pestgänge seit dem 16. Jahrhundert die Sauberkeit der Straßen und Gassen. Abfälle und Fäkalien sollten in die beiden Flüsse der Stadt, Pegnitz und Fischbach, entsorgt werden. Genau wie in Regensburg gab es auch genaue Vorschriften zur Entsorgung von Aderlassblut und Urin der Pestkranken. Auch das Ablegen von Abfall auf den Straßen war zu Pestzeiten verboten. Die Schweinehaltung innerhalb der Stadtmauern wurde in Nürnberg bereits im Jahr 1699 generell abgeschafft.[572]

Um die Ausbreitung der Seuche einzudämmen, wurden, wie auch in Regensburg, Maßnahmen zum Ansteckungsschutz angeordnet, die sich an der Kontagionslehre orientierten. Den Pestopfern und ihren Mitbewohnern wurde auch hier Ausgangsverbot erteilt, wobei die Genesenen vier Wochen zu Hause bleiben und die Kontaktpersonen sich vierzehn Tage von allen öffentlichen Versammlungen enthalten sollten. Auch der Nürnberger Rat nannte ausdrücklich die wichtigsten Versammlungsorte wie Rathaus, Kirche, Badestuben und Wirtshäuser, die von den Bewohnern gemieden werden mussten.[573] Diese Verordnungen des Rates kamen ebenfalls dem Anspruch, die Bevölkerung zu einem gemäßigteren Lebenswandel erziehen zu wollen, entgegen.

---

[570] Vgl. C. PORZELT: Die Pest in Nürnberg, S. 64-66.

[571] Vgl. ebd., S. 77-82.

[572] Vgl. ebd., S. 70-72.

[573] Vgl. ebd., 73-75.

Wie in Regensburg war die Unterbringung im Nürnberger Lazarett kostenlos. Der Rat appellierte an die Bürgerschaft, ihre erkrankten Angehörigen und Dienstboten dorthin zu bringen, damit die Infektion in der Stadt eingedämmt werden konnte. Als Alternative zum Lazarett gab es die private Pflege. Auch in Nürnberg wurden Vorsichtsmaßnahmen im Umgang mit kontagiösen Gegenständen, vor allem mit Textilien, angeordnet. Trotz des Verbots, die Kleidung Verstorbener zu verkaufen, blühte der Altkleiderhandel, der eine zusätzliche Einkommensquelle bot. Wie Porzelt bestätigt, maß die Obrigkeit diesem Verbot große Wichtigkeit bei, da sie die Zuwiderhandlung mit hohen Strafen belegte.[574] Dies kann man auch für Regensburg bestätigen.

Zwei weitere wichtige Überschneidungen mit Regensburg können für die Nürnberger Pestzeiten festgestellt werden. Zum einen war dies der Umgang mit den an der Seuche Verstorbenen. Der Magistrat ordnete an, man solle sich von den Leichen fernhalten, und auch nicht in verdächtige Privathäuser oder ins Lazarett gehen. Jeder Hausvater solle dies seiner Familie und den Bediensteten ans Herz legen. Die Teilnehmerzahl an den Leichenbegräbnissen wurde eingeschränkt. Bereits seit dem Jahr 1562 untersagten die ‚Sterbsordnungen' den Handwerkern ihren alten Brauch, ihre Zunftgenossen selbst zu Grabe zu tragen. Zum andern schwang in den meisten Anordnungen des Nürnberger Rats der erzieherische Unterton mit, der auch die Regensburger Dekrete prägt. Auch in Nürnberg versuchte der Magistrat in Pestzeiten verstärkt, mit Hilfe sozialdisziplinierender Maßnahmen für öffentliche Ruhe und Ordnung zu sorgen. So wurden bereits im Jahr 1585 alle Tanzveranstaltungen wegen der angeblich ansteckungsförderlichen starken Erhitzung des Körpers verboten. 1600 untersagte man sogar die Tänze auf Hochzeiten, wie auch 1713 in Regensburg.[575]

Im Unterschied zu Regensburg, wo der Magistrat 1713 die Sperrung der Häuser anordnete, verschwand die als *Sequestrierung* bezeichnete Schließung der Pesthäuser in Nürnberg seit Mitte des 17. Jahrhunderts aus den obrigkeitlichen Aufzeichnungen. Der Nürnberger Rat hat nach Angaben Porzelts während keines Pestgangs die Vernichtung infizierter Güter angeordnet, außer dann, wenn es sich um die Kleidung und Bettwäsche von Kranken handelte, die diese ins Lazarett mitgenommen hatten.[576] In Regensburg dagegen ordnete der Magistrat im Dekret vom 4. September 1713 an, explizit alle von erkrankten Personen benutzten Gegenstände den Pestinträgern auszuhändigen, um diese außerhalb der Stadt verbrennen zu lassen.[577]

Hier handelte es sich allerdings um eine Einzelmaßnahme, deretwegen die Vorkehrungen des Regensburger Magistrats nicht als ‚gründlicher' bezeichnet werden können. Auch in Nürnberg ordnete der Rat eine sorgfältige Reinigung und

---

[574] Vgl. C. PORZELT: Die Pest in Nürnberg, S. 73-74.
[575] Vgl. ebd., S. 74-75.
[576] Vgl. ebd., S. 121.
[577] Vgl. Ratsdekret vom 4. September 1713, in: J. F. KEYSER: Sammlung, Nr. CLXXXVI., S. 482-483.

Räucherung von infizierten Häusern an.[578] In Bezug auf infizierte Luft und ‚Mobilien' galten dieselben Vorsichtsmaßnahmen wie in Regensburg.

Ein wesentlicher Unterschied zwischen Regensburg und Nürnberg in der Frühen Neuzeit zeigt sich in wirtschaftlicher Hinsicht, denn Nürnberg war Regensburg als bedeutende Handelsmetropole um einiges voraus. Nürnberg lebte hauptsächlich vom Export der in den städtischen Manufakturen produzierten handwerklichen und kunstgewerblichen Ware. Nürnberg war eines der bedeutendsten Fernhandelszentren des Reiches, da sich in der Stadt zwölf wichtige Handelsstraßen kreuzten. Deshalb war die Reichsstadt in hohem Maße vom Außenhandel und damit von einem funktionierendem Verkehrswesen abhängig. Eine Beschränkung des Personen- und Güterverkehrs, wie sie zu Pestzeiten vorgenommen wurde, zog deshalb schwerwiegende wirtschaftliche Konsequenzen nach sich. Porzelt weist nach, dass der Nürnberger Rat zu Beginn einer Epidemie versuchte, unauffällige Vorsorgemaßnahmen zu treffen, den Ausbruch der Seuche aber nicht offiziell bekannt gab. Damit versuchte man, den Handel so lange wie möglich aufrechtzuerhalten und damit seinen wirtschaftlichen Interessen nachzukommen, obwohl man mit dieser Strategie sowohl die eigene Bevölkerung als auch fremde Reisende gefährdete.[579] Diese Praxis scheint sehr verbreitet gewesen zu sein, denn auch der Regensburger Rat hatte 1713 zunächst versucht, den Ausbruch der Seuche zu vertuschen, um den Ruf der Stadt nicht in Frage zu stellen.

In Hinblick auf den Personen- und Güterverkehr zeigen sich zunächst Parallelen zwischen den Städten. In Nürnberg hatte sich seit dem 17. Jahrhundert ebenso wie in Regensburg das Fedensystem eingebürgert, das den eigenen Stadtbürgern die problemlose Einreise in fremde Territorien erleichterte. Um sich gegen die Einschleppung der Pest aus infizierten Gegenden schützen zu können, erhielten die Grenzwachen eine alphabetisch geordnete schriftliche Übersicht aller unter Pestverdacht stehender Orte mit dem Auftrag, den von dort Kommenden die Einreise zu verweigern. Dass die Chancen, in die Stadt zu gelangen, für Randgruppen wie Bettler und Juden noch schlechter als sonst waren, muss nicht weiter ausgeführt werden. Der Nürnberger wie der Regensburger Magistrat betrieb in Pestzeiten eine Politik der Sozialdiskriminierung.[580]

Auch für höhergestellte Bevölkerungsschichten wurden 1713 die Bedingungen für die Einreise nach Nürnberg verschärft. Der Eintrag *„mit bey sich habenden bedienten"*[581] im Gesundheitspass sollte von nun an nicht mehr akzeptiert werden. Außerdem mussten von nun an alle Stationen der Reise in den Pässen verzeichnet und jedes Nachtlager von den Grenzposten des jeweiligen Ortes bestätigt werden. Durch diese Auflage konnte das Nürnberger Wachpersonal ersehen, ob ein Reisender, der zwar aus einem unbedenklichen Gebiet kam, nicht doch durch ein Pestgebiet gekommen war. Wenn die Fede all diesen Kriterien entsprach, vermerkte

---

[578] Vgl. C. PORZELT: Die Pest in Nürnberg, S. 123.

[579] Vgl. ebd., S. 125-126.

[580] Vgl. ebd., S. 138-140.

[581] StadtAN, Rep. B19, Nr. 209 ("Specificatio. Derer inficirt und der inficirt angrenzenden Lande und Orte"), zitiert nach: Ebd., S. 129.

der Torwächter auf dem Pass die Einreise nach Nürnberg und händigte dem Reisenden eine Aufenthaltsgenehmigung aus, die als ‚Bollete' bezeichnet wurde. Diese entsprach den Regensburger ‚Nachtzetteln'. Wer sich ohne ‚Bollete' in der Stadt aufhielt und erwischt wurde, wurde bestraft. Die Herbergswirte durften, wie auch in Regensburg, niemand ohne Nachweis einquartieren, sonst wurden sie mit einer Geldbuße belegt. Sie waren angewiesen, die ‚Bolleten' der Reisenden dem ‚Contagions-Amt' zukommen zu lassen. Sogenannte *„Profos"*[582] wurden zur Kontrolle der in den Wirtshäusern verkehrenden Fremden in den Dienst der Stadt gestellt. Auch Privatpersonen, die bei Bekannten oder Freunden einquartiert waren, waren der Meldepflicht unterworfen. In Seuchenzeiten war eine solche Unterbringung untersagt.[583] Dieselben Melderegelungen erließ auch der Regensburger Rat.

Auch das ‚Bannisieren' verdächtiger Orte war in Nürnberg seit dem 17. Jahrhundert gebräuchlich. Im Jahr 1666 wurde erstmals ein Mandat verkündet, das das Einreiseverbot für Bannisierte festlegte. Bei Zuwiderhandlung wurde eine Gefängnisstrafe angedroht. Dagegen wurde im 18. Jahrhundert die Todesstrafe für Bannbrecher eingeführt.[584] So kann man zu Beginn des 18. Jahrhunderts eine eindeutige Sensibilisierung auf dem Gebiet der Seuchenprävention erkennen, die sich in beiden Städten in strengeren Einreisebedingungen und in verschärften Strafen für Bannbrecher niederschlugen.

Um die Stadt vor den eigenen Kaufleuten, wenn diese aus bannisiertem Gebiet zurückkehrten, zu schützen, führte man, wie auch in Regensburg, die Quarantäne für Personen und Handelswaren ein. Der ‚Kontumaz' konnten sich jedoch auch fremde Reisende unterziehen, die keine Fede mit sich führten, von denen man aber annahm, dass sie aus gesundem Gebiet kamen. Sie dauerte in der Regel vier bis sechs Wochen, für die eigenen Kaufleute meistens aber nur 15 bis 20 Tage. Fremde aus Pestgebieten wurden gar nicht erst in die Quarantänestationen gelassen, sondern gleich abgewiesen. Händler, die sich auf der Durchreise befanden, wurden bereits zwei Meilen vor den Stadttoren aufgehalten und veranlasst, die Stadt in einem gewissen Abstand zu umfahren. Die Quarantänestationen für Reisende und Waren waren seit der Mitte des 16. Jahrhunderts außerhalb von Nürnberg, in der Hoffnung, von anderen Städten nun nicht mehr bannisiert zu werden und damit weiterhin ungehindert Handel treiben zu können, eingerichtet worden.[585]

Auch in Nürnberg gab es Einfuhrverbote für bestimmte Waren aus infizierten Gegenden. Im 16. Jahrhundert verhängte man diese, wenn in Nürnberg die Pest herrschte oder man sich von der Seuche bedroht sah. Besonderes Augenmerk lag auf kritischen Produkten wie Federn und Kleidern. Mit der Einführung der Feden wurde die Einfuhr von Waren aus infizierten Gebieten generell verboten. Der illegale Import verbotener Waren blieb trotzdem ein Problem, das die Verantwortlichen durch hohe Strafen zu beseitigen suchten. Im Jahr 1713 drohte

---

[582] C. PORZELT: Die Pest in Nürnberg, S. 129.
[583] Vgl. ebd., 128-129.
[584] Vgl. ebd., S. 130-131.
[585] Vgl. ebd., S. 130-133.

ein Mandat des Fränkischen Kreises, alle verbotenen Waren, die in die Stadt geschmuggelt wurden, zu verbrennen und die Zugtiere zu erschießen. Die von eigenen Kaufleuten oder von fremden Händlern ohne Frachtpapiere mitgebrachten Waren mussten, wie auch ihre Besitzer, der Quarantäne unterzogen werden. Gleichzeitig mit den Gesundheitspässen für Personen waren Frachtpapiere für Waren eingeführt worden, die die Kaufleute in der Kanzlei ihres Ausgangsortes ausstellen lassen konnten. In der ‚Warenkontumaz' wurden die Güter je nach ‚Gefährlichkeit' beziehungsweise Verderblichkeit drei bis einundzwanzig Tage gelagert. Das Zurückhalten der Waren erregte den Zorn der Händler, die sich im Jahr 1666 sogar mit Schadensersatzforderungen an die Stadt wandten.

Gerade in Hinblick auf Einreise- und Quarantänevorschriften zeigt sich beim Nürnberger Magistrat eine umfassende gesetzgeberische Tätigkeit. Zwar beschränkte auch die Reichsstadt Regensburg den Personen- und Güterverkehr in ihr Stadtgebiet, doch dürfte Nürnberg auf diesem Gebiet wohl eine Vorreiterrolle eingenommen und striktere Einzelbestimmungen erlassen haben. Dies lässt sich vor allem mit der Rolle Nürnbergs als wichtiges Handelszentrum begründen, das Regensburg in dieser Hinsicht weit voraus war und somit besonders auf Präventionsmaßnahmen gegen Seuchen bedacht war. In Nürnberg lässt sich im späten 17. und im 18. Jahrhundert eine Verschärfung der Vorschriften beobachten. Wie auch für Regensburg gezeigt werden konnte, wurden diese Maßnahmen zur Seuchenprävention von der Bevölkerung nicht immer befolgt, weil sie bei ihr häufig auf Unverständnis stießen.

Der Großteil der Menschen glaubte an den Zorn Gottes als Auslöser der Pestseuche und besann sich auf religiöse Übungen. Porzelt berichtet, dass in Nürnberg protestantische Gläubige die von der Obrigkeit abgeschaffte Heiligenverehrung auch noch Jahrzehnte nach der Reformation in Pestzeiten wieder aufnahmen.[586] In diesem Zusammenhang ergaben sich ähnliche Probleme wie in Regensburg. Die Geistlichen fürchteten, sich bei der Beichte anzustecken und die Messdiener wurden angehalten, Rauchwerk in der Kirche zu verbrennen. Als Präventivmaßnahme wurde die Predigt auf höchstens eine halbe Stunde abgekürzt, kirchliche Feiern in Pestzeiten eingeschränkt. Seit der zweiten Hälfte des 16. Jahrhunderts arbeiteten Kirche und Obrigkeit in Nürnberg nicht mehr wie vorher zusammen, indem beispielsweise die Pfarrer von der Kanzel aus zur Nutzung des Lazaretts aufriefen, und der Rat ordnete seit dieser Zeit auch keine Gebete und Bittprozessionen mehr an. Porzelt sieht darin Säkularisierungs- und Rationalisierungstendenzen, die in Pestzeiten trotz der Hinwendung zum Glauben und seinen Ritualen sichtbar wurden. In dieser Hinsicht besteht ein gravierender Unterschied zu Regensburg, wo der Magistrat zwei „*Danck- und Freuden-Fest[e]*"[587] anordnete, um das Ende der Pest mit einer religiösen Feierlichkeit zu begehen. Aber auch der Nürnberger Rat verzichtete nicht darauf, in seinen Verordnungen auf die Notwendigkeit eines christlichen Lebenswandels

---

[586] Vgl. C. PORZELT: Die Pest in Nürnberg, S. 165.
[587] E. S. ALKOFER: Regenspurgisches Pest- und Buß-Denckmahl, II, S. 28.

hinzuweisen. Gemeinsam ist den beiden Städten, dass die Maßnahmen zur Seuchenprävention über die Glaubensübungen gestellt wurden.[588]

Das Medizinalwesen war in Nürnberg ähnlich konzipiert wie in Regensburg, mit der üblichen Einteilung des Heilpersonals in approbierte Ärzte, obrigkeitlich anerkannte und nicht zugelassene Heiler. Seit dem 16. Jahrhundert konnten die Akademikerärzte ihren Einfluss stetig ausbauen, nicht zuletzt dadurch, dass sie die Obrigkeit in medizinischen Fragen berieten und bald auch während Pestgängen regelmäßig Regimente zur Information der Bevölkerung verfassten. Die approbierten Ärzte bemühten sich, ihre Dominanz über die anderen Berufsgruppen auszubauen. Man bemühte sich insbesondere darum, die Wundärzte von der Kontrolle der Ärzte abhängig zu machen und zu verhindern, dass sie selbständig arbeiten konnten. Bereits im Jahr 1592 wurde ein *Collegium Medicum* gegründet. Damit war Nürnberg die vierte Stadt im deutschsprachigen Gebiet mit einem offiziellen Ärzteverband, der als städtische Behörde fungierte. Wie auch in Regensburg dominierte in Nürnberg der Magistrat das *Collegium Medicum*, indem er die sogenannten ‚Deputierten zum Collegio Medico' zu allen Sitzungen entsandte und durch diese Kontrollmaßnahme verhinderte, dass die Berufsvertretung der Ärzte allzu einflussreich wurde. Wie in Regensburg visitierten die Ärzte alle in der Stadt niedergelassenen Apotheken und behielten die Aufsicht über diese auch, als sich im Jahr 1632 die Apotheker zum *Collegium Pharmaceuticum* zusammenschlossen, denn der Dekan des *Collegium Medicum* stand dem Standesorgan der Apotheker vor. Die Wundärzte legten ihre Prüfung vor dem Kollegium ab, das in Pestzeiten auch die Tauglichkeit eines Baders oder Barbiers als Pestmedicus beurteilte. Fremde Ärzte oder reisende ‚Heiler' mussten sich ebenfalls einer Prüfung unterziehen, um eine Aufenthalts- oder Arbeitsgenehmigung zu erhalten. Wie in Regensburg fand auch hier eine Verlagerung der Kompetenz zu Gunsten der Akademikerärzte statt. Das *Collegium Medicum* wurde von den Ärzten bewusst instrumentalisiert, um seine Dominanz über die anderen Berufsgruppen zu verstärken.[589]

Im Jahr 1592 erschien außerdem eine Medizinalordnung, die nach dem Entwurf des Italienkenners und Arztes Joachim Cammerarius aus dem Jahr 1571 gestaltet wurde. Damit erweist dieser sich als Vorläufer der späteren aufgeklärten ‚Medizinalpolizisten'. In der Medizinalordnung wurde der Aufbau des Kollegiums, die Pflichten seiner Mitglieder und die Ordnungen für alle in der Stadt existierenden Heilberufe festgeschrieben. Sie wurde in den Jahren 1624, 1652 und 1700 jeweils neu aufgelegt. In Regensburg erfolgte die Gründung eines Medizinalkollegs erst knappe hundert Jahre später im Jahr 1687.[590]

Wie für Regensburg beschrieben wurde, waren auch die therapeutischen Mittel der Nürnberger Ärzte nicht besonders innovativ. Allerdings schlugen sie bereits im Jahr 1584 vor, einreisende Personen und Güter zu kontrollieren, was eine für diese Zeit äußerst vorausschauende Empfehlung darstellt. In Pestzeiten verordnete man

---

[588] Vgl. C. PORZELT: Die Pest in Nürnberg, S. 166-169.
[589] Vgl. ebd., S. 151-154.
[590] Vgl. ebd., S. 153.

jedoch altbekannte Arzneien wie den Theriak und griff ebenfalls auf den Aderlass zurück. Porzelt weist darauf hin, dass in Nürnberg die Abbildungen von Aderlassmännchen aus den ärztlichen Pestregimentern bereits Ende des 16. Jahrhunderts verschwanden, da die Ärzte zu dem Schluss gelangten, dass nur ein erfahrener Mediziner diese Behandlung vornehmen könne. Die Anweisungen zur Selbstkurierung wurden durch den Hinweis ersetzt, dass ein Arzt aufgesucht werden sollte. Damit war in diesem Fall bereits im 16. Jahrhundert eine fortschreitende Dominanz der Ärzte spürbar.[591]

Doch auch in Nürnberg zeigten sich seit dem 17. Jahrhundert Veränderungen in der Pesttherapie, die sich zusehends auf eigene Beobachtungen und Schlussfolgerungen stützte. Methoden wie das Schröpfen, Purgieren und Schwitzen und Desinfektionsmittel wie Schwefel und Essig gewannen die Oberhand. Die medizinischen Pesttherapien verschiedener Städte können allerdings nur schwer miteinander verglichen werden, da sie stark von der Innovationsfreudigkeit der jeweiligen Ärzte abhängig waren. Es kann allerdings vermutet werden, dass Nürnberg Regensburg auf medizinischem Gebiet voraus war, wie die sehr frühe Einrichtung des *Collegium Medicum*, der gleichzeitige Erlass der Medizinalordnung und die vielfältigen Kontakte mit italienischen Stadtstaaten, welche in medizinischer Hinsicht einen erheblichen Entwicklungsvorsprung gegenüber dem Heiligen Römischen Reich aufwiesen, belegen.[592] Insgesamt kann man die Seuchen- und Gesundheitspolitik Nürnbergs als sehr fortschrittlich beurteilen. So gab es bereits im 16. Jahrhundert Ansätze einer medizinischen ‚Polizey', die das öffentliche Gesundheitswesen thematisierte. Während der Aufklärungszeit ließen diese Bestrebungen nach Einschätzung Porzelts allerdings stark nach, was beispielsweise daran zu erkennen ist, dass es keine zeitgemäße Krankenanstalt gab.[593]

2.5 Schlussbemerkung

Die Pest zeitigte überall dort, wo sie sich ausbreitete, verheerende Folgen. Sie griff tief in den Alltag der Menschen ein, indem sie nicht nur zahllose Opfer forderte und die Bevölkerung so mancher Stadt und so manchen Staates erheblich dezimierte, sondern vor allem das städtische Leben stark veränderte. Durch die Flucht vieler Amtsträger und Standespersonen wurde das gesellschaftliche und soziale Gefüge massiv gestört. Die Städte waren von den Seuchen härter als die ländlichen Gegenden betroffen, da sie auch in wirtschaftlicher Hinsicht die Dreh- und Angelpunkte darstellten und sich der Zusammenbruch von Handel und Verkehr hier am ehesten durch steigende Armut und Arbeitslosigkeit bemerkbar machte.

---

[591] Vgl. C. PORZELT: Die Pest in Nürnberg, S. 162.
[592] Vgl. ebd., S. 157-160.
[593] Vgl. ebd., S. 176.

Darüber hinaus bedeutete die Bereitstellung von Medikamenten, Pflege- und sonstigem Personal für die Obrigkeiten eine gewaltige finanzielle Belastung.[594]

Durch die Pestepidemien wurde eine umfangreiche gesetzgeberische Tätigkeit auf dem Gebiet der Hygiene ausgelöst. Dies beweist, dass in der Frühen Neuzeit bereits das Bewusstsein für den Zusammenhang von gestiegenen hygienischen Standards und verbesserter Gesundheitsvorsorge existierte. Der Vergleich der beiden Reichstädte Regensburg und Nürnberg zeigt, dass die Obrigkeiten in Pestzeiten weitestgehend ähnliche Verordnungen erließen, die auf gleichen Vorstellungen von den Übertragungswegen der Seuche beruhten. In Hinblick auf die Seuchenprävention waren vor allem Maßnahmen zur Reinhaltung von Luft und Wohnräumen, aber auch des öffentlichen Raums gefragt. Eines der wichtigsten Anliegen des Magistrats war dabei die ordnungsgemäße Beseitigung beziehungsweise Desinfektion kontagiöser Gegenstände. Verstöße gegen die obrigkeitlichen Verordnungen waren stets mit strengen Strafen verbunden. Im Falle einer bereits erfolgten Ansteckung setzte man auf Separierung und Ausgrenzung.

An der Entstehung eines obrigkeitlich verordneten, öffentlichen Gesundheitswesens hatten auch die approbierten Ärzte wesentlichen Anteil, indem sie ihr medizinisches Expertenwissen zur Gesundheitsvorsorge einbrachten. Gerade in Pestzeiten gewannen sie als Berater in Seuchenfragen an Bedeutung, weshalb sie ihrem Stand gegenüber dem nicht akademisch gebildeten Heilpersonal größeres Gewicht verleihen konnten. Das Medizinalwesen wurde normiert und zentralisiert. Ansätze zu einem öffentlichen Gesundheitswesen bestanden in der Institutionenbildung wie der Anstellung von Stadtärzten, der Konstituierung von Medizinalkollegien oder der Organisation von Pflege- und Reinigungsdiensten. Diese Entwicklung kann sowohl für Regensburg als auch für Nürnberg bestätigt werden. Die obrigkeitlichen Vor- und Fürsorgemaßnahmen wurden definitiv durch die Epidemien hervorgerufen. So brachten die Seuchen den Prozess der Verstaatlichung voran, indem sie das Funktionieren von Herrschaft in Notzeiten auf die Probe stellten.[595]

Sowohl die Kontagiumtheorie als auch das religiöse Ansteckungskonzept ermöglichten die soziale Kontrolle der Menschen im Herrschaftsraum und die Erziehung zu einem gemäßigten und disziplinierten Verhalten. Die ständig wiederholten angeblichen Ausschweifungen mussten als Auslöser für die Pest herhalten, da diese in den Augen der Obrigkeiten eine Gefahr für die öffentliche Ordnung darstellten. Wie sowohl das Regensburger als auch das Nürnberger Beispiel zeigt, instrumentalisierten die Regierenden der Frühen Neuzeit die Ausnahmesituation der Pest auch für ihre eigenen Interessen, indem sie versuchten, die individuelle Bewegungsfreiheit einzuschränken. Damit trugen die Maßnahmen des Magistrats zur Umwandlung der Stadt zum Foucaultschen ‚Disziplinarraum' bei. Die Disziplinierungsmaschinerie lief in Pestzeiten auf Hochtouren und nichts und niemand konnte sich vor ihr verbergen. Wer sich gegen obrigkeitliche Zwangsmaßnahmen wie Untersuchung, Registrierung, Separierung und das

---

[594] Vgl. C. PORZELT: Die Pest in Nürnberg, S. 171.
[595] Vgl. ebd., S. 177.

Eindringen in die Privatsphäre wehrte, wurde bezichtigt, der Gemeinschaft zu schaden. Den Standespersonen beließ man bis zu einem gewissen Grad Vorrechte, wie zum Beispiel Privatpflege oder Erleichterung der Flucht aus der Stadt, während gleichzeitig gesellschaftliche Randgruppen und Minderheiten nicht nur abgewiesen und diskriminiert, sondern, wie im Falle der Juden, gezielt vertrieben und verfolgt wurden. Sie mussten als ‚Sündenböcke' herhalten, wenn die Obrigkeiten keine Erfolge in der Pestbekämpfung erzielen konnten.

Bei der verstärkten Verordnungstätigkeit der Obrigkeiten in Pestzeiten, wie für Regensburg und Nürnberg belegt ist, griff man häufig auf bekannte Maßnahmen und bewährte Mittel zurück, die schon in vorherigen Pestgängen angewandt worden waren. Martin Dinges warnt allerdings davor, solche Erfahrungen überzubewerten, da er zu bedenken gibt, die Pest sei nicht überall als kontinuierliches Phänomen wahrgenommen worden, da schwere Pestepidemien mit einer Sterblichkeitsrate von vierzig Prozent in Europa nur jede zweite oder dritte Generation betrafen, weshalb *„der Lernprozeß diskontinuierlich [verlief] und [...] immer wieder vom Vergessen bedroht [war]"*[596]. Die Interessen der maßgeblichen Akteure mussten nach seiner Ansicht in jeder einzelnen Pestepidemie aufs Neue ausgehandelt werden.[597]

Im europäischen Wirtschaftsraum kann man seit der Mitte des 17. Jahrhunderts die Ausbreitung eines Systems von Gesundheitspässen und Aufenthaltsgenehmigungen beobachten, durch die die eigenen Kaufleute und damit die Wirtschaftskraft geschützt und die Kontrolle des eigenen Herrschaftsgebietes vereinfacht wurde. Dies lässt auf ein gewisses Maß an Kooperation und Kommunikation schließen.[598] Wie für Regensburg und Nürnberg gezeigt wurde, gab es neben Informationen über Ort und Zeitpunkt der Epidemie einen Austausch von Medizinal-, Pest- oder Bettelordnungen und damit eine überregionale Zusammenarbeit zwischen Städten oder Territorien. Hatte die Verordnung einer Stadt eine überregionale Bekanntheit erlangt, wurde sie häufig zur Nachahmung angefordert. In der Zeit nach 1700 sprach man die bei der Pest zu ergreifenden Maßnahmen im eigenen Herrschaftsgebiet zunehmend mit den Nachbarn ab.[599]

---

[596] M. DINGES: Pest und Staat, S. 82.
[597] Vgl. ebd.
[598] Vgl. C. PORZELT: Die Pest in Nürnberg, S. 174.
[599] Gumpelzhaimer berichtet für Regensburg, dass im Jahr 1720 ein Kreismandat die Obrigkeiten auf eine Pestepidemie in Frankreich aufmerksam machte und *„schon Vorkehrungen wegen Waarenzeugnissen und Pässen getroffen, Bürgeroffiziere an die Thore beordnet und das Prebrunnerthürl ganz geschlossen, sowie das Hausieren mit Butten verboten"* hatte (J. C. GUMPELZHAIMER: Regensburgs Geschichte. Bd. III, S. 1552). Ein Dekret aus dem Jahr 1738 zeigt, dass der Regensburger Magistrat auch 25 Jahre nach der letzten Pestepidemie Vorsorgemaßnahmen traf, wenn die Kunde vom Ausbruch einer Seuche die Stadt erreichte. So herrschte anscheinend *„im Fürstenthum Siebenbuergen, [im] Temeswarer Bannat, und eine[m] Theil des Koenigreichs Ungarn"* (Ratsdekret vom 11. Dezember 1738, in: J. F. KEYSER: Sammlung, Nr. CCXXVI., S. 627) die Pest oder zumindest eine andere epidemische Krankheit. Der Rat ordnete an, dass die von anderen Orten nach Regensburg gebrachten Waren einer strengen Kontrolle unterzogen werden sollten. Sie durften nur mit einem *„Obrigkeitlich authentischen Attestatis versehen, wo sie fabricirt, oder urspruenglich gepackt worden, oder wo sie Quarantaine ausgehalten"* (ebd.) in die Stadt gebracht werden. Im Gegenzug dazu durften einheimische Waren nur mit einer Fede versehen die Stadt verlassen. Fremde Reisende wurden nur mit einem Gesundheitspass eingelassen, während die

Regensburg bildete, was den Austausch mit anderen Gebieten betrifft, eine Ausnahme, da man wegen des dortigen Reichstags ohnehin über die Region hinaus daran interessiert war, dass die Stadt nicht von einer ansteckenden Seuche heimgesucht wurde.

Die Reaktion der Bevölkerung auf die ratsherrlichen Verordnungen kann aus deren regelmäßiger Wiederholung erahnt werden. Man kann davon ausgehen, dass gewisse Bestimmungen die Bevölkerung besonders hart trafen, Unverständnis hervorriefen und deshalb nicht befolgt wurden. Rigorose Quarantänemaßnahmen zogen oft existenzgefährdende Konsequenzen vor allem für die Unterschicht nach sich. Die obrigkeitliche Pestpolitik griff somit stark in den Alltag der Menschen ein und kriminalisierte Praktiken, die vorher als normal galten. Wer weiterhin seiner Arbeit nachgehen oder den verstorbenen Angehörigen würdig begraben wollte, musste sich in die Illegalität begeben, indem er sich der Bestechung oder der Lüge und Vertuschung schuldig machte. Dabei blieben, wie Dinges betont, die von den Obrigkeiten nach außen hin vertretenen *„abstrakte[n] Gemeinwohlkategorien"*[600] wahrscheinlich außerhalb des Horizonts der Akteure, in den meisten Fällen wurden diese aber den familiären Solidaritäten untergeordnet. Dinges kritisiert, dieser Konflikt zwischen den Prioritäten der Obrigkeit und denen des Individuums beziehungsweise der Familie habe sich in der Literatur über die Pest in einer Kritik an der mangelnden Einsicht der Bevölkerung und der Stilisierung einer vorausschauenden Obrigkeit niedergeschlagen. Eine solche Bewertung lässt auf mangelndes Verständnis der vormodernen Gesellschaftsauffassung schließen. Dabei wird auch nicht ausreichend berücksichtigt, dass die Pestordnungen ‚normales' Verhalten völlig umwerteten und somit den Alltag der Menschen politisierten.[601] Auch insofern beeinflussten die Epidemien die Herausbildung neuartiger Herrschaftsstrukturen in der Frühen Neuzeit. Den Seuchen kommt dabei zwar nicht die Rolle eines eigenständigen Akteurs zu, wie Dinges in Abgrenzung zu einigen Forschungsarbeiten mit der Aussage ‚Seuchen machen Geschichte' betont, sondern sie verändern einerseits radikal den Erfahrungshorizont einer Gesellschaft und beeinflussen andererseits im Ansatz schon vorhandene Prozesse.[602] Auf Regensburg bezogen kann man feststellen, dass die Kontrolle des Magistrats über die Stadtbewohner während der Pest von 1713/14 beträchtlich ausgeweitet wurde. Insofern ist anzunehmen, dass Pestzeiten zugleich Zeiten beschleunigter Sozialdisziplinierung darstellten, auch wenn eine Reihe von Polizeimaßnahmen nach dem Ende der Seuche wieder zurück gefahren

---

Wachposten angehalten wurden, Bettler und vor allem Juden gänzlich abzuweisen. Obwohl die Pest zu dieser Zeit aus Mitteleuropa weitgehend verschwunden war, fürchteten die Zeitgenossen noch lange ihre Wiederkehr.

[600] M. DINGES: Pest und Staat, S. 87.
[601] Vgl. ebd., S. 87-88.
[602] Vgl. ebd., S. 81.

wurden. Die Professionalisierung des Gesundheitswesens und die Dominanz der approbierten Ärzte sind zwei weitere Faktoren, die von der Pest beschleunigt wurden. Andererseits bewirkten die Seuchen, dass sich Bevölkerungsentwicklung, wirtschaftliche Spielräume und kultureller beziehungsweise wissenschaftlicher Austausch verringerten.

3. Hygiene im städtischen Alltag: Abfall und Abwasser, reichsstädtisches Reinigungspersonal und bauliche Maßnahmen zur Verbesserung der Luft

Das folgende Kapitel behandelt an ausgewählten Beispielen die hygienische Situation der Freien Reichsstadt Regensburg. Dabei sollen sowohl die Bemühungen des Magistrats während des gesamten 18. Jahrhunderts, von denen die Ratsdekrete zeugen, aufgezeigt werden, als auch die mit dem Ende des 18. Jahrhunderts neu aufkommenden Ideen der Städtereinigung und der gesundheitsbewussten baulichen Gestaltung der Stadt und deren Umsetzung in Regensburg skizziert werden.

3.1 Die Städtereinigungstheorie der Medizinischen Polizei

Bereits seit dem Mittelalter waren die Obrigkeiten zunehmend gezwungen, die Abfallbeseitigung zu organisieren, die Viehhaltung zu reglementieren und sich der Seuchenprävention anzunehmen.[603] Seit dem 16. Jahrhundert hatten die Ärzte einen verhängnisvollen Zusammenhang von städtischem Raum und Krankheit erkannt. Das ‚humorpathologische Gefahrenmodell' spielte hier bereits eine wesentliche Rolle.[604] Zwischen dem 16. und der ersten Hälfte des 18. Jahrhunderts veränderten sich die obrigkeitlichen Verordnungen zum Thema Städtereinigung hingegen kaum. Die Regensburger Ratsdekrete weisen manchmal sogar über viele Jahrzehnte hinweg dieselben Formulierungen auf. Frey nimmt an, dass erst in der zweiten Hälfte des 18. Jahrhunderts, als man sich vermehrt um die Reinlichkeit des Körpers sorgte, auch der Städtereinigung mehr Aufmerksamkeit zuteil wurde. In den Maßnahmen, welche die Publizisten der Medizinischen Polizei diesbezüglich vorschlugen, zeigte sich die von ihnen entwickelte öffentliche Perspektive, die als ein wichtiger Schritt im kulturellen Modernisierungsprozess angesehen werden kann, weil sie ein neues Kapitel der modernen öffentlichen Gesundheitspflege einleitete. Bei den angesprochenen Themen ging es um die Sauberkeit der Arbeitsstätten und Wohnungen, die Entsorgung von Abfall und Abwasser, die Vorkehrungen zur Reinhaltung der Luft, die Gewährleistung der Luftzirkulation in der Stadt sowie das Sauberhalten der Straßen und Plätze. Nicht zuletzt sollte die

---

[603] Vgl. B. SCHNEIDMÜLLER: Städtische Umweltgesetzgebung, S. 119-121.
[604] Vgl. M. FREY: Der reinliche Bürger, S. 83.

Ansteckungsgefahr, die von den in Kirchen und auf innerstädtischen Kirchhöfen begrabenen Leichen ausging, gebannt werden.[605]

Johann Peter Frank machte in typischer Aufklärermanier die *„Folgen des Luxus"*[606] der städtischen Wohnungen für die hohe Sterblichkeit in den Städten verantwortlich. Seiner Ansicht nach sei *„ein Land immer um soviel ungesuender [...], je groeßer das Verhaeltniß seiner Staedte zu dem Lande ist, und je hoeher der Aufwand im Bauen da steigt, wo einem jeden Einwohner soviel daran gelegen ist, daß ihm sein Nachbar nicht das zum Schnaufen noethige bischen Luft verbaue oder vergifte."*[607]

Hufeland nennt das enge Zusammenleben der Menschen in großen Städten *„eines der groeßten Verkuerzungsmittel des menschlichen Lebens"*[608]. Als Beweis dafür führt er eine angeblich höhere Mortalitätsrate in den Städten im Vergleich zu ländlichen Gegenden an: *„In Wien, Paris, London und Amsterdam, stirbt der 20ste bis 23ste Mensch, waehrend daß rund herum, auf dem Lande, nur der 30ste oder 40ste stirbt."*[609] Die Behauptung, die Sterblichkeit in den Städten sei weitaus höher als anderswo, ist als eine Stereotype anzusehen, die sich auch in vielen anderen medizinalpolizeilichen Schriften wiederfindet.[610]

Die Gefährlichkeit der Städte für den Menschen leitete sich für Hufeland und seine Standesgenossen aus zwei Gründen ab, nämlich aus den Ausdünstungen der anderen Menschen sowie ihren moralischen Verfehlungen.[611]

Die Stadtluft wurde von den Vertretern der Medizinischen Polizei einstimmig als äußerst bedenklich eingestuft. Tatsächlich war es in der Frühen Neuzeit wohl nicht unbedingt gesundheitsfördernd, in einer größeren Stadt zu leben. Die Dekrete der Freien Reichsstadt Regensburg, die sich mit Themen wie Abfall-, Abwasser- und Tierkörperbeseitigung, wilden Mülhalden, Luft- und Wasserverschmutzung, Viehhaltung und Straßenreinigung befassen, zeichnen ein anschauliches Bild der

---

[605] Vgl. M. FREY: Der reinliche Bürger, S. 143-146.
[606] J. P. FRANK: System, Bd. 3. Wien 1787, S. 832.
[607] Ebd.
[608] C. W. VON HUFELAND: Die Kunst, Bd. 2., S. 25.
[609] Ebd.
[610] Diese Behauptung findet sich auch bei Z. G. HUSZTY: Diskurs I, S. 331 und E. B. G. HEBENSTREIT: Lehrsaetze, S. 21.
[611] *„Die Feuchtigkeit, oder, wie mans gewoehnlich nennt, die Dickheit der Luft ists nicht allein, was sie so schaedlich macht, sondern die Animalisation, die sie durch so viele auf einander gehaeufte Menschen bekommt. Man kann hoechstens viermal die naemliche Luft einathmen, so wird sie durch den Menschen selbst aus dem schoensten Erhaltungsmittel des Lebens in das toedtlichste Gift verwandelt. Nun denke man sich die Luft an einem so ungeheuren Orte; hier ist es physisch unmoeglich, daß einer, der in der Mitte wohnt, einen Athemzug von Luft thun sollte, die nicht schon kurz vorher in der Lunge eines andern verweilt haette. Dieß giebt eine allgemeine schleichende Vergiftung, die nothwendig die Lebensdauer im Ganzen verkuerzen muß. – Wer es also kann, meide den Aufenthalt in großen Staedten; sie sind offne Graeber der Menschheit, und zwar nicht allein im physischen, sondern auch im moralischen Sinn. Selbst in mittlern Staedten, wo vielleicht die Strassen etwas enge sind, suche man immer lieber eine Wohnung an der Aussenseite der Stadt, und wenigstens ist es Pflicht, alle Tage eine halbe oder ganze Stunde lang, die Stadtatmosphaere ganz zu verlassen, in der einzigen Absicht, um einmal reine Luft zu trinken."* (C. W. VON HUFELAND: Die Kunst, Bd. 2., S. 25-26). Vgl. auch E. B. G. HEBENSTREIT: Lehrsaetze, S. 21.

hygienischen Situation im städtischen Alltag. Vieles, was in der Gegenwart zu verbindlichen Standards gehört, musste in der frühneuzeitlichen Stadt erst geregelt werden. Die Verordnungen, die im Zusammenhang mit stadthygienischen Maßnahmen erlassen wurden, trugen zudem häufig sozialdisziplinatorische Züge. Die Obrigkeit versuchte, die Stadtbewohner an bestimmte Verhaltensnormen zu gewöhnen, die sie selbst als erstrebenswert ansah. Mit Corbin kann man annehmen, dass Schmutz und Unrat die bürgerliche Ordnung bedrohte, Sauberkeit und Wohlgeruch jedoch Stabilität verhießen.[612] Die Obrigkeit ging aber nicht nur gegen Schmutz und Gestank, sondern auch gegen Bettelei und ‚Ausschweifungen' vor, was, wie auch die Ermahnungen zur Sauberkeit, ebenfalls in die Kategorie der Verhaltensnormierung fällt.[613]

Der erste, der ausführlich das Städtewesen in seine Arbeit integrierte und dieses sogar eingehender behandelte als Johann Peter Frank[614], war der Leipziger Medizinprofessor Ernst Benjamin Gottlieb Hebenstreit, der seine *Lehrsätze der medicinischen Polizeywissenschaft* im Jahr 1791 veröffentlichte. Darin sprach er zahlreiche Aspekte der städtischen Hygiene an. Ein wichtiges Thema war die Straßenreinigung:

> *„Es darf durchaus niemand gestattet werden, Mist, Kehricht, Abgaenge aus Kuechen und Werkstaetten, Aeser von Thieren u.dgl. aus den Haeusern auf die Straßen zu werfen. Ordnung, Reinlichkeit und Aufmerksamkeit auf die Gesundheit der Luft erfordern, dass aller dergleichen Unrath oefters an bestimmten Tagen aus den Haeusern abgeholt, und zu den Thoren hinausgeschafft werde."*[615]

Der Unrat barg nach Ansicht der Medizinalpolizisten gefährliche Miasmen, deren Ausdünstungen die Luft verunreinigten.

Doch die Sauberkeit des Lebensraums Stadt lag aufgeklärten Geistern auch aus anderen Gründen am Herzen: *„Die Gassen sind für eine Stadt das, was die Lungen für den menschlichen Körper"*[616], schrieb Huszty in seinem *Diskurs über die medizinische Polizei*. Diese Körpermetapher veranschaulicht eine neue Sicht auf die Stadt, denn diese war nicht mehr lediglich Wohnort oder Umschlagsplatz für Waren, *„sondern [galt] als Zentrum der bürgerlichen Kultur und als ein*

---

[612] Vgl. A. CORBIN: Pesthauch und Blütenduft, S. 13.

[613] Die Medizinische Polizei sah das Bettelwesen als eine Gefahr für die Gesellschaft an. So schrieb beispielsweise Huszty zu diesem Thema: *„Die Ursachen der Unreinigkeit der Luft in Städten können [...] auch in dem eigenthümlichen Karakter gewisser Klassen des Volks gefunden werden. Bettler, oder arme Leute, die zwar nicht betteln, aber ihr Brod doch kümmerlich erwerben müssen, und die Juden rechne ich hieher. Bei jeder dieser drei Klassen ist die Noth der nächste Grund zur Unsauberkeit und Unflätherei."* (Z. G. HUSZTY, I, S. 354) Huszty sah es als die Aufgabe einer wohlorganisierten Polizei an, *„es wenigstens so weit [zu] bringen, daß sie [die Bettler] der krassen öffentlichen Unflätereien gebührend sich enthalten lernen"*. (Ebd. S. 354.) Falls sie nicht bereit seien, sich zu bessern, sollten sie bestraft werden. (Vgl. ebd., S. 354-355.)

[614] Vgl. M. RODENSTEIN: „Mehr Licht, mehr Luft", S. 38 und S. 41.

[615] E. B. G. HEBENSTREIT: Lehrsaetze, S. 24.

[616] Z. G. HUSZTY: Diskurs, I, S. 332.

Gradmesser des Zivilisationsgrades insgesamt"[617]. Wie der bürgerliche Körper sollten auch die vom Bürgertum geprägten Städte Ausdruck der neuen Wertmaßstäbe sein und dementsprechend rein und ‚gesund' erhalten werden. Auch die Forderung der ‚Medicinischen Polizeiwissenschaft', die Straßen und Gassen zu vergrößern, Mauern, die eine Zirkulation der Luft verhinderten, abzureißen, und große Plätze, Alleen und Gärten anzulegen, kann analog zur Befreiung des bürgerlichen Körpers von Schnürbrüsten, Reifröcken, Perücken, Parfum und Puder gesehen werden.[618]

Die Periode eines gesundheitsorientierten Städtebaus wurde erst im ausgehenden 18. Jahrhundert eingeläutet, als der mit der Aufklärung einsetzende Rationalisierungsschub auch an der Tatsache abgelesen werden kann, dass das Thema Bauen in den Gesundheitsdiskurs mit einbezogen wurde. Seit dieser Zeit wurden städtebauliche Maßnahmen bewusst und als Mittel zur Gesundheitsfürsorge beziehungsweise zur Krankheitsbekämpfung eingesetzt. Bei solchen Rationalisierungsschüben handelt es sich *„um gesellschaftliche Anpassungsprozesse [...], in denen über den Städtebau auf neue gesundheitliche Lagen oder aber neue Erkenntnisse über die Gefährdung der Gesundheit reagiert wird"*[619]. Rodenstein setzt für einen Städtebau, der sich an der Gesundheit der Einwohner orientiert, zwei Bedingungen voraus. Zum einen *„das Vorhandensein von Theorien über die Erhaltung der Gesundheit bzw. die Verhinderung von Krankheiten, die auf Verursachungs- oder Verbreitungsbedingungen hinweisen, an die der Städtebau mit einer Rezeptur anknüpfen kann"* und zum anderen *„ein gesellschaftlich artikuliertes Interesse an der Erhaltung der Gesundheit, das sich im politischen System durchsetzen und die städtebauliche Praxis, die politischen Entscheidungen unterworfen ist, beeinflussen kann"*[620].

Im Zeitraum zwischen 1600 und 1750 wurden zwar praktische Regeln im Bauwesen befolgt, doch fanden keine theoretischen Auseinandersetzungen über das Thema Gesundheit im Städtebau statt. Seit dem 16. Jahrhundert war vor allem der Aspekt der militärischen Verteidigung für den Städtebau wesentlich.[621] Für das ausgehende 18. Jahrhundert treffen jedoch beide oben genannten Bedingungen zu. Die ‚Medicinische Polizei' lieferte die theoretische Basis für eine Gesundheitspolitik, die für die Obrigkeiten aus bevölkerungspolitischen und sozialdisziplinatorischen Gründen interessant war. Die Idee der Gesundheitsvorsorge wurde politisiert, indem die Vertreter der Medizinischen Polizei versuchten, sie zum Gegenstand staatlichen Handelns zu machen.[622] Eine praktische Umsetzung gesundheitsorientierter städtebaulicher Maßnahmen blieb allerdings auf die Residenzstädte beschränkt. Zwar zielte man auch hier in erster Linie auf eine

---

[617] M. FREY: Der reinliche Bürger, S. 147.
[618] Vgl. ebd., S. 147-148.
[619] M. RODENSTEIN: „Mehr Licht, mehr Luft", S. 14.
[620] Ebd.
[621] Vgl. ebd., S. 15-17 und S. 27.
[622] Vgl. ebd., S. 35.

Darstellung landesherrlicher Macht ab, doch brachte die neue Architektur Verbesserungen in Hinsicht auf gesundheitsorientiertes Bauen mit sich.[623]

Das Thema der Luftzirkulation war ein zentraler Punkt der von der Medizinischen Polizei geprägten Städtebautheorie. Die Luftzirkulation galt als wesentliche Voraussetzung für eine ‚gesunde' Stadt, denn *„die Gesundheit ihrer Bewohner leidet um desto mehr, je groeßer die Masse menschlicher und anderer Ausduenstungen ist, durch welche die in ihren Mauern eingeschlossene Luft immerfort verderbt wird"*[624]. Zahlreiche Aspekte dieser städtebaulichen Theorie hatten zum Ziel, die Luftzirkulation zu garantieren und Straßen, Häuser und Plätze dementsprechend auszurichten. Hebenstreit schrieb zu diesem Thema:

„Zur gesunden Bauart der Staedte gehoert, dass die Gassen gerade angelegt werden, und ihre Breite in schicklichem Verhaelniß mit der Hoehe der Haeuser stehe, damit die Luft hinlaenglich bewegt und erneuert werden koenne. Je hoeher die Haeuser, und je enger und winklicher dabei die Straßen sind, desto mehr stocken und sammeln sich unreine Ausduenstungen, desto laenger bleibt die Feuchtigkeit auf den Straßen stehen, und desto mehr muß daher die Gesundheit der Einwohner dabei leiden."[625]

Besonders wichtig für eine unbeeinträchtigte Luftzirkulation in der Stadt waren *„große freie Plaetze und zahlreiche geraeumige Thore, welche die Gemeinschaft mit der Luft außer der Stadt unterhalten"*[626]. Mit Hilfe der durch die Straßen streichenden Winde sollte die durch faulende Tierkadaver und herumliegende stinkende Abfälle verunreinigte Luft ausgetauscht werden. Frank nannte solche größeren Plätze *„das Luftmagazin, woraus alle Gassen ihren Vorrath zu schoepfen haben"*[627]. Dabei hielt er es für wichtig, dass diese so angelegt seien, dass zwischen ihnen und den Stadttoren nichts im Weg stehe, was den Luftzug störe.

Auch nach Ansicht Hebenstreits sollte, damit der Wind in die Stadt gelangen konnte, nach Möglichkeit nichts den Durchzug aufhalten, wie beispielsweise Wälder mit sehr dichtem Baumbestand, *„welche entweder stehenden Gewaessern zum Sammelplatz dienen, oder trocknenden, heilsamen, die Luft reinigenden Winden den Zutritt verwehren"*[628]. Dagegen befürwortete Hebenstreit *„die Anpflanzung lichter Alleen von hohen breitbelaubten Baeumen in der Naehe der Staedte und Doerfer [...], weil ihre Vegetation im Sonnenschein die Luft reinigt"*[629]. Allerdings sollten Bäume nur dort angepflanzt werden, wo die Straßen und Plätze sehr weiträumig angelegt seien, doch auch da sollten sie nicht zu eng beieinander

---

[623] Vgl. M. RODENSTEIN: „Mehr Licht, mehr Luft", S. 32.
[624] E. B. G. HEBENSTREIT: Lehrsaetze, S. 21.
[625] Ebd., S. 21-22.
[626] Ebd., S. 22.
[627] J. P. FRANK: System, Bd. 9, Frankenthal 1793, S. 269-270.
[628] E. B. G. HEBENSTREIT: Lehrsaetze, S. 20.
[629] Ebd., S. 21.

und nicht zu nahe an den Häusern stehen, da sie sonst der Gesundheit nicht zuträglich seien.[630]

Huszty hob die Nützlichkeit von Gärten für die Qualität der Stadtluft hervor, *„da die Gaerten in einer volkreichen Stadt oder um diesselbe das Verhältniß des Raums gegen die Menge der Bewohner nach Proporzion ihrer Größe und Menge vermehren; so sind sie in dieser Rüksicht ein gutes Mittel die Luft reiner zu erhalten".*[631] Allerdings bevorzugte er eindeutig die Ziergärten vor den Küchengärten, da letztere Düngung und das starke Begießen mit Wasser erforderten, was Fäulnisprozesse hervorrufen könne.[632]

Huszty forderte, zudem bei der Anlage einer neuen Stadt auf die Ausrichtung der Gassen zu achten, damit diese in der richtigen Richtung gebaut würden, um gute Winde aufzunehmen, schlechte Winde aber, die beispielsweise die Ausdünstungen eines nahe gelegenen Sumpfes in die Stadt trügen, abwehren zu können. Auch er hielt es, um eine höhere Qualität der Luft in der Stadt zu erreichen, für das beste, die Einmündungen der Straßen und Gassen und die Plätze auf die Stadttore hin auszurichten.[633] Gemäß seiner Körpermetapher schrieb er:

„Von der Größe der Stadtthore hängt nicht sowohl die Sicherheit der Ein- und Auspassierenden, als selbst auch der erforderliche Aus- und Eingang der Luft ab. Zu enge Thore für eine große Stadt sind zu enge Luftröhren, und eingeschränkte Hauptpläze eine enge Brusthöhle für die Lungen eines Menschen. Man kann demnach die Beschaffenheit einer solchen Stadt mit nichts besser, als mit dem Steckfluß – athma [sic!]– vergleichen."[634]

Die Vorstellung eines ‚Steckflusses' war bei den Zeitgenossen anscheinend eng mit fäulnisverursachender Stagnation verbunden.

Die augenscheinlich vom diätetischen Diskurs um die Medizinische Polizei beeinflussten Regensburger Autoren Schäffer und Kayser betonten die günstigen natürlichen und baulichen Gegebenheiten ihrer Stadt. Schäffer lobte die Qualität der Luft:

„Da also unsre Gegend durch abwechselnde Winde oft durchstrichen wird, in unserer Naehe keine Suempfe, wohl aber lebhaft fließende Stroeme sind, unser Boden urbar und mit Feldfruechten und Baeumen angebaut ist, so kann unsre atmosphaerische Luft im Ganzen genommen nicht anders als gesund genannt werden; doch aber ist sie etwas schwer, dick und feucht."[635]

Kayser bewertete die bauliche Situation in Bezug auf die Stadthygiene überwiegend positiv:

---

[630] Vgl. E. B. G. HEBENSTREIT: Lehrsaetze, S. 23-24.
[631] Z. G. HUSZTY: Diskurs, I, S. 336.
[632] Vgl. ebd.
[633] Vgl. ebd., S. 333-334.
[634] Ebd., S. 334.
[635] J. C. G. SCHÄFFER: Ortsbeschreibung, S. 20.

> *„Die Strassen sind eng; die des mittlern Theils der Stadt werden seit dem Jahr 1783, zur Winterzeit, des Nachts von Laternen nothdürftig erleuchtet. Das Pflaster ist größtentheils gut und in den gangbaren Gegenden auch gut unterhalten. [...] Bey der Enge und der Schiefheit der Strassen, welche den Durchzug der Luft hemmen, trägt, nebst der Niedrigkeit der Haeuser und dem Clima, auch die Menge der gut vertheilten freyen Plaetze vieles zur Gesundheit der Stadt bey. Man zaehlt, außer den kleinern, 11 groeßere Plaetze, worunter der Heuwag- oder Jakobsplatz unstreitig der groeßte ist, und der Heid- und Neuepfarrplatz, beynahe in der Mitte der Stadt liegend, die schoensten sind."* [636]

Damit beurteilte Kayser die Anzahl der ‚Luftmagazine' in der Stadt als ausreichend. Die Pflasterung der Straßen, die er hier anspricht, war ein weiterer wesentlicher Aspekt der Städtebautheorie der Medizinischen Polizei. Hebenstreit schrieb hierzu:

> *„Das Straßenpflaster in den Staedten muß dicht, fest und so eben als moeglich seyn, um die Ansammlung der Feuchtigkeit und das Stocken derselben zu verhueten. Man muß dazu eine Steinart waehlen, welche nach nassen Wetter bald abtrocknet, und bei trockner heißer Witterung keinen der Gesundheit schaedlichen Staub giebt."* [637]

Wie in der Folge gezeigt werden soll, wurde gerade die Straßenpflasterung in Regensburg während des gesamten 18. Jahrhunderts sehr konsequent vorangetrieben. Die Reichsstadt hielt dies anscheinend für eine vordringliche Maßnahme.

3.2 Maßnahmen zur Stadtreinigung in Regensburg

3.2.1 Straßenreinigung und Abfallbeseitigung

Was die hygienische Situation im frühneuzeitlichen Regensburg betrifft, waren auch in Hinblick auf die Abfall- und Abwasserbeseitigung die naturräumlichen Gegebenheiten äußerst günstig. Regensburg lag zum einen direkt an der Donau, was es ermöglichte, Abfälle und Abwasser direkt in den Fluss zu leiten und dadurch die Geruchsbelästigung zu verringern. Zum andern ist im Zusammenhang mit der Abfall- und Abwasserbeseitigung der Vitusbach von Bedeutung.[638] Dieser teilte Regensburg in eine ‚Obere' und ‚Untere' Stadt. Wie Kayser berichtet, kamen ihm mehrere Funktionen zu:

---

[636] A. C. KAYSER: Versuch, S. 4-6.
[637] E. B. G. HEBENSTREIT: Lehrsaetze, S. 23.
[638] Frank wies den sich in der Nähe einer Stadt befindlichen Wasserläufen die Bestimmung zu, beim Durchfließen Abfälle aufzunehmen. Er warnte allerdings vor einer Verstopfung der Stadtgräben mit Aas und Mist, die sich dann in ‚ungesunde Sümpfe' verwandelten. (Vgl. J. P. FRANK: System, Bd. 3. Wien 1787, S. 885).

„*Der schon erwaehnte Bach, wovon sich noch Ein Arm durch einige andere Strassen zieht, leistet lezteren große Dienste. Bey entstehender Feuersgefahr verstopft man von der einen Seite seinen Abfluß und vermehrt von der andern durch eine ausserhalb der Stadt befindliche Wasserleitung seinen Zufluß, um des Wasserschoepfens wenigstens in den gedachten Strassen so viel als moeglich ueberhoben zu seyn. Eben dieser Zufluß wird auch bey Thauwetter geoeffnet und durch den Schwall des hereinstroemenden Wassers der groeßte Theil des zuvor aufgehauenen Eises in die Donau hinausgeschwemmt.*"[639]

Der Bach wurde aber nicht nur zum Feuerlöschen und als ‚Schwemme' für das Eis, sondern von den Stadtbewohnern auch gerne zur Abfallentsorgung genutzt.[640] Außerdem nutzten ihn Handwerker wie Gerber und Färber, die einen hohen Wasserbedarf hatten. Überdies versorgte er die sogenannten ‚Hüllinge', die dem in der Stadt gehaltenen Vieh als Tränke und Schwemme dienten. Diese mit Wasser gefüllten Löcher im Boden, wurden in Carl Theodor Gemeiner's *Regenspurgischer Chronik* als „*ein etwas tiefer ausgegrabener Ort, Schlamm und Unrat darein zu werfen*"[641] bezeichnet. Obwohl sie als Kloaken beschrieben wurden, mussten sie nicht grundsätzlich stinkendes Wasser enthalten, sondern waren wahrscheinlich ursprünglich angelegt worden, um dort, wo erhöhter Bedarf bestand, Zisternenwasser zu speichern. Allerdings wurde häufig Abfall hineingeworfen, der verfaulte und die Hülling in eine stinkende Grube verwandelte.[642] Eine dieser ‚Hüllinge', die sich auf dem heutigen Arnulfsplatz befand, nannte man die ‚Beckenspreng', da man hier seit dem 14. Jahrhundert diejenigen Bäcker, die durch das Backen zu kleiner Brote ihre Kunden zu betrügen versucht hatten, in eine Art Korb setzte und sie samt diesem mehrmals in das verschmutzte Wasser tauchte. Diese Bestrafung bezeichnete man als ‚Bäckertaufe'. Sie wurde im 16. Jahrhundert auf weitere Berufsgruppen ausgedehnt. Die Tatsache, dass es eine empfindliche Strafe war, in das Wasser getaucht zu werden, zeigt, dass die Verschmutzung nicht unerheblich gewesen sein kann. Wahrscheinlich war aber auch die Öffentlichkeit dieser Strafe für die Delinquenten äußerst unangenehm. Die Hülling musste im Jahr 1652 auf Anordnung des Kurfürsten von Köln, der am Arnulfsplatz residierte und sich durch ihre Ausdünstungen gestört fühlte, ausgeschöpft und mit Brettern verdeckt werden. Vier Jahre später ließ der Rat sie wegen ihres vor allem im Sommer schwer erträglichen Geruchs auffüllen und ein Pflaster darüber legen.[643]

---

[639] A. C. KAYSER: Versuch, S. 5.

[640] Huszty warnte vor den entstehenden Stauungen der festen Abfälle bei der Abfallentsorgung in ein durch die Stadt fließendes Gewässer: „*Bäche und kleine Flüsse sollten deshalb niemals dazu [zur Abfallentsorgung, K.K.] gebraucht werden, weil die geringe Menge des Wassers in denselben nicht im Stande ist, den Unrath so zu verteilen, damit die Luft um so weniger dadurch verdorben würde. Am allergefährlichsten ist es, wenn dergleichen Ausleerungen in stehende Wasser geschehen, wo sie sich von Zeit zu Zeit ansammlen, zu lezt das ganze Wasser zum Kloak und faulend machen, da es schon seiner Natur nach auch ohne zugeführtem Unrath dazu geneigt ist.*" (Z. G. HUSZTY: Diskurs, I, S. 344).

[641] C. TH. GEMEINER: Regenspurgische Chronik, Bd. 1, S. 375.

[642] Vgl. H. GLOßNER: Der Vitusbach, S. 3 und S. 33-35.

[643] Vgl. K. BAUER: Regensburg, S. 837-838.

Eine weitere Hülling, die sich in der Nähe der Gerber- beziehungsweise Lederergasse befand, wurde vermutlich bei der Lederherstellung genutzt.[644]

Eine Abzweigung des Vitusbachs führte durch das im Jahr 1527 gebaute und 1890 abgerissene Fleischhaus, das sich am heutigen Fischmarkt befand und als Schlachthaus diente. Später leitete man aber einen ganzen Hauptarm durch das Gebäude und ließ von diesem die Schlachtabfälle direkt in die Donau schwemmen.[645] Schäffer konstatiert, das städtische Schlachthaus sei *„sehr schicklich angebracht; es liegt nach Norden und an dem Ufer der Donau; noch nie hat es, sowohl seiner Lage als der darinnen herrschenden Reinlichkeit wegen, Krankheiten verursacht."*[646] Möglicherweise spricht Schäffer das Schlachthaus an, weil dieser Ort zu den beliebten Kontrollobjekten der Medizinischen Polizei gehörte, denn dort wurden die aus dem faulenden Fleisch aufsteigenden, Krankheiten verursachenden Miasmen vermutet.[647]

Um die sich im Bach ansammelnden Abfälle aus der Stadt zu befördern, wurde dieser zweimal in der Woche aufgestaut. Seit dem Jahr 1837 wurde er wahrscheinlich aus hygienischen und verkehrstechnischen Gründen durch einen Kanal in die Donau geleitet.[648] Bei den Medizinalpolizisten mussten sowohl die ‚Hüllinge' als auch der mit Abfällen belastete Bach auf größten Widerstand stoßen.[649]

Schäffer lobte in seiner Ortsbeschreibung den Zustand der Regensburger Straßen. Sie würden *„so viel als moeglich auf oeffentliche Kosten gereiniget und im guten Pflaster unterhalten."*[650] Obwohl die Straßen eng und ungerade angelegt seien, sei eine ausreichende Luftzirkulation möglich, denn die Häuser seien *„nicht sehr hoch, die meisten nur von zwey, wenige von drey Geschoße und von Stein ausgefuehrt. Es koennen also die Winde leicht solche durchstreichen und die Luft*

---

[644] Vgl. H. GLOßNER: Der Vitusbach, S. 35-36.

[645] Vgl. ebd., S. 91.

[646] J. C. G. SCHÄFFER: Ortsbeschreibung, S. 32.

[647] So schildert beispielsweise Fauken eindringlich den Fall einer fünfunddreißigjährigen, im sechsten Monat schwangeren Frau, die im Vorübergehen die Ausdünstungen einer Wiener Fleischhalle einatmete und die durch die Folgen der dadurch hervorgerufenen Übelkeit ihr Kind verlor. Fauken schlug vor, die städtischen Schlachthäuser *„groß, hoch, weit und lueftig"* (S. 29) zu bauen und sehr sauber zu halten, so dass von ihnen keine Verunreinigung der Luft ausgehen konnte. Außerdem sollten sie an abgelegenen Orten und nicht wie in Wien, mitten in der Stadt errichtet werden, so dass empfindliche Personen nicht gezwungen wären, an ihnen vorbei zu gehen. Auch die *„Kaeß- und Schmalzhuetten, der Wildpretmarkt, die Sauerkraeutler und der Huenermarkt"* (S. 29) sollen außerhalb der Stadt ihre Plätze finden. (Vgl. J. P. X. FAUKEN : Lebensart, S. 25-29.)

[648] Vgl. K. BAUER: Regensburg, S. 162.

[649] Hebenstreit bemerkte zu den stehenden und damit miasmenbelasteten Gewässern in den Städten: *„Stehende Wasser und Moraeste muessen ausgetrocknet und abgeleitet werden, indem ihre Ausduenstungen eine sehr fruchtbare Ursache von mancherlei oft sehr verderblichen und entvoelkernden Krankheiten sind. [...] Teiche, Viehtraenken und Schwemmen duerfen innerhalb der Ringmauern nicht geduldet werden".* (E. B. G. HEBENSTREIT: Lehrsaetze, S. 19 und S. 29.)

[650] J. C. G. SCHÄFFER: Ortsbeschreibung, S. 29.

erneuern".[651] So war nach dem Urteil des prominenten Arztes Schäffer in Regensburg keine Gesundheitsgefährdung durch die Anlage der Straßen gegeben.

Mit der Reinlichkeit auf den Straßen sah es jedoch offensichtlich anders aus. Das Abfallproblem ist in dem in dieser Arbeit untersuchten Zeitraum sehr regelmäßig in den Ratsdekreten thematisiert worden. Deshalb kann man annehmen, dass die Situation nach Veröffentlichung eines Dekrets sich nicht wesentlich ‚besserte'. Vor allem zu Beginn des 18. Jahrhunderts wurden mehrere Dekrete zum selben Thema in kurzer Folge erlassen. Die Dekrete waren fast immer nach dem gleichen Schema aufgebaut. Zunächst führte man die in der Stadt herrschenden Missstände an und tadelte das nachlässige Verhalten der Stadtbewohner. Dabei wurde häufig auf frühere ratsherrliche Verordnungen hingewiesen, die nicht ausreichend eingehalten worden waren. Man warnte vor Gestank und Seuchengefahr, die von den Verunreinigungen des öffentlichen Raumes ausgingen. Daraufhin wurden konkrete Verhaltensregeln ausgegeben und Verbote erteilt, meist mit Angabe des Bußgeldes, das bei Verstößen zu entrichten war. Häufig wurden die Rottmeister, Wachtknechte und Torwächter zu verstärkter Aufmerksamkeit auf Zuwiderhandlungen der Stadtbewohner aufgefordert.

Die Ratsdekrete, die sich mit dem Thema Abfallentsorgung auseinander setzten, hatten zwei Schwerpunkte: Zum einen verboten sie, Abfälle aller Art auf die Straßen und Gassen oder in die Donau zu werfen und andererseits forderten sie, diesen zu den gekennzeichneten Miststätten zu bringen. Diese Hauptanliegen des Magistrats ziehen sich, wenn man die Dekrete vergleicht, durch das ganze Jahrhundert hindurch. Dabei ist die obrigkeitliche Sorge für die Reinlichkeit des öffentlichen Raums nicht erst ein Phänomen des 18. Jahrhunderts gewesen, sondern schon viel früher thematisiert worden. Bevor im Jahr 1663 der Immerwährende Reichstag in Regensburg seinen Anfang nahm, wurde immer dann zu verstärkter Reinlichkeit aufgerufen, wenn ein Reichstag anberaumt war. Der Rat rief die Stadtbewohner beispielsweise in zwei Dekreten vom 4. Juni 1640 und vom 21. Juni 1652 dazu auf, ihre Wohnräume und Öfen zu säubern, zur Brandvorsorge überall Wassereimer bereit zu stellen, die Straßen und Gassen weder mit Abfällen noch mit Waschwasser zu verunreinigen, sondern *„in wehrendem Convent an gebuehrende und außgezeichnete Orth bringen / und alles das / dadurch ainige Infection verursacht werden kan / abschaffen."*[652] Das sogenannte *„Herrenloß Gesindlein"*[653] wurde aufgefordert, die Stadt zu verlassen. Man versuchte anscheinend nach Kräften, dem internationalen Publikum auf den Reichstagen einen positiven Eindruck der Stadt zu vermitteln. Dabei spielte unter anderem die Stadthygiene eine wichtige Rolle.

Zwischen 1688 und 1709 erschienen drei Dekrete ähnlichen Inhalts. Das Dekret vom 16. Mai 1709 war das ausführlichste. In einer ‚Specification', einer Art

---

[651] J. C. G. SCHÄFFER: Ortsbeschreibung, S. 29. Das Baumaterial Stein war in den Augen der Medizinalpolizisten ‚hygienischer' als Holz, da letzteres Nässe aufsog und relativ schnell faulte.
[652] Ratsdekret vom 4. Juni 1640 und Ratsdekret vom 21. Juni 1652, in: J. F. KEYSER: Sammlung, Nr. LXXXVII., S. 227 und Nr. CI., S. 260-261.
[653] Ebd., Nr. LXXXVII., S. 227 und Nr. CI. S. 261.

Anhang, listete es alle öffentlichen Miststätten der Stadt nach Wachten unterteilt auf. Insgesamt waren es dreizehn, drei davon jeweils in der Westner- und Ostnerwacht, jeweils zwei in der Donau- und Wittwangerwacht und jeweils eine in der Paulusser-, Wildwercher- und Schererwacht. Diese Miststätten waren eigentlich als ‚trockene' Komposthaufen angelegt und enthielten organisches Material, doch häufig wurden auch Abwässer in die Miststätten gekippt, was einen erheblichen Gestank verursachte.[654] Im Dekret von 1709 wies der Rat darauf hin, dass *„die Anlaend und Schifffahrten merckliche Hinderung leiden"*[655], wenn der gesamte Hausmüll in das seichte Uferwasser geworfen wurde. Dabei sorgte man sich weniger um die Verschmutzung des Wassers als um die Verlandung der Donau. Der ökonomische Aspekt des Flusses als Transportweg stand augenscheinlich im Vordergrund.

Schon in der Vergangenheit hatte der Magistrat angeordnet, dass *„solch aus denen Haeusern zusammengetragenes Kehricht / Beschütt / Koth / Scherben / Ruß / Steine / auch allerhand Tunget / und andere schändliche Unflätereyen / sogar auch Aesser"* auch nicht auf die Straßen geworfen werden sollten. Alle angesprochenen Arten von Abfall mussten unverzüglich vor die Stadttore hinaus *„in die darzu bestimmte Gruben"*[656] gebracht werden – mit Ausnahme des Kehrichts, der in die Miststätten entsorgt werden konnte. Wer nicht im Besitz einer eigenen Miststätte sei, sollte die öffentlichen nutzen. Trotz bereits erfolgten Verbotes, so tadelte der Rat, hatten sich große Abfallhaufen angesammelt, die nicht nur *„der gantzen Stadt eine grosse Unzierd und Unehre machen / sondern auch von dem Gestanck und Unlust leichtlich allerhand Kranckheiten entstehen könten"*[657]. Damit folgerte der Magistrat aus der Miasmentheorie, dass durch stinkende Abfälle auch ansteckende Krankheiten entstehen konnten.

Der Magistrat versuchte, die Stadtbewohner bei der Ehre zu packen, indem er mahnte, *„ein jeglicher Haußwirth [solle] ohne ferners Vermahnen / zu Abthuung aller dergleichen Unsauberkeiten / und beständiger Erhaltung aller Reinlichkeit / wie in- und vor seinem Hause / so nicht minder auf denen Gassen / zu seinem selbst-Ruhm / stetigst bedacht bleiben."*[658]

Wer gegen das Verbot, die Gassen zu verschmutzen, verstieß, sollte mit einer Geldbuße belegt werden, während *„nachlässige Dienstbothen und andere Tagloehners-Leute"*[659] eine Schandstrafe abzubüßen hätten. Der Magistrat legte damit bestimmte Reinlichkeitsstandards als erstrebenswert fest und versuchte auf diese Weise, die Zuwiderhandelnden der gesellschaftlichen Ächtung anheim fallen zu lassen. Möglicherweise kalkulierte er damit, dass die Stadtbewohner sich gegenseitig reglementierten. Die Obrigkeit und damit das Bürgertum versuchten, ihre Wertvorstellungen auf andere gesellschaftliche Schichten zu übertragen.

---

[654] Vgl. Ratsdekret vom 9. Juli 1764, in: F. W. WIESAND: Sammlung, Nr. XII., S. 19.
[655] Ratsdekret vom 16. Mai 1709, in: StadtAR, Nr. 202.
[656] Beide Zitate: Ebd.
[657] Ebd.
[658] Ebd.
[659] Ebd.

Das Dekret vom 16. Mai 1709 wiederholte inhaltlich noch einmal das, was bereits in den Ratsdekreten vom 31. Mai 1688 und vom 27. September 1700 angeordnet worden war. Im Jahr 1688 drohte der Rat mit *„offentliche[r] Straffe, und Einspannung in die Geigen"*[660] oder einem Bußgeld von zwei Talern, das die Herrschaft eines Dienstboten bezahlen musste, wenn dieser Abfall in die Donau anstatt auf die ausgewiesenen Mistplätze geworfen habe. Auch die Torwächter und Wachtknechte sollten bestraft werden, wenn sie Zuwiderhandlungen gegen diese Anordnung nicht anzeigten.[661]

Im Dekret vom 27. September 1700 sorgte sich der Magistrat ebenfalls um die Ansteckungsgefahr durch die von den Abfällen herrührende Luftverschmutzung. Eindringlich mahnte man davor, *„allerley Unflath und Mist / Stein und Scherben u. auff gemeiner Stadt Plätz und Gassen [...] auszuschütten und tragen zu lassen"*, da hierdurch *„nicht allein grosser Unlust und Gestanck entstehet / sondern auch wohl gar mit der Zeit zu gefährlichen Kranckheiten und Seuchen Ursach gegeben werden möchte"*. Es wurde jedoch gestattet, *„alles Blut und unreines Gewässer in die Donau"* zu schütten. Der Rat ordnete wiederum an, die festen Abfälle auf die Mistplätze oder vor die Stadt hinaus zu bringen, wobei man die Gelegenheit wahrnahm, die Besitzer hauseigener Miststätten an deren regelmäßige Räumung zu erinnern. Um eine ungehinderte Schifffahrt zu garantieren, wurde auch verboten, die *„Verderb- und Erfaeulung der Schlachten"*[662] in die Donau zu werfen. Bei den ‚Schlachten' handelte es sich um Dämme in der Donau, die von den Bediensteten des städtischen Bauamts, den Schlögelmeistern und ihren Knechten, regelmäßig erneuert und gereinigt werden mussten[663]. Über die Einhaltung dieser Anordnungen sollten sowohl die Rottmeister und Wachtknechte, aber auch die Stadtbewohner selbst wachen und Verstöße umgehend beim Wachtherrn melden.[664]

Da anscheinend weder die Mahnungen zu gesteigerter Reinlichkeit noch die Strafandrohungen große Erfolge zeitigten, wiederholte der Magistrat in einem neuerlichen Dekret vom 17. August 1714 sowohl die schon 1709 angegebene Lage der Miststätten als auch die Aufforderung, *„Gassen und Strassen reinlich zu halten, nirgends aber als an denen ausgezeichneten s.v. Miststätten, das Kehricht und was von dergleichen Unsauberkeiten aus denen Haeusern zu bringen noethig ist, auszuschuetten und hin zu werffen"*[665]. Die Obrigkeit versuchte erneut, das Wegwerfen von Abfall auf die offene Straße zum Gegenstand gesellschaftlicher Ächtung zu machen, indem man darauf hinwies, dass die Reinigung der Stadt und ihrer Straßen *„viele Mühe und Unkosten"*[666] verursacht habe. Dies sei jedoch *„guten Theils Frucht-loß gemacht, auch durch boßhaffte Leuthe, mit Hinwerffung allerley Unlusts, auf offene Straßen sowohl, als abgelegene Winckel der Stadt,*

---

[660] Ratsdekret vom 31. Mai 1688, in: J. F. KEYSER: Sammlung, Nr. CXLV., S. 368.
[661] Vgl. ebd.
[662] Alle vorhergehenden Zitate: Ratsdekret vom 27. September 1700, in: StadtAR, Nr. 196.
[663] Vgl. P. MORSBACH: Untersuchungen zur städtebaulichen Entwicklung, S. 133.
[664] Vgl. Ratsdekret vom 27. September 1700, in: StadtAR, Nr. 196.
[665] Ratsdekret vom 17. August 1714, in: StadtAR, Nr. 212.
[666] Ebd.

soviel an ihnen ist, Eckel und Abscheu verursachet wird"[667]. Wer seine Abfälle achtlos wegwarf, sollte wissen, dass er sich im Sinne des *bonum communae* nicht richtig verhielt, weil er zusätzliche Kosten für die Stadt verursachte. Das Verbot des Wegwerfens von Abfällen außerhalb der Miststätten wurde in diesem Dekret verschärft wiederholt. Denjenigen Personen, die eine Zuwiderhandlung anzeigten, wurde eine Belohnung von zwölf Reichstalern versprochen, wenn die Obrigkeit den Übeltäter fassen konnte, dem eine Leibes- und Schandstrafe drohte.[668] Diese Maßnahme zeigt, dass die Denunziation nicht nur in Pestzeiten von der Obrigkeit als Mittel zum Zweck eingesetzt wurde.

In einem Dekret vom 9. Juli 1764 kam zur Entsorgung des festen Abfalls und der Abwässer ein neuer Aspekt hinzu. Man regelte darin das Ablassen der Jauchegruben, der sogenannten ‚Adelhüllen'. Wie aus diesem Dekret hervorgeht, waren die Besitzer einiger Grundstücke berechtigt, Jauchegruben anzulegen. Die Ablassung der Jauche war mit einer erheblichen Geruchsbelästigung verbunden, so dass der Rat sich gezwungen sah, diese Angelegenheit zu verregeln. Die Zeiten wurden genau festgelegt: *„[...] so soll solche Adel-Ablassung Sommers um 3 Uhr, und Winters um 4 Uhr, Morgens, geschehen, bey Strafe 4 Reichsthaler"*[669]. Man versuchte, durch die Festlegung auf die frühen, kühlen Morgenstunden den Gestank in Grenzen zu halten.

Im gleichen Dekret konstatierte der Rat, dass auch die Räumung der trockenen Miststätten mit großem Gestank verbunden war, *„welcher nicht nur verschiedene Gassen weit sich ausbreitet, sondern auch bey der Wegbringung desselben von denen Waegen abtropfende s. v. Unflat zu noch groesseren Unlust und Abscheu maenniglich gereichen muß"*[670]. Dies führte man darauf zurück, dass einige Stadtbewohner ihren Dienstboten *„das haeufige Eingiessen allerley Gewaessers in selbige verstatten"*[671] würden. Der Rat ordnete deshalb an, dass die Besitzer privater Miststätten diese *„bey anbrechenden Tag, und nur Dienstags, Mittwochs, Donnerstags und Sonnabends, raeumen, und den Dung, damit selbiger nicht auf den Straßen liegen bleibe, sogleich wegbringen lassen sollen, bey 4 Reichsthaler Strafe"*[672]. Dieselbe Anordnung war bereits am 17. Juni 1746 ergangen, was das Dekret ausdrücklich betonte.

Wer seine Miststätte nicht vor Regenwasser schützen könne oder seinen Dienstboten die Entsorgung von Abwässern in die ‚trockene' Miststätte nicht verbiete, wurde angewiesen, unverzüglich den Wasenmeister zu benachrichtigen, der für die Wegschaffung der städtischen Abfälle zuständig war. Dieser sollte seine Arbeit auch nur zu den angegebenen frühmorgendlichen Terminen verrichten und außerdem darauf achten, dass keine Abwässer aus den Miststätten auf die Straße flossen oder jemand solche absichtlich aus einem Haus auf die Straße hinunter

---

[667] Ratsdekret vom 17. August 1714, in: StadtAR, Nr. 212.
[668] Vgl. ebd.
[669] Ratsdekret vom 9. Juli 1764, in: F. W. WIESAND: Sammlung Nr. XII., S. 20.
[670] Ebd., S. 19.
[671] Ebd.
[672] Ebd.

schüttete. Dieses Verhalten sollte mit sechs Reichstalern bestraft werden. Der Magistrat erinnerte außerdem an zwei vorhergehende Dekrete vom 3. März 1701 und vom 1. Februar 1706, in denen bereits dieselbe Anordnung in Bezug auf die Miststätten ergangen war. Das Dekret endete mit der Aufforderung an die Wachtknechte, über den richtigen Umgang der Stadtbewohner mit Jauche und Abfällen zu achten und Verstöße beim Hannsgericht zu melden. Sollte daraufhin ein Bußgeld bezahlt werden, so wurde ihnen ein Viertel des Betrags versprochen.[673] Auf diese Weise versuchte der Rat, die Einhaltung des Dekretes zu gewährleisten.

Am 9. September 1788 wurde ein weiteres Dekret mit annähernd gleichem Wortlaut veröffentlicht, das ebenfalls auf das Vorgängerdekret vom 17. Juni 1746 Bezug nahm. In wenigen Punkten enthielt es eine Präzisierung des Dekrets von 1764. Der Rat ergänzte, die Räumung der hauseigenen Miststätten sei nur bis neun Uhr morgens gestattet und auf Zuwiderhandlung stehe für diejenigen, welche die vier Reichstaler Strafe nicht bezahlen konnten, eine Gefängnisstrafe. Denjenigen, die in der Nähe von Weih-St.-Peter oder dem Jakobstor wohnten, sollten die Trockenabfälle in das nächst gelegene Feld bringen, wobei sie diese allerdings *„nicht mitten durch die Stadt, sondern zum naechsten Thor hinaus- und von aussen herum fahren sollen"*[674]. Auf die Einhaltung dieser Anordnung sollten *„saemmtliche Wacht-Profosen, Marckt- und Stadtknechte"*[675] achten und die Fuhren, die außerhalb der erlaubten Zeiten unterwegs waren, aufhalten. Der Vergleich der Dekrete von 1764 und 1788 zeigt, dass das letztere in noch stärkerem Maße versuchte, Geruchsbelästigung von vorne herein zu unterbinden. Allgemein ist an diesen beiden Dekreten eine detailliertere Regelung als am Beginn des 18. Jahrhunderts zu beobachten. Unter Vorbehalt[676] lässt sich daraus eine verstärkte Wahrnehmung der Abfallproblematik herauslesen.

Ein weiteres Problem, das zu einer Zeit, in der die Straßenpflasterung noch lange nicht überall bewerkstelligt worden war, im Winter aktuell wurde, war die Beseitigung von Schnee und Eis bei Tauwetter. Wenn sich das Wasser mit dem Straßenschmutz verband, entstand bei Schneeschmelze innerhalb von wenigen Tagen auf den unbefestigten Straßen ein unappetitlicher Schlamm, dessen Beseitigung viel Mühe kostete und der sich in den Augen der Zeitgenossen außerdem krankheitserregend auswirken konnte. Der Regensburger Magistrat erließ am 2. Dezember 1786 ein Dekret, das die Stadtbewohner zum *„Schneewegführen und Eißaufhauen"*[677] aufforderte. Man wies auf den in früheren Dekreten bereits ergangenen Befehl hin, der das Straßenräumen anordnete. Der Schnee von den Hausdächern und aus den Hinterhöfen sollte nicht auf die Straßen und Plätze, sondern vor die Stadt hinaus oder in die Donau gebracht werden. Die Bierbrauer, Brandweinbrenner und Stadtbauern, deren Wasserbedarf die Straßen vereisen ließ,

---

[673] Vgl. Ratsdekret vom 9. Juli 1764, in: F. W. WIESAND: Sammlung Nr. XII., S. 19-20.

[674] Ratsdekret vom 9. September 1788, in: Ebd., Nr. XXXXII., S. 111.

[675] Ebd.

[676] Um diese These zu erhärten, wäre es allerdings notwendig, lückenlos alle Dekrete aus dem untersuchten Zeitraum zu überprüfen. Diese sind jedoch zum Teil nicht mehr erhalten.

[677] Ratsdekret vom 2. Dezember 1785, in: F. W. WIESAND: Sammlung, Nr. XXXVI., S. 88.

wurden dazu angehalten, das Bauamt beim Beseitigen des Eises zu unterstützen. Das Wasser sollte zudem von vornherein durch Abflussrinnen abgeleitet werden. Die Wachtknechte wurden angehalten, diejenigen, die sich um das Eiswegräumen drücken wollten, beim jeweiligen Wachtamt anzuzeigen. Wer sich der Einhaltung *„dieser auf Gesundheit, Reinlichkeit und Sicherheit abzielenden Verordnung"*[678] widersetzte, dem wurde die Erstattung der städtischen Unkosten angedroht. Neben dem Aspekt der Straßenreinigung spielte hierbei natürlich auch die Vorbeugung von Unfällen eine Rolle.

Die Mehrzahl der hier angeführten Dekrete, die sich mit Straßenreinigung und Abfallentsorgung befassen, wurden in den Sommermonaten veröffentlicht, wenn es sich nicht gerade um die Aufforderung zum Schneeräumen handelte. Dies lässt sich aller Wahrscheinlichkeit nach mit der verstärkten Geruchsbelästigung durch Abfälle und Abwasser in der warmen Jahreszeit erklären.

Außerdem ist zu beobachten, dass die Bußgelder für Verstöße geringer als in Pestzeiten ausfielen. Allerdings erhöhte der Rat die Geldstrafen für unsachgemäße Abfallentsorgung von zwei Talern zu Beginn des 18. Jahrhunderts auf sechs Taler im Jahr 1764. Die Viehhaltung wurde sehr stark reglementiert und der Besitz zu vieler Tiere mit dem vergleichsweise hohen Bußgeld von vier Talern bestraft. Der unerlaubte Hundebesitz kostete sogar sechs Reichstaler. An der Höhe der Bußgelder lässt sich die Dringlichkeit der verordneten Maßnahme ablesen.

Nicht nur die Obrigkeiten reagierten auf die Verunreinigung des Lebensraums Stadt, sondern auch von Seiten der Bürgerschaft gab es Anlass zu Beschwerden. Ein Konvolut von Notizen über die Abfallentsorgung in Regensburg, das mit dem Titel *Reinlichkeit und Sicherheit der Straßen und Plätze 1567-1795* überschrieben ist, enthält neben Zustandsberichten aus den einzelnen Wachten in Hinblick auf Miststätten und Sauberkeit der Straßen aus der Feder der jeweiligen Wachtschreiber auch Auseinandersetzungen und Anliegen von Bürgern im Zusammenhang mit Abfall und Geruchsbelästigung.[679]

So bat der ‚Mahler und Stadtmusici' Matthaus Eimmart in einem Schreiben vom 14. Juli 1704 die Ratsherren um Erlaubnis, ein durch eine wilde ‚Müllhalde' verunreinigtes Grundstück, das an seinen an der Obermünstermauer gelegenen Garten angrenzte, entweder käuflich erwerben oder mit Brettern verschlagen zu dürfen, da der Abfall einerseits großen Gestank verursache und andererseits den Gartenzaun verfaulen lasse.[680] So haben hygienische Missstände durchaus den Unmut der Stadtbewohner hervorgerufen. Die Tatsache, dass Privatpersonen durch eine solche Art der Abfallentsorgung zu Schaden kamen, rückte das Müllproblem verstärkt in den Gesichtskreis der Obrigkeit.

Wie aus einer anderen Aktennotiz hervorgeht, gerieten im Juli 1756 der Scharfrichter Johann Georg Michael Fuchs und der ‚Chirurgus' Johann Gottlieb Fabricius wegen eines verstopften Grabens aneinander. Der Scharfrichter, der den Graben mit einigen Helfern zu räumen hatte, beklagte, dieser sei mit Steinen, Stroh,

---

[678] Ratsdekret vom 2. Dezember 1785, in: F. W. WIESAND: Sammlung, Nr. XXXVI., S. 88-90.
[679] Vgl. Reinlichkeit und Sicherheit der Straßen und Plätze 1567-1795, in: StadtAR, Historica III, 9, 17.
[680] Vgl. ebd., 9, 18.

Scherben und Holz derartig verschüttet gewesen, dass die Reinigungsarbeiten stark erschwert waren, obwohl es den Anwohnern verboten sei, ihre Abfälle in diesem Graben zu entsorgen. Fabricius fühlte sich als Nachbar anscheinend angegriffen und belegte nach Fuchs' Aussage ihn und seine Leute mit Schimpfworten, was Fabricius aber leugnete. Er warf dem Scharfrichter vor, dieser sei dem ratsherrlichen Auftrag, den Graben zu räumen, seit eineinhalb Jahren nicht nachgekommen, so dass dieser seit etwa zehn Jahren nicht mehr gereinigt worden sei. Aufgrund dieses Versäumnisses sei das Wasser seines Brunnens, der an den Graben angrenze, durch die Abfälle verdorben worden. Außerdem hätten er und seine Nachbarschaft den Scharfrichter und seine Leute über ihre normalen Bezüge hinaus bezahlen müssen. Der Magistrat solle Fuchs ermahnen, künftig seinen Pflichten besser nachzukommen.[681] Diese Auseinandersetzung zeigt, wie sehr die Lebensqualität der Menschen vom Grad der Verschmutzung ihres Lebensraums abhängig war.

3.2.2 Städtisches Reinigungspersonal

Über die Einhaltung der Vorschriften des Magistrats wachten, wie aus einigen Dekreten hervorgeht, die Rottmeister und Wachtknechte. Sie waren dem jeweiligen Wachtherren für die Umsetzung der vom Magistrat erlassenen Vorschriften verantwortlich. In der *Revidirte[n] Instruction, Wornach sich Die Rottmeister / Bey dieser Des Heyl. Römischen Reichs Freyen Stadt Regenspurg / Vermög Eines Wohl-Edlen und Hochweisen Herrn Cammerer und Raths den 17. Decemb. Anno 1691. erneuerten Raths-Schluß / in ihrem Ambt zu reguliren und zu verhalten haben*, die im Jahr 1743 neu aufgelegt wurde, waren deren Aufgaben festgelegt. In Hinsicht auf die städtische Hygiene sollten sie darauf achten, dass *„die Gassen und Strassen / wie auch der Bach / ingleichen die Statt-Mauern an denen Orten wo selbige offen / sauber gehalten / nichts unreines / es seye S. V. Urin / Blut / Aas / Menschen-Koth / Mist / Stein / Scherben / oder alles / was einen Unlust verursachet / ausgegossen oder geschüttet / sondern dergleichen Unrath an die außgezeichnete gehörige Orte gebracht; über diß das Pflaster fleissig gekehrt und gereiniget / auch nichts daran geschmälert oder eingezogen werde / sein gute Acht haben / und die Wacht-Knecht umb ihr fleissig Aufsehen darob anhalten."*[682]

Die Anwohner sollten die Straßen vor ihrer Haustür regelmäßig kehren und den ‚Kehricht' zum nächstgelegenen Mistplatz bringen. Wer eine private Miststätte besaß, sollte diese regelmäßig ausleeren und den Abfall vor die Stadt hinaus schaffen. Waschwasser sollte weder auf den Straßen noch in der Nähe von Brunnen ausgeschüttet werden. Mit dieser Maßnahme wollte man verhindern, dass das Trinkwasser verschmutzt wurde.[683]

---

[681] Vgl. Reinlichkeit und Sicherheit der Straßen und Plätze 1567-1795, in: StadtAR, Historica III, 9, 24.
[682] Revidirte Instruction, S. 5.
[683] Vgl. ebd., S. 10-12.

Die *Revidirte neue Wacht-Gedings-Ordnung*, die im Jahr 1774 erschien, wiederholte die vorhergehenden Anordnungen für die Rottmeister. Sie betonte auch, dass diese bestraft würden, wenn sie Verstöße gegen die obrigkeitlichen Regelungen nicht anzeigten. Diese Ordnung ergänzte, es solle *„niemand [...] auf g[emeiner] stadt pflaster etwas ausschmelzen, kochen, oder sonst feuer machen"*[684]. Den Viehbesitzern wurde verboten, die Tiere *„auf die pläze hinter die stadt-mauer, in die zwinger auf die schlacht, bleich, unter und ober wöhrd der weide halber ohne erlaubnis [zu] treiben"*[685]. Außerdem verbot sie den Bäckern, ihre Schweine in der Hülling zu schwemmen. Die Gültigkeit der ratsherrlichen Dekrete vom 16. Mai 1709 und vom 9. Juli 1764 über die Abfallbeseitigung wurde erneut bekräftigt.[686]

Ein weiterer Aufgabenbereich der Rottmeister war es, *„in seiner Rott auf unfertige Haendel / heimliche Winckel-Einschleichung frembder Persohnen / zumahlen verdächtig-Herren-loß-und liederlichen Gesindleins / Handwercks-Pursch und Bettler / nicht weniger auf das starcke Spielen in denen Wuerths-Häusern / auch auf das Toback-Trincken an gefaehrlichen Orten / als in Städeln / Ställen und dergleichen"*[687] zu achten. Damit wurden diese instrumentalisiert, die Bewohner ihres Einsatzgebietes zu kontrollieren und zu disziplinieren. Der lange Arm der Obrigkeit reichte auf diese Weise bis in die Wirtshäuser und ‚heimlichen Winkel'. Indem man die Rottmeister über die Einhaltung der Verordnungen wachen ließ, gestaltete sich deren Durchsetzung einfacher.

Mit der Beseitigung des Abfalls waren in erster Linie zwei Berufsstände beauftragt, nämlich die Schaufel- und die Wasenmeister samt ihrer Knechte. Ihre Aufgabenbereiche waren in der Bauamtsordnung niedergelegt, denn beide unterstanden dem Bauamt. Der Schaufelmeister hatte wiederum acht bis zehn Bedienstete unter sich, an die er allmorgendlich das Arbeitsgerät in Form von Besen, Schubkarren und Schaufeln verteilte und ihnen ihre Arbeitsbereiche zuwies. Das Bauamt teilte ihm mit, an welchen Stellen der Stadt jeweils zu kehren sei. Die dem Schaufelmeister untergeordneten *„schaufelleuth oder gassenkehrer"*[688] sollten *„sommers zeiten alle tag, und zumahlen an wochenmärkten, die pläz und straßen fleissig säubern, das hey und stroh auf den plätzen insonderlich den hey- holz- khorn- und kälbermarckt zusammen kehren, und selbs in die allerorth[en] druckene s.v. miststätt[en] bringen, und einstreuen, die stein und scherben aber nicht in die miststätt oder donau werffen, sondern vor das thor in die darzu verordneten schüttgräben führen, und nicht, wie zuweilen geschehen, dort und da häuffen weis unter denen stadt thoren und mauren zusammen bringen, und lange zeit, zu unlust und verdruß der vorbey gehenden, liegen lassen [...]."*[689]

---

[684] Revidirte neue Wacht-Gedings-Ordnung, S. 77.
[685] Ebd., S. 80.
[686] Vgl. ebd., S. 78 und S. 80.
[687] Revidirte Instruction, S. 4-5.
[688] Bauamtsordnung vom 07. November 1698, S. 177.
[689] Ebd., S. 177-178.

Für die Einhaltung dieser Vorschriften war der Schaufelmeister verantwortlich. Auch im Winter sollten die Straßen und Plätze gereinigt und Schnee und Eis beiseite geschafft werden. Dabei sollte der Schaufelmeister vor allem „*bey allen 3.n kirchen, stadt mauren, waschflößen, stiegen, staffeln*"[690] das Eis zerschlagen und mit Sand streuen. Außerdem fiel das Säubern des zu dieser Zeit noch größtenteils offenen Kanalsystems, also der Wasserrinnen und -läufe in seinen Zuständigkeitsbereich. Besonders dort, wo „*das wasser durch die stadt mauern in die thonau pflegt hinaus zu lauffen, soll er alles fleißes nachsehen, dieselben sowohl sommer- als winterszeiten auskehren, buzen und lufft machen, damit das wasser zu allen zeiten seinen fortlauff habe, und nicht gehindert werde.*"[691]

Es ist anzunehmen, dass diese Kanäle oft genug durch die ins Wasser geworfenen Abfälle verstopft wurden.

Der Schaufelmeister hatte mit seinen Bediensteten auch die Holzabfälle, die bei den Arbeiten der ‚Schlögelmeister' und Zimmerleute an den Donaubeschlächten anfielen, zum Unteren Wöhrd zu bringen. Außerdem hatte er die vom Bauamt zum Kauf angebotenen Kohlen auszuliefern, die am Oberen und Unteren Wöhrd angepflanzten Lindenbäume, aber auch die städtischen Brunnen zu warten und beim Ausbruch eines Feuers in der Stadt mit seinen Leuten bei den Löscharbeiten zu helfen.[692] Somit hatten der Schaufelmeister und seine Knechte ein umfangreiches Aufgabenfeld zu erledigen.

Der Schlögelmeister half am Rande seiner Haupttätigkeit, dem Reinigen und der Instandsetzung der Donaubeschlächte, auch bei der städtischen Abfallentsorgung. Einer undatierten *Schlögelmeister Ordnung* ist zu entnehmen, dass er beim Reinigen der Beschlächte auch Koth, Steine und Scherben entsorgen musste. Während er die Fäkalien in die Donau werfen sollte, hatte er Steine und Scherben zu den dafür bestimmten Gruben zu bringen. Anscheinend war er auch dafür zuständig, die Aborte der im Alten Rathaus Eingekerkerten zu säubern, denn in der Ordnung heißt es: „*item er soll wochentlich die kübl unndter dem rathauß bey denn gefanngen, auch auff dem marckturn raumen*"[693]. Außerdem sollte er die Stadtmauer von Fäkalien reinigen und den Schaufelmeister beim Räumen des Vitusbachs unterstützen.[694] Dieses Aufgabengebiet überschnitt sich mit dem der Wasenmeister.

Die Wasenmeister erfüllten mit ihrem Hilfspersonal die Aufgaben des Abdeckers und der heutigen Müllabfuhr. Laut Bauamtsordnung von 1698 wurden sie von den Schaufelmeistern beauftragt, die Abortgruben und die öffentlichen Miststätten zu räumen und Abfall und Tierkadaver aus der Stadt zu schaffen.[695] Dabei wurden sie, wie aus der Schlögelmeisterordnung hervorgeht, von diesem

---

[690] Bauamtsordnung vom 07. November 1698, S. 179.
[691] Ebd.
[692] Vgl. ebd., S. 180-184.
[693] Schlögelmeister Ordnung, S. (4).
[694] Vgl. ebd., S. (1-4.)
[695] Vgl. Bauamtsordnung vom 07. November 1698, S. 58.

unterstützt. Der Beruf des Wasenmeisters war wie der des Henkers eine unehrenhafte Tätigkeit.[696]

Über die sogenannten ‚heimlichen Gemächer', die in Anlehnung an den französischen Ausdruck auch ‚*privet*' genannt wurden[697], existieren nicht besonders viele Quellen. Aus den Ratsdekreten geht hervor, dass der Inhalt dieser ‚heimlichen Gemächer' nicht selten auf die Straßen entleert wurde. Es ist aber auch anzunehmen, dass Passanten mangels öffentlicher Toiletten ihre Notdurft mitten im öffentlichen Raum verrichteten.[698] In Regensburg hatte nicht jedes Haus seinen eigenen Abort. Oft teilten sich bis zu drei Anwesen ein ‚heimliches Gemach'. Eine vornehmere Variante bestand in einem Aborterker, die als kastenförmiger Vorbau an den Häusern meist über einem Wasserlauf wie dem Vitusbach angebaut waren. Unter diesen Erkern dienten Bretterverschalungen als Fallrinnen. Viele Aborte mündeten in sogenannte ‚Gemein- oder Feuergässel', die auch als ‚Reihen' bezeichnet wurden. Sie wurden als Kloaken genutzt und vom Wasenmeister gereinigt. Die Bewohner weniger vornehmer Häuser besaßen Versitzgruben in den Hinterhöfen. Die Exkremente in diesen ‚Trockenaborten' verursachten vor allem im Sommer eine erhebliche Geruchsbelästigung. Die Abwässer aus diesen Gruben beeinträchtigten Grund- und Brunnenwasser.[699] Wer einen neuen Abort in seinem Hof anlegen wollte, musste anscheinend häufig mit dem Widerstand der Nachbarn rechnen. Die Wachtgerichts- und Bauordnung von 1657 schrieb vor, dass *„wer ein Schwindgruben / heimblich Gemach / oder Miststatt in dem seinen von newen graben und zurichten lassen will / der mag solches zu seiner Notturfft thun / doch daß er dieselben auffs wenigst drey Werckschuch weit / von seines Nachbarn Maur oder Wandt / und nicht naeher hinzu machen lasse / und auch dermassen allenthalben zuvor gegen seinem Nachbarn mit Maur / aichenem Holtz und Tegel fuersehe / und bewahre / damit ihme dem Nachbarn vermuthlich kein schad oder nachtheil an dem seinen darauß erfolgen moege. Sonderlichen aber / so soll niemands heimbliche Gemach / oder andere seiner Unsauberkeiten / oder auch Wasser ausgaeng an seinen Nachbarn richten / ohne E. Erb. Cammerer und Raths begoenstigung wann es gleich schon der Nachbar gestatten wolte.*"[700]

---

[696] Vgl. P. MORSBACH: Untersuchungen zur städtebaulichen Entwicklung, S. 137 und K. BAUER: Regensburg, S. 669.
[697] Vgl. Wachtgerichts- und Baw-Ordnung. Regensburg 1657, fol. 26 verso.
[698] Die Einführung öffentlicher Toiletten war ein wichtiges Anliegen der Medizinischen Polizei. Hebenstreit schrieb dazu: *„Es ist eben so unanstaendig als ekelhaft, und traegt nicht wenig dazu bey, die Masse der schaedlichen Ausduenstungen zu vermehren und die Luft zu verderben, wenn alle Winkel der Straßen mit den Ausleerungen der Vorueberhgehenden besudelt werden. Die Policei ist befugt, dieses zu verbieten. Doch ist es in sehr großen Staedten fast nothwendig, an schicklichen Orten und in gehoerigen Entfernungen oeffentliche Abtritte anzulegen."* (E. B. G. HEBENSTREIT: Lehrsaetze S. 29.) Frank fürchtete besonders die rasche Verbreitung von ansteckenden Krankheiten wie Ruhr und Faulfieber durch schmutzige Abtritte und die von ihnen ausgehende *„mephitische Luft"* (J. P. FRANK: System, Bd. 3. Mannheim 1783, S. 973). Er empfahl die regelmäßige Entleerung und Reinigung der Abtritte. (Vgl. ebd., S. 970-973).
[699] Vgl. K. BAUER: Regensburg, S. 781.
[700] Wachtgerichts- und Baw-Ordnung, fol. 26.

Da die aus den ‚heimlichen Gemächern' austretenden Abwässer die Nachbarn nicht beeinträchtigen sollten, wurden ungenutzte und baufällige Schwindgruben oder ‚heimliche Gemächer' vom jeweiligen Wachtherrn auf eine eventuelle von ihnen ausgehende Geruchsbelästigung für die Nachbarn überprüft. Auch das Graben eines privaten Brunnens musste von diesem, der auch die Einwände der Nachbarn anhörte, wenn solche vorhanden waren, genehmigt werden.[701]

Aus der Notizensammlung *Reinlichkeit und Sicherheit der Straßen und Plätze 1567-1795* geht hervor, dass die Fäkalien aus der Stadt auch auf die umliegenden Felder gebracht wurden. Demnach wurden die Fäkalien an ‚gewissen Örtern' gesammelt und dann aus der Stadt gebracht. Der Schaufelmeister verdiente an jeder dieser Fuhren acht bis zehn Kreuzer.[702] Ein solcher Einsatz von Fäkalien als Düngemittel kam im 19. Jahrhundert von Frankreich ausgehend groß in Mode. Utilitaristische Berechnungen ergaben Gewinne beim Verkauf an landwirtschaftliche Betriebe und chemische Industrie, wo man die Exkremente einsetzte.[703]

Der dritte Aufgabenbereich eines Wasenmeisters bestand darin, Tierkadaver aus der Stadt zu schaffen, zu häuten und die nicht mehr verwertbaren Reste zu vergraben.[704] Darauf soll im nächsten Punkt eingegangen werden.

3.2.3 Tierhaltung

Die Tierhaltung wurde in den immer enger werdenden Städten der Frühen Neuzeit zunehmend zum Problem.[705] Im frühneuzeitlichen Regensburg scheint es vor allem Schweine und Hunde im Überfluss gegeben zu haben. Aus einem Ratsdekret vom 18. Mai 1786 geht hervor, welche Maßnahmen der Magistrat in Hinblick auf die überhandnehmenden tollwütigen Hunde in der Stadt unternahm.[706]

---

[701] Vgl. Wachtgerichts- und Baw-Ordnung, 26 verso-27.

[702] Vgl. Reinlichkeit und Sicherheit der Straßen und Plätze, in: StadtAR, Historica, III, 9, 22.

[703] Vgl. G. HÖSEL: Unser Abfall, S. 199.

[704] Vgl. K. BAUER: Regensburg, S. 536.

[705] Hebenstreit bemerkte hierzu: *„Eine aufmerksame Policei wird auch, wenigstens in großen Staedten, nicht gestatten, daß Schweine und andere Thiere, deren Gestank die Luft verderbt, auf den Straßen herumlaufen."* (E. B. G. HEBENSTREIT: Lehrsaetze, S. 29.)

[706] In den Schriften der Medizinischen Polizei finden sich auch Vorschläge zum Umgang mit tollwütigen Hunden und Warnungen vor deren Bissen. Bei Hebenstreit heißt es: *„Unter allen Thierkrankheiten aber ist keine, welche von Seiten der Obrigkeiten, ernstere Aufmerksamkeit und Verguetungsanstalten erfordert als die Wuth, welche sich nicht so wie die meisten andern Krankheiten der Thiere auf diese allein einschraenkt, sondern auch durch den Biß der davon befallnen Thiere den Menschen mittheilt, und wenn sie einmal ihren hoechsten Grad, dessen charakteristisches Symptom insgemein die Wasserscheu ist, erreicht hat, fast ohne alle Ausnahme den Tod bringt. [...] Die naechste Ursache dieser Krankheit ist noch nicht genau bekannt; man kennt nicht einmal alle Gelegenheitsursachen, welche zu Entstehung derselben etwas beitragen koennen. Doch scheinen die Hunde am leichtesten von derselben befallen zu werden, wenn sie großer Hitze oder Kaelte ausgesetzt sind, wenn man ihnen faules Fleisch zu fressen giebt, und wenn sie nicht hinlaengliches frisches Wasser zu trinken bekommen. Es muessen daher*

Die Hundehaltung wurde auf denjenigen Personenkreis eingeschränkt, *„welche zu ihrem Gewerbe und Reisen Hunde bedoerfen, dergleichen zu halten, erlaubt seyn soll"*[707]. Damit waren beispielsweise die Metzger gemeint, die ihre Abfälle an Hunde verfütterten. Die Erlaubnis, einen Hund zu halten, erteilte das Wachtamt für ein Jahr, indem es den Wasenmeister beauftragte, eine Art ‚Gesundheitszeugnis' für den jeweiligen Hund auszustellen. Der Wasenmeister sollte dafür von den Hundebesitzern die Gebühr von einem Kreuzer eintreiben, wofür der Hund vom Bauamt eine ‚Hundemarke' erhielt, die alle drei Monate erneuert werden sollte. Die meist herrenlosen Hunde, die nicht auf diese Weise gekennzeichnet waren, sollten von dazu beauftragten Schützen erschossen oder von den ‚Schlegeln', womit wohl die Schlögelmeister gemeint waren, erschlagen werden. Sie hatten die Aufgabe, bevorzugt nachts, streunende Hunde zu töten und deren und sonstige herumliegende Tierkadaver *„morgens in aller früe, in ain truchen oder verdeckten kharrn"*[708] aus der Stadt zu bringen. Für jeden toten Hund hatten entweder der Hundebesitzer oder das Bauamt eine Gebühr von sechs Kreuzern zu entrichten. Man fürchtete die Ansteckung durch den Biss eines tollwütigen Hundes und riet deshalb denen, die gebissen würden, *„die durchgebißne Kleidung sogleich zu beseitigen, und sorgfaeltig zu reinigen, auch die allenfalls gebißne Wunde mit Salzwasser zu waschen, bis die Huelfe des Arztes erhohlt werden kann"*[709]. Die Obrigkeit bot sogar an, die Arztkosten zu übernehmen, wenn der Betreffende diese nicht bezahlen könne, schärfte aber den Stadtbewohnern ein, wie notwendig es sei, einen Arzt zu konsultieren.[710] Diese Maßnahme zeigt einerseits, dass die Gesundheit der Stadtbewohner für den Magistrat ein wichtiges Anliegen war. Andererseits wird auch die Kompetenz der *„hiesigen angenommenen"*[711] Ärzte betont, was die Zusammenarbeit von Obrigkeit und bürgerlichen Ärzten belegt.

Neben der Entsorgung von Abfall und Abwasser und der Geruchsbelästigung durch die Aborte wurde auch die städtische Viehhaltung, die auch schon im Mittelalter gebräuchlich gewesen war, im Laufe der Frühen Neuzeit zu einem hygienischen Problem. Viele Stadtbürger wollten auf die Haltung insbesondere von Schweinen nicht verzichten, da man auf diese Weise organische Abfälle wirkungsvoll entsorgen konnte. Vor allem Berufsgruppen wie Bäcker, Brauer oder Müller hatten viele Speisereste, die sie verfütterten. Mit dem Anwachsen der Städte im Spätmittelalter und der Frühen Neuzeit wurde die Viehhaltung allerdings zunehmend problematisch. Die Belastung durch tierische Exkremente überwog bald den Nutzen der Tiere als ‚Abfallentsorger'. Außerdem zogen sie eine Menge Ungeziefer an, das auch auf die Menschen überging, die ja in unmittelbarer Nähe des Viehs lebten. Trotzdem bestand die Nutztierhaltung teilweise bis ins 19. Jahrhundert hinein. Doch bereits im Mittelalter hatte es in einigen Städten des

---

diejenigen, welche Hunde zu halten berechtigt sind, gewarnt werden, diesselben in diesen Stuecken nicht zu verwahrlosen." (E. B. G. HEBENSTREIT: Lehrsaetze, S. 187-189.)
[707] Ratsdekret vom 18. Mai 1786, in: F. W. WIESAND: Sammlung, Nr. XXXVIII., S. 92.
[708] Schlögelmeister Ordnung, S. (4).
[709] Ratsdekret vom 18. Mai 1786, in: F. W. WIESAND: Sammlung, Nr. XXXVIII., S. 96.
[710] Vgl. ebd., S. 94-95.
[711] Ebd., S. 95.

Heiligen Römischen Reiches Bestrebungen der Obrigkeiten gegeben, die Tierhaltung zu unterbinden beziehungsweise einzuschränken.[712]

Auch in Regensburg versuchte der Magistrat, gegen diese vorzugehen. So veröffentlichte er am 23. Mai 1749 ein Dekret, das sich mit der Schweinehaltung in der Stadt befasste. Darin verwies er auf die drei vorhergehenden Dekrete zum selben Thema, die in den Jahren 1652, 1654 und 1701 erschienen waren. Der Magistrat verbot 1749 denjenigen Stadtbewohnern, die kein Handwerk ausübten, bei dem Speisereste anfielen, die Schweinehaltung grundsätzlich. Nur den *„Becken, Bierbrauern und Brandweinbrennern"*[713] gestattete man, bis zu sechs Schweine in ihren Häusern zu halten. Für jedes überzählige Schwein betrug das Bußgeld vier Reichstaler, was eine verhältnismäßig hohe Summe darstellt, wenn man sie in Relation zu anderen Bußgeldbeträgen setzt. Aus dem Dekret geht außerdem hervor, dass der Magistrat anscheinend die Schweinebesitzer mit dem Bau von Ställen auf dem Unteren Wörth beauftragt hatte, was diese jedoch nicht befolgt hatten. Doch nicht nur dieser Umstand wurde im Dekret angemahnt, sondern auch die Tatsache, dass die Tiere auch noch in den Häusern gehalten wurden und ihre in vorherigen Dekreten festgelegte zahlenmäßige Beschränkung weit überschritten worden war. Es sei nur *„den Stadt-Bauern und Krautern, welche ihr Vieh austreiben und durch entlegene Staelle der Nachbarschafft am wenigsten Ungelegenheit verursachen, und zur Last fallen, nach eigenem Gutbefinden Schweine zu halten"*[714] erlaubt. Das Errichten neuer Schweineställe in der Stadt wurde untersagt, wobei die Strafe bei einer Zuwiderhandlung sowohl den Schweinehalter als auch den Erbauer des Stalles, den Maurer- oder Zimmerermeister, treffen sollte. Wer Schweine hielt, sollte diese im abgelegenen Unteren Wöhrd unterbringen, wo denjenigen, die noch keinen Stall hatten, unentgeltliche Plätze zugewiesen würden. Außerdem kündigte das Dekret an, es würden *„alljaehrlich oefftere Visitationes unvermuthet vorgenommen, und denen Visitatoribus zu desto genauerer und fleißiger Obsicht auf die Uebertrettere der dritte Theil von sothaner Straffe zugeeignet werden"*[715]. Diese Maßnahme lässt ersehen, dass die Schweinehaltung ein durchaus gravierendes Problem gewesen sein muss, da die Obrigkeit trotz angespannter Finanzlage bereit war, Geld zu investieren, um den Einwohnern die lästige Viehhaltung abzugewöhnen. Man wies auch darauf hin, dass *„durch solche Unbefugniß* [das Halten von Schweinen in der Stadt, K.K.] *dem haeßlichen Geruch und der Unsauberkeit dieser Art Viehes, leicht allerhand ansteckende Kranckheiten und anderes Ungemach entstehen"*[716] könne. Damit stellte man wieder den Kontrast zwischen Eigeninteresse und Gemeinwohl heraus. Denjenigen, die sich von der Viehhaltung ihrer Nachbarn gestört fühlten, gab man damit ausdrücklich das Recht, sich bei der Obrigkeit zu beschweren.

---

[712] Vgl. G. HÖSEL: Unser Abfall, S. 46.

[713] Ratsdekret vom 23. Mai 1749, in: J. F. KEYSER: Sammlung, Nr. CCXLI., S. 655.

[714] Ebd.

[715] Ebd., S. 656.

[716] Ebd., S. 655.

3.2.4 Trinkwasser

Nicht nur Gestank und Ungeziefer wurden als unangenehm empfunden, sondern auch das Trinkwasser wurde durch die Verschmutzung der Städte in Mitleidenschaft gezogen. Dabei war sauberes Trinkwasser bereits als wesentliche Voraussetzung für die menschliche Gesundheit bekannt. Die Medizinische Polizei hatte sich auch dieses Themas angenommen. Bei Hebenstreit heißt es hierzu:

„Reines Trinkwasser ist ein wesentliches Erforderniß zu Erhaltung der Gesundheit, und eine weise Policei wird daher immer sorgfaeltig darauf bedacht seyn, dieses unentbehrliche Lebensmittel den Buergern in moeglichster Guete und Reinheit zu verschaffen. Alles Wasser ist ungesund, oder doch zum taeglichen Gebrauch ungeschickt, das mit vielen groben, erdigen, metallischen, salzigen oder faulen Stoffen angeschwaengert, oder der Luftsaeure, welche ihm seine erfrischende Eigenschaft geben soll, gaenzlich beraubt ist. [...] Unter den gegrabenen Brunnen haben diejenigen, welche aus einer betraechtlichen Tiefe entspringen an sich das beste Wasser. Da aber alsdann auch die Luft ueber dem Wasser leicht stockt, und demselben ihr Verderbnis mittheilt, so muß man alles moegliche versuchen, um einen freien Luftzug ueber dem Wasserspiegel im Brunnen zu bewirken. In dieser Ruecksicht sind auch die zum Pumpen eingerichteten Brunnen um vieles besser als die Ziehbrunnen. Es ist noethig, daß die Brunnen von aller Gemeinschaft mit Moraesten, Kloaken, Mistgruben u.s.w. so viel moeglich, entfernt, und oefters von dem in ihnen sich sammelnden Schlamme gereinigt werden. [...] " [717]

Über die Güte des Regensburger Trinkwassers erfährt man aus den Quellen nur wenig. Wie bereits oben erwähnt, wurden einzelne Beschwerden laut, weil die Sickerwässer einer ‚Schwindgrube' einen benachbarten Brunnen verdarben. Aufgrund mangelnder technischer und chemischer Möglichkeiten zur Trinkwassergütebestimmung kann man nur vermuten, dass die Wasserqualität der städtischen Brunnen und damit des Trinkwassers, wie auch in den meisten anderen Städten, durch die Nähe von Miststätten, Abortgruben, Viehställen oder Kirchhöfen tatsächlich erheblich gemindert wurde.

Schäffer lobt in seiner Ortsbeschreibung von 1787 die Qualität des Regensburger Wassers:

„An reinem guten Quell und Flußwasser haben wir nie Mangel [...] Da wir alles Wasser theils von der Donau, theils aus von Sued-West uns zufließenden Quellen erhalten, so ist solches nicht durchaus von einer und derselben Guete. Denn die noerdlichen tief an der Donau hinliegenden Brunnen empfangen ihr Wasser meist von diesem Fluß; die hoeher liegenden suedwestlichen aber enthalten Quellwasser, das von denen ausser der Stadt Sued und West gelegenen zwo Brunnstuben in bleyernen Roehren nach der Stadt geleitet wird." [718]

---

[717] E. B. G. HEBENSTREIT: Lehrsaetze, S. 55 und S. 58.
[718] J. C. G. SCHÄFFER: Ortsbeschreibung, S. 21.

Schäffers Werk ist voll von solchen Bemerkungen über die Stadt und ihre Umgebung. Es gehört in eine Reihe medizinischer Topographien, die versuchten, die naturräumlichen Gegebenheiten einer Stadt oder Region und deren Auswirkungen auf die Gesundheit der ansässigen Bewohner zu erkunden.[719]

Zur Trinkwasserversorgung der Stadt gab es bereits am Ende des Mittelalters circa 1.000 Brunnen. In den meisten Höfen befanden sich private Brunnen, daneben öffentliche Brunnen auf den Straßen. Die erste Brunnstube war bereits im Jahr 1199 in Dechbetten über einer der Quellen erbaut worden. Die Mönche von St. Emmeram führten das Wasser über eine Luftlinie von fast drei Kilometern in Bleirohren von Dechbetten in ihr Kloster. Im Jahr 1548 beschloss der Magistrat, ebenfalls eine Rohrleitung zwischen dem Dechbettener Quellengebiet und der Stadt zu bauen. Die Leitung, die 1549 / 50 angelegt wurde, verlief entlang der Prüfeninger Straße und führte beim Jakobstor in die Stadt. Die Stadtkasse erlaubte allerdings nicht, teuere Bleirohre zu verwenden, weshalb man ausgehöhlte Baumstämme bevorzugte. Mehrere Bürgerhäuser und das St. Lazarusspital wurden mit einer Anschlussleitung versehen. Im Jahr 1551 wurden am Arnulfsplatz, am Haidplatz, beim Rathaus, am Neupfarrplatz und am Krauterermarkt Brunnen errichtet, die zum öffentlichen Gebrauch bestimmt waren. In den Jahren 1592 / 93 wurden die Baumstämme, die sich als nicht besonders langlebig erwiesen, durch Bleirohre ersetzt. Der Wasserbedarf der Stadt stieg bald so stark an, dass im Jahr 1642 der Bau neuer Brunnenstuben notwendig wurde. Ein vom Rat bestellter Rutengänger untersuchte die Quellen auf den Prüller Höhen, dem Galgenberg und dem Eisbuckel. Man sammelte das Wasser der ergiebigsten in einem Stollen, an dessen Ende im Jahr 1656 eine Brunnenstube errichtet wurde, von der der Brunnen am Haidplatz und die beiden Brunnen des Rathauses gespeist wurden. Der Wasserstand derjenigen Brunnen, welche aus der Donau gespeist wurden, war stark von den Schwankungen ihres Wasserspiegels abhängig.[720]

3.2.5 Badstuben

Einer der wichtigsten Orte der privaten Hygiene war die Badstube. Diese wurden von den Badern betrieben, die einen wesentlichen Bestandteil des medizinischen Personals der Reichsstadt ausmachten. Neben Schwitz- und Wannenbädern boten sie Massagen, Haareschneiden, Wundbehandlungen, Aderlass, Schröpfen und die Anwendung von Blutegeln an.[721]

---

[719] Dabei beleuchtete Schäffer die in den Jahren vor der Veröffentlichung seines Werkes in Regensburg aufgetretenen Krankheiten, die er anhand seiner Tagebuchaufzeichnungen über die absolvierten Krankenbesuche genau beobachtet und registriert hat. Dem fügte er Wetterbeobachtungen mit Angaben über Windrichtung, Regen- und Schneemenge, Verzeichnisse der in Regensburg geborenen Kinder, getrauten Paare und verstorbenen Einwohner und ein Namensverzeichnis der hiesigen Tiere, Pflanzen und Mineralien bei. (Vgl. J. C. G. SCHÄFFER: Ortsbeschreibung, S. 21.)
[720] Vgl. K. BAUER: Regensburg, S. 782-785.
[721] Vgl. A. DIRMEIER: Soziale Einrichtungen, S. 279.

Die Baderordnung des Jahres 1691 aus der Feder des Stadtschreibers Johann Georg Wild legte die Kompetenzen der Bader genau fest und wies diese zu hygienischen Vorkehrungen an. So sollten die im Bad benutzten Kleidungsstücke wie Bademäntel und Handtücher täglich gewechselt und auch die beim Schröpfen und Aderlassen benutzten Instrumente regelmäßig gereinigt werden. Jeder Gast sollte frisches Badewasser erhalten und die Wannen nach jedem Bad mit sauberem Wasser ausgespült werden. Benutztes Badewasser durfte auch nicht zum Waschen benutzt oder zu anderen Zwecken aus der Badestube mitgenommen werden, sondern musste unmittelbar nach dem Bad ausgeschüttet werden.[722] Da die Bäder nur an bestimmten Wochentagen geöffnet waren, sollten nach jedem Badetag *„das bad, alles geschirr, werkzeug, leinen gewand und alles anders, so gebraucht worden, wieder gesäubert, gewaschen und außgebuzt, und auf angehenden badtag alles wieder verneuert werden, damit also alles sauber gehalten und niemand auf einige weise verunreiniget werde."*[723]

Auch die persönliche Reinlichkeit der Bader wurde obrigkeitlich verregelt; so sollten sie *„zugleich an denen badtägen und d(e)s abens zuvor sich der erbsen, hering, zwiebel, knoblauch und dergleichen speiß enthalten"*[724] und auch die benutzten Instrumente während der Arbeit nicht in den Mund nehmen. An ‚gewöhnlichen' Badtagen durften *„keine mit franzosen* [Syphilis, K. K.], *leibschäden oder contagiosen gebrechen behaffte persohnen"*[725] in der Badstube bedient werden, da man wohl die Ansteckung beziehungsweise die Verschreckung anderer Badegäste durch diese Kranken befürchtete. Diese *„unreine[n] persohnen"*[726] sollten außerhalb der öffentlichen Badezeiten in der Badstube bedient werden. Allerdings durfte das *„hierzu benöthigte werckszeug, leingewandt u. geschirr, wann selbiges auch gleich gesäubert were, für andre reine leuth nicht gebraucht werden"*[727]. Bei diesen Vorschriften spielten anscheinend sowohl die Kontagium- als auch die Miasmatheorie eine Rolle. Die Zeitgenossen fürchteten sowohl eine Ansteckung durch ‚kontagiöses' Wasser und infizierte Instrumente, als auch den schlechten Atem des seinem Badegast körperlich sehr nahe kommenden Baders oder den Körperkontakt mit Kranken.

Außerdem wies die Baderordnung das Badepersonal an, darauf zu achten, dass auch in der Badestube der Abstand zwischen Unter- und Oberschichten gewahrt würde:

„es soll auch ein ieder meister für sich selbst u. die seinen darob seyn, damit mann- und weibspersohnen nach standes gebühr im bad bedienet, und im unterschied gehalten werde, damit nicht gemeine leuth unter erbare persohnen sich

---

[722] Vgl. Baderordnung 1691, S. (20-22).
[723] Ebd., S. (23-24).
[724] Ebd., S. (21).
[725] Ebd., S. (23).
[726] Ebd.
[727] Ebd.

sezen und eintringen, u. mit solcher bescheidenheit sollen auch die wannen geordnet werden."[728]

Eine Vermischung von Armen und Reichen sollte zwar unbedingt vermieden werden, doch trotzdem hatten die Armen das Recht auf gewisse ‚Serviceleistungen' in der Badstube. So sollte *„die fürsehung geschehen, ds denen armen sowol, alß denen reichen ein bad mit der notturfft wasser, mit reiben, zwagen* [waschen, K.K.] *u. allen anderen getreulich gewarttet und gepflogen werde"*[729].

Gemeiner erwähnt außerdem in seiner Chronik, dass in den Regensburger Badehäusern keine Juden geduldet wurden. Sie hatten zwar grundsätzlich das Recht auf Baden, doch ein christlicher Bader konnte einem Juden den Zutritt zur Badstube verwehren. Die Juden unterhielten eine eigene Badstube in ihrem Viertel.[730]

Es mag verwundern, dass trotz der hygienischen und sozialhygienischen Bedenken auch Kranke und Arme Zugang zu den Badstuben hatten und dass ihr Recht auf ein Bad sogar in die Baderordnung Eingang fand. Doch hatte in Regensburg seit dem Jahr 1369 jeder Einwohner das verbriefte Recht, die Dienste der Bader in Anspruch zu nehmen. Das wöchentliche Bad durfte, wie auch der Kirchenbesuch, nur im Gefängnis einsitzenden Personen versagt werden.[731] Handwerker und Dienstboten erhielten zusätzlich zum Lohn Badegeld und es war üblich, dass reiche Bürger den Armen sogenannte ‚Seelbäder' stifteten, was ein wichtiges Element der mittelalterlichen Armenfürsorge darstellte.[732] Das Bad hatte damit den Status eines existenziellen Bedürfnisses.

Trotz aller Hygienevorschriften ging die Zahl der Badstuben bereits im 16. Jahrhundert zurück. Dafür könnte es verschiedene Gründe gegeben haben. Ein sich im Laufe der Frühen Neuzeit veränderndes Schamgefühl bedeutete den Verlust des geselligen Charakters des Badens, wie er sich mit dem Mittelalter herausgebildet hatte. Gemeinsames Baden wurde zunehmend als anstößig empfunden. Die Baderordnung von 1514 führte die Trennung der Stände in den öffentlichen Bädern ein[733], was in den darauffolgenden Ordnungen von 1578 und 1691 bestätigt wurde.[734] Von dort war es nur ein kurzer Weg zur Ausprägung einer Intimsphäre, die in der zweiten Hälfte des 18. Jahrhunderts auch die Einteilung der Wohnräume in den bürgerlichen Häusern beeinflusste. Die Körperpflege beschränkte sich, wie im ersten Teil der Arbeit erläutert, bei den höheren Schichten nun immer mehr auf ihre privaten Räumlichkeiten. Zugleich ging durch den Einfluss des oben skizzierten humoralpathologischen Gefahrenmodells die Akzeptanz des Wassers als Reinigungsmittel und somit die Beliebtheit der Badstuben stark zurück. Im 18.

---

[728] Baderordnung 1691, S. (22).
[729] Ebd.
[730] Vgl. C. TH. GEMEINER: Regenspurgische Chronik Bd. 4, S. 339.
[731] Vgl. G. ZAPPERT: Über das Badewesen, S. 124.
[732] Vgl. A. DIRMEIER: Soziale Einrichtungen, S. 280.
[733] Vgl. Baderordnung 1514, S. (12-13).
[734] Vgl. Baderordnung 1578, S. (12) und Baderordnung 1691, S. (22).

Jahrhundert war die Zahl der öffentlichen Badstuben in Regensburg von ursprünglich zwölf, die es bereits im Mittelalter gegeben hatte, auf vier gesunken.[735]

Ein weiterer Grund für den Rückgang der Badstuben in Regensburg könnten die gestiegenen Badepreise gewesen sein. Diese Teuerung war mit der bayerischen Handelspolitik verbunden, die die Holzpreise explodieren ließ. Da Regensburg über keine eigenen Wälder verfügte, litt die Stadt unter einer zunehmenden Holzknappheit.[736] Ohne Holz gab es jedoch kein warmes Badewasser, das für die Besucher wohl den Reiz der Badestuben ausmachte.

Als dritter Grund für die abnehmende Zahl der Bäder sieht die Forschung die durch das gemeinsame Baden verursachten Geschlechtskrankheiten. Zwar waren bereits im Mittelalter Geschlechtskrankheiten wie zum Beispiel die Syphilis verbreitet. Trotzdem wurde das Baden bis weit in die Frühe Neuzeit als wirkungsvoller Schutz gegen Krankheiten angesehen.[737] Doch mit dem Aufkommen der im humoralpathologischen Gefahrenmodell enthaltenen Ansteckungstheorien veränderte sich die Einstellung der Menschen zum Wasser, was zu einer abnehmenden Frequentierung der Badestuben führte. Es ist anzunehmen, dass Regensburg hierbei keine Ausnahme gemacht hat.

3.2.6 Bettelwesen

Die Bettelei war von der Obrigkeit nicht nur in Pestzeiten ungern gesehen. Wie im Zusammenhang mit der Pest bereits angedeutet, assoziierte man mit dem Bettelwesen Verschmutzung und Unreinlichkeit, sowohl im hygienischen als auch im moralischen Kontext. Bettler wurden nicht nur aufgrund ihrer schmutzigen äußeren Erscheinung, sondern auch wegen ihres müßiggängerischen, ‚liederlichen' Lebenswandels verurteilt. Ihre vom Stadtbürgertum als ungeordnet empfundene Existenz, die scheinbar von allen Regeln des bürgerlichen Zusammenlebens unberührt blieb, wurde für das eigene Leben der Bürger, das sich an Disziplin, Reinlichkeit und Ordnung orientierte, als bedrohlich empfunden. Im frühneuzeitlichen Regensburg wurden immer wieder Verordnungen veröffentlicht, die sich gegen die Bettelei richteten. Es war dem Magistrat ein wichtiges Anliegen, keine Armen in die Stadt zu lassen, Aufenthaltsort und -dauer von fremden Reisenden genau zu kontrollieren und die stadteigenen Armen von den Straßen zu holen, um ihnen in Arbeitshäusern die Möglichkeit einer ‚sinnerfüllten' Existenz zu bieten.

Am 1. Juni 1713 forderte der Magistrat, der sich zum Ziel setzte, *„allhiesig-gemeine Stadt Regenspurg von allen muessigen fremden Leuthen zu erleichtern"*[738] alles *„frembde Herren-lose Gesindel und andere[...] muessige[...] Leuthe[...] / Manns-und Weibs-Persohnen / welche nicht Burger und Burgerin sind / und keinen*

---

[735] Vgl. A. DIRMEIER: Soziale Einrichtungen, S. 280.
[736] Vgl. M. KNOLL: Regensburg, der Reichstag, der Kurfürst und das Holz, S. 39-40.
[737] Vgl. S. STOLZ: Die Handwerke des Körpers, S. 101.
[738] Ratsdekret vom 1. Juni 1713, in: StadtAR, Dekr. 176.

Beysitz haben / auch denen / so dem Anno 1654. gemachten Vertrag gemaeß / unter der Geistlichen Inwohner nicht begriffen / oder in wuerklichen Diensten seynd [auf] / daß sie sich innerhalb den naechsten 8. Tagen / à dato an gerechnet / von hier hinweg begeben / die vagirende Bettler aber alsobalden ihren Fuß weiter setzen / und ohne sonderbahre Obrigkeitliche Verguenstigung und Erlaubnueß sich allhier / fuernehmlich bey fortwaehrender Reichs-Versammlung / nicht betretten lassen sollen; bey Vermeidung harter Gefaengnueß und Leibes-Straff."[739]

Alle Stadtbewohner, die sogenanntem ‚Gesindel' in ihren Häusern Unterschlupf gewährten, sollten die so bezeichneten Personen wegschicken, wenn sie nicht die ausdrückliche Erlaubnis der Ratsherren dazu hatten. Bei Zuwiderhandlung wurde auch ihnen *„ernstliche[...] Straff"*[740] angedroht.

Am 28. Februar 1718 erließ der Magistrat ein Dekret, in dem er die Bürger und Beisitzer aufforderte, den jeweiligen Wachtherrn über Namen, Wohnsitz und Tätigkeiten derer, *„so Alters, Leibes-Gebrechlichkeit, Vielheit der Kinder, oder anderer Ursachen halber, entweder gar nichts, oder nicht soviel, als ihre unentbehrliche Nothdurfft erfordert, erwerben koennen"*[741] zu informieren. Alle *„Haußherren oder Haußfrauen, wie auch Inspectoren ueber die Haeuser, Vormuendere und dergleichen"*[742] sollten innerhalb von acht oder höchstens vierzehn Tagen ein Verzeichnis der in ihren Häusern Unterkommenden abliefern. In diesem Verzeichnis sollte auch für jede Person angegeben werden, unter wessen Jurisdiktion sie stehe. Wer dieser Aufforderung nicht nachkam, musste mit der beachtlichen Geldstrafe von zwanzig Reichstalern rechnen. Während die in den Bürgerhäusern unterkommenden ‚Innwohner' in der Stadt geduldet wurden, sollte das *„liederliche[...], unnuetze[...] Gesinde, hier und da in den Schlupffwinckeln sich aufhalten oder sonst sich eingeschlichen haben mag"*[743], die Stadt, um einer Strafe zu entgehen, unverzüglich verlassen.[744] Für fremde Arme hatte man in Regensburg augenscheinlich nicht viel übrig.

Ein am 10. Januar 1752 veröffentlichtes Dekret, das sich auf vier Dekrete aus den Jahren 1639, 1676, 1678 und 1689 mit derselben Thematik bezog, ordnete die Meldepflicht für Wirte und Gastgeber an. Erstere sollten alle bei ihnen unterkommenden Fremden nach *„Nahmen, Stand, Handel, oder was ihre Verrichtung allhier, auch woher sie gekommen und wohin sie wollen"*[745] befragen. Diese Informationen mussten in die bereits zu Pestzeiten benutzten Nachtzettel eingetragen werden. Außerdem musste aus ihnen hervorgehen, wie viele Nächte der Gast sich bereits bei ihnen aufhalte. Die Nachtzettel mussten dann allabendlich dem Stadtkämmerer überbracht werden. Wer es versäumte, die Nachtzettel rechtzeitig abzugeben, musste für jeden nichtgemeldeten Gast einen Taler Strafe zahlen. Ein Wirt, der an seinen Gästen etwas ‚Verdächtiges' bemerkte, sollte eine Anzeige

---

[739] Ratsdekret vom 1. Juni 1713, in: StadtAR, Dekr. 176.
[740] Ebd.
[741] Ratsdekret vom 28. Februar 1718, in: J. F. KEYSER: Sammlung, Nr. CCI., S. 522.
[742] Ebd.
[743] Ebd., S. 523.
[744] Vgl. ebd.
[745] Ratsdekret vom 10. Januar 1752, in: Ebd., Nr. CCXLIII. S. 659- 660.

machen. Doch nicht nur die Wirte, sondern auch die ‚Handwerks-Vaeter' wurden verpflichtet, ihre ‚Purschen' zu melden.[746]

In der Wachtgedingsordnung aus dem Jahr 1765 findet sich ein Hinweis, dass die Obrigkeit seit dem Jahr 1678 diejenigen Handwerksburschen, die keine Arbeit finden konnten, mit *„gewise[n] zettel[n] und zeichen"*[747] ausstattete, um sie als ‚Stadtfremde' zu kennzeichnen. Gegen Vorlage dieser Zeichen erhielten sie zwar ein Almosen, mussten jedoch im Ablauf von vierundzwanzig Stunden die Stadt wieder verlassen. Trotzdem war der ‚Gassenbettel' damit anscheinend nicht aus der Welt geschafft, denn es wurde zugleich an die ‚Christlichen Hertzen' appelliert, die Bedürftigen mit einer Spende zu unterstützen.[748]

Am 19. Mai 1788 erschien ein Dekret des Magistrats, das sich mit der *„uebermaessige[n] Menge der hiesige[n] Armuth und Strassenbettel"*[749] befasste, die *„der Inwohnerschaft zur Last und Aergernuß gediehen ist"*[750]. Der Magistrat äusserte die Klage, dass die Armenstiftungen und Almosenspenden nicht ausreichen würden, *„das zum Gewerbe gewordene Strassenbetteln und die daraus erfolgende Unverschaemtheit, Unmaessigkeit und lasterhafte Erziehung der Kinder zu verhindern"*[751]. Man unterschied augenscheinlich zwischen echter und vorgetäuschter Bedürftigkeit. Um *„Strassen und Kirchen von denen Weglagerungen eines grossen Theils blos simulierten Elends [zu säubern]"*[752] sollte eine gemeinsame ‚Commission' des Rates, des Fürstbischofs und des Domkapitels die wirklich Bedürftigen unterstützen, *„Muthwillige und Boßhafte"*[753] zur Arbeit anleiten, Kinder in Schulen und Lehrstunden einweisen und fremden Landstreichern den Zugang in die Stadt verwehren. Die ‚boßhaften Leute' sollen zur ‚Besserung' angeleitet werden, die ‚nothleidende Armuth' dagegen sollte in den ‚Genuss' von *„Kranken- und dergleichen Hilfs-Anstalten"*[754] kommen. Die Einrichtung dieser Kommission wurde den Stadtbewohnern mit der Aufforderung, für diese Bedürftigen zu spenden, mitgeteilt.[755] Man war also durchaus zu finanziellen Aufwendungen für die ärmeren Schichten bereit, aber nur, solange das Geld zweckgebunden verwendet wurde. Die Armen, die es vorzogen, sich der Eingliederung in die bürgerliche Ordnung zu widersetzen, verwies man mit Hinweis auf die von ihnen ausgehende, auch ‚moralische' Verschmutzung und Seuchengefahr der städtischen Grenzen.

Ein Ratsdekret vom 5. Juni 1801 verfügte, um *„der allenthalben einreissenden Sittenlosigkeit und Hintansetzung aller guten Ordnung"*[756] entgegen zu wirken,

---

[746] Vgl. Ratsdekret vom 10. Januar 1752, in: Ebd., Nr. CCXLIII. S. 659-660.
[747] Wachtgedingsordnung 1765, S. (145).
[748] Vgl. ebd.
[749] Ratsdekret vom 19. Mai 1788, in: StadtAR, Dekr. 117.
[750] Ebd.
[751] Ebd.
[752] Ebd.
[753] Ebd.
[754] Ebd.
[755] Vgl. ebd.
[756] Ratsdekret vom 5. Juni 1801, in: F. W. WIESAND: Sammlung, Nr. LXXXVIII., S. 171.

„das bereits vor mehrern Jahren errichtete, nachher beruhend gelassene Spinn-Institut wieder herzustellen"[757]. Anstatt sich dem Müßiggang hinzugeben und die wohlbetuchten Einwohner der Stadt zu belästigen, sollten Bettler und andere ‚Taugenichtse', die nach Ansicht des Magistrats nur auf eine Gelegenheit warteten, jemanden zu bestehlen, hier ganz nach dem Vorbild der von der Medizinischen Polizei empfohlenen Einrichtungen zu ‚nützlicher' Betätigung angehalten werden. Der Rat appellierte eindringlich an alle Stadtbewohner, denen *„die Herstellung alter Zucht und Ordnung am Herzen lieg[e]"*[758], für dieses ‚gemeinnützige' Vorhaben zu spenden. Auf diese Weise könnten sowohl die Stadt als auch die Bürgerhäuser *„von den vielen sich hier eingeschliechenen liederlichen und verdaechtigen Leuten und von der Menge zur Arbeit tauglicher Bettler gereinigt"*[759] werden. Damit werde außerdem Menschen geholfen, die sonst *„in ihr ewiges Verderben"*[760] laufen würden. Somit nahm das Bürgertum für sich in Anspruch, zu entscheiden, wer eine sinnerfüllte Existenz führte und wer nicht.

Auch Schäffer rückte in seiner ‚Ortsbeschreibung' die Bettler in die Nähe von ‚Schmarotzern'. Seiner Ansicht nach fehlte den Bettlern nur die Motivation, um sich ihr Brot selbst zu verdienen.

„Dieses ungestueme zahlreiche Bettelvolk, dessen groeßter Teil seiner Jahre, Gesundheit und Kraefte wegen, sich Brod mit Handarbeit erwerben koennte, scheint selbst durch das zu reichliche Allmosen, das ihm taeglich von Stiftern, Kloestern und andern Partikuliers gereicht wird, aufgemuntert zu werden, durch belaestigendes Betteln allein sein Brod zu verdienen."[761]

Er beklagt, das ‚Bettelvolk' sei seit den Teuerungen der Jahre 1771 und 1772 *„noch zahlreicher [geworden,] als es ehedem schon war; die groesste Menge desselben aber macht das benachbarte Landvolk, die reisenden Handwerksbursche, der verarmte Beysitzer und die Schutzverwandte aus"*[762]. Die Stadt habe bereits versucht, den ‚Gassenbettel' zu beseitigen und zu diesem Zweck im städtischen Waisenhaus eine Wollspinnerei eingerichtet, wo den katholischen Arbeitern sogar ein Gottesdienst gestattet sei, denn, so fügt Schäffer hinzu, *„Toleranz mit ihren inn- und auslaendischen Einwohnern ist ein Charakterzug der Regensburger"*[763]. Er bedauerte, dass die Stadt und die kirchlichen Geldgeber noch zu keiner Einigung gelangt seien, die verschiedenen Almosenzuwendungen zusammenzulegen und das Betteln einzudämmen.[764] So erweist sich Schäffer als Angehöriger eines sich durch das Bettelwesen beeinträchtigt fühlenden Bürgertums.

---

[757] Ratsdekret vom 5. Juni 1801, in: F. W. WIESAND: Sammlung, Nr. LXXXVIII., S. 172.
[758] Ebd.
[759] Ebd.
[760] Ebd.
[761] J. C. G. SCHÄFFER: Ortsbeschreibung, S. 39.
[762] Ebd., S. 38.
[763] Ebd., S. 39.
[764] Vgl. ebd., S. 38-39.

Derselbe Tenor findet sich in Friedrich Nicolais bereits oben erwähntem Reisebericht, in dem er sich über *„eine Menge ekelhafter Bettlerinnen [...], denen Dummheit und Unverschaemtheit an der Stirn zu lesen ist"*[765] beschwerte. Die Unreinlichkeit war für Nicolai Bestandteil der *„katholische[n] Religionsphysiognomie"*[766], die er als eine Sonderform der ‚Nationalphysiognomie' betrachtete. Diese bestand seiner Ansicht nach *„in transitorischen Zeichen oder in Geberden"*[767]. Als eine solche Gebärde sei ihm der *„katholische Augenaufschlag"*[768] der Frauen in der katholischen Bischofsstadt Bamberg aufgefallen, wobei katholische Mädchen im Allgemeinen ‚verliebter' aussähen als andere. In Regensburg verband er diese katholische Religionsphysiognomie mit *„unverschaemter Betteley"*[769], die *„man vor den Thüren fast aller katholischen Kirchen, und besonders in den ganz katholischen Landen [findet]"*[770]. Überhaupt sei die Zahl der Bettler in Regensburg sehr groß. Die ‚katholische Religionsphysiognomie' ist ein Beweis dafür, wie sehr die Angehörigen des Bürgertums in ihren Vorurteilen behaftet waren, wenn sie vom Grad der Unreinlichkeit auf die Religionszugehörigkeit schlossen. Die Katholiken hatten jedoch keine anderen Reinlichkeitsvorstellungen, sondern waren lediglich in den meisten Fällen ärmer als ihre protestantischen Mitbürger.[771] Die hier anschaulich werdende Abgrenzung nach unten half dem Bürgertum bei der Selbstdefinition. Dies gelang umso mehr, je schärfer man die Standesgrenzen herausstrich.

3.3 Bauliche Maßnahmen zur Hygiene

Im folgenden Abschnitt soll auf die Baumaßnahmen, die sich auf die Stadthygiene auswirkten, eingegangen werden. In Regensburg sind im 18. Jahrhundert im wesentlichen zwei Bereiche relevant, die Pflasterung der Straßen und die Anlage von Alleen und Grünflächen. Die Vertreter der Medizinischen Polizei haben sich, wie oben bereits skizziert, zu beiden Themen in Bezug auf ihre gesundheitlichen Auswirkungen in positiver Weise geäußert.

Ausgeführt wurden diese Baumaßnahmen von der für alle öffentlichen Bauaufgaben zuständigen Fachbehörde, dem Bauamt. Diesem kamen im wesentlichen drei Aufgabenbereiche zu: Zum einen unterhielt es städtische Gebäude und Anlagen, also alle Türme, Tore, Brücken, Wasserbeschlächte, öffentlichen Gebäude, Wasserleitungen, Brunnen, Straßen, die offene ‚Kanalisation' und militärische Anlagen wie die Stadtbefestigung. Zum anderen

---

[765] F. NICOLAI: Beschreibung einer Reise, Bd. 2, S. 341.
[766] Ebd., Bd. 1, S. 135.
[767] Ebd.
[768] Ebd.
[769] Ebd., Bd. 2, S. 341.
[770] Ebd.
[771] Vgl. M. FREY: Der reinliche Bürger, S. 194.

agierte das Bauamt als Staatsbetrieb, da es ein Monopol auf den Handel mit Baumaterial wie Holz und Ziegel besaß. Drittens fungierte das Amt als ‚Baupolizei', da es auch die private Bautätigkeit beaufsichtigte. In diesen Funktionen war das Bauamt den Beschlüssen des Inneren Rates unterworfen.[772] So bekleidete seit der Mitte des 16. Jahrhunderts auch ein Mitglied des Inneren Rates das Amt des Bauamtsdirektors. Ihm waren jeweils ein Vertreter des Äußeren Rates, zwei Gemeindevertreter, zwei oder drei Schreiber und mehrere Handwerker und Knechte beigeordnet.[773]

Aufgaben und Kompetenzen des Bauamts regelte die Bauamtsordnung von 1698. In ihr waren auch die Zuständigkeitsbereiche der dieser städtischen Behörde unterstehenden Bediensteten wie beispielsweise der Schlögelmeister, Pflasterer und Schaufelmeister festgelegt.

3.3.1 Der Niedergang des städtischen Bauwesens im 18. Jahrhundert

Die bereits oben skizzierte katastrophale Finanzlage Regensburgs, die sich zum Ende des 18. Jahrhunderts hin verschärfte, wirkte sich sehr negativ auf die Bautätigkeit der Stadt aus, denn schon zu Beginn des 18. Jahrhunderts beschränkte sich diese zumeist auf dringliche Reparaturmaßnahmen. Der zwischen 1721 und 1723 erbaute Südflügel des barocken Rathauses war der einzige städtische Repräsentationsbau des 18. Jahrhunderts. Von dieser Zeit an fehlte es an Mitteln für *„künstlerisch anspruchsvolle neue Architektur"*[774], da die Instandhaltung der existentiell notwendigen Brücken, Mühlen und Stadel mindestens die Hälfte der jährlichen Bauausgaben ausmachte und die Reparaturen an Stadtmauern und -toren, die Straßenpflasterung und -reinigung, aber auch die Instandhaltung der Kirchen und Friedhöfe den Rest verschlangen. Das Bauamt wog die Dringlichkeit der Maßnahmen ab und entschied über die Verteilung der Gelder.[775]

Da sich die finanzielle Lage der Stadt in der zweiten Hälfte des 18. Jahrhunderts weiter verschlechterte, ermahnte der Rat das Bauamt in den Jahren 1764 und 1768 *„nur das äussert nothwendige zu bauen, u[nd] mit andern inne zu halten, auch ohne anfrag u. bewilligung nichts vorzunehmen"*[776]. Im Jahr 1778 sollten alle ungenutzten Hütten, Torgatter und Palisaden beseitigt und die schindelgedeckten Spitzdächer der Türme und Tore abgetragen und durch niedrige Ziegeldächer ersetzt werden. Diese Vorschriften dienten der Entlastung der Stadtkasse. Im Jahr 1780 begann der Magistrat sogar, städtische Gebäude zu verkaufen, um die Bauausgaben zu senken.[777] Das städtische Bauwesen lag am Ende des 18. Jahrhunderts dermaßen darnieder, dass die Bauamtsschreiber ihre Arbeit im Jahr

---

[772] Vgl. P. MORSBACH: Untersuchungen zur städtebaulichen Entwicklung, S. 131-132.
[773] Vgl. E. TRAPP: Beziehungs- und Grenzfragen, S. 285.
[774] Ebd., S. 284.
[775] Vgl. ebd., S. 282-284.
[776] Bauamtschronik 1768, S. 409.
[777] Vgl. E. TRAPP: Beziehungs- und Grenzfragen, S. 285-286.

1792 einstellten. Was im 18. Jahrhundert in Regensburg an neuer Architektur entstand, wurde von einigen vermögenden Bürgern, den Fürsten von Thurn und Taxis und den katholischen Klöstern und Stiften finanziert.[778]

Trotz aller Sparmaßnahmen wurde die Straßenpflasterung in Regensburg erstaunlich konsequent und auch mit einigem finanziellem Aufwand betrieben. Gumpelzhaimer, der die jährlichen Tätigkeiten des Bauamts auflistet, führt beinahe in jedem Jahr Reparatur- oder Pflasterarbeiten an.[779] Die Pflasterung der Straßen und Plätze und die Instandhaltung des Pflasters schlug mit 1.000-3.000 fl. pro Jahr zu Buche. Darin waren die Löhne für Pflasterer, Steinbrecher, Fuhrleute und die Kosten für das Werkzeug enthalten.[780] In Regensburg wurden seit dem Jahr 1400 Straßen für Fußgänger gelegt. Wahrscheinlich befestigte man im Mittelalter aber in erster Linie die verkehrsreichen Straßen und Plätze.[781] Auch um die Mitte des 18. Jahrhunderts gab es noch zahlreiche unbefestigte Bereiche. Erst im Jahr 1760 wurde der Platz vor dem Ballhaus am Ägidienplatz begradigt und mit Kies versehen.[782]

Das Pflaster erleichterte nicht nur den Verkehr, sondern auch die Straßenreinigung. Der auf den Straßen entsorgte Abfall konnte sich durch die Pflasterung nicht mehr mit dem schlammigen Untergrund vermischen. In den diätetischen Lehren der Medizinischen Polizei galt das Pflaster außerdem als isolierender Schutz gegen den verseuchten Boden und die Fäulnis des Grundwassers. Die Pflasterung verhinderte einerseits zwar die Entfaltung des aus dem Boden aufsteigenden Gestanks, verzögerte aber andererseits eine Ausspülung des Bodens, und damit eine Erneuerung des Grundwassers, was in den Augen der Zeitgenossen die Stagnation begünstigte.[783]

Trotzdem galt die Pflasterung und die Reinlichkeit der Straßen in den Augen des Bürgertums als ‚fortschrittlich', denn durch die Erleichterung des Verkehrs, die mit dem Straßenbau einherging, wurde der Austausch von Sachgütern und Informationen möglich, worauf die *„Utopie der bürgerlichen Gesellschaft"*[784] beruhte. Dem freien Tausch und Handel und der künftigen Marktgesellschaft wurden damit im buchstäblichen Sinne die Wege geebnet. Frey argumentiert, *„die Straßen galten als Aufmarschplätze des Handel treibenden Bürgertums, darüber hinaus als Sinnbilder der bürgerlichen Moral."*[785] Sie erleichterten nicht nur Reisen und Transport, sondern auch die Kommunikation zwischen den einzelnen Gruppen des Bürgertums, die sich darüber einig waren, dass der Straßenschmutz etwas verachtungswürdiges sei. Der ‚reinliche Bürger' wollte sich auf sauberen Straßen bewegen.[786]

---

[778] Vgl. E. TRAPP: Beziehungs- und Grenzfragen, S. 288-289.
[779] Vgl. J. C. GUMPELZHAIMER: Regensburgs Geschichte Bd. 3, S. 1454-1737.
[780] Vgl. P. MORSBACH: Untersuchungen zur städtebaulichen Entwicklung, S. 142.
[781] Vgl. G. HÖSEL: Unser Abfall, S. 47.
[782] Vgl. P. MORSBACH: Untersuchungen zur städtebaulichen Entwicklung, S. 142.
[783] Vgl. A. CORBIN: Pesthauch und Blütenduft, S. 123.
[784] M. FREY: Der reinliche Bürger, S. 192.
[785] Ebd., S. 191.
[786] Vgl. ebd., S. 191-192.

3.3.2 Städtebauliche Erfolgsprojekte: Grünanlagen und Alleen

Obwohl für städtische Bauten und Anlagen das Geld weitestgehend fehlte, wurden zur *"Verschönerung der Stadt und zum Wohl der Bürger"*[787] an mehreren Orten in der Stadt Bäume angepflanzt. Schäffer lobte den Beitrag der *"in der Stadt an vielen Haeusern angelegte[n] Gaerten zur Verbeßerung der Luft"*[788].

Seit dem 16. Jahrhundert gab es städtische Baumpflanzungen. So wurden bereits im Jahr 1511 beim Friedhof St. Lazarus vor dem Jakobstor Linden gepflanzt. Grünflächen gab es vor allem in den Wachten, die am Stadtrand gelegen waren, wie Ostner- und Westnerwacht. In der Donau-, Wahlen- und Witwangerwacht war die Bebauung für Grünflächen zu dicht.[789]

Im Jahr 1654 hatte das Bauamt eine Allee auf dem Oberen Wöhrd angelegt, die sich, wie Kayser berichtet, großer Beliebtheit bei Spaziergängern erfreute.[790] Der Regensburger Kaufmann Pürkl ließ im Jahr 1727 die Prebrunnallee am Herrenplatz anlegen. Im Laufe des 18. Jahrhunderts wurden die Stadtgräben und Befestigungsanlagen zunehmend bepflanzt. So legte die Stadt im Graben hinter dem Ballhaus eine Baumschule an, die im Jahr 1779 in der Bauamtschronik erwähnt wird. Außer den Privatgärten unterhielten einzelne Ämter der Stadtverwaltung Gärten in den städtischen Zwingern.[791]

Trotz all dieser Bemühungen waren der Stadt große Vorhaben in Hinsicht auf die Verschönerung und die Erhöhung der Lebensqualität ihrer Bürger verwehrt. Deshalb kamen dem Magistrat und der Bürgerschaft in dieser prekären finanziellen Situation ein Geschenk des kaiserlichen Prinzipalkommissars sehr gelegen. Am 12. April 1779 beantragte Fürst Carl Anselm von Thurn und Taxis beim Magistrat, *„zum Nutzen und Vergnügen der hiesigen Inwohnerschaft auf dero eigene Kosten eine Baum-Allee um die Stadtgräben [anlegen]"*[792] zu dürfen. Die Anlage der Carl-Anselm-Allee war die stadtbaugeschichtlich bedeutendste Maßnahme des gesamten 18. Jahrhunderts. Die Stadtbefestigung wurde damit in einen Grüngürtel umgewandelt. Kayser schrieb dazu:

„Der Weg um die Stadt auf der Landseite hatte viele Huegel und Waelle, war daher zu einem Spaziergange sehr unbequem und gewaehrte wenig Schatten. Se. Hochfuerstl. Durchlaucht der regierende Fuerst von Thurn und Taxis ließ im Jahr 1780 die Waelle und Huegel abtragen, die Vertiefungen ausmauern, die ganze Landseite mit einer schoenen Allee bepflanzen und mit Ruhebaenken versehen."[793]

Die Arbeiten, die am 17. Mai 1779 begannen und 1781 vollendet wurden, führte das Bauamt durch. Gleich im ersten Jahr wurden entlang eines planierten Weges

---

[787] E. TRAPP: Beziehungs- und Grenzfragen, S. 287.
[788] J. C. G. SCHÄFFER: Ortsbeschreibung, S. 51.
[789] Vgl. P. MORSBACH: Untersuchungen zur städtebaulichen Entwicklung, S. 146-147.
[790] Vgl. A. C. KAYSER: Versuch, S. 86.
[791] Vgl. P. MORSBACH: Untersuchungen zur städtebaulichen Entwicklung, S. 147.
[792] Fürstliches Zentralarchiv, Haus- und Familiensachen – Akten, Nr. 2331, zitiert nach: R. STROBEL: Die Allee des Fürsten Carl Anselm, S. 229.
[793] A. C. KAYSER: Versuch, S. 87-88.

„*von prebrunn biß zum osten thor also die ganze landseite*"[794] 900 Bäume angepflanzt, bei der Fertigstellung der Allee waren es etwa 1.500. Die Gesamtsumme, die der Fürst für die Allee bezahlte, belief sich auf 12.000 fl.[795] Gemeiner, der den Stadtrand von Regensburg durch die Allee „*in Zaubergefilde verwandelt*"[796] sah, schrieb zu den Beweggründen des Fürsten, die dieser angeblich in einem Gespräch mit dem Stadtkämmerer Sigmund Georg Ulrich Boesner äußerte, folgendes:

„*Eingedenk mancher mir erwiesenen Gefälligkeiten, die mir von Seiten der Stadt erwiesen worden sind, wünsche ich ein dauerndes Denkmal zu hinterlassen, wenn Gott über mich gebieten sollte; ich habe die Idee gefaßt, eine Allee von Bäumen vom Jakobstor bis zum Ostentor zur Zierde der Stadt und zur Gesundheit der Einwohnerschaft anlegen zu lassen. Diese Allee will ich auf meine Kosten machen lassen und verlange nur, daß dieselbe zu meinem Andenken die Carl Taxische Allee genannt werden möge.*"[797]

Das Geschenk des Fürsten war also an alle Bewohner der Stadt gerichtet, obwohl diese nicht seine Untertanen waren. Durch die Anlage der Allee erwies sich Carl Anselm als aufgeklärter Fürst, dem das gesundheitliche Wohl der Stadtbewohner am Herzen lag. Das Spazieren gehen hatte insbesondere bei den bürgerlichen Schichten Konjunktur; wie im ersten Teil dieser Arbeit bereits erwähnt, galt die körperliche Beweglichkeit als Ausdruck bürgerlichen Leistungswillens und als Abgrenzung zum Adel, der sich in den Augen des Bürgertums durch körperliche Trägheit auszeichnete. Kayser erwähnt in seiner Beschreibung der Freien Reichsstadt bei der Aufstellung der besten Spazierwege die fürstliche Allee ausdrücklich als Bereicherung.[798]

Der Regensburger Alleengürtel übernahm außerdem bereits 1779 die Funktion eines Volksgartens, zehn Jahre vor der Öffnung des Münchner Englischen Gartens, der als erster öffentlicher Volkspark auf dem Kontinent galt und vierzehn Jahre vor der revolutionären Verwandlung des Pariser Tuileriengartens in den ‚Jardin national'. Die republikanische Volksbildungstheorie hielt öffentliche Grünanlagen für geeignet, den Charakter der Menschen im positiven Sinne zu beeinflussen.[799]

Auch andere absolutistische Fürsten wie der Habsburger Joseph II. und der Wittelsbacher Karl Theodor öffneten ihre Gärten für die Bevölkerung. Bereits im Jahr 1766 wurde der Wiener Prater öffentlich zugänglich, 1775 folgte der Augarten. In München wurde im Jahr 1790 der Hofgarten geöffnet und 1789 die Anlage des Englischen Gartens begonnen. Parallel dazu löste man den die Stadt umgebenden Befestigungsring auf.[800]

---

[794] Bauamtschronik 1779, S. 653.
[795] Vgl. R. STROBEL: Die Allee des Fürsten Carl Anselm, S. 241.
[796] C. TH. GEMEINER: Regenspurgische Chronik Bd. 4, S. 173.
[797] Ebd., S. 174 (Anm. 363).
[798] Vgl. A. C. KAYSER: Versuch, S. 87-88.
[799] Vgl. E. TRAPP: Beziehungs- und Grenzfragen, S. 292.
[800] Vgl. R. STROBEL: Die Allee des Fürsten Carl Anselm, S. 230-231.

In Regensburg wurde die Befestigung beim Bau der Allee allerdings nicht geschliffen, sondern die Bepflanzung wurde um die Stadtgräben herum geführt. Die Stadtmauer behielt bis ins 18. Jahrhundert hinein ihre Verteidigungsfunktion bei, da sich die Regensburger Einwohner aufgrund ihrer Insellage im bayerischen Territorium ohne Befestigung nicht sicher fühlten. Allerdings wurden die im 16. und 17. Jahrhundert angelegten Vorbauten der ‚Fortifikation' weitgehend beseitigt beziehungsweise aufgegeben. Das Hügel- und Brachland vor den Stadtmauern, auf dem sich mehrere Wasserlöcher und Tümpel befanden, wurde eingeebnet und trockengelegt[801], was in den Augen zeitgenössischer Hygieniker ein großer Fortschritt gewesen sein musste.[802]

Mit der Einbettung des Bereichs vor der Mauer in einen Park wurde allerdings die Grenze zwischen Stadt und Umland aufgehoben. Das Gelände des Stadtgrabens, der bisher zur Kleinviehhaltung oder zum Gartenbau genutzt wurde, besaß nun Erholungswert.[803] Die Doppelreihe der Bäume verlief vom Prebrunn über das Jakobstor zur heutigen Kumpfmühlerstraße. Bis zur ehemaligen Bastei St. Emmeram wurde sie mit drei Reihen fortgeführt, um dann wieder in zwei Reihen von der Stadtbefestigung abzuweichen und auf die Peterstorbastei zuzulaufen. Von dort bis zum Ostentor lief sie dann wieder entlang des Stadtgrabens.[804]

Die Carl-Anselm-Allee ihrerseits hat in den Jahren 1779-1789 noch zu weiteren städtischen, aber auch privaten Grünanlagen, die hauptsächlich auf dem Oberen und dem Unteren Wöhrd, aber auch im Stadtgraben entstanden, angeregt.[805] So verschönerte das Bauamt im Jahr 1779 die Allee auf dem Oberen Wöhrd und ließ dort Tannen und Fichten aus der erwähnten Baumschule anpflanzen.[806] Der Stadtkämmerer Boesner ließ im Jahr 1781 auf dem Unteren Wöhrd hundert Eichen setzen, um dem Prinzipalkommissar nicht nachzustehen.[807] Auf Anregung des französischen Gesandten, des Grafen de Bombelles, wurde am Kornmarkt entlang der Alten Kapelle im gleichen Jahr eine Allee aus vierzehn Linden angelegt.[808] Zwei Jahre später stifteten einige Regensburger Küffnermeister mehrere hundert Weiden, die im östlichen Stadtgraben vor dem Jakobstor und auf dem Oberen Wöhrd eingepflanzt wurden.[809] Diese Allee umfasste mehr als zweihundert Bäume, als sie zu Beginn des Jahres 1784 einem Hochwasser zum Opfer fiel, das sowohl alten als auch neuen Baumbestand fortriss.[810] Diese Naturkatastrophe verschärfte

---

[801] Vgl. P. MORSBACH: Die städtebauliche Entwicklung Regensburgs, S. 1143 und E. TRAPP: Beziehungs- und Grenzfragen, S. 293.
[802] Hebenstreit schrieb dazu: „*Stadtgraeben, welche keinen bestaendigen freyen Abfluß haben, vergiften die Luft durch ihre Ausduenstungen und muessen daher ausgetrocknet werden. Wenn aber auch solche Graeben eine hinreichende Gemeinschaft mit fliessenden Wassern haben, so muessen sie dennoch von Zeit zu Zeit abgelassen und ausgeschlaemmt werden.*" (E. B. G. HEBENSTREIT: Lehrsaetze, S. 20.)
[803] Vgl. E. TRAPP: Beziehungs- und Grenzfragen, S. 295.
[804] Vgl. R. STROBEL: Die Allee des Fürsten Carl Anselm, S. 241.
[805] Vgl. P. MORSBACH: Die städtebauliche Entwicklung Regensburgs, S. 1143.
[806] Vgl. Bauamtschronik 1779, S. 653.
[807] Vgl. ebd. 1781, S. 728.
[808] Vgl. ebd., S. 729.
[809] Vgl. ebd. 1783, S. 791.
[810] Vgl. ebd. 1784, S. 801.

den Sparzwang der Stadt noch weiter, da die Schadensbehebung, auf die das Bauamt in der Folgezeit beschränkt blieb, große Summen verschlang. Der Mittelturm der Steinernen Brücke wurde sogar ganz abgebrochen, da die Reparaturkosten zu hoch gewesen wären.[811]

Über die Unversehrtheit der fürstlichen Allee wurde von städtischer Seite streng gewacht. In einem Ratsdekret vom 16. November 1779 wurde „*alles Fahren, Reiten, Vogelstellen und Schießen, Laubrechen oder Sammlung abfallender Früchte, Betteln, Bluethe abbrechen, und Verunreinigung in dieser Hochfuerstlich-Karl Taxischen Allee und deren Umfang, bey zu befahren habender empfindlicher Leibesstraffe verbothen [...]*"[812]

Wer für die Festnahme eines ‚Baumschänders' oder Diebes sorgte, sollte sogar belohnt werden. Der Rat betonte außerdem seine Hoffnung, dass „*jeder wohlgesittete[...] Buerger und Innwohner*"[813] sich für die Erhaltung der Allee einsetze, indem er Kinder und Dienstboten dazu ermahnte, sie unversehrt zu lassen. Die Wachen und Polizeibediensteten sollten über die Einhaltung der Regeln wachen.[814] Der Inhalt dieses Dekretes wurde am 6. April 1797 wiederholt, da der Rat anmahnte, die erste Verordnung sei „*vielfaeltig wieder uebertretten und dadurch der gesammten Innwohnerschaft der Genuß dieses wohltaetigen Vergnuegens geschmaelert*"[815] worden. Ein drittes Ratsdekret, das sich mit der Carl-Anselm-Allee auseinander setzte, wurde am 24. Februar 1800 veröffentlicht. Aus diesem lassen sich hygienepolitische Maßnahmen herauslesen, die dazu dienen sollten, die „*zur Erquickung des Genesenden zweckdienlich schoenen und kostbaren Anlage*"[816] vor Schädigung beziehungsweise Verunreinigung zu bewahren. So wurde angekündigt, „*der schon längst streng verbottenen Zudringlichkeit der unverschaemtesten Bettler ein für allemal nach allen Kraeften zu steuern*"[817]. Diese schmälerte nach Ansicht des Magistrats das „*Vergnuegen fuer den gesunden, reinen Lebensgenuß schaezenden Fußgaenger*"[818]. Außerdem wurde „*die muthwillige und boshafte Verstuemmelung der Baeume*" und „*das oft verbotene Waeschtrocknen und Viehhueten*" als „*poebelhafter Unfug*"[819] bezeichnet und verboten. Wer einen „*Verstuemmler junger oder erwachsener Baeume, Hecken und Stauden*"[820] ertappte und anzeigte, sollte belohnt werden. Der ‚Baumfrevler' sollte mit „*vier woechentlicher Schubkarren Strafe*"[821] oder mit einer Geldbuße bestraft werden. Es lag der Obrigkeit augenscheinlich sehr am Herzen, die Allee ‚rein' und unversehrt zu erhalten.

---

[811] Vgl. E. TRAPP: Beziehungs- und Grenzfragen, S. 287.
[812] Ratsdekret vom 16. November 1779, in: F. W. WIESAND: Sammlung, Nr. XXVIII., S. 75.
[813] Ebd.
[814] Vgl. ebd.
[815] Ratsdekret vom 6. April 1797, in: StadtAR, Nr. 117.
[816] Ratsdekret vom 24. Februar 1800, in: F. W. WIESAND: Sammlung, Nr. LXXI., S. 155.
[817] Ebd.
[818] Ebd.
[819] Alle drei Zitate stammen aus: Ebd.
[820] Ebd.
[821] Ebd., S. 156.

Ein weiteres Dekret vom 12. Oktober 1801 verschärfte in deutlicher Weise die Strafen für die bereits oben erwähnten Vergehen. Wer einen Baum, eine Ruhebank, einen Zaun oder einen anderen Gegenstand, der zur Allee gehörte, beschädigte, musste damit rechnen, in das städtische Arbeitshaus abgeführt zu werden. Eine andere Art der Strafe war es, die ‚Schänder' der Allee mit einer um den Hals gehängten Tafel am Ort seiner Übeltat zur Schau zu stellen oder zur ‚Karrenstrafe' zu zwingen. Wer einen Baum beschädigte, solle diesen darüber hinaus auf eigene Kosten pflegen oder, im Falle eines schweren Schadens, diesen ersetzen und zehn Jahre lang pflegen müssen. Die Schweine, Ziegen und Schafe, die in die Allee getrieben wurden, sollten beschlagnahmt beziehungsweise erschossen werden.[822] Diese recht drastische Methode zur Sauberhaltung der Allee belegt ihren hohen Status als städtisches ‚Prestigeobjekt'. Dass es sich bei den ‚Baumschändern' wahrscheinlich um Angehörige der unteren Schichten handelte, die sich um ihre ehemalige Viehweide beziehungsweise ihren Garten betrogen fühlten, mag die Obrigkeit wenig interessiert haben. Das Abreißen von Baumrinde, Blüten, Blättern oder Früchten war möglicherweise auch weniger eine mutwillige als eine notwendige Handlung, denn es mag als Tierfutter oder Heizmaterial gedient haben. Die ärmeren Schichten, die sich um ihre Existenz sorgen mussten, konnten dem bürgerlichen Vergnügen, in der freien Natur zu lustwandeln, wahrscheinlich wenig abgewinnen. Ihre Anwesenheit wiederum wurde von den aufgeklärten Bürgern als störend und den öffentlichen Raum verschmutzend angesehen.

3.4 Schlussbemerkung

Es ist anzunehmen, dass Regensburg in den Augen der Medizinischen Polizei wohl keine ‚Musterstadt' auf dem Gebiet der Stadthygiene gewesen ist. Wie gezeigt werden konnte, entledigte man sich seiner Abfälle, Abwässer und Fäkalien in den Gassen oder auf wilden ‚Mülldeponien', der Bach und vor allem die ‚Hüllinge' waren stark mit Abfällen belastet und Tierkadaver wurden im öffentlichen Raum ‚entsorgt'. Die Tatsache, dass sowohl Abwässer als auch Fäkalien ungehindert in den Boden einsickern konnten, wird die Qualität des Trinkwassers herabgesetzt haben. Auch die Schweinehaltung stellte augenscheinlich ein großes Hygieneproblem dar. Dennoch zeigte der Magistrat sich sehr bemüht, die Städtereinigung voran zu bringen. Das nicht zuletzt durch die sich verschärfende Finanzlage ansteigende Bettelwesen bekam er nicht in den Griff. Aus den Ordnungen der Schaufel-, Schlögel- und Wasenmeister geht hervor, dass man bestrebt war, die Aufgabenbereiche des städtischen Reinigungspersonals möglichst detailliert aufzulisten.

Der Magistrat veröffentlichte außerdem zahlreiche Dekrete zu verschiedensten hygienischen Bereichen. Die Tatsache, dass einige Verordnungen stereotyp wiederholt wurden, deutet jedoch darauf hin, dass die Dekrete weitgehend

---

[822] Vgl. Ratsdekret vom 12. Oktober 1801, in: F. W. WIESAND: Sammlung, Nr. LXXX., S. 177-178.

unbefolgt blieben. Daraus lässt sich folgern, dass die Disziplinierung durch den Magistrat in ‚Normalzeiten' weniger erfolgreich war als beispielsweise in der Ausnahmesituation der Pestepidemie. Ein Beleg für diese These sind die in Pestzeiten höheren Bußgelder für Verstöße gegen hygienepolitische Vorschriften. So wurde beispielsweise im Dekret vom 4. September 1713 das Schweinehalten in der Stadt gänzlich verbotenen und das Bußgeld für Zuwiderhandlungen auf zehn Taler festgesetzt. Dagegen erlaubte das Dekret vom 23. Mai 1749 bestimmten Berufsgruppen bis zu sechs Schweine zu halten, für jedes überzählige Schwein drohte es eine Strafe in Höhe von vier Talern an. In Pestzeiten war das Bußgeld für das unerlaubte Ausgießen von Abwasser oder Urin auf zehn Taler festgesetzt, dagegen lag dieses Vergehen im Jahr 1700 bei nur zwei Talern.[823] So erreichte die Sozialdisziplinierung und damit auch die Hygienisierung ihre stärkste Durchschlagskraft wohl am ehesten in Extremsituationen wie bei Epidemien.

In Hinsicht auf den gesundheitsorientierten Städtebau blieben ebenfalls viele Forderungen der Medizinalpolizisten unerfüllt. Die Gassen waren eng und die Stadtbefestigung bestand noch am Ende des 18. Jahrhunderts fort, was sich in Hinsicht auf die Luftzirkulation nicht positiv auswirken konnte. Von einer Erweiterung oder Neugestaltung der Straßen oder einer neuen Anlage von Plätzen konnte in Regensburg aus finanziellen Gründen keine Rede sein.

Obwohl sie nicht besonders zahlreich gewesen sind, lagen die ausgeführten Bau- und Reinigungsarbeiten der Obrigkeit wohl sehr am Herzen, denn trotz äußerst knapper Kassen waren das Pflastern, ‚Gassen säubern' und das ‚Bäum buzen und warten' feste Posten in der Bauamtschronik, in der die Bauamtsschreiber alle Tätigkeiten des Bauamts festhielten.

Die Allee des Fürsten von Thurn und Taxis stellte allerdings *das* Prestigeobjekt der Stadt des 18. Jahrhunderts dar. Sie ragte nicht nur als zukunftsweisendes städtebauliches Projekt heraus, sondern stellte auch eine vorbildliche Maßnahme in Hinblick auf die städtische Hygiene dar und erhöhte gleichzeitig die Lebensqualität der Stadtbewohner. Darüber hinaus regte sie trotz äußerst knapper Stadtkassen auch Nachahmungen an, was die vielen Baumpflanzungen in der Folgezeit belegen. Interessant ist die Tatsache, dass es der Fürst war, der eine Innovation im Sinne der Aufklärung anstieß, nicht die Bürger oder der Magistrat.

4. Das Bestattungswesen der Reichsstadt

Ein kontrovers diskutiertes Thema der Medizinischen Polizei war die Verlegung der Grabstätten vor die Mauern der Städte. Es durfte in keiner anspruchsvollen diätetischen Abhandlung fehlen. Tatsächlich fielen diese Erwägungen auf fruchtbaren Boden und mit dem ausgehenden 18. Jahrhundert setzte ein

---

[823] Vgl. Ratsdekret vom 4. September 1713 und Ratsdekret vom 23. Mai 1749, in: J. F. KEYSER: Sammlung, Nr. CLXXXVI., S. 482-483 und CCXLI., S. 654-656 und Ratsdekret vom 27. September 1700, in: StadtAR, Nr. 196.

signifikanter Wandel in der Sepulkralkultur ein, *„der sich sowohl in der äußeren Anlage und Gestaltung der Friedhöfe [niederschlug] als auch in den Funktionen, die man ihnen zuweist"*[824]. Franz J. Bauer zufolge zeigt dieser Wandel derart tiefgreifende Veränderungen der abendländischen Mentalität auf, dass man *„geradezu von einer mentalen Epochenscheide zwischen dem Mittelalter und der Neuzeit sprechen kann"*[825]. Nach Bauer endete das Mittelalter in Hinsicht auf das Bestattungswesen gewissermaßen erst in der zweiten Hälfte des 18. Jahrhunderts.

Bevor auf die Verlegung der Grabstätten in der Freien Reichsstadt Regensburg eingegangen wird, sollen die Gründe für die Tradition der Kirchenbestattung und für den Wandel der Einstellung zum Tod durch die Aufklärung erläutert werden. Anhand des Regensburger Beispiels wird gezeigt, wie sich dieser Wandel auf das Bestattungswesen auswirkte. Dabei wird sowohl auf die Diskussion um die Verlegung der Grabstätten als auch auf die Leichenordnungen näher eingegangen. An beiden Beispielen ist der Einfluss der Aufklärung deutlich auszumachen.

4.1 Die mittelalterliche Tradition der Kirchenbestattung

Die Idee, die Grabstätten aus den Städten zu verbannen, kam nicht erst mit dem 18. Jahrhundert auf. Bereits seit dem 16. Jahrhundert fürchteten diätetisch interessierte Zeitgenossen eine gesundheitsschädigende Auswirkung der mitten unter den Lebenden begrabenen Toten. Grund dafür war die seit einem Jahrtausend währende Tradition, die Toten in den Gemeindekirchen oder auf den Kirchhöfen zu bestatten. Während es im römischen Kulturkreis Sitte gewesen war, die Verstorbenen *extra muros* zu beerdigen, widersprach dies den Heils- und Jenseitsvorstellungen der frühen Christen. Diese sahen es als wichtig an, dass die Toten in unmittelbarer Nähe zu den in den Kirchen aufbewahrten Reliquien der Märtyrer bestattet wurden, damit diese sich bei Gott für deren Seelenheil einsetzten.[826] Die drei Glieder der Kirche, die streitende Kirche, also die Gläubigen, die leidende Kirche, die aus den armen Seelen im Fegefeuer bestand und die triumphierende Kirche, der die Heiligen im Himmel angehörten, standen mit Jesus Christus in einer Gemeinschaft, die durch den Erlösungsgedanken geprägt war. Diese drei Glieder der Kirche waren durch gegenseitige Fürbitte miteinander verbunden.[827] Nach der rechtlichen Gleichstellung des christlichen Glaubens im 4. Jahrhundert wurde es gebräuchlich, die Toten ihre letzte Ruhe *ad sanctos apud ecclesiam* finden zu lassen. Die besten Plätze in nächster Nähe zu den in den Kirchen aufbewahrten Gebeinen der Märtyrer sicherten sich die Angehörigen des Klerus und weltliche Machthaber. Waren alle Begräbnisplätze in der Kirche belegt, bemühte man sich, möglichst nahe an den Kirchenmauern einen Platz zu bekommen. Die Gräber wurden kreisförmig um die Kirche herum angelegt. Dabei

---

[824] F. J. BAUER: Von Tod und Bestattung, S. 4.
[825] Ebd.
[826] Vgl. ebd., S. 4-5.
[827] Vgl. B. HAPPE: Entwicklung der deutschen Friedhöfe, S. 178.

entwickelte sich eine Hierarchie, an der man den sozialen Status eines Toten ablesen konnte.[828]

Im Mittelalter hatten die Kirchhöfe in den Ländern des christlichen Abendlandes nicht nur im räumlichen, sondern auch im theologischen und religiösen Sinne eine zentrale Position. Durch Gebete, Almosen und Totenmessen versuchten die Lebenden, die Leiden der ‚armen Seelen' zu lindern. Die Aufbewahrung der Reliquien und die Bestattung der Toten in den Kirchen war Ausdruck für das „*tiefempfundene[...] Bedürfnis[...] nach einer das Diesseits und das Jenseits umgreifenden Solidarität gegen die mannigfachen Bedrohungen der Erdenpilger hier wie der ihrer Erlösung harrenden Seelen dort*"[829]. Die Verbindung zwischen Toten und Lebenden bot den Gläubigen Halt und Sicherheit.

Dem mittelalterlichen Menschen war der Umgang mit den Toten vertraut und er empfand dabei weder Scheu noch Ekel. Wahrscheinlich übte „*die Nähe des Numinosen*"[830] sogar eine gewisse Anziehungskraft aus. So wurde der Kirchhof und die auf ihm bestatteten Verstorbenen in das alltägliche Leben stark eingebunden. Dort wurden Rechtsgeschäfte abgewickelt und Märkte, Gerichtsverhandlungen sowie öffentliche Versammlungen abgehalten. Andernorts nutzten Pfarrer und Totengräber den Kirchhof als landwirtschaftliche Anbaufläche und ließen dort ihr Vieh weiden. Auf ihm wurde die Wäsche zum Bleichen ausgelegt und Handwerker verrichteten dort ihre Arbeit. Damit kam dem Kirchhof eine vielfältige Palette an weltlichen Funktionen zu.[831]

Durch den zunehmenden Bevölkerungsdruck in den Städten wurde die Bestattungssituation am Ende des 15. und in der ersten Hälfte des 16. Jahrhunderts zunehmend problematisch. Die Fläche der Kirchhöfe war limitiert und ihre Böden konnten nicht unbegrenzt neue Leichname aufnehmen. Das Anwachsen der

---

[828] Vgl. F. J. BAUER: Von Tod und Bestattung, S. 5.

[829] Ebd., S. 5-6.

[830] Ebd., S. 6-7.

[831] Vgl. ebd. und B. HAPPE: Gottesäcker, S. 210. Luther schrieb zu dem regen Betrieb auf den Kirchhöfen: „*Denn ein begrebnis solt ja billich ein feiner stiller ort sein, der abgesondert were von allen oerten, darauff man mit andacht gehen und stehen kuendte, den tod, das Juengst gericht und aufferstehung zu betrachten und betten, also das der selbige ort gleich eine ehrliche, ja fast eine heilige stete were, das einer mit furcht und allen ehren drauff kundte wandeln, weil on zweifel etliche heiligen da liegen. [...] Aber unser Kirchhoff, was ist er? vier odder funff gassen und zween odder drey marckt ist er, das nicht gemeiner odder unstiller ort is ynn der gantzen stad denn eben der kirchhoff, da man teglich, ja tag und nacht uber leufft, beyde menschen und viehe, und ein iglicher aus seinem hause eine thuer und gassen drauff hat, und allerley drauff geschicht, villeicht auch solche stuecke, die nicht zu sagen sind.*" Vgl. M. LUTHER: Ob man vor dem Sterben fliehen möge (1527), S. 375-377. Auch für Regensburg ist belegt, dass der Friedhof bis zur Mitte des 18. Jahrhunderts kein Ort der andächtigen Erinnerung an die Toten war, sondern so stark in das Alltagsleben einbezogen wurde, dass er sogar als ‚Müllkippe' diente. Der Rat musste noch im Jahr 1649 anordnen, dass jeder Einwohner „*in seinem Hauß und vor seiner Thuer, das Pflaster mit kheren, nit allein auff die Sonn- und Feyerabend, sondern so offt es die Notturfft erfordert, und ainiger Unrath auff der Gassen sich finden wuerde, saeubern, allen Mist in den Staehlen und Hoeffen wochentlich zweymal vor die Thor, doch ja nicht bey die Gottsaecker oder Frewdhoefe, sondern vilmehr auf die Burgeraecker und Felder fuehren lassen*" sollte. (Ratsdekret vom 27. August 1649, in: J. F. KEYSER: Sammlung, S. 247.)

Bebauung tat ein übriges, denn für die mittelalterlichen Kirchhöfe gab es kaum Erweiterungsmöglichkeiten. Da die Toten nicht besonders tief und in zu geringem räumlichen und zeitlichen Abstand begraben wurden, häuften sich die Berichte[832] über halb verweste Leichenteile, die bei neuen Begräbnissen in dem meist völlig übersättigten Erdreich zum Vorschein kamen. Die Kirchen und der sie umgebende Platz waren vom Verwesungsgeruch der vielen Leichen erfüllt. Auf einigen Friedhöfen wurden sogenannte ‚Beinhäuser' angelegt, die die von den Totengräbern ausgegrabenen Knochen aufnahmen. Neben der Bezeichnung *ossarium* wurden sie auch *carnarium* genannt, was darauf hindeutet, dass sich an den Knochen noch unverweste Fleischreste befanden.[833]

Um diese verschärfte Situation in den Griff zu bekommen, bemühten sich mancherorts die Obrigkeiten, eine Verlegung der Grabstätten hinaus vor die Stadttore durchzusetzen. Die praktische Umsetzung dieser Pläne scheiterte jedoch sehr häufig am Widerstand der Bevölkerung, die ihre religiösen Gefühle durch eine Verlegung der Grabstätten verletzt sah. Eine solche Maßnahme konnte nur in Ausnahmesituationen wie Pestzeiten, jedoch auch hier nur stellenweise, verwirklicht werden. In manchen Fällen, wie beispielsweise in der Freien Reichsstadt Nürnberg konnte man auch in ‚normalen' Zeiten an bestehende Begräbnisstätten der Siechenhäuser und Spitäler außerhalb der Stadt anknüpfen *„und damit den geradezu revolutionären Akt eines ‚Gottesackers' auf freiem Felde vermeiden"*[834]. Doch auch hier konnte die Obrigkeit sich nur bei den sozial schwachen Schichten durchsetzen. Für die anderen Bevölkerungsteile, vor allem die wohlhabenden bürgerlichen Schichten, für die seit Generationen Begräbnisplätze in den Kirchen und auf den Kirchhöfen reserviert waren, hatte ein Begräbnis außerhalb der Stadtmauern den Charakter einer postmortalen Entehrung des Leichnams, wie sie bei Ketzern oder Kriminellen bewusst inszeniert wurde.[835]

Erst die Reformation brachte eine erste Wende in der Mentalität der Gläubigen. In seiner im Jahr 1527 erschienenen Schrift *Ob man vor dem Sterben fliehen möge* nahm Martin Luther zum Thema der Verlegung von Grabstätten Stellung. Zwar äußerte er sich nur zurückhaltend und überließ die Entscheidung der Kompetenz der Ärzte, doch sprach er sich für die Verlegung der Friedhöfe aus, falls von ihnen eine Gefahr für die Lebenden ausging. Dies untermauerte er mit dem Argument, die Menschen seien Gott verpflichtet, ihre Gesundheit zu erhalten.[836]

---

[832] Vgl. B. HAPPE: Gottesäcker, S. 209.
[833] Vgl. F. J. BAUER: Von Tod und Bestattung, S. 7-9.
[834] Ebd., S. 9. Hebenstreit erwähnt die Nürnberger Begräbnisordnung von 1541 als eine der ältesten Verordnungen, die *„gegen das Begraben in den Staedten und Kirchen ergangen sind"*. (E. B. G. HEBENSTREIT: Lehrsaetze, S. 26).
[835] Vgl. F. J. BAUER: Von Tod und Bestattung, S. 9-10.
[836] *„Weil wir aber ynn diese sache komen sind, vom sterben zu reden, kan ichs nicht lassen, auch von dem begrebnis etwas zu reden. Auffs erst las ich das die Doctores der ertzney urteilen und alle die des bas erfaren sind, obs ferlich sey, das man mitten ynn stedten kirchhofe hat. Denn ich weis und verstehe mich nichts drauff, ob aus den grebern dunst odder dampff gehe, der die luft verruecke. Wo dem aber also were, so hat man aus obgesagten warnungen ursachen gnug, das man den kirchhoff ausser der stad habe. Denn wie wir gehort haben, Sind wir allesampt schueldig der gifft zu weren, wo mit man vermag,*

Den Untersuchungen von Barbara Happe zufolge schlug sich diese Einschätzung Luthers in einigen evangelischen Kirchenordnungen des 16. Jahrhunderts nieder, die sich für eine Verlegung der Grabstätten aus der Stadt aus Gründen der von ihnen ausgehenden Luftverunreinigung aussprachen. Auch der berühmte Frankfurter Stadtarzt Joachim Struppius empfahl diese Maßnahme, um die für die menschliche Gesundheit wesentlichen Elemente Wasser und Luft sauber zu erhalten.[837] Doch auch in reformierten Gebieten konnten sich die außerstädtischen Begräbnisse bis ins ausgehende 18. Jahrhundert hinein nicht durchsetzen, obwohl die theologische Begründung für eine Bestattung innerhalb des kultischen Bereiches in und um die Kirche in der evangelischen Glaubenslehre fehlte und auch der Heiligenverehrung hier keine Bedeutung zukam. Doch die Bestattung in den Kirchen war einerseits zu einer Prestigeangelegenheit geworden und stellte andererseits die einzige bedeutende Einnahmequelle des Klerus dar. Damit hielt sich eine überkommene Tradition weiterhin sehr hartnäckig.[838]

4.2 Der Einfluss der Aufklärung auf die Einstellung zum Tod

Mit dem Fortschreiten der Aufklärung seit der zweiten Hälfte des 18. Jahrhunderts trat in zweifacher Hinsicht ein Wandel ein. Zum einen veränderte sich die kollektive Einstellung zum Tod. Die demographische Forschung stellt in dieser Zeit, wie oben bereits angesprochen, eine Transition fest, da die Zeit der großen Epidemien vorüber war, die Wirtschaft expandierte und es im medizinischen und hygienischen Bereich kleine Fortschritte gab. Nach Einschätzung von Franz J. Bauer hatte auch der absolutistische Staat gelernt, auf lokale Existenzkrisen wie Missernten zumindest in lindernder Weise zu reagieren, wenn sich auch die Erfolge solcher Bemühungen weiterhin in Grenzen hielten. Aus all diesen Gründen könnte man annehmen, dass wenigstens die oberen Schichten das Gefühl, dem Tod im gleichen absoluten Sinne wie ihre Vorfahren ausgesetzt zu sein, langsam verloren und dafür die Aussicht gewannen, ihr Leben in höherem Maße selbstbestimmt gestalten zu können. Andererseits ging die frühe Sterblichkeit erst zum Ende des 18. und im Laufe des 19. Jahrhunderts zurück, so dass sich im 18. Jahrhundert eigentlich noch keine nachhaltigen Veränderungen auf die Mentalität der Menschen auswirken konnten. Bereits im Mittelalter hatten die religiösen Tröstungen, die

---

Weil Gott uns befohlen hat, unsers leibs also zu pflegen, das wir sein schonen und warten, so er uns nicht not zuschickt." (M. LUTHER: Ob man vor dem Sterben fliehen möge (1527), S. 373- 375.)
[837] Vgl. B. HAPPE: Gottesäcker, S. 207.
[838] Vgl. F. J. BAUER: Von Tod und Bestattung, S. 11. Fauken schrieb dazu im Jahr 1779: *„Die erste Aufmerksamkeit verdienen allerdings unsere Kirchen und Kirchhoefe, wo unsere entseelten Koerper begraben werden. Da dieß kein wesentlicher Theil der Glaubenslehre ist, und die einsichtsvollen Kirchenvorsteher selbst die Gefahren erkennen, welchen Todtendunst Leute von zaertlicherem Gefuehle so oft aussetzet; so begreife ich nicht, wie eine dem empfindsamern Theile der Menschen so schaedliche Gewohnheit bis itzo hat bestehen koennen!"* (J. P. X. FAUKEN: Lebensart, S. 20). Fauken appellierte hier in indirekter Weise an die Obrigkeiten und fordert diese auf, mit der in seinen Augen unvernünftigen Tradition zu brechen.

zeitweise die Todesfurcht erfolgreich abschwächten, in Ausnahmesituationen wie Epidemien, die eine große Zahl von Menschen mit dem Tode bedrohten oder töteten, zum Teil ihre Wirkung eingebüßt. Nach dem Abklingen dieser Seuchenzeiten ließ sich der vormalige Glaube an die ‚Erlösungsgemeinschaft' nicht wieder in seinem ursprünglichen Umfang herstellen. Dies ist, wie oben erläutert, eine der maßgeblichen Veränderungen, die durch die Pestepidemien angestoßen wurden. Da man in Pestzeiten bereits begann, die zahlreichen Toten vor den Toren der Stadt und noch dazu in Massengräbern zu bestatten, löste sich schon rein äußerlich die Gemeinschaft mit den Lebenden. Der Tod erhielt eine betont makabere Seite. In Literatur und Kunst des 15. und 16. Jahrhunderts finden sich zahlreiche Totentanzdarstellungen und Fegefeuerphantasien.[839]

Zu Beginn der Neuzeit beförderten die neuen wissenschaftlichen Theorien der Weltdeutung die Abkehr vieler Menschen vom theologisch-religiösen Todeskonzept. Diese Art, den Tod zu bewältigen, erschien nun naiv, der Glaube an die Unsterblichkeit war erschüttert. Die Philosophie der Aufklärung ging noch einen Schritt weiter. Sie leugnete die religiöse Daseinsdeutung und beschleunigte damit einen Säkularisierungsprozess, der sich in vielen Lebensbereichen bemerkbar machte. Die meisten Aufklärer wollten sich zwar nicht unbedingt als Atheisten verstanden wissen, doch die diesseitige Ausrichtung dieser Philosophie nahm dem Jenseits in gewisser Weise seinen Schrecken. Obwohl die Theologen hartnäckig an ihren alten Überzeugungen festhielten, zeigte sich der Glaube an das Leben nach dem Tod soweit abgeschwächt, dass die Solidarität mit den Toten ihre Begründung und ihren Sinn verlor. Damit verwirkten sie auch das Recht, im Zentrum der Städte die gegenüber Gerüchen empfindsamer gewordenen Lebenden mit ihren Ausdünstungen zu belästigen.[840]

Der neue ‚rationale' Umgang mit dem Tod findet vor allem in den Schriften der Medizinischen Polizei seinen Niederschlag. So empfand es Hebenstreit als bestärkendes Argument für die Verlegung der Friedhöfe, wenn er darauf hinwies, dass „*die weisesten Gesetze des Alterthums [...] das Begraben in den Staedten untersagt*"[841] hätten. Da die Menschen bis weit ins 18. Jahrhundert hinein diese antike Gewohnheit als heidnischen Brauch abgelehnt hatten, lässt sich an diesem Zitat die säkularisierende Wirkung der Aufklärung ausmachen. Das aufgeklärte Bürgertum stellte die Notwendigkeit der Verlegung der Grabstätten, die man als unabdingbar ansah, um die Gesundheit der Lebenden zu erhalten, über die religiösen Gefühle.

Neben der veränderten Einstellung zum Tod zeigte sich in der Verschiebung der Prioritäten zu Gunsten der Gesundheit und zu Ungunsten traditioneller religiöser Gebräuche ein zweiter mentaler Wandel. Dieser schlug sich, wie im ersten Teil der Arbeit gezeigt wurde, in einem öffentlichen Diskurs nieder, in dem sich immer mehr Mediziner hervortaten. Die Stimmen derer, die in den Kirchenbegräbnissen eine ernsthafte Gefahr für die Gesundheit der Lebenden sahen, häuften sich. Dabei

---

[839] Vgl. F. J. BAUER: Von Tod und Bestattung, S. 21-22.
[840] Vgl. ebd., S. 22-27.
[841] E. B. G. HEBENSTREIT: Lehrsaetze, S. 26.

spielte die Miasmentheorie eine wesentliche Rolle. Die aus den Gräbern austretende ‚Fäulnis' stand im Verdacht, die lebensnotwendige Atemluft zu verpesten.[842] Huszty konstatierte, dass *„die Luft, in welcher man thierische Substanzen verfaulen läßt, ihre Fähigkeit [verlieret], die Respirazion, Verbrennung und andere Prozesse zu welchen gemeine Luft nöthig ist, zu befördern"*[843]. Er bezog sich mit dieser Aussage auf die Erkenntnisse von Georg Ernst Stahl und Joseph Priestley, die im ersten Teil dieser Arbeit erläutert wurden. Nach der von Stahl propagierten Phlogistontheorie, wurde die Luft bei allen Verbrennungs- oder Verwesungsvorgängen mit dem Brennstoff ‚Phlogiston' angereichert und in ‚Stickluft' verwandelt. Das ‚Phlogiston' verdarb die zum Atmen notwendige ‚dephlogistisierte Lebensluft' und hemmte damit die Lebensprozesse aller Organismen. Die aus den Gräbern entweichenden Verwesungsdünste wurden als ‚mephitisch', das heißt als in hohem Maße giftig und damit stark gesundheitsgefährdend eingestuft.[844]

Die Flut der diätetischen Schriften zu diesem Thema ging von Frankreich aus und griff Ende des 18. Jahrhunderts auch auf Deutschland über. Ebenso wie in Deutschland waren auch in Frankreich die Ärzte die Wortführer der öffentlichen Meinung in Hinblick auf das Gesundheitswesen. In zahlreichen Druckschriften beschrieben sie die Unzulänglichkeit der herrschenden Zustände und forderten Reformen auf dem Gebiet des Begräbniswesens.[845] Huszty kommentierte die Vielzahl von Abhandlungen zu diesem Thema mit folgenden Worten:

„Nach dem Beispiele der Franzosen fängt nun fast ganz Europa an ihre Begräbnispläze ausser den Wohnorten zu verlegen. Die Luftprobe und der sichtbare Nachtheil, welche man von eingeschlossenen und zwischen den Häusern befindlichen Kirchhöfen, durch die auf solche Art mit faulen thierischen Dünsten angesteckte Atmosphäre erfolgen sah, sind der durch das Beispiel erregten Aufmerksamkeit noch mehr zu Hülfe gekommen. Unsere gegenwärtige Epoke hat sich diesen Gegenstand so sehr zum Zeitstof gemacht, daß die meisten Journale und zum besten der Menschheit bestimmte Schriften ihn pro und contra zum Plazfüllen gebrauchen."[846]

In Johann Georg Kruenitz' im Jahr 1786 erschienenen Veröffentlichung *Oekonomisch-technologische Encyklopaedie oder allgemeines System der Stats- Stadt- Haus- und Land-Wirthschaft, und der Kunst-Geschichte* wurden bereits mehr

---

[842] In der Literatur des 18. und der ersten Hälfte des 19. Jahrhunderts wurde noch nicht zwischen Verwesung und Fäulnis unterschieden. Erst Max von Pettenkofer (1818-1901), der sich ebenfalls mit dem Begräbniswesen auseinander setzte, führte diese Unterscheidung im Jahr 1865 ein. (Vgl. B. HAPPE: Gottesäcker, S. 228, Anm. 38.)
[843] Z. G. HUSZTY: Diskurs, II, S. 262.
[844] Vgl. F. J. BAUER: Von Tod und Bestattung, S. 12 und M. FREY: Der reinliche Bürger, S. 106-107.
[845] Vgl. P. ARIÈS: Geschichte des Todes, S. 610-611.
[846] Z. G. HUSZTY: Diskurs, II, S. 345.

als vierzig Publikationen angeführt, die sich allesamt für eine Verlegung der Grabstätten und ein Verbot der Kirchenbestattung aussprachen.[847]

In der Folge sollen die diätetischen Argumente exemplarisch an drei Vertretern der Medizinischen Polizei, Ernst Benjamin Gottlieb Hebenstreit, Zacharias Gottlieb Huszty und Johann Peter Xaver Fauken veranschaulicht werden.

Hebenstreit äußerte sich in seiner ‚Medicinischen Policeywissenschaft' folgendermaßen:

> *„Das Begraben der Toden auf Kirchhoefen innerhalb der Stadtmauern und in den Kirchen giebt zu Anhaeufung der schaedlichsten und pestartigsten faulen Duenste Gelegenheit, und kann auf keine Weise durch vernuenftige Gruende gerechtfertigt werden. Da niemand jemals für sich und seine Nachkommen ein Recht oder Besitz erwerben oder vergeben kann, dessen Ausuebung andern Privatpersonen oder dem gemeinen Wesen schaedlich zu werden droht, so kann auch der Besitz eines Begraebnisses mitten unter den Wohnungen und in den Versammlungsorten der Lebendigen, auf welche Art er auch immer erworben seyn mag, niemals rechtmaeßig seyn, und die Obrigkeit ist befugt, denselben ueberall und zu jeder Zeit aufzuheben. Wo indessen Eitelkeit und Vorurtheile noch die Abstellung dieses Misbrauchs zu vereiteln wissen, oder Localumstaende desselben Duldung nothwendig machen, da ist wenigstens dahin zu sehen, dass alle Saerge in tiefen Grueften ringsherum eingemauert werden, und dass man diese Gruefte durch weite Oefnungen, welche mit der Luft außer der Stadt Gemeinschaft haben, luefte."*[848]

An diesem Zitat ist der Einfluss der Aufklärung unübersehbar. Hebenstreits Argument für die Verlegung der Grabstätten musste für seine aufgeklärte Leserschaft als unanfechtbar gelten, denn er bewertete diese Maßnahme als eine Angelegenheit der Vernunft. Jedem, der weiterhin ein innerstädtisches Begräbnis verlangte, wurde von den Aufklärern seine Vernunft und damit die in den Augen des Bürgertums erstrebenswerteste menschliche Eigenschaft abgestritten. Außerdem zeigt der Verweis auf den Vorrang des Allgemeinwohls vor den Erbansprüchen einzelner Privilegierter die egalisierende Tendenz der Aufklärung.[849]

Die Diskussion um die Verlegung der Grabstätten, die von der Medizinischen Polizei geführt wurde, und die praktische Umsetzung ihrer Forderungen durch einige aufgeklärte Obrigkeiten waren in den durch die Aufklärung angestoßenen Säkularisierungsprozess eingebettet. Die aus dem Mittelalter übernommene

---

[847] Vgl. F. J. BAUER: Von Tod und Bestattung, S. 12.
[848] E. B. G. HEBENSTREIT: Lehrsaetze, S. 25-26.
[849] Fauken hob diesen Aspekt noch deutlicher hervor: *„Ich kann keine Ursache ergruenden, warum ein vernuenftiger von allem Vorurtheil befreyter Mensch dem todten Koerper eines Reichen oder Vornehmen mehr Ehre und Hochachtung erweisen soll, als jenem eines Armen. Mit dem Tode hören ja alle Vorzuege auf: die Tugenden der Seele werden ja nur gelobt und bewundert, die Maschine, glaube ich, ist im gleichen Wehrte von uns allen; und doch muß die Leiche des Reichen und Vornehmen in die Gruft, und des Armen seine in einen entlegenen Ort begraben werden."* (J. P. X. FAUKEN: Lebensart, S. 20-21).

Solidarität mit den Toten schwächte sich ab, während der Ekel der Aufklärer vor den Ausdünstungen der Leichen zunahm. Bei einem Begräbnis sollte nicht mehr allein die Person des Verstorbenen im Vordergrund stehen, sondern in erster Linie auf eine mögliche Ansteckungsgefahr geachtet werden, die von den Leichen ausging. Huszty empörte sich vor allem über den Brauch, die Toten in ihren Häusern zur Schau zu stellen. Er schenkte dabei dem religiösen Charakter dieser Zeremonie keine Beachtung; für ihn zeigte sich darin allein die Unvernünftigkeit dieser Tradition und die Ansteckungsgefahr, die von dem Leichnam ausging.

„Das Ausezen der Todten zur Schau für jedermann, kömmt hier zuerst in Betrachtung. [...] so kann es in Rüksicht der Lebendigen nicht gleichgültig sein, wenn alle Todte ohne Unterschied zur Schau ausgestellet werden. Man hat Beispiele, daß nach diesem unbedingten Mißbrauche ganze Familien mit anstekenden Krankheiten befallen wurden, wenn nur eine Person davon einen durch eine anstekende Krankheit verstorbenen die lezte Freundschaftsbezeugung beim Todtenbette noch machte, ungeachtet der Todte weder für diese noch für die betrübten Folgen davon die geringste Empfindung mehr haben kann; und um so toller sind dergleichen Besuche, wenn sie aus Neugierde gemacht werden. Unmöglich kann das unüberlegte Verfahren mancher Eltern gebilliget werden, welche ihre an den Blattern verstorbene Kinder aussezen, damit andere ebenso unbesonnene Eltern ihre Kinder zur Schau schiken können."[850]

Auch Fauken sprach sich gegen das Aufbahren in den Wohnungen aus, besonders wenn *„Fäulungs- Krebsartige- scharbockische und andre dergleichen Krankheiten den Tod befördert haben"*[851]. Die Verstorbenen sollten *„ohne Unterschied der Personen zwölf Stunden nach ihrem Hintritte"*[852] in die sogenannten ‚Totenkammern' gebracht werden. Nach Ablauf von dreißig oder höchstens sechsunddreißig Stunden sei der Leichnam zu beerdigen.[853]

Die Aufklärer zeichneten sich durch eine sehr kühl-distanzierte Haltung gegenüber dem Tod aus. Zu den Gefühlsäußerungen von Angehörigen ihren Verstorbenen gegenüber bemerkte Huszty lapidar: *„Der Philosoph kennt diese Empfindungen für Tote nicht."*[854] Er zeigte keinerlei Verständnis dafür, die Verstorbenen zum Abschied zu küssen oder sie mit kostbaren Gewändern auszustatten. Wurden Tote mit solch teurer Kleidung begraben, war dies in den Augen des zweckorientiert und rational denkenden Aufklärers bloße Verschwendung, wurden ihnen die Kleidungsstücke aber vor dem Begräbnis wieder ausgezogen, so fürchtete er akute Ansteckungsgefahr. Wertvolle Gaben, die einem

---

[850] Z. G. Huszty: Diskurs, II, S. 248-249.
[851] J. P. X. Fauken: Lebensart, S. 24.
[852] Ebd.
[853] Vgl. ebd., S. 24-25.
[854] Z. G. Huszty: Diskurs, II, S. 251. An anderer Stellte stellte er die Beseitigung von Leichen in eine Reihe mit Abfall-, Tierkadaver- und Fäkalienentsorgung und subsummierte sowohl den Abfall als auch die Leichen unter *„luftverderbende Unreinigkeiten"* (Ebd., I, S. 343), was auf eine stark rationalistische Ausprägung der Aufklärung hinweist.

Toten in den Sarg gelegt wurden, sah Huszty nicht nur als unnötig, sondern darüber hinaus als Provokation für den Totengräber zum Diebstahl an. Würde mit solcher gestohlener Ware Handel getrieben, könnten sich die ihnen anhaftenden Ansteckungsstoffe wirkungsvoll verbreiten.[855]

Bei den Begräbnissen müssten für diejenigen, welche den Ausdünstungen des Leichnams vor allem im Sommer unmittelbar ausgesetzt seien, Vorkehrungen getroffen werden. Besonders die Sargträger seien der Ansteckungsgefahr ausgesetzt und die ihnen mitgegebenen Zitronen könnten nur notdürftig über den Gestank hinwegtäuschen.[856] Auch mit dem vollendeten Begräbnis sei die Ansteckungsgefahr, die von denjenigen Leichen ausgehe, welche an epidemischen Krankheiten gestorben seien, noch nicht gänzlich gebannt. Eine Öffnung des Grabes oder der Gruft könnte noch nach Jahren Auslöser für eine Seuche werden. Deshalb sei es unbedingt notwendig, die Leichen in ausreichender Tiefe unter die Erde zu bestatten und eine vorzeitige Öffnung des Grabes auf jeden Fall zu verhindern. Huszty knüpft an diese Forderung mit einer schauerlichen Geschichte über eine vorgenommene Exhumierung und die durch die ausströmenden toxischen Gase verursachten Unfälle an.[857]

Auch Fauken wies darauf hin, dass die aus den Kirchengrüften aufsteigenden Dünste die *„mit der fallenden Sucht, mit Kraempfungen, mit Daempfen behaftete Personen"*[858], welche die Kirchen besuchten, nur noch kränker machten. Er begründete diese Behauptung mit der Beobachtung, dass die Menschen besonders in den Kirchen mit Anfällen oder dem erneuten Ausbrechen bereits ausgestanden geglaubter Krankheiten heimgesucht würden. Doch auch *„gesunde starke Menschen"*[859] fielen aufgrund des Gestanks in den Kirchen in plötzliche Ohnmacht. Auf den Kirchhöfen sei die Luft zwar *„nicht so sehr eingesperret, folglich nicht so schaedlich"*[860], doch auch hier seien schon Menschen krank geworden, weil ein Leichnam, der begraben werden sollte oder sogar die Kirchhofserde selbst, besonders wenn sie vom Regen zusätzlich aufgelockert sei, faule Ausdünstungen ausstoße, die sich mit der Luft vermischten. Fauken riet deshalb eindringlich, die Grabstätten in allen Städten und Dörfern *„zum wenigsten eine Viertelstunde weit von den aeußersten Wohnungen"*[861] anzulegen.

Hebenstreit präzisierte diese Vorschrift mit dem Vorschlag, die Grabstätten nicht nur in angemessener Entfernung, sondern auch in *„freien Gegenden, welche vor Ueberschwemmungen gesichert sind, und trocknen, sand- oder kalkartigen Boden haben, angelegt werden"*[862]. Außerdem sollten sie weder mit hohen Mauern oder

---

[855] Vgl. Z. G. HUSZTY: Diskurs, II, S. 250-251.
[856] Vgl. ebd., S. 254.
[857] Vgl. ebd., S. 263-264. Weitere solcher Berichte über Unfälle, die durch die Ausdünstungen von Grabstätten verursacht wurden oder über die Beeinträchtigung von Kirchhofsanwohnern finden sich bei P. ARIÈS: Geschichte des Todes, S. 611-613.
[858] J. P. X. FAUKEN: Lebensart, S. 22.
[859] Ebd., S. 22-23.
[860] Ebd., S. 23.
[861] Ebd., S. 24.
[862] E. B. G. HEBENSTREIT: Lehrsaetze, S. 28.

Denkmälern bebaut noch mit zahlreichen Bäumen bepflanzt werden, denn diese behinderten in den Augen der Medizinpolizisten die Luftzirkulation.[863]

Für Huszty war die Beschaffenheit des Bodens eine wichtige Voraussetzung, um den Fäulnisprozess der Leichen zu verlangsamen. Er sprach sich dafür aus, *„daß je langsamer die Fäulung der Körper geschieht, desto weniger die solche umgebende Atmosphäre darunter leide; nur muß dabei sorgfältig beobachtet werden, daß der Zeitraum dergleichen Körper wieder auszugraben, lange genug ausgedehnt werde. Daher das Begraben in einem feuchten und die Fäulniß befördernden Grund, oder die Bestreuung mit lebendigen Kalk, als einem die Fäulniß befördernden Mittel, so wenig überhaupt gebilligt werden kan [...]."*[864]

Für Huszty stand augenscheinlich nicht die rasche Auflösung der Leichen im Vordergrund, die ja wünschenswert gewesen wäre, da sie neuen Platz auf den Kirchhöfen geschaffen hätte. Die Behauptung, der Kalk befördere Fäulnis und damit Gestank, war wohl nicht unumstritten, da vor allem in Seuchenzeiten die Toten mit Kalk bedeckt wurden, damit sie weniger stark rochen.[865] Andere Aufklärer plädierten allerdings dafür, eine rasche Verwesung der Leichen zu befördern. In den josephinischen Hofdekreten aus dem Jahr 1784 für alle habsburgischen Erblande findet sich unter anderem die Anordnung, die Leichen nur bei der Einsegnung in Särge zu legen, dann aber lediglich in einen leinernen Sack eingenäht zu beerdigen, da dies den Verwesungsprozess beschleunigen sollte. Nebenbei, und dies war für den Aufklärer Joseph II. ein nicht zu vernachlässigender Gesichtspunkt, sparte man dabei sowohl Holz als auch kostbare Kleider, denn der Leichnam sollte nackt eingenäht werden. Diese Anordnung stieß allerdings auf Widerstand in der Bevölkerung, da eine solche Praxis einerseits die Begüterten an ein Armenbegräbnis erinnern musste und andererseits das Pietätsgefühl der Bevölkerung verletzte. Joseph II. sah sich bereits im Jahr 1785 gezwungen, das ‚Sackbegräbnis' wieder abzuschaffen.[866]

Der Standort eines neu anzulegenden Friedhofes war aus hygienischen Gesichtspunkten von äußerster Wichtigkeit. Huszty sprach sich bei der Anlage eines außerstädtischen Friedhofs für einen von Wohnbebauung freien, geräumigen

---

[863] Vgl. E. B. G. HEBENSTREIT: Lehrsaetze, S. 28-29.
[864] Z. G. HUSZTY: Diskurs, II, S. 272.
[865] Vgl. C. PORZELT: Die Pest in Nürnberg, S. 108.
[866] Vgl. J. WIMMER: Gesundheit, Krankheit und Tod, S. 183-184. Joseph II. schrieb im Widerruf seiner Begräbnisverordnung folgendermaßen an die Hofkanzlei: *„Da Ich täglich sehe und erfahre daß die begriffe der lebendigen leider noch so materialistisch sind, daß sie einen unendlichen Preyß darauf setzen, daß ihre Körper nach dem todt langsamer faulen und länger ein stinkendes Aas bleiben, so ist Mir wenig dran gelegen, wie sich die leute wollen begraben lassen, und werden Sie also durchaus erklären, daß nachdem Ich die vernünftigen Ursachen, die Nutzbarkeit und Möglichkeit dieser Art begräbniß gezeigt hätte, Ich keinen Menschen, der nicht davon übergeugt ist, zwingen will vernünftig zu seyn, und daß also ein jeder, was die Truhen anbelangt, frey thun kan, was er für seinen toden körper im voraus für das angenehmste hält".* (AVA, renov. K. 1316, HKA IV. L. 12 (1785-I-191), zitiert nach: Ebd., S. 184.) Dieses Zitat zeigt die bittere Enttäuschung Josephs II. über die ‚unvernünftige' Einstellung seiner Zeitgenossen zu Tod und Begräbnis. Bei vielen Erlassen mangelte es ihm an Fingerspitzengefühl und häufig verletzte er damit die religiösen Bedürfnisse seiner Untertanen.

und den Winden stark ausgesetzten Ort aus. Allerdings musste dieser so gelegen sein, dass die Winde die Verwesungsgerüche nicht in die Stadt hinein, sondern aus ihr hinaus trugen.[867]

Im Gegensatz zu Hebenstreit betonte Huszty, eine Bepflanzung mit Bäumen sei wichtig, da die Vegetation im allgemeinen *„zur Konsumzion der faulen Dünste beitrage"*[868] könne. Die Bepflanzung auf den neu anzulegenden Friedhöfen war ein kontrovers diskutierter Punkt. Die meisten Abhandlungen über das Bestattungswesen stimmten darin überein, dass diese zwei Anforderungen hygienischer Art genügen musste. Zum einen sollte sie die Verwesungsdünste absorbieren, zum anderen durfte sie jedoch die Luftzirkulation über den Gräbern nicht behindern. Zur Bepflanzung wurden meist Kräuter oder niedrige Sträucher vorgeschlagen, über die der Wind ungehindert hinweg wehen konnte und die trotzdem die schädlichen Gase absorbierten und reine, ‚dephlogistisierte' Luft verströmten. Bäume wurden nur dann empfohlen, wenn sie gegen die Stadt gepflanzt würden, um das Eindringen der fauligen Dünste in diese zu behindern. Die Angst, durch hohe Bäume könne die verweste Luft in menschlicher Reichweite stagnieren, behinderte noch lange Zeit eine stärkere Bepflanzung der Friedhöfe, weshalb der parkartige Charakter mancher Friedhöfe erst in den letzten hundert Jahren entstand. Allerdings spielten hierbei auch Sparmaßnahmen der Friedhofsträger eine Rolle.[869]

Als weiterer Gesichtspunkt eines nach hygienischen Maßgaben organisierten Begräbniswesens wurden am Ende des 18. Jahrhunderts vielerorts Reihengräber angelegt. Die Begräbnisplätze sollten nicht mehr nach Willkür des Totengräbers oder nach Wunsch der Angehörigen ausgewählt werden. Vielmehr wurden die Leichen in zeitlicher Abfolge ihres Sterbedatums in fortlaufenden Reihen von Einzelgräbern bestattet. Familiengrabstätten waren nicht mehr üblich; zudem wurden auch die Kindergräber häufig in eigenen Abteilungen angelegt. Das Reihengrab war nicht nur der sozialen Gleichheit auf dem Friedhof förderlich, sondern sollte auch die sichere Identifikation eines Grabes gewährleisten, da es nicht selten passierte, dass Friedhofsbesucher das Grab ihres Angehörigen nicht finden konnten. Zum andern wurde eine solche übersichtliche Anlage auch unter medizinischen Gesichtspunkten als Innovation begrüßt, da es einen genauen Überblick über die vorgeschriebenen Ruhefristen ermöglichte und verhinderte, dass die Gräber versehentlich vorzeitig geöffnet wurden. Viele Ärzte sahen den Vorteil des Reihengrabes gegenüber dem Familiengrab darin, dass durch ersteres bei einer Beerdigung das Ausgraben von Leichenteilen vermieden würde. Das nur mit einer Person[870] belegte Reihengrab garantierte, dass es bis zur vollständigen Zersetzung

---

[867] Vgl. Z. G. HUSZTY: Diskurs, II, S. 271-272.
[868] Ebd.
[869] Vgl. B. HAPPE: Gottesäcker, S. 217-224.
[870] Corbin zufolge wurde in Frankreich die Forderung nach Einzelgräbern um die Mitte des 18. Jahrhunderts laut. Zunächst wurden hygienische Argumente vorgebracht, um die Ausdünstungen der Friedhöfe und die ungesunde Vermischung der krankheitserregenden Strahlen, welche nach Ansicht von Muret, einem Verfechter des Einzelgrabes, von den Toten ausgingen, einzuschränken. Zu Beginn des 19.

der Leiche nicht mehr geöffnet zu werden brauchte. Damit konnte das Ausströmen der gefürchteten Verwesungsdünste unterbunden werden. Um die Ruhefristen für jeden Leichnam zu registrieren und Verwechslungen vorzubeugen, wurden Gräberverzeichnisse eingeführt. Gräberordnungen schrieben Grabtiefe und -größe und die Abstände zwischen den Gräbern fest.[871]

Die Tiefe der Gräber und das Verbot vorzeitiger Exhumierungen waren zwei Aspekte, die die Hygiene auf den Kirch- beziehungsweise Friedhöfen stark beeinflussten. Huszty schlug vor, die Toten mindestens sechs Schuh tief zu bestatten und das Öffnen von Särgen und Gruften in jedem Falle zu verhindern. Am besten sei es, die für Privatbegräbnisse bestimmten Gruften gänzlich abzuschaffen.[872] Hebenstreit betonte, die Gräber müssten „*tief gemacht, die Erde gehoerig verschuettet und niemals eher, als nach einer langen Reihe von Jahren wieder eroefnet werden.*"[873]

Eine weitere Sorge der Vertreter der Medizinischen Polizei war es, die aus den Gräbern austretenden mit Miasmen angereicherten Sickerwässer könnten das Grundwasser vergiften. Viele gesundheitspolizeiliche Abhandlungen warnten davor, dass diese Gefahr vor allem von den zu niedrig gelegenen Friedhöfen ausginge. Man vermutete, dass sich in den Leichen infektiöse Stoffe ansammelten, die nicht nur lange virulent blieben, sondern sich durch den Zersetzungsprozess sogar noch verstärkten.[874]

Durch die zunehmend säkularisierte Einstellung zum Tod und dem damit einhergehenden Verlust des kultischen Charakters der Kirchhöfe wurden die Verlegungen der Grabstätten, wie oben bereits angedeutet, vielerorts in die Praxis umgesetzt. Aufgeklärte Fürsten wie Joseph II. ließen in ihren Residenzstädten Friedhöfe außerhalb der Stadt anlegen und schafften die Kirchenbestattungen ab. Huszty lobte die Anordnung Josephs II., alle Wiener Totenkammern zu schließen, deren Fenster zur Straße hin ausgerichtet waren, da die Vorübergehenden sonst durch die Ausdünstungen gefährdet werden würden.[875]

Bis zum Ende des 19. Jahrhunderts hatten die Mediziner in hohem Maße Einfluss auf die Gestaltung der Friedhöfe. Sie gaben Empfehlungen für Anlage und Bepflanzung und für Maßnahmen, die der Grundwasserverunreinigung vorbeugen sollten. Brunnen durften nur in bestimmtem Abstand zu Friedhöfen angelegt werden und die Beschaffenheit des Bodens wurde dahingehend untersucht, ob sie der Verwesung förderlich sei.[876]

Im Jahr 1792 wurde auf Anregung des berühmten Arztes Hufeland in Weimar das erste Leichenhaus erbaut. Im Laufe der ersten Hälfte des 19. Jahrhunderts entstanden dann auf den neu angelegten Friedhöfen der meisten größeren Städte

---

Jahrhunderts wurde das Einzelgrab zu einem Gebot der Würde und der Frömmigkeit. Es setzte sich in Frankreich schneller durch als das Einzelbett. (Vgl. A. CORBIN: Pesthauch und Blütenduft, S. 138).
[871] Vgl. B. HAPPE: Gottesäcker, S. 224-225.
[872] Vgl. Z. G. HUSZTY: Diskurs, II, S. 272.
[873] E. B. G. HEBENSTREIT: Lehrsaetze, S. 165.
[874] Vgl. B. HAPPE: Gottesäcker, S. 213-214.
[875] Vgl. Z. G. HUSZTY: Diskurs, II, S. 273.
[876] Vgl. B. HAPPE: Gottesäcker, S. 216.

solche Leichenhäuser. Sie erfüllten zwei verschiedene Zwecke. Zum einen sollten die Verstorbenen so schnell wie möglich aus den Häusern entfernt werden, um keine ansteckenden Krankheiten auszulösen. Die Aufklärer setzten sich nach Kräften dafür ein, das lange Aufbahren in den Häusern zu unterbinden. Zum anderen schlägt sich in vielen Schriften der Medizinischen Polizei aber auch große Furcht vor der Bestattung Scheintoter nieder. Im Leichenhaus sollte der Tote in der Regel drei Tage lang aufgebahrt und dabei auf eventuelle Lebenszeichen hin beobachtet werden.[877] Auch Hebenstreit warb wie Hufeland schon früh, nämlich im Jahr 1791 für die Anlage von Leichenhäusern auf den Friedhöfen:

„Da indessen die Aufbewahrung der Leichname in Privathaeusern bis zum Ausbruch der Faeulniß ueble Folgen fuer die Gesundheit der Lebendigen haben kann, so wuerde es, um theils dieser Schwierigkeit auszuweichen, theils einen jeden vor der Gefahr lebendig begraben zu werden, sicher zu stellen, vielleicht am rathsamsten seyn, wenn neben den oeffentlichen Begraebnisplaetzen geraeumige Saele angelegt wuerden, in welche man jede Leiche bringen, und daselbst unter der bestaendigen Aufsicht besondrer hiezu verpflichteter und besoldeter Leute so lange, bis sich das zuverlaeßige Merkmal des Todes zeigte, aufbewahren ließe."[878]

Er plädierte dafür, „*alles voreilige Begraben [...] aufs nachdruecklichste zu untersagen*"[879]. Kein Leichnam sollte begraben werden, ohne dass man Spuren beginnender Verwesung an ihm feststellen könne. Da diese Verwesung im Sommer schneller als im Winter und auch bei gewissen Krankheiten früher als sonst einzutreten pflege, sei es notwendig, bei jedem einzelnen Leichnam die spezifischen Umstände zu berücksichtigen. Deshalb könne keine gesetzliche Regelung eine bestimmte Frist bis zur Beerdigung festsetzen. Für einige Krankheiten könne man allerdings beinahe vollständig ausschließen, dass der Tote wieder lebendig würde. Dies sei bei denjenigen der Fall, die „*an der Lungensucht, Wassersucht, innerlichem Brande der Eingeweide und andern Krankheiten, welche die edelsten Organe des Koerpers zerstoeren, gestorben sind*"[880]. Bei solchen Leichen sei es nicht notwendig, auf den Ausbruch der Fäulnis zu warten. Bei ansteckenden Krankheiten sei es sogar vonnöten, die Toten mit Rücksicht auf die Gesundheit der Lebenden „*frueher als zu andern Zeiten geschehen darf, begraben zu lassen.*"[881] Obwohl Hebenstreit es für wichtiger hielt, die Lebenden vor den schädlichen Ausdünstungen der Toten zu schützen, saß die Angst vor einem voreiligen Begraben eines Scheintoten dennoch sehr tief.

Obwohl solche Fälle wahrscheinlich äußerst selten vorkamen, war „*die Furcht davor [...] im ausgehenden 18. Jahrhundert gerade in gebildeten Kreisen zu einer regelrechten Obsession geworden*"[882]. Obwohl diese irrational erscheinenden

---

[877] Vgl. F. J. BAUER: Von Tod und Bestattung, S. 17-18.
[878] E. B. G. HEBENSTREIT: Lehrsaetze, S. 164.
[879] Ebd., S. 160.
[880] Ebd., S. 163.
[881] Ebd.
[882] F. J. BAUER: Von Tod und Bestattung, S. 18.

Ängste nicht in den Geist der Zeit zu passen scheinen, musste gerade der Geist der Aufklärung solche Empfindungen hervorrufen. Da der Glaube an ein Leben nach dem Tod durch die Aufklärung stark erschüttert und in bestimmten gesellschaftlichen Schichten auch weitgehend aufgegeben worden war, schien die Vorstellung, im verschlossenen Grab aufzuwachen, in höchstem Maße erschreckend.[883]

Ein weiteres Beispiel dafür, dass die aufgeklärten Schichten nach Kompensation für die verlorene Jenseitserwartung dürsteten, war die Gestaltung der Friedhöfe. Es reichte nicht, dass die Grabstätten aus dem Inneren der Städte ‚verbannt' worden waren, wo sie eine beständige Mahnung der eigenen Vergänglichkeit darstellten. Darüber hinaus sollten die Friedhöfe, die nun nicht mehr Inbegriff der Solidarität mit den Verstorbenen waren, auf die Lebenden erbaulich wirken. Der Friedhofsbesuch sollte die Besucher nicht auf niederdrückende Gedanken bringen, sondern ihre Angst vor dem Tod[884] durch eine gefällige Gestaltung der letzten Ruhestätte mildern. Dabei sollte die gärtnerische Gestaltung der Friedhofsanlagen ein übriges tun. Tatsächlich nahm sich die im 18. Jahrhundert aufblühende Gartenkunst der Friedhöfe als neue Herausforderung an und gestaltete sie nach ästhetischen und pädagogischen Gesichtspunkten. Im Laufe des 19. Jahrhunderts verwandelten sie sich in kunstvolle Gartenlandschaften.[885]

Während der Tod im ausgehenden Mittelalter als allgegenwärtig, allmächtig und im Motiv des von Würmern durchlöcherten, verwesenden Leichnams dargestellt worden war, wandelte man im Europa des ausgehenden 18. Jahrhunderts diese hässliche Metaphorik in die Gestalt eines Jünglings um, der eine umgekehrte Fackel in der Hand trug und den Bruder des Schlafs verkörperte. Man bemühte sich nach Kräften, den Tod zu ästhetisieren, was seine Endgültigkeit entschärfen sollte. Die Zeitgenossen hatten ihre Unbefangenheit, sich mit diesem Thema auseinander zu setzen, weitgehend eingebüßt. Während den Kirchhof noch die Toten dominierten, sollte der Friedhof ein Ort für die Lebenden sein.[886]

---

[883] Vgl. F. J. BAUER: Von Tod und Bestattung, S. 18.

[884] Corbin weist darauf hin, dass die neue Sensibilität der Geruchsempfindung aufs Engste mit der durch den mentalen Wandel verstärkten Todesangst verbunden war. In der Wahrnehmung der Zeitgenossen schwebte mit dem Leichengeruch auch der Tod selbst in der Atmosphäre. Die Fäulnis, welche man nun überall lauern sah, sorgte für eine dauernde Gegenwart des Todes. Die neue *„Wachsamkeit gegenüber riechbaren Ausdünstungen"* (A. CORBIN: Pesthauch und Blütenduft, S. 44) ist damit eine direkte Folge der Todesangst. So folgert Corbin: *„Die Geruchlosigkeit legt nicht nur den Miasmen das Handwerk, sondern sie leugnet den Lauf des Lebens, das Kommen und Gehen der Generationen. Sie hilft, die Todesangst zu ertragen."* (Ebd., S. 122).

[885] Vgl. F. J. BAUER: Von Tod und Bestattung, S. 19-20.

[886] Vgl. ebd., S. 16-20.

4.3 Das Begräbniswesen in Regensburg

In Regensburg gab es gegen Ende des 18. Jahrhunderts mehrere protestantische und katholische Begräbnisplätze.[887] Nur die Klöster hatten für ihre verstorbenen Ordensangehörigen eigene Friedhöfe oder Grüfte, die sich auf dem klösterlichen Territorium befanden.[888] Sie sind von der folgenden Betrachtung des Regensburger Begräbniswesens ausgenommen. Untersucht man die protestantischen und katholischen Friedhöfe, so lassen sich am Übergang zum 19. Jahrhundert einschneidende Veränderungen ausmachen, die stark von dem in ganz Europa geführten Gesundheitsdiskurs beeinflusst waren.

4.3.1 Die Regensburger Friedhöfe bis zum Ausgang des 18. Jahrhunderts

Die beiden protestantischen Friedhöfe St. Lazarus und St. Peter befanden sich außerhalb des Stadtgebiets. Der Friedhof St. Lazarus wurde im 16. Jahrhundert beim Siechhaus in der Nähe des Jakobstores angelegt. Bereits seit dem 15. Jahrhundert hatte dieser Ort als Begräbnisstätte für das erste bürgerliche Spital St. Lazarus gedient. Schon mit der Übernahme der Spitalsverwaltung durch den Magistrat stellte dieser sich in Konkurrenz zur Kirche, da Stiftungen nun ausschließlich dem Spital zukamen und dieses auch ein Begräbnisrecht hatte. Ungefähr seit dem Jahr 1528 diente der Lazarusfriedhof als Begräbnisplatz für die ersten Regensburger Anhänger des Luthertums in der Übergangszeit, bevor im Jahr 1542 die lutherische Konfession in der Stadt eingeführt wurde. Da der Bischof den Protestanten das Begräbnis auf einem katholischen Friedhof verweigerte, strebte der Magistrat einen Ausgleich an. Seit dem Jahr 1541 tauschten Rat und Bischof sich schriftlich über die Anlage eines protestantischen Friedhofs aus, für die der Rat zu diesem Zeitpunkt die Zustimmung des Bischofs benötigte. Der Rat begründete die Lage außerhalb der Stadt mit dem Argument, dies mindere die Seuchengefahr. Die innerhalb der Stadtmauern gelegenen Kirchhöfe bezeichnete er als krankheitserregend. Außerdem seien dort, wo man die neuen Friedhöfe anlegen wollte, auch Kirchen vorhanden, nämlich Weih St. Peter, St. Lazarus und St. Nikolaus. Der Rat wies auch darauf hin, man habe von Kaiser Ferdinand den Befehl erhalten, Maßnahmen gegen die Seuchengefahr zu ergreifen, da dieser plane, nach Regensburg zu kommen. Dem Wunsch des Kaisers wollte auch der Bischof entgegen kommen und genehmigte einen ersten protestantischen Friedhof bei St. Lazarus. Mit dem Einzug der Reformation übernahm der Rat dann als oberster Kirchenherr die protestantische Kirchenverwaltung und damit die Aufsicht über das Bestattungswesen. Schon ein Jahr später benötigte man eine zweite Begräbnisstätte.

---

[887] Auch die dritte Religionsgemeinschaft, die Juden, die sich nach der Vertreibung ihrer Vorfahren im Jahr 1519 erst im 18. Jahrhundert wieder in Regensburg unbefristet niederließen, hatten seit dieser Zeit ihren eigenen Begräbnisplatz. Dieser ‚Bet Olam', was im Hebräischen ‚Friedhof' heißt, befand sich in Pappenheim, nordwestlich von Regensburg. Ab 1822 wurde dann ein jüdischer Friedhof in der heutigen Schillerstraße angelegt. (Vgl. S. WITTMER: Die sechs Friedhöfe der Regensburger Juden, S. 88-89).

[888] Vgl. J. C. G. SCHÄFFER: Ortsbeschreibung, S. 31.

Man wählte einen Platz im Südosten vor der Stadt, in der Nähe von Peterstor und Peterskirche, den man schon 1541 zur Bestattung von Pesttoten ausgewählt hatte.[889]

Die beiden Friedhöfe St. Lazarus und St. Peter mussten bereits in den Jahren 1562/ 63 erstmals erweitert werden. Der Petersfriedhof wurde bis an die Stadtmauer und zwei Jahre später noch in Richtung Süden ausgedehnt. Durch die Pest des Jahres 1613, die Belagerung der Stadt durch bayerische Truppen im Jahr 1633 und die Pestepidemie von 1634 schnellte die Sterblichkeitsrate innerhalb von kurzen Zeitabständen beträchtlich in die Höhe. Die Friedhöfe, die teilweise im Krieg verwüstet wurden, waren rasch überfüllt. Im Jahr 1641 wurde der Lazarusfriedhof erneut erweitert. Während einer Pestepidemie im Jahr 1649 ließ der Rat einen separierten Platz für die Pesttoten anlegen. Dieser war durch einen Bretterverschlag von den anderen Grabstätten abgetrennt. Später wurden dort Selbstmörder und Personen, welche die Sterbesakramente verweigerten, von den Pestinmännern verscharrt. Eine dritte Vergrößerung des Lazarusfriedhofs forderte die Pestepidemie von 1713/14.[890]

Der Petersfriedhof wurde im Jahr 1553 mit einer Mauer eingefasst und im Jahr 1564 ein zweites Mal erweitert. Dabei wurde ein verschütteter Schöpfbrunnen erneuert, was darauf hindeutet, dass man noch keine Bedenken hinsichtlich der Verunreinigung des Trinkwassers durch den Friedhof hatte. Der Petersfriedhof, auf dem sowohl die berühmten Ärztefamilien Schäffer und Kohlhaas als auch die Geschichtsschreiber Carl Theodor Gemeiner und Christian Gottlieb Gumpelzhaimer bestattet wurden, blieb mehr als 350 Jahre in Benutzung. Er wurde erst in den Jahren 1932/33 aufgelöst.[891]

Eine weitere Vergrößerung des protestantischen Friedhofs St. Lazarus stand im Jahr 1840 an.[892] In einem Schreiben der protestantischen Kirchenverwaltung an die Kreisregierung hieß es, dieser Friedhof sei „*im verhältniß zur seelenzahl der gemeinde leider so beschränkt, daß die gräber zum theil schon nach ablauf von 8. jahren wieder geöffnet werden müßen, was doch den bestehenden vorschriften gemäß nie unter 15 jahren geschehen sollte*". Die Erweiterung des Friedhofes sei deshalb „*ein unabweißlich dringendes bedürfniß*"[893], weshalb die Kirchenverwaltung bei der Regierung anfragen ließ, ob man hierzu den Garten zwischen dem protestantischen Begräbnisplatz und der Schießstätte ankaufen sollte.[894] Aus den Akten geht allerdings nicht hervor, ob die Kreisregierung den Antrag positiv beschied.

---

[889] Vgl. C. SCHMUCK: Der Friedhof St. Lazarus, S. 7-8.
[890] Vgl. B. BAUER-SPANDL: Der Evangelische Zentralfriedhof, S. 58-60 und K. BAUER: Regensburg, S. 698-699.
[891] Vgl. K. BAUER: Regensburg, S. 699.
[892] Schäffer schätzte die Zahl der verstorbenen Protestanten auf zwei- bis dreihundert pro Jahr. Diese Zahl entnahm er dem ‚Summarischen Verzeichniß der in der evangelischen Gemeine zu Regensburg Getrauten, Gebohrnen und Gestorbenen'. In den Jahren 1762, 1770 und 1772 belief sich Zahl der Verstorbenen jedoch auf über dreihundert. (Vgl. J. C. G. SCHÄFFER: Ortsbeschreibung, S. 30.)
[893] Beide Zitate stammen aus: Schreiben der protestantischen Kirchenverwaltung vom 30. Mai 1840.
[894] Vgl. ebd.

Ein weiterer Begräbnisplatz der Protestanten befand sich in einem die Dreieinigkeitskirche umgebenden Gang. Dort wurden in mit Epitaphen versehenen Grüften Adelige und Reichstagsgesandte beigesetzt.[895] Auch hier gab es einen kleinen Kirchhof, auf dem sich prachtvoll ausgeschmückte Grabmäler für evangelische Gesandte und adelige Glaubensflüchtlinge aus Österreich befanden.[896]

Auf katholischer Seite hatte die Obere Stadtpfarrei St. Rupert ihre Begräbnisplätze im Benediktinerstift St. Emmeram, während die Untere Stadtpfarrei St. Ulrich ihre Toten entweder im Domkirchhof oder bei der Kapuzinerkirche bestattete.[897] Dabei wurde nach sozialem Status unterschieden. Im Domkirchhof wurden noch im ausgehenden 18. Jahrhundert, wie Kayser im Jahr 1797 berichtete, *„alle angesehene weltliche Katholiken der untern Stadt, welche in keiner Kirche eine Gruft erhalten, begraben"*[898]. Auch die bürgerlichen Verstorbenen aus Stadtamhof wurden über die Steinerne Brücke nach Regensburg transportiert und im Domkirchhof bestattet. Im Kapuzinerkirchhof wurden die katholischen Beisitzer beerdigt. Kayser merkte an, dass der Domkirchhof *„so voll ist, daß er schon mehrmalen mit Sand ueberschuettet werden mußte"*[899]. Die Domherren und andere hochstehende Personen wurden im sogenannten ‚Ambitus' der Domkirche bestattet. Die dortigen Grabmäler waren mit kunstvoll gefertigten Epitaphen bestückt.[900]

Schon im Mittelalter gab es für den Domfriedhof ein *ossarium*, das auch ‚Karner' oder ‚Beinhaus' genannt wurde und bis heute erhalten geblieben ist. Es nahm die Gebeine auf, welche zum Vorschein kamen, wenn die Grabstätten nach kurzer Zeit mit einem neuen Leichnam belegt wurden.[901]

Auch in St. Emmeram wurden die Adeligen und Standespersonen der Oberen Stadt auf einem vom Kirchhof etwas abseits gelegenen *„Totenacker"*[902] begraben. So fanden dort Geistliche, Reichstagsgesandte und Bürger ihre letzte Ruhestätte. Seit dem 18. Jahrhundert wurden *„auch die Religiosen des Reichsstifts dahin begraben; sonst war ihre Grabstaette in dem hintern Theile des Ambitus neben dem Refectorio; allein die Ueberzeugung, daß die Ausduenstung der Todten und der oefters sich davon verbreitende ueble Geruch der Gesundheit nachtheilig sey, hat diese kluge Abaenderung veranlaßt."*[903]

---

[895] Vgl. A. C. KAYSER: Versuch, S. 39.
[896] Vgl. K. BAUER: Regensburg, S. 699 und A. C. KAYSER: Versuch, S. 40.
[897] Schäffer gibt die Gesamtzahl der katholischen Verstorbenen pro Jahr mit ungefähr vierhundert an. (Vgl. J. C. G. SCHÄFFER: Ortsbeschreibung, S.30).
[898] A. C. KAYSER: Versuch, S. 59-60.
[899] Ebd., S. 60.
[900] Vgl. ebd., S. 58-60. Weitere Grabstätten der Katholiken befanden sich auf den Kirchhöfen von St. Nikolaus bei der heutigen Schottenkirche und der Kassianspfarrei vor dem Langhaus der Alten Kapelle. Auch dort befanden sich einige mit Epitaphen versehene Grabmäler. (Vgl. K. BAUER: Regensburg, S. 698 und A. C. KAYSER: Versuch, S. 66).
[901] Vgl. K. BAUER: Regensburg, S. 697.
[902] A. C. KAYSER: Versuch, S. 61.
[903] Ebd.

Diese Einschätzung Kaysers beweist, dass die in ganz Europa geführte Diskussion über die Leichenbestattung im ausgehenden 18. Jahrhundert in Regensburg nicht nur bekannt gewesen sein muss, sondern bereits auch praktische Maßnahmen angestoßen hatte.

Während die protestantischen Friedhöfe am Ende des 18. Jahrhunderts keinen Anlass zu hygienischen Bedenken boten, weil sie bereits im 16. Jahrhundert vor den Stadttoren angelegt worden waren, gaben die innerstädtischen katholischen Friedhöfe Grund zur Beanstandung. Der Medizinalpolizist Jakob Christian Gottlieb Schäffer hat sich in seiner ‚Medizinischen Ortsbeschreibung' ausführlich zur Begräbnissituation in Regensburg geäußert. Insgesamt bewertete er diese aus dem Blickwinkel des ‚Hygienikers' als relativ unbedenklich.

„Nie hat man zwar, wenigstens so lang ich denke, offenbar nachtheilige Folgen von diesen Begraebnißen mitten unter den Lebenden gehabt. Die bestaendig durchstreichende Winde, die sechs Schuh tief und unausgemauerte Graeber moegen wohl bisher das Gefahrvolle von uns abgewandt haben. In einigen dumpfichten Kirchen aber, wo ueberhaupt reine Luft selten zukommen kann, und in welchen man ueberdies die Todten in ausgemauerten Graebern langsam vermodern laeßt, geschieht es gar oft, daß Personen von schwächlichem Nervenbau krank und ohnmächtig werden."[904]

Schäffer sah also sowohl die naturräumlichen Gegebenheiten als auch die Tiefe der Gräber als geeignet an, eine Gefährdung der Stadtbewohner durch von den Friedhöfen ausgehende Verwesungsdünste zu unterbinden. Die Kirchengrüfte sprach er allerdings dezidiert als ein hygienisches Problem an.

Trotz seines überwiegend positiven Befundes legte Schäffer den Katholiken aus Gründen des Seuchenschutzes eine Verlegung ihrer Begräbnisstätten vor die Stadtmauern dringend nahe:

„Freilich waere zu wuenschen, daß unsere Miteinwohner sich gemeinschaftlich entschließen moechten, ihre Verstorbenen gleichfalls ausser der Stadt zu begraben; ein Unternehmen, das um so leichter ausgefuehrt werden koennte, da sie nur eins oder das andre von ihren nahe an der Stadt liegenden Feldern dazu bestimmen duerften. Wie verdient wuerden sie sich dadurch in den Annalen der Menschheit machen, wenn sie durch diese loeblichen Vorkehrungen, toddrohende Gefahren und Seuchen, die einst unvermuthet und gar leicht bey anhaltenden heißen Tagen und windstillem Wetter eintreten koennten, in Zeiten vorzubeugen suchten."[905]

An Schäffers Worten lässt sich ersehen, dass er sich mit seinen Argumenten genau auf der Höhe der medizinischen Forschung seiner Zeit befand. Die Angst vor besonderer Seuchengefahr durch Hitze und Stagnation der Luft findet sich in den medizinialpolizeilichen Abhandlungen in ganz Europa wieder.

---

[904] J. C. G. SCHÄFFER: Ortsbeschreibung, S. 31.
[905] Ebd., S. 31-32.

Schäffer teilte aber nicht nur die in den Abhandlungen der Medizinischen Polizei vorgebrachten Bedenken zur Gesundheitsgefährdung durch Verwesungsdünste, sondern auch die Angst vor dem Begraben Scheintoter. Er kritisierte die unmittelbar nach dem Tod vorgenommenen Begräbnisse.

„Auch mit dem Begraben eilen unsre Miteinwohner oft zu geschwind; denn oft geschieht es, daß sie ihre Todten gleich nach 24 Stunden zur Erde bestättigen. Vor 3 oder 4 Tagen sollte keine Leiche, wenn sie anders nicht deutliche Kennzeichen der Faeulniß aeußert, begraben werden. Das zu schnelle Wegtragen der Verblichenen nach den Kapellen ist im Winter und bey kalten Taegen gleichfalls zu tadeln."[906]

Wie die übrigen Vertreter der Medizinischen Polizei riet er, bis zum Ausbruch der Verwesung zu warten, denn die Mediziner seiner Zeit sahen dies als den sichersten Weg an, das Begräbnis eines Scheintoten völlig auszuschließen.

4.3.2 Die Verlegung der katholischen Friedhöfe zu Beginn des 19. Jahrhunderts

Was Schäffer den Katholiken angeraten hatte, wurde jedoch erst Anfang des 19. Jahrhunderts in die Tat umgesetzt. Zu Beginn seiner Regierung in Regensburg ordnete der Kurerzkanzler Carl von Dalberg an, die Begräbnisplätze innerhalb der Stadtmauern müssten aus hygienischen Gründen geschlossen und ein gemeinschaftlicher Friedhof für alle Katholiken der Stadt angelegt werden. Dies bedeutete in der Praxis, dass die verstorbenen Katholiken aus der Oberen Stadt ebenfalls auf dem Petersfriedhof beigesetzt werden sollten. Diese Anordnung stieß beim Pfarrvikar von St. Rupert, Paul Schönberger, auf Widerstand. Dieser schrieb am 16. April 1804 an Dalberg[907]:

„Die Ursachen, welche die Herstellung eines neuen Kirchhofes für die Pfarrey der obern Stadt nothwendig machten, müßten entweder die Schädlichkeit dieses Kirchhofes in der Stadt, oder der zu enge Raum desselben seyn. Nun ist es aber I. noch nicht erwiesen, daß Kirchhöfe in Städten den lebenden Einwohnern einer bösen Ausdünstung wegen schädlich sind. Sachkundige, und einsichtsvolle Männer läugnen es geradezu, und selbst die Erfahrung lehrt, daß Menschen, die in der Nähe der Kirchhöfe wohnen, bey sonstiger guter Leibes-Beschaffenheit ein eben so hohes Alter erreichen, als Menschen, die in einer Entfernung davon wohnen. Zudem hat der Kirchhof von St. Rupert [gemeint ist der bei St. Emmeram, K.K.] eine sehr gute Lage, indem derselbe an einem Ecke der Stadt gar nicht weit von der neu abgebrochenen Stadtmauer gegen Osten hin gelegen ist, und von

---

[906] J. C. G. SCHÄFFER: Ortsbeschreibung, S. 32.
[907] Der Brief ist abgedruckt in einer Abhandlung des katholischen Pfarrers C. WEINZIERL: Kurze Geschichte des Gottesackers, S. 5-10.

durchziehenden Winden auf der West- und Ostseite durchstrichen und gereinigt werden kann."[908]

Schönberger wies nicht nur das Argument zurück, innerstädtische Begräbnisstätten seien gesundheitsschädigend, sondern betonte auch, der Kirchhof von St. Emmeram sei groß genug, um die Verstorbenen der Oberen Stadt aufzunehmen und gleichzeitig die Ruhefrist von zehn Jahren für jedes Grab einzuhalten. Sollte in der Zukunft aufgrund einer Bevölkerungszunahme in der Stadt ein größerer Kirchhof benötigt werden, sei der sogenannte ‚Zimmerhof', der direkt an den Emmeramskirchhof angrenze, dem Petersfriedhof vorzuziehen. Das sich auf diesem Platz befindliche Häuschen des ‚Zimmerpaliers' sollte als Wohnung für den Totengräber dienen, der nachts Kirche und Kirchhof bewachen sollte. Als weiteres Argument gegen den Petersfriedhof führte Schönberger die religiösen Gefühle der Mitglieder seiner Pfarrgemeinde an. Seiner Aussage nach wünschten die meisten Menschen, *„daß sie nach ihrem Tode eine Ruhestätte an der Seite ihrer geliebten Eltern, Gatten oder Freunde finden möchten"*[909] und nicht außerhalb der Stadtmauer und des eigenen Pfarrbezirks begraben zu werden.

Schönberger gab außerdem zu bedenken, unter einer Verlegung der Grabstätten würde das Totengedenken zu leiden haben. Bis zum Zeitpunkt von Dalbergs Anordnung sei es *„ein schöner rührender Anblick [gewesen], da man an allen Sonn- und Feyertagen nach geendigtem vor- und nachmittägigen Gottesdienste die Pfarrkinder aus der Kirche auf den anstossenden Kirchhof hineilen, und auf den Gräbern ihrer Anverwandten oder Wohlthäter gar oft mit Thränen im Auge bethen sah [...] Dieser erbauliche Besuch der Gräber, dieses heilsame Gebeth für Verstorbene, [...] wird sicher unterbleiben, wenn der erinnernde Gegenstand, der Grabhügel ihrer Freunde, ihren Augen entzogen, so weit von ihnen entfernt wird."*[910]

Schönberger betonte, die Entfernung zwischen der Westnerwacht und dem Petersfriedhof sei so beträchtlich, dass jedes Leichenbegängnis dorthin sehr viel mehr Zeit in Anspruch nehmen würde als bisher. Dies habe zur Folge, dass viele Teilnehmer dem Leichenzug fernbleiben und damit *„vieles Gebeth für die Verstorbenen unterbleiben"*[911] würde. An Tagen mit mehreren Begräbnissen würden die weiten Wege dem Pfarrvikar und seinen ‚Gesellpriestern' kostbare Zeit rauben, *„die selbe zu andern wichtigen Geschäften der Seelsorge, als zum Predigen, Katechisiren, Kranken- und Schulen-Besuche ec. ec. nothwendiger brauchen und nützlicher anwenden könnten."*[912] Schönberger bediente sich hier des spezifisch bürgerlichen Arguments der Zeitersparnis. In bürgerlichen Kreisen nahm man Rücksicht darauf, dass der geschäftige Bürger mit seiner Zeit haushalten musste, da er viele wichtige Erledigungen zu tätigen hatte.

---

[908] Schönberger an Dalberg, in: C. WEINZIERL: Kurze Geschichte des Gottesackers, S. 5.
[909] Ebd., S. 8.
[910] Ebd., S. 9.
[911] Ebd., S. 8.
[912] Ebd., S. 9.

Dalberg reagierte auf Schönbergers Schreiben mit der Anordnung, die innerstädtischen Begräbnisstätten seien nur dann vor die Stadt zu verlegen, wenn der Platz für neue Gräber auf den Kirchhöfen nicht mehr ausreiche. Die Kirchengrüfte bewertete er allerdings als *„der Gesundheit nachtheilig wegen eingesperrter Ausdünstung"*[913]. Dalberg befahl, das bischöfliche Konsistorium dahingehend zu informieren, dass es für die Anlage von Begräbnisplätzen außerhalb des Stadtgebietes sorgen sollte. Dort sollten diejenigen Leichen bestattet werden, welche auf den öffentlichen Kirchhöfen keinen Platz mehr fanden.[914]

Dalbergs Anordnung wurde schon im selben Jahr von den Katholiken der Unteren Stadt umgesetzt. Da die Fristen für die Grabbelegung auf dem Domkirchhof, der die Toten der Pfarrei St. Ulrich aufnahm, immer stärker verkürzt worden waren, um die Gräber schneller neu belegen zu können, wurde die hygienische Situation ob der nur unvollständig verwesenden Leichen kritisch. So wurde schließlich im Jahr 1804 vor dem Peterstor ein erster katholischer Friedhof außerhalb des Stadtgebiets angelegt. Dieses Vorhaben war auch in der Unteren Stadt auf die Ablehnung der katholischen Stadtbewohner gestoßen, die sich dagegen wehrten, ihre Verstorbenen abseits der Kirche und außerhalb der die Gemeinschaft von Lebenden und Toten umgebenden Mauer bestatten zu müssen. Trotzdem war diese Maßnahme unausweichlich und die Dompfarrei sah sich ihrerseits nach einem geeigneten Platz außerhalb der Stadtmauern um. Der neue Friedhof für die Untere Stadt, der südlich an den dort befindlichen evangelischen Petersfriedhof anschloss, wurde im Dezember 1804 geweiht.[915]

Dass Regensburg im Jahr 1810 an das Königtum Bayern fiel, wirkte sich auch auf das Begräbniswesen der Katholiken aus. Die neue Regierung erließ 1811 den Befehl, dass nun auch alle Katholiken der Oberen Stadt auf dem Petersfriedhof beerdigt werden sollten. So wurden bereits ab Mai des gleichen Jahres alle Katholiken aus der Oberen und Unteren Stadt sowie aus Stadtamhof auf dem katholischen Petersfriedhof begraben. Dies führte einerseits sehr rasch zu einer Überbelegung. Andererseits forderten die Katholiken der Oberen Stadt ihren eigenen Begräbnisplatz. Der städtische Magistrat ließ bereits im Jahr 1812 zwei neue Friedhöfe anlegen: Für die Katholiken der Oberen Stadt entstand ein außerstädtischer Friedhof beim Jakobstor westlich des evangelischen Lazarusfriedhofs. Der Stadtamhofer Friedhof auf dem Osterberg wurde am 7. Juni 1812 eingeweiht.[916]

Der katholische Lazarusfriedhof wurde bereits im Jahr 1828 erweitert und mit einer Mauer umgeben. Dort, wo der evangelische Friedhof angrenzte, wurde im Jahr 1831 das erste Leichenhaus der Stadt erbaut.[917] Dieser Bau war durch die

---

[913] Anordnung Dalbergs vom 2. Juni 1804, in: C. WEINZIERL: Kurze Geschichte des Gottesackers, S. 10.
[914] Vgl. ebd.
[915] Vgl. K. BAUER: Regensburg, S. 700.
[916] Vgl. M. WITTMANN: Schreiben betreffs Erweiterung des Kath. Freydhofes, S. (1-2).
[917] Anscheinend hatte der Magistrat schon längere Zeit vor, ein Leichenhaus zu errichten. Aus einer Aktennotiz vom 4. Juli 1811 geht hervor, dass man plante, zwei Leichenhäuser zu bauen, *„eines hinterhalb st. jakob, und das andere an der stadtmauer links am jakobsthore"*. (Acten des Stadt

Angst motiviert worden, dass die Aufbahrung der Verstorbenen in den Häusern den Ausbruch der im gleichen Jahr in Osteuropa und Berlin herrschenden Cholera begünstige. In Regensburg traf man aufwändige Vorkehrungen gegen diese Seuche, die Stadt blieb aber vor einer epidemischen Ausbreitung verschont. Das Leichenhaus, das mit einem Leichensaal, einem Sezierraum und einer Wärterstube ausgestattet war, diente zum gemeinschaftlichen Gebrauch für Protestanten und Katholiken. Im November 1834 weihte Pfarrer Cölestin Weinzierl eine neue Friedhofskirche auf St. Lazarus ein. Der katholische Lazarusfriedhof war bis zum Jahr 1909 in Benützung. Er wurde im Jahr 1952 zusammen mit dem evangelischen Friedhof St. Lazarus in den Stadtpark eingegliedert.[918]

Ein weiteres Leichenhaus wurde im Jahr 1841 auf dem Petersfriedhof zur Benützung für beide Konfessionen errichtet. Im Jahr 1806 war auf Betreiben des Dompfarrers Michael Wittmann eine kleine Kirche auf dem Petersfriedhof erbaut worden. Der Friedhof wurde 1873 stillgelegt und ging zusammen mit dem evangelischen Petersfriedhof in den Parkanlagen auf.

Hygienegeschichtlich interessant ist ein Schreiben, das der Dompfarrer Wittmann am 8. Oktober 1825 an die Kreisregierung richtete. Darin ging es um eine zu dieser Zeit geplante Erweiterung des katholischen St. Petersfriedhofes. Wittmann sprach sich zwar nicht grundsätzlich gegen dieses Vorhaben aus, doch er kritisierte, dass bei einer solchen Erweiterung die den Friedhof umgebende Mauer eingerissen werden müsse. Er nehme an, so schrieb Wittmann, die Mauer werde nach geschehener Erweiterung aber nicht mehr restituiert werden, da auch die neueren Friedhöfe, der katholische Lazarusfriedhof und der Friedhof auf dem Osterberg nicht von einer vor Blicken schützenden Mauer umgeben seien. Wittmann, der in seinem Schreiben keinen Bezug auf das hygienische Argument, auf einem Friedhof müsse ein freier Durchzug der Winde gewährleistet sein, nimmt, fügte hinzu: *„ein offener freydhof aber ist wieder die kirchliche vorschrift, und beleidigt das auge aller fremden, die auf der münchner und wienerstrasse hieher kommen."*[919]

Die Mauer muss für Wittmann ein bedeutender Gesichtspunkt gewesen sein, der gegen eine Friedhofserweiterung sprach, denn er bemühte sich, den Verantwortlichen darzulegen, dass eine solche Baumaßnahme völlig unnötig sei. Er wies das ‚Gerede', auf dem Petersfriedhof würden Leichen ausgegraben werden, ohne vollständig verwest zu sein, nur um neue Gräber frei zu machen, als völlig unbegründet zurück. Erst im August 1814, also volle zehn Jahre nach der Belegung des ersten Grabes sei *„der antrag gemacht die alten gräber nach ihrer reihe wieder zu öffnen"*. Bei der Öffnung des ersten im Jahr 1804 angelegten Grabes sei der Stadtphysikus Oppermann zugegen gewesen, der sich von der vollständigen Verwesung der Leiche mit eigenen Augen hatte überzeugen können. Dieser habe sogar angeraten, auch die noch freien Flächen des Friedhofs mit Gräbern zu

---

Magistrats Regensburg.) Für die Bewohner Stadtamhofs sollte ein Leichenhaus im Katharinenspital eingerichtet werden.
[918] Vgl. K. BAUER: Regensburg, S. 701-702 und S. 787-788.
[919] M. WITTMANN: Schreiben betreffs Erweiterung des kath. Freydhofes, S. (3).

belegen, *„und so wurden erst im winter 1815 die ältesten gräber von 1804 wieder geöffnet; und nach vollen 10 jahren wurden am 20 ten märz 1825 die gräber vom winter 1815 geöffnet."*[920] Wittmann forderte die Kreisregierung auf, einen ‚ärztlichen Commissär' abzuordnen, der sich von der Unbedenklichkeit der Graböffnungen überzeugen sollte. Er wies außerdem darauf hin, dass beim Bau der Friedhofskapelle zwei große Gruben auf dem Friedhof ausgehoben worden waren, die nur aufgefüllt werden müssten, um eine weitere Fläche von 500 Quadratfuß zu schaffen. Wittmann vermutete, das Gerücht, die Gräber würden zu früh geöffnet, werde von denjenigen Leuten gestreut, *„die schöne denkmäler auf den gräbern ihrer zuverwandten haben: allein diesen wird auch nach 12 oder 15 jahren das wegräumen ihrer denkmäler schmerzlich fallen. bis nicht wieder familiengräber entstehen, gehören die schönen grabmäler unter die kurz dauernden kostbarkeiten."*[921]

Diese Textstelle belegt, dass es sich bei den Grabstätten auf dem Petersfriedhof um Einzelgräber handelte, wie die Vertreter der Medizinischen Polizei sie forderten. Auch die Kindergräber waren von den Grabstätten für Erwachsene räumlich abgetrennt.[922] Diese konnten, wie Wittmann erwähnt, bereits nach sechs Jahren neu belegt werden. Während ein Kindergrab zehn Quadratfuß einnehme, seien für das eines Erwachsenen vierzig Quadratfuß zu veranschlagen. Er berechnete, dass der Friedhof genügend Platz biete, um 1191 neue Gräber anzulegen. Da pro Jahr ungefähr neunzig bis neunundneunzig Verstorbene auf dem Friedhof bestattet würden, so müssten die neu angelegten Grabstellen erst wieder nach zwölf Jahren aufgelassen werden.[923]

Wittmanns Schreiben bietet in mehrfacher Hinsicht interessante Erkenntnisse. Zum einen belegt es die Autorität der approbierten Ärzte, denen die Aufsicht über die hygienischen Zustände der Friedhöfe oblag. Zum anderen ist anzunehmen, dass über die Belegung der Gräber auf dem katholischen Petersfriedhof genau Buch geführt wurde, denn Wittmann konnte auf den Tag genau sagen, wann die Ruhefrist von zehn Jahren abgelaufen war. Auch für die protestantischen Friedhöfe sind solche Grabbücher nachweisbar.[924] Außerdem bietet Wittmanns

---

[920] Beide vorhergehende Zitate: M. WITTMANN: Schreiben betreffs Erweiterung des kath. Freydhofes, S. (2).
[921] Ebd.
[922] Die im Jahr 1727 erlassene „Instruction für die Totengräber" belegt, dass es zu Beginn des 18. Jahrhunderts – zumindest auf den protestantischen Friedhöfen – noch Familiengräber gab. Der Rat wies die Totengräber auch ausdrücklich an, die Verstorbenen nirgendwo anders als in dem für sie bestimmten Familiengrab zu beerdigen. (Vgl. Instruction Für den Todten Graber, S. 494.)
[923] Vgl. M. WITTMANN: Schreiben betreffs Erweiterung des kath. Freydhofes, S. (1-3).
[924] In der „Instruction für die Totengräber" ordnete der Rat für die protestantischen Friedhöfe an, dass ein Register der Grabsteine angelegt werden sollte, das Auskunft darüber gab, *„wer unter solchen stein gelegt worden, mit tauff- und zunahmen"* („Instruction für die Totengräber", S. 494). Auch der Tag des Begräbnisses sollte dort eingetragen werden, wahrscheinlich, um den Zeitpunkt ermitteln zu können, wann die Ruhefrist für das jeweilige Grab auslief. Diese Register mussten halbjährlich im Almosenamt abgeliefert werden. (Vgl. ebd., S. 494). Ein weiterer Beleg für das Anliegen des Magistrats, alle Verstorbenen in der Stadt zu registrieren, bietet ein Ratsdekret aus dem Jahr 1777. Darin forderte die Obrigkeit diejenigen Bürger, die katholische Beisitzer in ihre Häuser aufgenommen hatten, auf, jeden

Schreiben ein anschauliches Beispiel für das Festhalten der Geistlichen am Status quo. Sowohl Schönberger als auch Wittmann waren keine Gegner der hygienischen Forderungen, doch sie stellten religiöse Traditionen über die ‚rationalen' aufklärerischen Argumente.

4.3.3 Die Leichenordnungen von 1689 und 1789

Anhand der Verlegung der Grabstätten kann man auch für Regensburg die Ausbreitung aufklärerischen Gedankengutes seit der zweiten Hälfte des 18. Jahrhunderts beobachten. Eine veränderte Einstellung zum Tod und die Sorge um die eigene Gesundheit und damit das eigene Leistungspotential dürften auch in Regensburg ‚Motoren' der Umsetzung hygienepolitischer Forderungen gewesen sein. Wie sich die aufklärerischen Ideen und die neue Sorge um die Gesundheit auf die obrigkeitliche Verordnungstätigkeit niederschlugen, kann an einem Vergleich zweier Regensburger Leichenordnungen aus den Jahren 1689 und 1789 anschaulich gezeigt werden.

Der Magistrat leitete die Leichenordnung von 1689[925] mit der Feststellung ein, die Tendenz zu *„leidige[r] hoechstverderbliche[r] Pracht und Hoffart [...] auch gar bei Leichen und Begraebnuessen nicht nur vornehmer / sondern auch gemeiner Leute / und kleinen Kinder"*[926] nehme fast täglich zu. Die Ratsherren sahen eine aufwändige Gestaltung der Begräbniszeremonie als völlig überflüssig an, *„als ob die letzte Ehr-Bezeugung / die gemeiniglich vorgeschuetzet wird / in solcher Eitelkeit und Ueberfluß bestuende"*[927]. Ihre Auffassung begründeten sie mit ihrer *„vernuenfftige[n] Betrachtung deß Todes und unsers menschlichen Elends / neben andern politisch- und oeconomischen Bedencken"*[928] Diese Tendenz, alles seinem Nutzen nach zu beurteilen, die hier bereits zu beobachten ist, verstärkte sich unter dem Einfluss der Aufklärung noch weiter. Aufgrund der Verschwendungssucht der Stadtbewohner sah der Rat seine Aufgabe darin, *„nach dem Beyspiel anderer wolbestellte[r] Republiquen, gewisse Maaß und Ordnung zu geben"*[929]

Der Rat ordnete eine Reihe von Einsparungen an, die von nun an während der Begräbniszeremonien gelten sollten. Er verbot ‚kostbare Sterbröcke' aus Taft oder Seide und ordnete einfachere Kleidung an, was nicht nur für die Angehörigen des Verstorbenen selbst, sondern auch für deren Dienstboten galt. Wer dieses Verbot

---

Todesfall eines solchen Beisitzers mit Angabe des vollständigen Namens und des Alters der Stadtkanzlei zu melden. Der Rat bekräftigte die Notwendigkeit, für jeden Todesfall einen Totenschein ausstellen zu lassen. (Vgl. Ratsdekret vom 16. Juni 1777, in: F. W. WIESAND: Sammlung, Nr. XXIIII., S. 64-65). Diese Registrierung war in den Augen des Rates wahrscheinlich sowohl aus Gründen der Erbschaftsregelung als auch aufgrund von gesundheitlichen Überlegungen nötig.

[925] Die Leichenordnung von 1689 erschien mit gleichem Wortlaut im Jahr 1712 in neuer Auflage. Vgl. StadtAR, Dekr. 534.
[926] Der Stadt Regenspurg Leichen-Ordnung. Regensburg 1689, S. (3).
[927] Ebd.
[928] Ebd.
[929] Ebd.

brach, sollte vier Reichstaler Strafe zahlen. Dies galt auch für die Schneider, die „*solche köstliche Kleidung*"[930] anfertigten. Außerdem wurde es verboten, dem Verstorbenen wertvolle Gegenstände aus Gold, Silber und Perlen oder Zierrat wie Bänder, Kränze oder „*formirte Hertz und Citronen*"[931] in den Sarg zu legen. Es war lediglich erlaubt, ledigen Verstorbenen eine ‚gemeine Citrone' hineinzulegen oder einen Rosmarinkranz auf den Kopf zu setzen, der aber den Preis von fünfzehn bis zwanzig Kreutzern nicht übersteigen durfte. Andernfalls sollten die Zuwiderhandelnden, aber auch die „*Kraentzelbinderinnen*"[932] zwei Reichstaler Strafe bezahlen.

Die Särge durften weder aus teurem Eichenholz noch zu groß angefertigt werden. Außerdem wurde das Austeilen „*der Citronen oder Pomerantzen / ausser was denen Traegern / die manchmal ueblen Geruch leiden muessen / an solchen Fruechten / oder aber an Rosmarin gegeben wird*"[933], verboten. Ein Verstoß gegen diese Verbote wurde mit einem Bußgeld von zwei Reichstalern belegt. Diese Summe musste auch ein Schreiner, der „*so verbottene Saerge macht*"[934], bezahlen.

Einige Anordnungen des Rates lassen den Eindruck einer regelrechten Verregelungswut aufkommen. So ordnete er an, dass verstorbenen Kindern, die noch nicht die Kommunion empfangen hatten, höchstens fünf Kränze auf den Sarg gelegt werden dürften, diese mussten sich auf vierundzwanzig bis höchstens dreißig Kreuzer belaufen. Bei Erwachsenen waren bis zu sieben Kränze erlaubt, die höchstens fünfundvierzig Kreuzer kosten durften. Jeder überzählige oder zu teure Kranz wurde mit zwei Reichstalern Bußgeld belegt. Jegliche Art von „*Gepräng*"[935], womit wahrscheinlich die Ausschmückung der Leichen gemeint ist, wurde untersagt. Auch die Zahl der Leichenträger und der zum Singen abgeordneten Schulknaben wurde obrigkeitlich beschränkt. So durften höchstens hundert Schüler am Begräbnis eines ‚vornehmenen' Verstorbenen teilnehmen. Der Schulmeister wurde verpflichtet, diejenigen auszuwählen, die „*des Singens [...] kundig / und wol bekleidet sind*"[936]. Auch die Trauerkleidung war Thema der Leichenordnung. Der Rat hatte hierbei ‚Excesse' festgestellt und verordnete ‚Moderation'. Er reglementierte nicht nur die Art der Bekleidung, sondern auch den Zeitraum, in dem die Trauerkleidung getragen werden durfte. Je nach Verwandtschaftsgrad zum Verstorbenen variierte die Dauer zwischen sechs Monaten für Ehepartner und einigen Wochen für entferntere Verwandte. Die Mäntel, Schleier und Mundtücher durften dabei nicht allzu lang und nicht zu kostbar sein.[937]

Neben den Anweisungen zu Sparsamkeit und Bescheidenheit verfolgte der Magistrat mit der Leichenordnung von 1689 auch die Affektkontrolle der

---

[930] Der Stadt Regenspurg Leichen-Ordnung. Regensburg 1689, S. (4).
[931] Ebd.
[932] Ebd., S. (5).
[933] Ebd., S. (11).
[934] Ebd.
[935] Ebd., S. (10).
[936] Ebd., S. (14).
[937] Vgl. ebd., S. (14-16).

Regensburger bei der Begräbniszeremonie. Man ermahnte die Handwerker, die ihre toten Zunftgenossen zum Friedhof zu tragen pflegten, sich *„alles Schreyens und Lachens / vor dem Hause und im Gehen"*[938] zu enthalten. Die Teilnehmer der Begräbniszeremonie wurden angewiesen, *„das ueberfluessige condoliren und Leydklagen zu unterlassen / oder doch zu maessigen."*[939]

In der Leichenordnung von 1689 fanden sich aber auch Vorkehrungen zur Hygiene. Der Magistrat verwies auf ein im Jahr 1655 erlassenes Dekret, das verboten hatte, *„die verblichenen Leichnam biß in die fuenff und sechs Tage in denen Haeusern / zumal bey warmen Wetter / liegen zu lassen"*[940], was von den Stadtbewohnern nicht eingehalten worden war. Der Rat kritisierte, dass durch den Vorwand, man müsse den Leichnam so lange aufbahren, bis man die vielen Trauerkleider angefertigt habe, der Fäulnisprozess bei den Leichen so stark voranschreite, dass es durch den auftretenden Gestank *„zu mercklicher Beschwerde der Benachbarten und Traeger / neben anderm Unrath und Befahrung schaedlicher Seuchen"*[941] komme. Der Rat ordnete an, die Leichen müssten in der Regel drei, aber höchstens vier Tage nach ihrem Tod beerdigt werden und drohte mit einem Bußgeld von zwei Reichstalern bei Zuwiderhandlung. Eine Sondergenehmigung konnte der Kirchendirektor erteilen, was jedoch nicht ohne einen triftigen Grund geschehen sollte.[942]

Am Ende der Leichenordnung ging der Rat mit denjenigen Personen ins Gericht, die *„nicht nur ein unchristliches Leben fuehren / Gottes Wort und das heilige Abendmahl vorsetzlich verachten / sondern auch in solcher Unbußfertigkeit dahinsterben / mithin sich der sonst gebräuchigen ehrlichen Begräbnis unwürdig machen".*[943]

Man traf die Anordnung, dass Personen, *„welche ueber ein gantzes Jahr aus boesem Vorsatz nicht zum Tisch des HErrn gegangen / nicht die ordinari Todten- sondern Buß-Lieder / sowohl in der Stadt als auf dem Gottesacker gesungen / und die Vermahnungen und Personalia nach des Verstorbenen gefuehrten Lebens-Wandel eingerichtet werden sollen."*[944]

Jene, die zwei Jahre oder sogar noch länger *„und zwar nicht aus Bloedigkeit und Melancholey / sondern boshafft und muthwillig"* am Abendmahl nicht teilgenommen und auch die Beichte nicht abgelegt hatten, sollten nicht nur ohne Gesang zum Friedhof überführt werden, sondern es sollte auch ihr *„ruchloses Leben und unbußfertiges Ende mittelst einer ernstlichen Vermahnung ohne Ablesung einiger Personalien / vorgestellet / und solches vorhero in denen Verkuendt-Zetteln von der Cantzel offentlich gemeldet werden."*[945] So wurde die öffentlich gezeigte Abwendung von der Kirche bestraft, indem man den Ruf dieser

---

[938] Der Stadt Regenspurg Leichen-Ordnung. Regensburg 1689, S. (13).
[939] Ebd., S. (10).
[940] Ebd., S. (9).
[941] Ebd.
[942] Vgl. ebd.
[943] Ebd., S. (18-19).
[944] Ebd., S. (19).
[945] Beide vorhergehende Zitate: Ebd.

,Abweichler' *post mortem* schädigte. Ihr ,Fehlverhalten' wurde allen Mitgliedern der Glaubensgemeinschaft zur Kenntnis gebracht, was auf die meisten sehr abschreckend wirken musste. Die härteste Strafe drohte allerdings jenen, *„welche drey / vier und mehr Jahr aus Verachtung und Boßheit nicht zum Tisch des HErrn kommen / auch sonsten uebel gelebt / und ein unbußfertiges Ende genommen haben"*[946]. Sie sollten von den Pestinmännern ohne Gesang und Ansprache auf einem abgegrenzten Winkel des Friedhofs verscharrt werden. Auch sie wurden in die ,Verkündzettel' aufgenommen und ihr ,unchristlicher' Lebenswandel den Gläubigen als abschreckendes Beispiel vorgeführt. Das harte Vorgehen gegen jene, die sich von der Kirche abgewandt hatten, zeigt, dass man im Jahr 1689 noch gänzlich auf die Durchsetzung orthodoxer Glaubenssätze bedacht war, die sich während der konfessionellen Konflikte im Dreißigjährigen Krieg verstärkt herausgebildet hatten.

Die hundert Jahre später erschienene Leichenordnung von 1789, die am 1. Januar 1790 in Kraft trat, war dagegen stark vom Geist der Aufklärung geprägt. Die Anordnung, vom Glauben Abgefallene durch eine stark beschränkte oder sogar völlig fehlende Begräbniszeremonie zu bestrafen, wurde ersatzlos gestrichen und auch der diskriminierende Brauch, diese für die Nachwelt sichtbar in einer von den ,rechtgläubigen' Christen separierten Friedhofsecke zu begraben, wurde aufgegeben. Die Aufklärung bewirkte, dass die Praktizierung von Glaubensübungen zur Privatsache wurde.

Die Verregelungswut des Rates war hundert Jahre später noch rigoroser geworden. Hatte man 1689 noch in begrenztem Umfang das Schmücken des Leichnams und größere Leichenkondukte zugelassen, so wurde im Jahr 1789 jeglicher ,Zierrath' aufs strengste verboten. Der Brauch, den Leichnam oder den Sarg mit kostbarer Bekleidung aus Seide oder Leinen, Kränzen oder Blumen auszustatten, wurde ebenso abgeschafft wie die vom Magistrat als nutzlos befundenen *„Trauerfalls-Notificationen"*[947]. Die Leichenkondukte wurden als gesundheitsgefährdend eingestuft und waren nach Ansicht des Rates nur *„mit einer Menge unnuetzen Aufwandes, und Anforderungen der Prokuratoren, Wachtschreiber ec. verbunden"*[948]. Man empfahl deshalb den Angehörigen eines Verstorbenen, den von den Leichenträgern zur Begräbnisstätte getragenen Sarg nur durch zwei männliche Mitglieder der Familie begleiten zu lassen und ihn *„in stiller Erinnerung"*[949] zu bestatten. Falls der Verstorbene vor seinem Tod sich ausdrücklich einen Leichenkondukt gewünscht hatte, sollte ein solcher und auch das Predigen auf dem Friedhof zwar erlaubt sein, doch musste die Erweiterung der Begräbniszeremonie durch Trauermusik und eine Kutsche oder einen Leichenwagen gesondert beantragt werden. Diejenigen, die eine Vormundschaft übernommen hatten, wurden im Interesse ihrer Zöglinge angehalten, die Ausgaben für solche in den Augen des Rates unnötige Ehrbezeigungen möglichst gering zu

---

[946] Der Stadt Regenspurg Leichen-Ordnung. Regensburg 1689, S. (19).
[947] Der Stadt Regensburg erneuerte Leich- und Trauer-Ordnung. Regensburg 1789, S. 6.
[948] Ebd.
[949] Ebd., S. 7.

halten. Mit solchen Anordnungen, die auf reiner Zweckmäßigkeit gründeten, konnten sich die meisten Menschen wahrscheinlich nur schwer abfinden, da die Dezimierung der Begräbniszeremonie auf ein notwendiges Minimum ihre religiösen Gefühle verletzen musste.

Zusätzlich zur Predigt konnte am Tag der Beisetzung des Verstorbenen eine sogenannte ‚Christliche Ermahnung' in der Kirche gehalten werden. Diese Gedächnisrede sollte sich allerdings auf *„die merkwuerdigsten Lebensumstaende und Verbindungen des Verstorbenen"*[950] beschränken und den *„weitläuftige[n] Status morbi"*[951] weglassen. Nach dieser Rede sollten *„durch Absingung erwecklicher Sterbenslieder gottesdienstlicher Anstand und Ruehrung beybehalten"*[952] werden.

Die Trauerkleidung wurde noch stärker als in der Leichenordnung von 1689 reglementiert. Lange Mäntel, Schnallen, die von Frauen getragene schwarze Tuchkleidung und Trauerflor wurden vollständig abgeschafft. Die nächsten Verwandten des Verstorbenen, also Eltern, Ehepartner, erwachsene Kinder, Geschwister und Schwäger sollten für einen nicht näher bestimmten Zeitraum in schwarzer Kleidung trauern dürfen, doch es sollte *„die bisherige Abwechslung von der ganzen zur Halbtrauer, und dergleichen kostsplittrigte Trauern"*[953] wegfallen. Der Magistrat empfahl seinen Mitbürgern, ihre Trauer nur durch einen Trauerflor um den Arm oder bei Frauen durch schwarze Bänder im Haar auszudrücken, *„da die obrigkeitliche Absicht nie ist, und nie seyn kann, jemand zu entbehrlichen Kosten zu verleiten, oder in Unglueksfaellen mit unnoethigen Aufwand zu belasten."*[954] Nun durften keine anderen Särge mehr als solche aus Tannen- oder Fichtenholz benutzt und diese durften auch nicht geschmückt werden.[955] Diese beiden Holzarten waren im Vergleich zu anderen schnellwachsend und billig.

Auch die Trauerkleidung für Dienstboten eines Verstorbenen wurde gänzlich abgeschafft, ebenso wie *„die Kanzeltuecher, Ausstellung eines leeren Sarges, Flöre und Zitronen, Carmina, und besondere gedruckte Lieder"*[956]. Der Rat begründete das Verbot damit, dass all dies *„zur Wuerde des Verstorbenen und zur Erweckung der Ueberlebenden nichts beytragen"*[957] könne. Zwar war es erlaubt, Grabsteine und Denkmäler auf die Gräber zu setzen, doch der Rat ergänzte mit der typischen moralisierend-erzieherischen Intention der Aufklärung, dass diese der *„Belehrung der Ueberlebenden und zum Beweiß der Liebe und Achtung"*[958] zu dienen hätten. Der Rat schrieb außerdem jenen, deren Eltern oder Gatten verstorben waren, ausdrücklich vor, *„sich wenigstens sechs Monat lang oeffentlicher Lustbarkeiten*

---

[950] Der Stadt Regensburg erneuerte Leich- und Trauer-Ordnung. Regensburg 1789, S. 8.
[951] Ebd.
[952] Ebd.
[953] Ebd., S. 9.
[954] Ebd., S. 10.
[955] Vgl. ebd., S. 5.
[956] Ebd., S. 10.
[957] Ebd.
[958] Ebd., S. 6.

*[zu] enthalten"*⁹⁵⁹. So verordnete die Obrigkeit einerseits rigide Sparmaßnahmen und versuchte andererseits eine Verhaltensnormierung in Trauerfällen durchzusetzen.

Die ‚Leich- und Trauer-Ordnung' von 1789 sprach weitaus mehr hygienische Aspekte an als die Vorgängerregelung. Auf den protestantischen Friedhöfen durfte ein Leichnam nicht eher begraben werden, *„als bis derselbe durch den Herrn Medicum ordinarium, und Chirurgum, oder im Fall sich der Verstorbene keines ordentlichen Herrn Medici oder Chirurgi bedienet, durch einen andern hier angenommenen Hern Medicum und Wundarzt gegen die nachher bestimmte Tax sorgfaeltig untersucht, und ueber deßen wahren Todt ein Attestat bey loebl. Gmr. Stadt Kanzley eingereichet und gegen ein Todtenzeichen ausgewechselt seyn wird."*⁹⁶⁰

In dieser Formulierung wirkt die oben angesprochene Furcht vor dem Lebendig-Begraben-Werden nach. Der Magistrat bestimmte gemäß dem in den meisten gesundheitspolizeilichen Schriften erteilten Ratschlag, den Leichnam so lange liegen zu lassen, bis sich äußere Kennzeichen der Fäulnis an ihm zeigten, die dann im Attest der Mediziner bestätigt werden sollten. Wie lange der Körper eines vermeintlichen Toten aufbewahrt werden sollte, hing von *„der Art der Krankheit, der Witterung, und denen äußerlichen Kennzeichen der Fäulung"*⁹⁶¹, nicht aber von den Wünschen der Angehörigen oder des Verstorbenen selbst ab. Die Obrigkeit trat den Ärzten hier ein relativ hohes Maß an Verantwortung ab, indem sie diesen das Expertenwissen zugestand, den Todeszeitpunkt zu bestimmen. Dies kam der Reputation der approbierten Ärzte zugute.

Da es am Ende des 18. Jahrhunderts in Regensburg noch kein Leichenhaus gab, sollten die Toten, wenn eine längere Aufbahrung vonnöten war, *„zu Verhuetung der Ansteckung oder des Grauens"*⁹⁶² an eigens dafür bestimmten Aufbewahrungsorten untergebracht werden. Für die Untere Stadt stand zu diesem Zweck der im Osten der Stadt gelegene Pfründhof und für die Obere Stadt das Blatternhaus in der St. Leonhards-Gasse zur Verfügung.⁹⁶³ Der Magistrat nahm die Eröffnung solcher ‚Totenkammern' zum Anlass, den alten Brauch der Aufbahrung der Verstorbenen in den Häusern verbieten zu können. Er verurteilte diese Tradition als *„eckelerweckend und vielmals gefaehrlich"*⁹⁶⁴. Der Ekel der Aufklärer vor den Ausdünstungen der Toten sollte von nun an als Maßstab für die ganze Bevölkerung gelten.

Die ‚Leich- und Trauerordnung' von 1789 endete mit der Anweisung an die Totengräber, die Gräber von erwachsenen Personen mindestens sechs Schuh tief auszuheben. Bei einer ‚mittleren Person' sollten mindestens fünf Schuh und bei einem Kind mindestens drei Schuh genügen. Wie schon im Zusammenhang mit der

---

⁹⁵⁹ Der Stadt Regensburg erneuerte Leich- und Trauer-Ordnung. Regensburg 1789, S. 10.
⁹⁶⁰ Ebd., S. 4.
⁹⁶¹ Ebd., S. 4-5.
⁹⁶² Ebd., S. 5.
⁹⁶³ Vgl. ebd.
⁹⁶⁴ Ebd.

Pest angesprochen, sollte die ausreichende Tiefe der Gräber die Ausdünstungen der toten Körper und vor allem die daraus resultierende Ansteckungsgefahr verringern. Die Zahlenangabe von sechs Schuh Tiefe orientierte sich möglicherweise an der von den Vertretern der Medizinischen Polizei festgelegten Größe.[965] Die vor allem in Seuchenzeiten gemachte Erfahrung, dass die Totengräber häufig nicht gerade sorgfältig mit den ihnen anvertrauten Leichen verfuhren, war möglicherweise Anlass für den Magistrat, die Totengräber zu ermahnen, *„die Leichname auf eine wuerdige, und anstaendige Art einzusenken"*[966].

4.4 Schlussbemerkung

Die Bestattung der Toten in Kirchen und Kirchhöfen war eine alte und für gläubige Menschen bedeutsame Tradition. Ein Grab innerhalb der Stadt, das nahe bei der Kirche, den Heiligen und der Gemeinschaft gelegen war, ermöglichte in den Augen der Menschen des Mittelalters ein besseres Totengedenken und erhielt dementsprechend den Zusammenhang von Lebenden und Toten, der den Letzteren einen gewissen Schutz bot.[967]

Der Bruch mit einer geistigen Tradition, die sich immerhin vom 5. bis zum 18. Jahrhundert hartnäckig gehalten hatte, war die Konsequenz einer gewandelten Einstellung zum Tod unter dem Einfluss der Aufklärung. Zwar hatte es schon seit dem 16. Jahrhundert Anzeichen für diesen Wandel gegeben, doch erst am Ende des 18. Jahrhunderts hatten sich die Zeitgenossen so weit von der Vorstellung der Heiligkeit von Kirchenbegräbnissen gelöst, dass man das Verbot dieser Begräbnispraxis offen einforderte. Die ‚Verbannung' der Grabstätten aus den Städten, wie sie zum Ende des 18. Jahrhunderts vielerorts durchgeführt wurde, ist somit nicht einfach mit der Bevölkerungszunahme zu erklären, die städtebauliche und stadthygienische Maßnahmen erforderte, sondern verweist auf einen bedeutenden mentalen Wandel im abendländischen Kulturkreis.[968]

Die im ausgehenden 18. Jahrhundert geführte Diskussion über die Verlegung der Begräbnisstätten belegt die oben skizzierte, von Corbin und Frey festgestellte Absenkung der Toleranzschwelle gegenüber Geruchsempfindungen, die in Frankreich um die Mitte des 18. Jahrhunderts einsetzte und die einige Zeit später auch in Deutschland zu beobachten ist. Die Wahl des Begräbnisortes richtete sich nun nicht mehr nach religiösen Überzeugungen, sondern orientierte sich an der Furcht vor gesundheitsschädigenden Verwesungsgerüchen.

Das Phänomen der Grabstättenverlegung war außerdem Ausdruck eines modernen säkularen bürgerlichen Lebensentwurfes. Der geschäftige Bürger empfand eine gewisse Abneigung gegenüber einen an den Tod erinnernden Ort

---

[965] Vgl. Z. G. HUSZTY: Diskurs, II, S. 272.
[966] Der Stadt Regensburg erneuerte Leich- und Trauer-Ordnung. Regensburg 1789, S. 16.
[967] Vgl. M. DINGES: Pest und Staat, S. 87.
[968] Vgl. J. WIMMER: Gesundheit, Krankheit und Tod, S. 162.

inmitten der Stadt und nahm *„Anstoß am unverhüllten, chaotischen Anblick der Vergänglichkeit, dem sich dort keiner entziehen konnte"*.[969]

Das Regensburger Beispiel zeigt deutlich, dass die Angehörigen der katholischen Konfession größere Schwierigkeiten hatten, die Verlegung der Friedhöfe außerhalb der Stadtmauern zu akzeptieren. Die lutherische Gemeinde Regensburgs hatte bereits im Jahr 1528, unmittelbar nach dem Erscheinen von Luthers Werk *Ob man vor dem Sterben fliehen möge*, den Rat des großen Reformators befolgt, die Friedhöfe außerhalb der Städte anzulegen. Möglicherweise spielte bei der Wahl des Ortes aber auch der Widerstand der katholischen Kirche, die die verstorbenen Protestanten nicht gerne innerhalb des Kultbezirkes um die Kirchen beerdigt wissen wollte, eine Rolle. Einen Hinweis darauf, dass die Protestanten die hygienischen Erfordernisse stärker verinnerlichten, bieten die Ruhefristen für die einzelnen Gräber. Während die Katholiken nach Aussage des Dompfarrers Wittmann diese auf zehn Jahre festgelegt hatten, ließ man auf protestantischen Friedhöfen fünfzehn Jahre verstreichen, was einen beachtlichen Unterschied ausmacht, vor allem, wenn man bedenkt, dass der Rat noch im Jahr 1727 die Totengräber anwies, auf den protestantischen Friedhöfen je *„nach beschaffenheit und alter des am lezten darein gelegten todten"*[970] Ruhefristen von nur drei bis höchstens sieben Jahren einzuhalten. Die Ruhefristen der Gräber sind ein Beispiel dafür, dass hier innerhalb eines Jahrhunderts ein deutlicher Mentalitätswandel stattgefunden hatte. Gesundheitliche Vorsorgemaßnahmen, die zu Beginn des 18. Jahrhunderts nur in Pestzeiten angeordnet worden waren, wurden zu Beginn des 19. Jahrhunderts von der protestantischen Obrigkeit auch in ‚Normalzeiten' eingeführt.

Dass die Regensburger Katholiken noch an der althergebrachten Tradition des Kirchhofbegräbnisses und damit aus Platzmangel an kürzeren Ruhefristen für die Gräber festhielten, kann man jedoch noch nicht als ‚Modernisierungsrückstand' bewerten. Da sie bereits in den Jahren 1804 und 1812 außerstädtische Friedhöfe anlegten, befanden sie sich zeitlich auf dem gleichen Modernisierungsniveau wie die Stadt Paris, wo im Jahr 1804 im Norden der Stadt der Friedhof Père-Lachaise, im Jahr 1824 im Osten der Cimetière Montparnasse und im Jahr 1825 im Süden der Friedhof am Montmartre eröffnet wurden.[971]

Der Vergleich der Leichenordnungen von 1689 und 1789 zeigt, dass sich am Ende des 18. Jahrhunderts die Aufklärung, zumindest was die protestantischen bürgerlichen Schichten betrifft, voll durchgesetzt hatte. In der ‚Leich- und Trauer-Ordnung' aus dem Jahr 1789 spiegeln sich sowohl das ausgeprägte Nützlichkeitsdenken der Aufklärer, das sich in rigiden Sparvorschriften niederschlug, als auch ihr erzieherischer Eifer, der sich an den zahlreichen Anweisungen zu angemessenem Verhalten ablesen lässt. Auch die Sorge um die Gesundheit der Stadtbewohner war ein wichtiger Gesichtspunkt, der den Regensburger Magistrat zu einer umfangreichen Verregelung im Bestattungswesen

---

[969] F. J. BAUER: Von Tod und Bestattung, S. 12.
[970] Instruction Für den Todten Graber, S. 494.
[971] Vgl. B. HAPPE: Entwicklung der deutschen Friedhöfe, S. 21.

veranlasste. Die Obrigkeit ordnete nicht nur eine genaue ärztliche Untersuchung der Toten und die Erstellung eines schriftlichen Attestes an, sondern ergriff auch Maßnahmen zur Seuchenprophylaxe, indem man Totenkammern zur außerhäuslichen Aufbahrung der Leichen einrichtete und den Totengräbern eine Mindesttiefe für die Gräber vorschrieb. Die Leichenhäuser wurden zwar einerseits eingerichtet, um die Ausbreitung ansteckender Krankheiten zu unterbinden, doch dienten sie auch zur Beruhigung derer, die sich davor fürchteten, scheintot begraben zu werden. Die säkularisierende Wirkung der Aufklärung hatte auch in Regensburg den Umgang mit dem Tod verändert.

Auch in katholischen Kreisen zeigte sich der Einfluss der Aufklärung am Ende des 18. Jahrhunderts. Zwar ist im süddeutschen Raum im gesamtdeutschen Vergleich eine abgemilderte Form der säkularisierenden Wirkung der Aufklärung zu beobachten, doch auch in Regensburg hinterließ die Aufklärung ihre Spuren, was sich vor allem in den Beschlüssen des Domkapitels und den Diözösanverordnungen niederschlug. Die Einschmelzung des Kirchensilbers und das Vorgehen gegen die barocke Volksfrömmigkeit seit der Mitte des 18. Jahrhunderts können als Anzeichen einer gemäßigten Säkularisierung gewertet werden.[972] In dem Maße, wie die Aufklärung sich immer stärker in der Stadt durchzusetzen begann, verhallten auch die Einwände gegen in ihrem Geiste unternommene Innovationen. Wie in vielen europäischen Ländern wurde auch in Regensburg die Kontroverse über die Verlegung der Begräbnisstätten zu Gunsten derjenigen entschieden, die für die außerstädtischen Friedhofsanlagen plädiert hatten.

---

[972] Vgl. E. NEUBAUER: Das geistig-kulturelle Leben, S. 143-144.

Fazit

Zu Beginn der vorliegenden Untersuchung wurde der Hygienediskurs im 18. Jahrhundert in europäischer Perspektive skizziert, um im Anschluss dessen Verankerung und Umsetzung anhand einer Fallstudie über die Freie Reichsstadt Regensburg auf lokaler Ebene zu beleuchten.

Zunächst wurde das Aufkommen neuer hygienischer Erfordernisse durch die Bevölkerungszunahme seit der Mitte des 18. Jahrhunderts und die neue Sicht der Obrigkeiten auf die Bevölkerung als wertvolles ‚Potential' für Militär und Produktion erörtert. Dabei kamen die Konsequenzen des Staatsbildungsprozesses für die Städte zur Sprache. Es wurde zwischen Reichs- und Territorialstädten unterschieden. Die Reichsstädte blieben im Gegensatz zu den Territorialstädten zwar von Einmischungen des Landesherrn, dessen Territorium sie umgab, verschont, mussten aber in vielen Fällen einen wirtschaftlichen Abstieg hinnehmen. Außerdem reklamierten die Stadträte nun ebenfalls das Recht für sich, als souveräne Obrigkeiten die Masse der ‚Untertanen' zu regieren. Dadurch kam es, verschärft durch die schwierige wirtschaftliche Situation der Reichsstädte, vielerorts zu Konflikten zwischen Magistrat und Bürgerschaft. Dies war auch in Regensburg der Fall. Durch die zunehmende Machtanhäufung des Inneren Rates seit der Mitte des 16. Jahrhunderts wurde die Bürgerschaft, was ihre politische Mitwirkung betraf, immer mehr ins Abseits manövriert und die Stadtverfassung in eklatanter Weise verletzt. Auch im 18. Jahrhundert wurde die Stadt von einem äußerst dominanten Rat regiert.

Durch den Übergang kirchlicher Ordnungsfunktionen in weltliche Hand verstärkte sich in der Frühen Neuzeit die obrigkeitliche, ‚polizeyliche' Verordnungstätigkeit, mit der die Obrigkeiten auf Veränderungen im städtischen Raum reagierten. Sie versuchten, dem Bevölkerungsanstieg und der beginnenden Auflösung der traditionellen Ständegesellschaft durch administrative, sozialdisziplinierende und verhaltensnormierende Regelungen zu begegnen.

Die Theorie der Sozialdisziplinierung wurde sowohl von Max Weber als auch von Gerhard Oestreich und Michel Foucault beschrieben. Weber ordnete das Aufkommen umfassender Disziplinierungsansätze in einen tiefgreifenden Rationalisierungsprozess ein. In seiner Theorie stehen ‚Tradition' und ‚Rationalität' einander diametral entgegen. Beim Übergang von der vormodernen zur modernen Gesellschaft sah Weber eine ‚Versachlichung' von Herrschaft gegeben, mit deren Hilfe ein höherer Grad an Disziplinierung der Untertanen durch den Staat erreicht werden konnte.

Oestreich, der seine Konzeption der Disziplinierung stark auf den absolutistischen Staat zugeschnitten hat, sah dessen Disziplinierungsinteressen durch die Soziallehre der *prudentia civilis* unterstützt, die das Individuum dem Staat unterordnete und Affektkontrolle, Gehorsam und Disziplin lehrte. Durch die doppelte Strategie von Verhaltensnormierung und Strafe versuchte die Obrigkeit, ihre Herrschaft zu festigen. Die Normen und Verhaltensweisen, die sich herausbildeten, wurden zu integralen Bestandteilen der bürgerlichen Tugenden.

Nach Foucault versuchte das Herrschaftsinstrument der Sozialdisziplinierung, abweichendes Verhalten schon im Keim zu ersticken, um die Herrschaft aufrecht zu erhalten. Die Disziplinierungsversuche zielten auf Verhaltensnormierung ab, die vor allem durch Sanktion, Überwachung und Prüfung erreicht wurde. Wer nicht bereit war, sich diesen Normen zu unterwerfen, blieb von der bürgerlichen Gesellschaft ausgeschlossen. Foucault sah eine *„Ausweitung der Disziplinarmechanismen"*[973] im 18. Jahrhundert gegeben.

Die Sozialdisziplinierung steht in enger Verbindung mit der Hygienisierung. Beide Prozesse wurden mit Hilfe der vielgestaltigen Konzeptionen der Medizinischen Polizei im Interesse der Obrigkeiten vorangetrieben. Dabei gingen Sozialdisziplinierungs- und Hygienemaßnahmen häufig Hand in Hand und stützten sich gegenseitig. Auch die Hygienisierung ist eine Folge der Rationalisierungstendenzen des 18. Jahrhunderts.

Hinsichtlich der Hygiene war die von den Territorialfürsten verfolgte ‚Peuplierungspolitik' von großer Bedeutung. Ihr Ziel war es, der breiten Bevölkerung hygienische und gesundheitsvorsorgende Mindeststandards zu vermitteln, um die wirtschaftliche und militärische Stärke des Landes, die in den Augen der Kameralisten durch eine zahlreiche Bevölkerung garantiert wurde, zu gewährleisten. Dies war auch die Stunde der bürgerlichen Ärzte, die ihre Chance darin sahen, sich als medizinische Experten der Obrigkeit unentbehrlich zu machen.

Sie kristallisierten sich als hauptsächliche Träger des Hygiene- und Gesundheitsdiskurses heraus. Die Ärzte waren typische Vertreter der neuen gesellschaftlichen Gruppe des (Bildungs-) Bürgertums, dem im 18. Jahrhundert ein rascher sozialer Aufstieg gelang, das anfangs aber noch keine feste Verortung im traditionellen Gesellschaftssystem fand. So erhob das an seiner Identitätsfindung arbeitende Bürgertum Vernunft, Mäßigkeit, Einfachheit, Disziplin und Leistungsbereitschaft zu seinen Tugenden, und erblickte folglich auch in der Erhaltung der Gesundheit als wichtigster Voraussetzung für die eigene wirtschaftliche Selbständigkeit ein anzustrebendes Ideal. Durch die Identifikation mit diesen Tugenden trieb die bürgerliche Gesellschaft ihren Aufstieg voran. Man richtete den Blick auf die Zukunft und fasste Vertrauen in die eigene Leistungsfähigkeit. Mit Hilfe einer eigenen Weltsicht und den daraus resultierenden Lebensweisen und Moralvorstellungen bekundete man seinen Anspruch auf einen eigenen Raum in der gesellschaftlichen Ordnung.[974]

Als identitätsstiftend erwies sich auch die Abgrenzung vom Adel, der nach dem Motto *„ Wer Ahnen hat, dem ist Gesundheit ein Bagatell"*[975], seine Legitimation aus den Taten der Vergangenheit ableitete. Nicht nur vom Adel, sondern auch von den Unterschichten wollte sich das Bürgertum abgrenzen, um die eigene Vergemeinschaftung voranzutreiben. Diese schlug sich in der Aufstellung gemeinsamer Reinlichkeitsstandards nieder, deren Einhaltung über die

---

[973] M. FOUCAULT: Überwachen und Strafen, S. 271.
[974] Vgl. A. LABISCH: Homo hygienicus, S. 102.
[975] Zitiert nach: Ebd.

Zugehörigkeit zur ‚bürgerlichen Gesellschaft' entschied. Man war sich darin einig, dass die Unterschichten ‚unrein' waren.

Wie gezeigt wurde, etablierte sich im 18. Jahrhundert eine umfangreiche literarische Bewegung, die sich mit der ‚Gesundheitsaufklärung' befasste. Dieser Gesundheitsdiskurs wurde für die bürgerlichen Schichten zum Mittel der Abgrenzung nach oben und unten. Gleichzeitig begann man zum Ende des 18. Jahrhunderts hin jedoch auch, die eigenen Wertvorstellungen auf die unterprivilegierten Schichten zu übertragen, um sie im Interesse der Staatsmacht zu gehorsamen und arbeitswilligen Untertanen zu erziehen.[976] Zudem ekelten die Aufklärer sich vor deren ‚Unreinlichkeit' und sahen diese als eine Gefahr für die eigene Gesundheit an.

So kam es zur Herausbildung des Fachgebietes der Medizinischen Polizei, die ihre Veröffentlichungen von vorne herein an die Adresse der gesamten Bevölkerung richtete. Ob die unteren Schichten diese Ratschläge aufnahmen, ist allerdings mehr als fraglich, denn die Belehrungen der ‚Medizinalpolizisten' waren sehr stark an der bürgerlichen Lebenswirklichkeit ausgerichtet. Die Vertreter der Medizinischen Polizei propagierten den Gesundheitsdiskurs einerseits aus Gründen der Reputation, dienten sie sich doch damit der Obrigkeit an. Zum zweiten war es ein wichtiges Anliegen des Medizinerstandes, sich über das als ‚Pfuscher' bezeichnete Heilpersonal zu erheben und dieses seiner Kontrolle zu unterstellen.

Die Autoren der Medizinischen Polizei nahmen die neuen Erkenntnisse über die Beurteilung von Wasser und Luft in ihre Überlegungen auf, die mit den traditionellen Vorstellungen von der Gefährlichkeit dieser Elemente brachen. Diese neuen Betrachtungsweisen waren durch eine Neubewertung der Haut als Reinigungsorgan des Körpers angeregt worden. Das Wasser galt nun nicht mehr, wie in der Sicht der Eliten zu Beginn des 18. Jahrhunderts als *„flüssiger Unrat"*[977], sondern wurde seit der Mitte des 18. Jahrhunderts verstärkt zur Hautreinigung herangezogen. Damit kam dem Wasser eine wichtige Bedeutung zu, denn eine gesunde Haut wurde als Grundlage für Leistungsfähigkeit und Empfindsamkeit angesehen. Da die Haut außerdem als Atmungsorgan entdeckt wurde, rückte die Besorgnis um die Qualität der Luft ins Visier der Forscher. Da es als notwendig betrachtet wurde, die Haut atmen zu lassen, wurde zugleich die Bedeutung der Luft aufgewertet. Die Reinhaltung der Elemente Wasser und Luft, die nun als lebenserhaltend statt als bedrohlich empfunden wurden, spielten in den Vorschlägen der Medizinischen Polizei zur Städtereinigung eine wichtige Rolle.

Die hygienische Situation in Regensburg wurde durch drei ausgewählte Beispiele beleuchtet. Anhand der Pestepidemie von 1713 konnte gezeigt werden, dass in dieser existenzbedrohenden Extremsituation das Foucaultsche Konzept der Sozialdisziplinierung in anschaulicher Weise zur Anwendung kam. Der Magistrat versuchte, durch eine umfassende Registrierung aller Krankheits- und Todesfälle der Seuche Herr zu werden. Man verpflichtete die Familien, kranke Angehörige der Obrigkeit zu melden und sich von diesen fern zu halten. Um den Krankheitsfall zu

---

[976] Vgl. A. LABISCH: Homo hygienicus, S. 103.
[977] M. FREY: Der reinliche Bürger, S. 87.

bestätigen, verschaffte sich ein ‚Schauer' Zutritt zu den Privathäusern und entschied darüber, ob eine Separierung des Kranken von seiner Familie notwendig war. Sobald die Identität eines Kranken bekannt war, konnte dessen Verhalten genau beobachtet werden. Er wurde entweder in einem von seiner Familie getrennten Raum des Hauses von fremdem Pflegepersonal betreut oder gleich ins Lazarett ‚abgeschoben'. Von dort aus ließ sich der Magistrat regelmäßig Bericht über die Neuzugänge und Todesfälle erstatten. Für die Familien eines Kranken bedeutete ein ‚Pestfall' in ihrem Haus in vielen Fällen eine existenzielle Bedrohung. Sie mussten sich dem obrigkeitlichen Befehl beugen, ihre Häuser für eine bestimmte Zeit nicht zu verlassen, und konnten aus diesem Grund ihren Lebensunterhalt nicht verdienen. Für den Magistrat, der hohe Geldstrafen wegen vorzeitigem Verlassen der Häuser verhängte, wurde die Stadt damit überschaubarer. Die Absperrung der Stadt, das Verbot öffentlicher Versammlungen und die vorübergehende Aufhebung des Gottesdienstes taten ein übriges.

Die Schaffung eines solchen Foucaultschen ‚Disziplinarraums', in dem jeder Stadtbewohner an seinen Platz gebunden war, erleichterte die Disziplinierungsbemühungen. Diese wurden von den vom Magistrat abgeordneten Pestärzten unterstützt, die sich als Berater der Obrigkeit in Seuchenzeiten verstanden und sich damit über das übrige Heilpersonal erhoben. Die Obrigkeit organisierte mit ihrer Beteiligung auch die medizinische Versorgung der Kranken und die Reinigung der durch die Pest infizierten Häuser. Damit wurden alle Bereiche der Seuchenbekämpfung zentral gelenkt. Mit Hilfe der zeitgenössischen Kontagiumtheorie und der religiösen Erklärung von der Pest als Strafe für die Sünden konnte das Verhalten der Menschen reglementiert werden. Man verbot öffentliche Versammlungen und ‚Vergnügungen' aller Art, und betrieb damit eine Normierung des individuellen Verhaltens. Der Magistrat versuchte, auf diese Weise der Regellosigkeit und dem Chaos, das die Seuche hervorbrachte, beizukommen.

Die Verordnungstätigkeit der Obrigkeit in Hinblick auf Hygiene und Gesundheitsvorsorge verstärkte sich in Pestzeiten erheblich. Man hatte den Zusammenhang zwischen intensiveren hygienischen Vorkehrungen und verringerter Ansteckung erkannt und traf teilweise sehr wirkungsvolle Maßnahmen, die möglicherweise – wie in ganz Mitteleuropa – zum Verschwinden der Pest zum Beginn des 18. Jahrhunderts beigetragen haben könnten. Dies wird an dem sorgfältigen Umgang mit infizierten Waren oder mit den von Pestopfern benutzten Gegenständen sichtbar. Andererseits mussten vor allem gesellschaftliche Randgruppen wie Bettler oder Juden als ‚Sündenböcke' herhalten, wenn die Obrigkeit keine sichtbaren Erfolge in der Pestbekämpfung vorweisen konnte. Indem man die Verantwortung für die Pest diesen Außenseitern zuschob, bekräftigte man den Zusammenhalt innerhalb der Bürgergemeinschaft. Der Vergleich der in Regensburg ergriffenen Maßnahmen mit denen der Reichsstadt Nürnberg zeigte, dass in Nürnberg, nicht zuletzt durch seine Rolle als wirtschaftliches Zentrum und kulturell führende Metropole die medizinische Gesundheitsvorsorge der Obrigkeit weitaus früher einsetzte als in Regensburg. Dass die beiden letzten Pestgänge von 1691 und 1713 in der Stadt trotz eines regen

Handelsverkehrs relativ gemäßigt ausfielen, könnte darauf hindeuten, dass die Pestbekämpfung hier besonders effektiv gewesen ist.

Wie oben gezeigt wurde, beschleunigten die Seuchen manche Entwicklungen, die ohne diese erst später eingesetzt hätten, wie die Professionalisierung des Gesundheitswesens, die Dominanz der akademisch gebildeten Ärzte oder eine verdichtete Sozialdisziplinierung. Seuchen veränderten meist den Erfahrungshorizont der Menschen derart, dass man auch nach ihrem Abklingen nicht wieder zum Status quo vor der Epidemie zurückkehrte. Trotzdem konnte die Wirksamkeit der angeordneten Polizeimaßnahmen in ‚Normalzeiten' nicht aufrecht erhalten werden.

Da der zweite Teil der Fallstudie sich mit verschiedenen hygienischen Aspekten des Regensburger Alltags befasst, ergibt sich eine differenzierte Bewertung.

Die ‚Medizinalpolizisten' hatten, um die Gefahren des Schmutzes im Lebensraum Stadt zu bannen, dringend die regelmäßige Reinigung der Strassen, das Verbot, Abfall und Abwasser auf dieselben zu entleeren und das Ende der Nutztierhaltung in den Häusern empfohlen. Stellt man diesen Forderungen die in Regensburg praktizierte Abfall- und Abwasserentsorgung, die Viehhaltung im öffentlichen Raum und den Zustand der Straßen gegenüber, lässt sich erahnen, dass breite Schichten der Regensburger Stadtbevölkerung bis weit ins 18. Jahrhundert hinein von einer vormodernen Reinlichkeitsauffassung geprägt waren, die sich im hartnäckigen Festhalten an der Schweinehaltung in der Stadt, in der Entsorgung von Abfall, Abwasser und Tierkadavern auf den Straßen und Gassen und einer erheblichen Verunreinigung des Vitusbaches und der Donau manifestierte.

Bauliche Maßnahmen zur Verbesserung der städtischen Hygiene waren aufgrund der finanziellen Krise, in der sich Regensburg im 18. Jahrhundert befand, nicht denkbar. Andererseits beschäftigte der Magistrat die städtischen Bediensteten mit der Pflasterung und Reinigung der Straßen und der Pflege von Alleen und Grünflächen. Der gute Wille, das Stadtbild den zeitgenössischen Reinlichkeitsanforderungen anzupassen war, nicht zuletzt wegen des Reichstags und der Anwesenheit eines internationalen Publikums, bei der Obrigkeit vorhanden.

Der Rückgang des Badewesens im 17. und 18. Jahrhundert belegt, dass wie im ganzen Heiligen Römischen Reich die wasserlose Reinigung sich auch in Regensburg durchgesetzt hatte. Dies ist allerdings nicht allein der Angst vor dem Wasser zuzuschreiben, sondern wahrscheinlich auch der finanziellen Misere der Stadt, der Tendenz zur Abgrenzung und einem Wandel des Schamgefühls.

Als Zeichen der Aufklärung, die zum Ende des 18. Jahrhunderts in Regensburg Einzug hielt, ist die Anlage der Carl-Anselm-Allee zu sehen, die das einzige bedeutende städtebauliche Erfolgsprojekt im 18. Jahrhundert darstellte. Der aufgeklärte Fürst schuf damit eine im Sinne der Medizinischen Polizei wesentliche Baumaßnahme zur Verbesserung der Stadtluft und erhöhte gleichzeitig die Lebensqualität der Regensburger Bürger.

Auch in Hinblick auf das Bettelwesen zeichnete sich im Laufe des 18. Jahrhunderts eine Veränderung ab. Während man zu Beginn des Jahrhunderts noch versuchte, diejenigen Armen, die weder in bürgerlichen Diensten standen noch als ‚Geistliche Inwohner' galten, aus der Stadt zu vertreiben, ging man schon bald, vermutlich auch genötigt durch die steigende Zahl der Armen, dazu über, ‚Arbeitshäuser' zu errichten, um die Außenseiter der Gesellschaft zu ‚sinnvoller' Tätigkeit und Wohlverhalten anzuleiten. Am Beispiel dieser bürgerlichen, ‚wohltätigen' Einrichtungen wird der aufklärerische Impetus sichtbar, die unteren Schichten nicht mehr ihrem eigenen Schicksal zu überlassen, sondern sie ‚auf den rechten Weg' zu führen.

Es ist allerdings fraglich, inwieweit die Umsetzung sozialdisziplinierender Verordnungen in der Praxis gewährleistet war. Wie im Zusammenhang mit der Pest bereits angedeutet wurde, stießen manche Anordnungen der Obrigkeit auf Unverständnis oder standen in diametralem Widerspruch zu den lebensweltlichen Erfordernissen der Menschen. So wurde das mit einem hohen Bußgeld belegte Verbot, bei einem Krankheitsfall in der eigenen Familie zu Hause zu bleiben, häufig gebrochen. In ‚Normalzeiten' wurden Hygienemaßnahmen möglicherweise nicht so ernst genommen, weswegen die Ratsdekrete häufig in gleichem Wortlaut wiederholt wurden. Und auch das Bettelwesen, das den Aufklärern ein Dorn im Auge war, konnte nicht beseitigt werden, da es nicht gelang, den bürgerlichen Lebensstil auf die Angehörigen der Unterschichten zu übertragen.

So gelang die Durchsetzung des Foucaultschen Modells der Disziplinierung in der Extremsituation der Pesterfahrung notgedrungen, während die Disziplinierungsbemühungen des Stadtmagistrats im alltäglichen Leben wohl nicht alle Bewohner in gleicher Weise erreichte. Während in den Waisen- und Arbeitshäusern Verhaltensnormierung und Sozialdisziplinierung in optimaler Weise durchgesetzt werden konnten[978], zeigten sich weite Teile der Bevölkerung nicht bereit, Gewohnheiten, die in den Augen des Bürgertums als ‚unreinlich' empfunden werden mussten, abzulegen. So ist das Ausgreifen der Disziplinierung auf die gesamte Gesellschaft für Regensburg im 18. Jahrhundert nicht zu bestätigen. Während der Pestepidemie von 1713/14 kam das Ausmaß sozialer Kontrolle dem Modell allerdings relativ nahe.

Der dritte Teil der Fallstudie, der die Leichenbestattung in der Reichsstadt thematisiert, belegt den Einfluss der Aufklärung in Regensburg am Ende des 18. Jahrhunderts. Mit der Verlegung der Grabstätten wurde ein wesentliches Anliegen der Autoren der ‚Medizinischen Polizei' erfüllt. Der Regensburger Magistrat, der Klerus und die Ärzte erwiesen sich als wohl informiert in der Diskussion um die außerstädtischen Friedhofsanlagen. Mit der praktischen Umsetzung dieser in ganz Europa erhobenen Forderung zu Beginn des 19. Jahrhunderts befand sich Regensburg auf der Höhe der Zeit. Die Verlegung der Grabstätten, die in den allermeisten deutschen Städten umgesetzt wurde, war somit eines der wenigen wirklichen Erfolgsprojekte der Medizinischen Polizei, das noch im ausgehenden 18. Jahrhundert angestoßen wurde.

---

[978] Vgl. T. BARTH: Alltag in einem Waisenhaus, S. 113-115. Barth liefert hier einen Eindruck von dem strengen, einförmigen und betont religiösen Tagesablauf im protestantischen Waisenhaus, wo die Kinder den überwiegenden Großteil ihrer Zeit mit Unterricht und Gebet zubrachten. Bauer bestätigt dies für das 1731 gegründete katholische Waisenhaus. (Vgl. K. BAUER: Regensburg, S. 343-344).

Wie sehr das aufklärerische Gedankengut im Magistrat der Stadt Einzug gehalten hatte, zeigt der Vergleich der Leichenordnungen aus den Jahren 1689 und 1789. Einerseits beendete die Leichenordnung von 1789 die intolerante Haltung der Vorgängerregelung gegenüber denjenigen, die keine aktiven Glaubensübungen praktizierten und machte damit die religiöse Einstellung zur Privatsache. Es zeigt sich andererseits am Umgang mit den Leichen der ambivalente Charakter der Aufklärung, die den Individuen mehr Freiheiten zugestand, ihr Handeln jedoch einem rigiden Zweckmäßigkeitsdenken unterwarf.

Insgesamt ist Regensburg im europäischen Vergleich als eine Stadt zu beurteilen, die zwar durch das internationale Publikum der Reichstagsteilnehmer herausstach, in der aber in seiner teilweise stark von der katholischen Konfession geprägten Gelehrtenschicht aufklärerische Ideen nicht in einer konsequenten Ausprägung aufgegriffen wurden. Dies bedeutet in Hinblick auf die Umsetzung stadthygienischer Forderungen, dass Neuerungen erst langsam griffen und bürgerliche Tugenden wie Ordnung und Reinlichkeit nur von einer kleinen Gruppe beherzigt wurden. Das Bild der Stadt Regensburg im ausgehenden 18. Jahrhundert wird zudem von der katastrophalen finanziellen Krise der Stadt verzerrt, da diese nur die notwendigsten Reinigungsarbeiten erlaubte und in Hinsicht auf die gesundheitspolitische Entwicklung des städtischen Lebensraums wie auch in anderen Bereichen[979] mit vergleichbaren Städten nicht Schritt halten konnte.

---

[979] In Bayern ist hier besonders Augsburg zu nennen, das im ausgehenden 18. Jahrhundert durch die Umwandlung des Baumwollweberhandwerks in eine einheimische Kattunindustrie einen wirtschaftlichen Aufschwung erfuhr. Den Regensburgern gelang es dagegen nicht, in ähnlicher Weise einen industriellen Strukturwandel zu vollziehen. (Vgl. E. NEUBAUER: Das geistig-kulturelle Leben, S. 9- 10).

Anhang

Abb. 1: Jacob Andreas Fridrich: Das Regenspurgische Lazareth mit seiner gantzen Gegend (1715), in: LAELKB- KBA, I, 92.

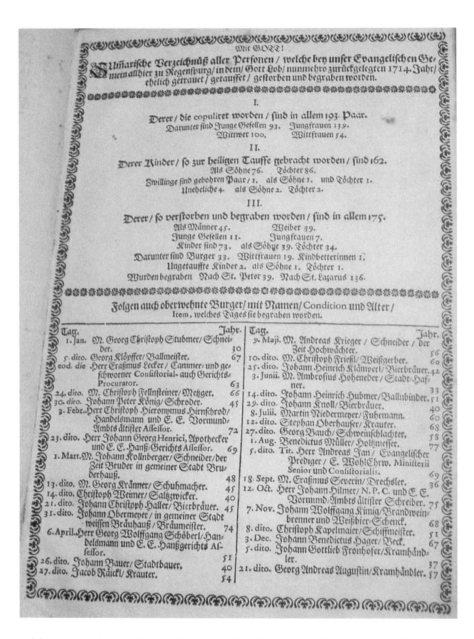

Abb. 2: Neujahrzettel mit der Aufstellung der Hochzeiten, Geburten und Sterbefälle des Jahres 1714 (in: AdELK, I, 92, 1714).

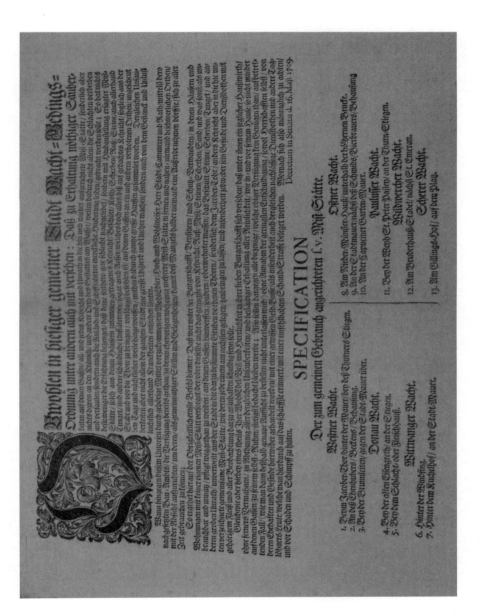

Abb. 3: Einblattdekret vom 16. Mai 1709 zur Abfallentsorgung mit Angabe der Miststätten in den einzelnen Wachten (in: StadtAR, Dekr. 171).

Abkürzungen

HZ	=	Historische Zeitschrift
VHVO	=	Verhandlungen des Historischen Vereins der Oberpfalz
ZBLG	=	Zeitschrift für Bayerische Landesgeschichte

Quellen- und Literaturverzeichnis

1. Archivalische Quellen

BAYERISCHES HAUPTSTAATSARCHIV MÜNCHEN (BAYHSTA)

Reichstadt Regensburg, Lit. 390, fol. 191-196: Ein kurz Regiment wie man sich zur zeit der Pestilentz halten sol. Regenspurg o. J.

Reichstadt Regensburg, Lit. 396, S. 491-494: Todten-Graber Ordnung. Regensburg 1565.

Reichsstadt Regensburg, Lit. 396, S. 493-494: Instruction Für den Todten Graber. Ratificirt in Senatu d. 24. October 1727.

Reichsstadt Regensburg, Lit. 417, fol. 675-690: HECHTEL, Johann Leonhard: Consilium Antipestiferum, oder Wohlmeinendes Bedencken / Wie man sich anjetzo bey grassirenden pestilentialischen Seuchen und Kranckheiten / sowohl praeservativè als curativè mit erträglichen Mitteln durch Göttlichen Beystand verwahren solle. Wird Auf eines HochEdlen Magistrats der Kaeyserlichen freyen Reichs-Stadt Regenspurg hohen Befehl / zu gemeiner Stadt und Unterthanen Wohlfarth / besonders der Armuth zum besten. Regensburg 1713.

Reichsstadt Regensburg Lit. 534, fol. 1-8: Regenspurgischer Unterricht Auf was Art in hiesiger Stadt die inficirte Haeuser und darinn sich befindende Mobilien zu reinigen Damit sie kuenfftig Zum Sichern Gebrauch Dienen moegen. Regenspurg 1714.

STADTARCHIV REGENSBURG (STADTAR)

Decr. 27: Der Stadt Regensburg erneuerte Leich- und Trauer-Ordnung. d. d. 8. Decemb. 1789. Regensburg 1789.

Decr. 28 a: Der Stadt Regenspurg Leichen-Ordnung. Regensburg 1689.

Dekr. 33: Revidirte Instruction, Wornach sich Die Rottmeister / Bey dieser Des Heyl. Römischen Reichs Freyen Stadt Regenspurg / Vermög Eines Wohl-Edlen und Hochweisen Herrn Cammerer und Raths den 17. Decemb. Anno 1691. erneuerten Raths-Schluß / in ihrem Ambt zu reguliren und zu verhalten haben. Regensburg 1712.

Decr. 34: Des Heyl. Reichs Freyen Statt Regenspurg Wachtgerichts- und Baw-Ordnung. Regensburg 1657.

Dekr. 164, 27. September 1700

Dekr. 171, 16. Mai 1709

Dekr. 176, 01. Juni 1713

Dekr 179, 10. November 1713

Dekr. 181, 17. August 1714

Dekr. 1232, 06. April 1797

Dekr. 1320, 19. Mai 1788

Reichsstadt Regensburg Historica III, 8b, 1 – III, 9, 44: Verschiedene Aktenstücke zum Thema: Reinlichkeit und Sicherheit der Straßen und Plätze 1567–1795.

Reichsstadt Regensburg I Af 104: Wachtgedingsordnung. Regensburg 1765.

Reichsstadt Regensburg I Af 119: Erneuerte und vermehrte Hebammenordnung. Mit beigefügtem „Decretum in Senatu" vom 18. Februar 1779. Regensburg 1779.

Reichsstadt Regensburg I Af 7: Revidirte neue Wacht-Gedings-Ordnung. Regensburg 1774.

MS R 117 a: Konkurrenz des Klerus zu den Vorkehrungen gegen die Pest in Regensburg 1713. Regensburg o. J.

MS. R. 116: EIBELHUBER, Christoph: Umständliche Nachricht, was sich in Regensburg Anno 1713 zeit wehrender Contagion sowohl in Politicis als Ecclesiasticis zugetragen. Regensburg o. J.

MS. R. 226: BAMCKE, Paul: Ein Besuch in Regensburg vor hundertfünfzig Jahren. O. O. u. o. J.

Reichsstadt Regensburg Pol. II 2 B1: Baderordnung 1514.

Reichsstadt Regensburg Pol. II 2 B2: Baderordnung 1578.

Reichsstadt Regensburg Pol. II 2 B3: Baderordnung 1691.

Reichsstadt Regensburg Pol. II S14, Fasz. 8: Schlögelmeisterordnung. Regensburg o.J.

Reichsstadt Regensburg I Ae1 12: Bauamtschronik 1751-1792.

Reichsstadt Regensburg I Af 2: Bauamtsordnung vom 07. November 1698.

ZR I, 1535: Acten des Stadt Magistrats Regensburg: Aktennotiz des Stadtmagistrats vom 4. Juli 1811.

ZR I, 1538: Acten des Stadt-Magistrats Regensburg: Schreiben der protestantischen Kirchenverwaltung an die Königl. Regierung der Oberpfalz und von Regensburg (Kammer des Innern) vom 30. Mai 1840.

ZR I, 1541: Acten des Stadtmagistrats Regensburg vom Jahre 1825: Michael WITTMANN: Schreiben an die „Königlich baierische Regierung des Regenkreises (Kammer des Innern) betreffs Erweiterung des Kath. Freydhofes vor dem St. Peters Thore".

LANDESKIRCHLICHES ARCHIV DER EVANGELISCH-LUTHERISCHEN KIRCHE IN BAYERN – KIRCHENBUCHARCHIV (LAELKB – KBA)

I, 92, 1700-1715: Neujahrszettel von 1700 – 1715.

2. Gedruckte Quellen

ALKOFER, Erasmus Sigismund: Regenspurgisches Pest- und Buß-Denckmahl wegen der im Jahr Christi 1713. allhier grassirten Seuche der Pestilentz ... Samt noch einem kurtzen Historischen Bericht was die gantze Contagion neber merck-wuerdiges sich zugetragen welchem Beygefueget sind die Obrigkeitliche Decreta. Regensburg 1714.

FAUKEN, Johann Peter Xaver: Anmerkungen über die Lebensart der Einwohner in großen Städten. [Wien] 1779.

FRANK, Johann Peter: System einer vollständigen medicinischen Polizey. 4 Bde. Mannheim Bd. 1: 1779; Bd. 2: 1780; Bd. 3: 1783; Bd. 4: 1788 (weitere Ausgaben: 13 Bde. Frankenthal Bd. 1 und 2: 1791 Bd. 3 und 4: 1791; Bd. 5: 1791; Bd. 6 und 7: 1792; Bd. 8: 1792; Bd. 9: 1793; Bd. 10 und 11: 1793; Bd. 12 und 13: 1794 sowie 4 Bde. Wien Bd. 1 und Bd. 2: 1786; Bd. 3: 1787; Bd. 4: 1790).

GEMEINER, Carl Theodor: Regenspurgische Chronik, 4 Bde. Regensburg Bd. 1: 1800; Bd. 2: 1803; Bd. 3: 1821; Bd. 4: 1824 (unveränderter Nachdruck Bde. 1/2 und 3/4 München 1971).

GUMPELZHAIMER, Jakob Christian: Regensburgs Geschichte, Sagen und Merkwürdigkeiten. 3 Bde. Regensburg 1838.

HEBENSTREIT, Ernst Benjamin Gottlieb: Lehrsaetze der medicinischen Policeywissenschaft mit eingestreuten literarischen Anmerkungen. Zum Gebrauch academischer Vorlesungen entworfen. Leipzig 1791.

HUFELAND, Christoph Wilhelm von: Die Kunst das menschliche Leben zu verlängern. 2 Bde. Jena ^{2}1799.

HUSZTY, Zacharias Gottlieb: Diskurs über die medizinische Polizei. 2 Bde. Pressburg / Leipzig 1786.

KAYSER, Albrecht Christoph: Versuch einer kurzen Beschreibung der kaiserlichen freyen Reichsstadt Regensburg. Regensburg 1797.

KEYSER, Johann Friedrich: Sammlung derer von einem Wohledlen Hoch- und Wohlweisen Herrn Stadt Cammerer und Rath der des Heil. Röm. Reichs Freyen Stadt Regenspurg an ihre untergebene Burgerschafft von Zeit zu Zeit im Druck erlassenen Decreten, welche sowohl mit nützlichen Marginalien als auch einem vollständigen Register versehen. Regenspurg 1754.

KOHLHAAS, Johann Jakob: Nachrichten von den Medicinalanstalten in Regensburg, als ein Beitrag zur medicinischen Policei. Nebst patriotischen Wuenschen. Regensburg 1787.

LUTHER, Martin: Ob man vor dem Sterben fliehen möge (1527), in: D. Martin Luthers Werke. Kritische Gesamtausgabe. Bd. 23. Weimar 1901, S. 323-386.

NICOLAI, Friedrich: Beschreibung einer Reise durch Deutschland und die Schweiz, im Jahre 1781. Nebst Bemerkungen über Gelehrsamkeit, Industrie, Religion und Sitten. 2 Bde. Berlin / Stettin 1783.

SCHÄFFER, Jakob Christian Gottlieb: Versuch einer medicinischen Ortsbeschreibung der Stadt Regensburg. Nebst einer kuzen Uebersicht der Krankheiten, welche in den Jahren 1784, 1785, und 1786 daselbst geherrscht haben. Regensburg 1787.

SONNENFELS, Joseph von: Grundsaetze der Polizey, Handlung und Finanzwissenschaft. Bd. 1. Wien ³1770.

WEINZIERL, Cölestin: Kurze Geschichte des Gottesackers der Pfarrey zum heiligen Rupert in Regensburg. Regensburg 1834.

WIESAND, F. W.: Sammlung derer von einem Wohledlen Hoch- und Wohlweisen Herrn Stadt-Kammerer und Rath der des Heil. Röm. Reichs Freyen Stadt Regensburg vom Jahre 1754 bis 1802 im Druck erlassenen Dekrete. Regensburg 1802.

ZEDLER, Johann Heinrich: Grosses Vollständiges Universallexikon Aller Wissenschaften und Künste. Halle und Leipzig 1732-54. (Nachdruck: Graz 1961-64.)

3. Literatur

Archivrepertorien des Historischen Vereins für Oberpfalz und Regensburg. I. Teil. Heft 2. Hrsg. v. Wilhelm Volkert. Regensburg 1999.

ARIÈS, Philippe: Geschichte des Todes. München, Wien 1980.

Ders.: Studien zur Geschichte des Todes im Abendland. München 1981.

BARTH, Thomas: Alltag in einem Waisenhaus der Frühen Neuzeit. Das protestantische Waisenhaus von Regensburg im 17. und 18. Jahrhundert. (Schriftenreihe des Archivs des St. Katharinenspitals Regensburg, Bd. 5. Hrsg. v. Artur DIRMEIER und Wido WITTENZELLNER). Regensburg 2002.

BARTHEL, Christian: Medizinische Polizey und medizinische Aufklärung. Aspekte des öffentlichen Gesundheitsdiskurses im 18. Jahrhundert. (Campus Forschung, Bd. 603). Frankfurt, New York 1989.

BAUER, Franz J.: Von Tod und Bestattung in alter und neuer Zeit, in: HZ 254 (1992), S. 1-31.

BAUER, Karl: Regensburg. Aus Kunst-, Kultur- und Sittengeschichte. Regensburg 1988.

BAUER-SPANDL, Bettina: Der Evangelische Zentralfriedhof in Regensburg als Beispiel der Sepulkralkultur des 19. und 20. Jahrhunderts. Regensburg Univ. Magisterarbeit 1994.

BERGDOLT, Klaus: Der Schwarze Tod in Europa. Die Große Pest und das Ende des Mittelalters. München 1994.

Biographisches Lexikon der hervorragende Ärzte aller Zeiten und Völker. 5 Bde. München, Berlin ³1962.

BREUER, Stefan: Sozialdisziplinierung. Probleme und Problemverlagerungen eines Konzepts bei Max Weber, Gerhard Oestreich und Michel Foucault, in: Soziale Sicherheit und soziale Disziplinierung. Beiträge zu einer historischen Theorie der Sozialpolitik. Hrsg. v. Christoph SACHßE und Florian TENNSTEDT. Frankfurt am Main 1986, S. 45-69.

CORBIN, Alain: Pesthauch und Blütenduft. Eine Geschichte des Geruchs. Berlin 1984.

DINGES, Martin: Pest und Staat: Von der Institutionengeschichte zur sozialen Konstruktion?, in: Medizin, Gesellschaft und Geschichte / Jahrbuch des Instituts für Geschichte der Medizin der Robert-Bosch-Stiftung. Beiheft; 6. Stuttgart 1995, S. 71-103.

DIRMEIER, Artur: Soziale Einrichtungen, Fürsorge und Medizinalwesen der Reichsstadt, in: Geschichte der Stadt Regensburg. Bd.1. Hrsg. v. Peter SCHMID in Zusammenarbeit mit der Stadt Regensburg. Regensburg 2000, S. 265-282.

EVERSLEY, David E. C.: Bevölkerung, Wirtschaft und Gesellschaft, in: Bevölkerungsgeschichte. (Neue Wissenschaftliche Bibliothek 54.) Hrsg. v. Wolfgang KÖLLMANN und Peter MARSCHALCK. Köln 1972.

FOUCAULT, Michel: Überwachen und Strafen. Die Geburt des Gefängnisses. Frankfurt am Main ⁸1989.

FREY, Manuel: Der reinliche Bürger. Entstehung und Verbreitung bürgerlicher Tugenden in Deutschland, 1760-1860. (Kritische Studien zur Geschichtswissenschaft, Bd. 119. Hrsg. v. Helmut BERDING, Jürgen KOCKA, Hans-Peter ULLMANN, Hans-Ulrich WEHLER.) Göttingen 1997.

GLOßNER, Helmut: Der Vitusbach in Regensburg. In Memoriam. Regensburg 1998.

GÖCKENJAN, Gerd: Kurieren und Staat machen. Gesundheit und Medizin in der bürgerlichen Welt. Frankfurt am Main 1985.

HAPPE, Barbara: Die Entwicklung der deutschen Friedhöfe von der Reformation bis 1870. (Untersuchungen des Ludwig-Uhland-Instituts der

Universität Tübingen im Auftrag der Tübinger Vereinigung für Volkskunde 77. Hrsg. v. Hermann BAUSINGER, Ute BECHDOLF, Utz JEGGLE u.a.) Tübingen 1991.

Dies.: Gottesäcker gegen Mitnacht und freyer Durchzug der Winde. Hygiene auf dem Friedhof des 18. und 19. Jahrhunderts, in: Jahrbuch des Instituts für Geschichte der Medizin der Robert Bosch Stiftung 7 (1990), S. 205-231.

Hartinger, Walter: „...denen Gott genad!" Totenbrauchtum und Armen-Seelen-Glaube in der Oberpfalz. Regensburg 1979.

HAUSBERGER, Karl: Gottfried Langwerth von Simmern (1669-1741), Bistumsadministrator und Weihbischof zu Regensburg, in: Beiträge zur Geschichte des Bistums Regensburg. Bd. 7. Regensburg 1973, S. 136-144.

HÖSEL, Gottfried: Unser Abfall aller Zeiten. Eine Kulturgeschichte der Städtereinigung. München 1990.

IPSEN, Gunther: Bevölkerungsgeschichte, in: Bevölkerungsgeschichte. (Neue Wissenschaftliche Bibliothek 54.) Hrsg. v. Wolfgang KÖLLMANN und Peter MARSCHALCK. Köln 1972.

KNOLL, Martin: Regensburg, der Reichstag, der Kurfürst und das Holz, in: Wolfram SIEMANN / Nils FREYTAG / Wolfgang PIERETH: Städtische Holzversorgung. Machtpolitik, Armenfürsorge und Umweltkonflikte in Bayern und Österreich, 1750-1850. (ZBLG, Beiheft 22), München 2002, S. 39-54.

LABISCH, Alfons: Homo Hygienicus. Gesundheit und Medizin in der Neuzeit. Frankfurt/ Main, New York 1992.

Ders.: „Hygiene ist Moral – Moral ist Hygiene" – Soziale Disziplinierung durch Ärzte und Medizin, in: Soziale Sicherheit und soziale Disziplinierung. Beiträge zu einer historischen Theorie der Sozialpolitik. Hrsg. v. Christoph SACHßE und Florian TENNSTEDT. Frankfurt am Main 1986, S. 265-284.

LEE, Robert: Zur Bevölkerungsgeschichte Bayerns 1750-1850: Britische Forschungsergebnisse, in: Vierteljahrschrift für Sozial- und Wirtschaftsgeschichte 62 (1975), S. 309-338.

LESKY, Erna: Einleitung zu: Johann Peter FRANK: Seine Selbstbiographie. Hrsg. v. Erna LESKY. (Hubers Klassiker der Medizin und der Naturwissenschaften 12. Hrsg. v. Erwin H. Ackerknecht und Heinrich Buess.) Bern 1969.

MORSBACH, Peter: Die städtebauliche Entwicklung Regensburgs vom Ende des 16. bis zum Ende des 18. Jahrhunderts, in: Geschichte der Stadt Regensburg. Bd. 2. Hrsg. v. Peter SCHMID. Regensburg 2000, S. 1141-1154.

Ders.: Untersuchungen zur städtebaulichen Entwicklung Regensburgs in der 2. Hälfte des 18. Jahrhunderts, in: VHVO 131 (1991), 121-175.

NEMITZ, Jürgen: Verfassung und Verwaltung der Reichsstadt (1500-1802), in: Geschichte der Stadt Regensburg. Bd.1. Hrsg. v. Peter SCHMID. Regensburg 2000, S. 248-265.

NEUBAUER, Edmund: Das geistig-kulturelle Leben der Reichsstadt Regensburg (1750-1806). Miscellanea Bavarica Monacensia. Heft 84. München 1979.

OESTREICH, Gerhard: Policey und Prudentia civilis in der barocken Gesellschaft von Stadt und Staat, in: Strukturprobleme der frühen Neuzeit. Ausgewählte Aufsätze von Gerhard Oestreich. Hrsg. v. Brigitta OESTREICH. Berlin 1980, S. 367-379.

PFISTER, Christian: Bevölkerungsgeschichte und historische Demographie 1500-1800. (Enzyklopädie Deutscher Geschichte Bd. 28) München 1994.

PORZELT, Carolin: Die Pest in Nürnberg: Leben und Herrschen in Pestzeiten in der Reichsstadt Nürnberg (1562-1713). St. Ottilien 2000.

RAUH, Manfred: Die bayerische Bevölkerungsentwicklung vor 1800. Ausnahme oder Regelfall, in: ZBLG 51 (1988), S. 471-497.

RODENSTEIN, Marianne: „Mehr Licht, mehr Luft": Gesundheitskonzepte im Städtebau seit 1750. Frankfurt am Main 1988.

SARASIN, Philipp: Reizbare Maschinen. Eine Geschichte des Körpers. 1765-1914. Frankfurt 2001.

SCHILLING, Heinz: Die Stadt in der Frühen Neuzeit. (Enzyklopädie Deutscher Geschichte 24.) München 1993.

SCHMUCK, Carolin: Der Friedhof St. Lazarus in Regensburg und sein geplantes reformatorisches Bildprogramm. (Arbeitsgemeinschaft Friedhof und Denkmal e. V.) Kassel 1999.

SCHNEIDMÜLLER, Bernd: Städtische Umweltgesetzgebung im Spätmittelalter, in: Mensch und Umwelt in der Geschichte. Hrsg. v. Jörg CALLIESS, Jörn RÜSEN, Meinfried STRIEGNITZ. Pfaffenweiler 1989, S. 119-138.

SCHÖNFELD, Roland: Die Donau als Faktor der wirtschaftlichen Entwicklung Regensburgs, in: VHVO 116 (1976), S. 181-193.

SCHÖPPLER, Heinrich: Die Geschichte der Pest zu Regensburg. München 1914.

STOLZ, Susanna: Die Handwerke des Körpers. Bader, Barbier, Perückenmacher, Friseur. Folge und Ausdruck historischen Körperverständnisses. Marburg 1992.

STÖRIG, Hans-Joachim: Kleine Weltgeschichte der Philosophie. Frankfurt am Main 2002.

STROBEL, Richard: Die Allee des Fürsten Carl Anselm in Regensburg, in: Beiträge zur Kunst- und Kulturpflege im Hause Thurn und Taxis (Thurn und Taxis Studien 3), Kallmünz 1963, S. 229-267.

SÜSKIND, Patrick: Das Parfum. Die Geschichte eines Mörders. Zürich 1994.

TRAPP, Eugen: Beziehungs- und Grenzfragen. Regensburger Stadtbaugeschichte zwischen Aufklärung und Vormärz, in: 1803. Wende in Europas Mitte. Vom feudalen zum bürgerlichen Zeitalter. Hrsg. v. Peter SCHMID und Klemens UNGER. Regensburg 2003, S. 281-338.

VASOLD, Manfred: Pest, Not und schwere Plagen: Seuchen und Epidemien vom Mittelalter bis heute. München 1991.

VIGARELLO, Georges: Wasser und Seife, Puder und Parfüm: Geschichte der Körperhygiene seit dem Mittelalter. Frankfurt am Main / New York / Paris 1988.

WEBER, Max: Wirtschaft und Gesellschaft, in: Ders.: Grundriss der Sozialökonomik III. Abteilung. Tübingen 1922.

WILDEROTTER, Hans: „Alle dachten, das Ende der Welt sei gekommen." Vierhundert Jahre Pest in Europa, in: Das große Sterben. Seuchen machen Geschichte. Hrsg. v. Hans WILDEROTTER (Ausstellung des Deutschen Hygiene-Museums). Berlin 1995, S. 12-53.

WIMMER, Johannes: Gesundheit, Krankheit und Tod im Zeitalter der Aufklärung. Fallstudien aus den habsburgischen Erbländern. (Veröffentlichungen der Kommission für Neuere Geschichte Österreichs. Bd. 80.) Wien / Köln 1991.

WITTMER, Siegfried: Die sechs Friedhöfe der Regensburger Juden, in: VHVO 141 (2001), S. 81-93.

ZAPPERT, Georg: Über das Badewesen in mittelalterlicher und späterer Zeit, in: Archiv für Kunde österreichischer Geschichts-Quellen 21 (1859), S. 1-166.

ZÜCKERT, Hartmut: Die wirtschaftliche und politische Funktion der süddeutschen Reichsstädte, in: Gewerbe und Handel vor der Industrialisierung. Regionale und überregionale Verflechtungen im 17. und 18. Jahrhundert. Hrsg. v. Joachim JAHN und Wolfgang HARTUNG. (Regio Historica. Forschungen zur süddeutschen Regionalgeschichte 1) Sigmaringendorf 1991, S. 60-69.

Register

A

Abort 54, 162, 163, 165, 167
Abtritt 54, 129, 163
Aderlass 33, 124, 125, 126, 135, 141, 168, 169
Agricola, Georg Andreas 84, 91
Albrecht IV. 67
Alexander Ferdinand 70
Alkofer, Erasmus Sigismund 15, 16, 82, 85, 86, 90, 91, 102, 105, 106, 109, 110, 114, 122, 131
Allee 17, 148, 149, 175, 178, 179, 180, 181, 182, 183, 221
Alltag 12, 13, 16, 108, 110, 141, 144, 145, 147, 185, 221, 222
Almosenamt 68, 73, 74, 78, 91, 92, 96, 108, 122, 206
Altdorf 80
Altdorfer, Albrecht 70
Alte Kapelle 70, 180, 200
Alte Manggasse 74
Amsterdam 146
Apotheke(r) 44, 75, 77, 122, 129, 134, 140
Arznei 39, 44, 51, 77, 113, 122, 126, 127, 129, 130, 141
Ärzte 13, 14, 16, 23, 24, 30, 32, 33, 34, 35, 36, 38, 39, 43, 44, 45, 46, 47, 51, 56, 62, 73, 74, 75, 76, 77, 78, 91, 122, 125, 126, 127, 128, 129, 140, 141, 142, 145, 165, 186, 189, 194, 199, 206, 212, 218, 220, 221, 222
Aufklärung 11, 12, 14, 15, 17, 25, 30, 31, 34, 37, 39, 43, 79, 80, 82, 141, 148, 183, 184, 187, 188, 190, 197, 207, 210, 211, 213, 214, 215, 219, 221, 222, 223
Augarten 179
Augsburg 20, 70, 73, 92, 102, 133, 223
Augustiner 70

Ausschuß der Gemeine 67, 68
Äußerer Rat 67, 68

B

Bad(e)stube(n) 13, 50, 96, 135, 168, 169, 170, 171, 172
Bader 17, 33, 34, 45, 74, 75, 77, 78, 134, 135, 140, 168, 169, 170
Bamcke, Paul 84
Barock 66, 176, 215
Bauamt 17, 67, 68, 70, 156, 159, 161, 162, 165, 175, 176, 177, 178, 180, 181, 183
Bayern 20, 67, 88, 204
Beckenspreng 152
Beisitzer 69, 70, 71, 172, 200, 206, 207
Bettelwesen 16, 147, 171, 174, 182, 221
Bettler 73, 88, 100, 101, 103, 131, 137, 144, 147, 161, 171, 172, 174, 175, 181, 220
Bevölkerung 11, 12, 19, 20, 22, 24, 29, 32, 33, 34, 35, 36, 39, 40, 41, 42, 44, 49, 50, 54, 63, 70, 71, 75, 77, 78, 102, 110, 113, 114, 122, 123, 133, 135, 137, 139, 140, 141, 144, 145, 148, 179, 185, 186, 193, 203, 212, 213, 217, 218, 219, 221, 222
Bewusstsein 11, 12, 13, 32, 38, 46, 57, 60, 142
Bier 71, 72, 73, 86, 116, 128, 158, 166
Blatter(n)haus 74, 212
Brixen 70
Bruderhaus 74
Brücke 175, 176, 181, 200
Brunnen 115, 160, 162, 163, 164, 167, 168, 175, 195, 199
Brunnleite 74
Bürgerrecht 70, 71, 73, 75

239

Bürgertum 11, 12, 20, 30, 31, 32, 33, 34, 43, 49, 53, 54, 55, 56, 65, 80, 89, 148, 155, 171, 174, 175, 177, 179, 188, 190, 218, 222
Bürokratie 30

C
Calvinisten 71
Chirurg(us) 33, 75, 78, 91, 96, 122, 159, 212
Collegium medicum 75, 140, 141
Collegium pharmaceuticum 75, 140
Collegium sanitatis 73, 99, 116
Consulent 67

D
Dalberg, Carl Theodor v. 73, 80, 202, 203, 204
Desinfektion 120, 141, 142
Desodorierung 52
Desodorisierung 52, 65
Deutschorden 70
Diebstahl 86, 114, 192
Dienstboten 69, 74, 91, 96, 97, 103, 136, 156, 157, 170, 181, 207, 211
Dietrichs, Johann Georg Nikolaus 91
Diskurs 11, 12, 13, 14, 19, 31, 32, 33, 35, 56, 78, 147, 148, 150, 188, 198, 217, 218, 219
Disziplin(-ierung) 11, 12, 14, 19, 23, 24, 25, 26, 27, 28, 29, 30, 37, 43, 45, 61, 63, 81, 99, 106, 113, 122, 142, 144, 147, 148, 171, 183, 217, 218, 219, 220, 221, 222
Dominikaner (-innen) 70
Donau 72, 93, 120, 151, 152, 153, 154, 155, 156, 158, 161, 162, 167, 168, 178, 221
Dreißigjähriger Krieg 19, 21, 68, 72, 90, 133, 210

E
Eibelhuber, Christoph 16, 87, 88, 104, 105, 106, 108, 109, 132

elegantia 12
England 76
englischer Garten 179
Epidemie 13, 16, 29, 60, 81, 84, 85, 88, 89, 90, 93, 96, 104, 107, 108, 110, 115, 121, 130, 132, 133, 137, 142, 143, 144, 183, 187, 188, 199, 219, 221, 222
Essig 60, 119, 120, 121, 122, 125, 128, 141
Europa, europäisch 12, 17, 19, 43, 52, 53, 59, 63, 66, 79, 80, 81, 87, 88, 143, 144, 189, 197, 198, 201, 205, 215, 217, 220, 222, 223
Exekutive 69, 70, 133

F
Fabricius, Johann Gottlieb 159, 160
Fäkalien 47, 135, 162, 164, 182, 191
Fauken, Johann Peter Xaver 15, 61, 62, 153, 187, 190, 191, 192,
Feuer 69, 117, 118, 119, 152, 161, 162, 163, 184, 188
Floh 81, 115
Foucault, Michel 12, 14, 25, 27, 28, 29, 30, 43, 44, 81, 96, 142, 217, 218, 219, 220, 222
Frankreich 11, 13, 55, 64, 76, 143, 164, 189, 194, 195, 213
Franz I. 70
Fuchs, Georg Michael 159, 160

G
Geheimer Ausschuß 68
Gemeiner, Carl Theodor 152, 170, 179, 199
Geruch (-ssensibilisierung) 13, 47, 52, 59, 61, 66, 84, 120, 147, 151, 152, 157, 158, 159, 163, 164, 165, 166, 186, 197, 200, 208, 213
Gesandte 67, 70, 72, 180, 200
Geschlechtskrankheit 171
Gesellschaft 12, 13, 19, 20, 22, 23, 24, 25, 26, 27, 29, 30, 31, 32, 34,

36, 37, 39, 40, 42, 44, 45, 49, 51, 65, 67, 70, 76, 79, 89, 104, 107, 116, 132, 141, 143, 144, 148, 155, 156, 177, 197, 217, 218, 219, 220, 222
Getreide 73, 120
Getreidesperre 73
Gewerbe 21, 22, 23, 31, 70, 72, 73, 165, 173
Gottesdienst 16, 52, 71, 110, 111, 113, 174, 203, 211, 220
Gumpelzhaimer, Jakob Christian 15, 88, 92, 102, 143, 177, 199

H
Habsburg 179, 193
Handel 16, 21, 54, 72, 73, 84, 87, 99, 100, 102, 103, 104, 123, 133, 136, 137, 138, 139, 141, 171, 172, 176, 177, 192, 221, 223
Handwerk 22, 31, 33, 54, 67, 70, 72, 73, 75, 78, 88, 105, 134, 136, 137, 152, 166, 170, 173, 174, 176, 185, 209, 223
Hannsgericht 67, 68, 158
Hebamme 24, 45, 75, 76, 78
Hebenstreit, Ernst Benjamin Gottlieb 15, 23, 44, 147, 149, 151, 153, 163, 164, 167, 180, 186, 188, 190, 192, 194, 195, 196
Hechtel, Johann Leonhard 91, 99, 122, 123, 124, 125, 126, 127, 128, 129, 130
Hessen-Kassel 71
Hilmer, Joseph Ferdinand 97
Hofgarten 179
Holland 76
Holz 83, 103, 118, 119, 120, 129, 154, 160, 161, 162, 171, 176, 193, 208, 211
Hülling 152, 153, 161, 182
Hufeland, Christoph Wilhelm von 15, 37, 56, 57, 58, 63, 64, 146, 195, 196

Huszty, Zacharias Gottlieb 15, 36, 78, 147, 150, 152, 189, 190, 191, 192, 193, 194, 195
Hygiene 11, 12, 13, 14, 16, 17, 19, 34, 35, 37, 39, 42, 45, 49, 53, 55, 65, 87, 117, 142, 145, 147, 154, 160, 168, 170, 175, 181, 182, 183, 195, 205, 207, 209, 217, 218, 220, 221, 222

I
Identität 12, 28, 31, 43, 66, 88, 218, 220
Immerwährender Reichstag 70, 154
Infektion 83, 87, 115, 117, 120, 128, 130, 136, 141, 142
Innerer Rat 67, 68, 69, 70, 73, 75, 133, 134, 176, 217
Italien 60, 73, 76, 100, 140, 141

J
Jardin national 179
Jesuiten 70
Joseph II. 39, 179, 193, 195
Jude(n) 71, 87, 103, 123, 137, 143, 144, 147, 170, 198, 220
Jurisdiktion 70, 71, 172

K
Kaiser 38, 39, 67, 68, 70, 198
 kaiserlich 15, 22, 68, 69, 90, 102, 103, 178
Kanalisation 85, 93, 175
Kapuziner 70, 109, 200
Karl Theodor 179
Karmeliten 70
katholisch, Katholiken 34, 71, 74, 80, 82, 88, 91, 92, 107, 108, 109, 130, 174, 175, 177, 198, 200, 201, 202, 204, 205, 206, 214, 215, 222, 223
Kaufleute 70, 72, 87, 101, 103, 134, 138, 139, 143
Kayser, Albrecht Christoph 15, 68, 71, 72, 73, 79, 102, 150, 151, 178, 179, 200, 201

Keyser, Johann Friedrich 16, 92
Klarissinen 70
Kleiderordnung 22
Kloster 26, 70, 73, 109, 168,
Koch, Siegmund Cornelius 91
Körperpflege 36, 49, 51, 53, 65, 170
Kohlhaas, Johann Jacob 15, 75, 76, 77, 78, 79, 199
Kommissare 22, 69
Kontrolle 13, 27, 28, 32, 33, 44, 69, 75, 93, 106, 113, 127, 138, 140, 142, 143, 144, 208, 217, 219, 222
Kornmarkt 70, 180
Kot 49, 50, 54, 93, 115, 129, 155, 160, 162,
Krankenhaus 39, 45, 74, 98
Kultur 12, 14, 15, 17, 20, 21, 37, 40, 42, 50, 53, 70, 80, 133, 145, 147, 184, 213, 220
Kumpfmühl 92, 102, 180

L
Lauge 118, 119, 120, 128
Lebensmittel 41, 73, 92, 97, 102, 115, 120, 134, 167
Lebensqualität 46, 160, 178, 183, 221
Legislative 67, 70, 133
Leistung (-sbereitschaft) 12, 28, 30, 31, 32, 34, 36, 38, 39, 42, 56, 60, 62, 63, 65, 68, 133, 145, 170, 179, 207, 218, 219
Licht 24, 37, 59, 60, 98, 115
London 146
Luther, Martin 71, 80, 108, 112, 130, 185, 186, 187, 198, 214

M
Malteserorden 70
Manufaktur 27, 28, 30, 137
Mäßigkeit 31, 39, 48, 218
Maut 67, 72
Mediziner 34, 45, 49, 60, 61, 78, 128, 141, 188, 195, 202, 212, 219

Medizinalordnung 35, 74, 78, 140, 141
Medizinalwesen 15, 76, 140, 142
mephitisch 163, 189
Miasma (-en) 48, 52, 53, 83, 84, 85, 86, 93, 94, 104, 123, 128, 147, 153, 155, 169, 189, 195, 197
Militär 24, 26, 28, 35, 63, 69, 133, 148, 175, 217, 218
Minoriten 70
Modell 12, 25, 29, 43, 81, 82, 86, 145, 170, 171, 222
Mühlen 176
München 16, 90, 102, 103, 179

N
Neupfarrplatz 69, 168
Nicolai, Friedrich 80, 175
Niedermünster 70
Nürnberg 16, 80, 81, 82, 89, 101, 132, 133, 134, 135, 136, 137, 138, 139, 140, 141, 142, 143, 186, 220
Nutztier 120, 165, 221

O
Oberer Wöhrd 90, 161, 178, 180
Obermünster 159
Oestreich, Gerhard 12, 21, 26, 27, 28, 88, 217
Österreich 72, 88, 99, 200
Ostnerwacht 74, 90, 155

P
Parfum 9, 11, 54, 61, 148
Paris 13, 60, 146, 179, 214
Patient 28, 29, 43, 44, 47, 74, 76, 96, 98, 125, 126, 128, 131
Pauer, Rupertus Gottlieb 91
Pestinhof 74, 90
Pflaster 77, 93, 122, 125, 151, 152, 153, 158, 160, 161, 175, 176, 177, 183, 185, 221
Pflegepersonal 91, 98, 122, 129, 220
Pfleger 45, 73

Pfründhof 74, 90, 212
Pfuscher 33, 34, 44, 49, 219
Prävention 90, 106, 110, 111, 114, 122, 123, 129, 133, 135, 138, 139, 140, 142, 145
Prater 179
Prinzipalkommissar 70, 178, 180
protestantisch 16, 17, 70, 71, 80, 88, 91, 107, 108, 109, 139, 175, 198, 199, 201, 206, 212, 214, 222
Prüfening 70, 168
Prüll 70, 102, 168
Puder 13, 53, 54, 61, 148
puritas 11

Q
Quarantäne 29, 83, 84, 88, 89, 90, 95, 96, 98, 99, 101, 103, 104, 112, 118, 138, 139, 144

R
Rat der Vierziger 67, 68
Ratsprotokollschreiber 67
Ratsverfassung 21, 68
Regimentsordnung 67, 68, 70, 73
Reichsdeputationshauptschluss 68
Reichserbmarschall 71
Reichserzkanzler 73
Reichshofrat 68
Reisebericht 84, 175
Religion 14, 20, 32, 34, 50, 71, 80, 93, 97, 111, 175, 198
Revolution 13, 46, 55, 179, 186
Rottmeister 17, 69, 154, 156, 160, 161

S
Säkularisierung 12, 34, 38, 113, 139, 188, 190, 215
säkular 20, 37, 188, 195, 213, 215
Salz 48, 52, 60, 67, 72, 120, 165, 167
Salzburg 70
Schäffer, Jakob Christian Gottlieb 15, 75, 76, 79, 150, 153, 154, 167, 168, 174, 178, 199, 200, 201, 202

Schererwacht 155
Schlachthaus 153
Schule 27, 28, 42, 71, 76, 77, 173, 178, 180, 203
Schutzverwandte 71, 174
Schwefel 52, 59, 60, 117, 119, 120, 141
Schwein(e) 51, 94, 115, 135, 161, 164, 165, 166, 182, 183, 221
Seelhaus 74
Seife 13, 51, 54, 65
Separation 116
Sexualität 42
Simmern, Gottfried Langwerth v. 74
Sonnenfels, Joseph von 40
Souveränität 21, 22, 23, 69
Sozialdisziplinierung 11, 12, 19, 22, 25, 26, 27, 29, 30, 45, 106, 113, 136, 144, 147, 183, 217, 218, 219, 221, 222
Sparmaßnahme 73, 177, 194, 212
Spieß, Johann Christoph 91
Spital 28, 29, 44, 45, 71, 74, 134, 168, 198, 205
Sputum 115
St. Emmeram 70, 79, 80, 168, 180, 200, 202, 203
St. Jakob 70, 204
St. Johann 70
St. Lazarus 74, 90, 107, 109, 168, 178, 198, 199, 205
St. Leonhard 74, 212
St. Oswald 74
St. Paul 70
St. Peter 74, 102, 107, 109, 198, 199, 205
St. Salvator 74
Staatsbildung 12, 20, 24, 25, 217
Stadtamhof 109, 200, 204, 205
Stadtgericht 67
Stadtkämmerer 67, 68, 75, 172, 179, 180
Stadtkanzlei 67, 102, 207

Stadtmauer 107, 135, 162, 176, 180, 186, 190, 198, 199, 201, 202, 203, 204, 214
Stadtphysikus 15, 79, 84, 205
Stadtschreiber 67, 169
Steinweg 74, 107
Steuer 24, 67, 68, 69, 71, 73, 91
Steueramt 67, 68, 69
Stift 70, 71, 74, 79, 80, 90, 177, 200
Stiftung 48, 73, 74, 170, 173, 174, 198
Strafe 26, 29, 37, 63, 72, 77, 82, 86, 93, 95, 96, 98, 102, 103, 105, 114, 121, 136, 138, 142, 152, 155, 157, 158, 159, 166, 172, 181, 182, 183, 208, 210, 217, 220
Symptom 123, 129, 164
Syndicus 67

T
Teuerung 72, 73, 103, 171, 174
Thurn und Taxis 70, 74, 76, 177, 178, 183
Tierkadaver 83, 149, 162, 164, 165, 182, 191, 221
Trinkwasser 85, 160, 167, 168, 182, 199
Tugend 12, 14, 26, 31, 32, 37, 53, 54, 55, 57, 63, 65, 190, 217, 218, 223
Tuilerien 179

U
Umland 72, 80, 180
Ungarn 99, 100, 143
Ungeldamt 67, 68, 69
Ungeziefer 61, 165, 167
Universität 30, 33, 74
Unterer Wöhrd 90, 91, 107, 108, 162, 166, 180
Unterschichten 13, 32, 34, 36, 37, 41, 43, 49, 50, 61, 64, 90, 110, 129, 131, 144, 218, 219, 222

V
Vernunft 12, 31, 36, 37, 38, 57, 61, 66, 190, 218
Verwesung 186, 189, 193, 194, 195, 196, 201, 202, 205, 213
Visite 28, 29, 74
Vormundamt 68, 69, 73
Vormundschaft 85, 210

W
Wacholder 54, 117, 126, 128, 129
Wachtherr 68, 69, 94, 156, 160, 164, 172
Wachtknecht 68, 94, 154, 156, 158, 159, 160
Waffnergasse 74
Waise 74, 114
Waisenhaus 42, 43, 174, 222
Walderbach 70
Wasserbeschlächte 156, 175
Wasserleitung 152, 175
Weber, Max 12, 25, 26, 27, 28, 37, 130, 217
Weinzierl, Cölestin 205
Weishaupt, Johann Adam 79
Westnerwacht 178, 203
Wien 61, 68, 72, 80, 88, 90, 133, 146, 153, 179, 195, 205
Wiesand, F. W. 16
Winter 151, 157, 158, 162, 196, 202, 206
Wirtschaft 20, 21, 22, 23, 26, 30, 31, 32, 67, 71, 72, 73, 89, 99, 103, 133, 137, 141, 143, 145, 164, 185, 187, 217, 218, 220, 223
Wittelsbacher 67, 179
Wittmann, Michael 205, 206, 207, 214

Z
Zedler, Johann Heinrich 38, 47, 48, 51, 71, 126
Ziegel 128, 176
Zoll 72, 73, 134
Zunft 22, 105, 136, 209
Zweibrücken 38